Adolf Mokrejs

Das neue Buch der Wiener Hausberge

1000 Touren vom Wienerwald
bis zum Gesäuse

Mit 42 Farb- und 38 Schwarzweißphotographien des Autors
sowie 25 Karten von Wilhelm J. Wagner

Kremayr & Scheriau

Mein Dank gilt allen meinen Bergkameraden, in erster
Linie meiner Frau Anni, die als Gefährtin auf den aller-
meisten Touren an diesem Buch wesentlichen Anteil hat.
Von ihr stammen auch die Photos auf Seite 19 und
Seite 153.

Die schriftlichen und graphischen Darstellungen dieses
Werkes erfolgten nach bestem Wissen und Gewissen des
Autors. Eine Begehung der Touren nach diesen Vorschlä-
gen geschieht auf eigene Gefahr. Eine Haftung wird nicht
übernommen.

Der Einband zeigt:
Großes Bild: Admonter Reichenstein
Bild oben: Peternschartenkopf-Nordostverschneidung
Bild Mitte oben: Aufstieg durch die »Rodel«
Bild Mitte unten: Der »Turm« im Hochschwabgebiet
Bild unten links: Gutensteiner Landschaft mit Schneeberg
Bild unten rechts: Dürrensteingipfel

CIP-Kurztitelaufnahme der Deutschen Bibliothek
Mokrejs, Adolf:
Das neue Buch der Wiener Hausberge: 1000 Touren vom
Wienerwald bis zum Gesäuse / Adolf Mokrejs. – Wien:
Kremayr und Scheriau, 1986
ISBN 3-218-00430-6

5 4 3 2 1 88 87 86

© 1986 by Verlag Kremayr & Scheriau, Wien
Einbandgestaltung und Layout: Rudolf Kasparek
Lektorat: Ilse Walter
Satz: datacon, Wien
Druck und Bindung: Wiener Verlag, Himberg bei Wien
ISBN 3 218 00 430 6

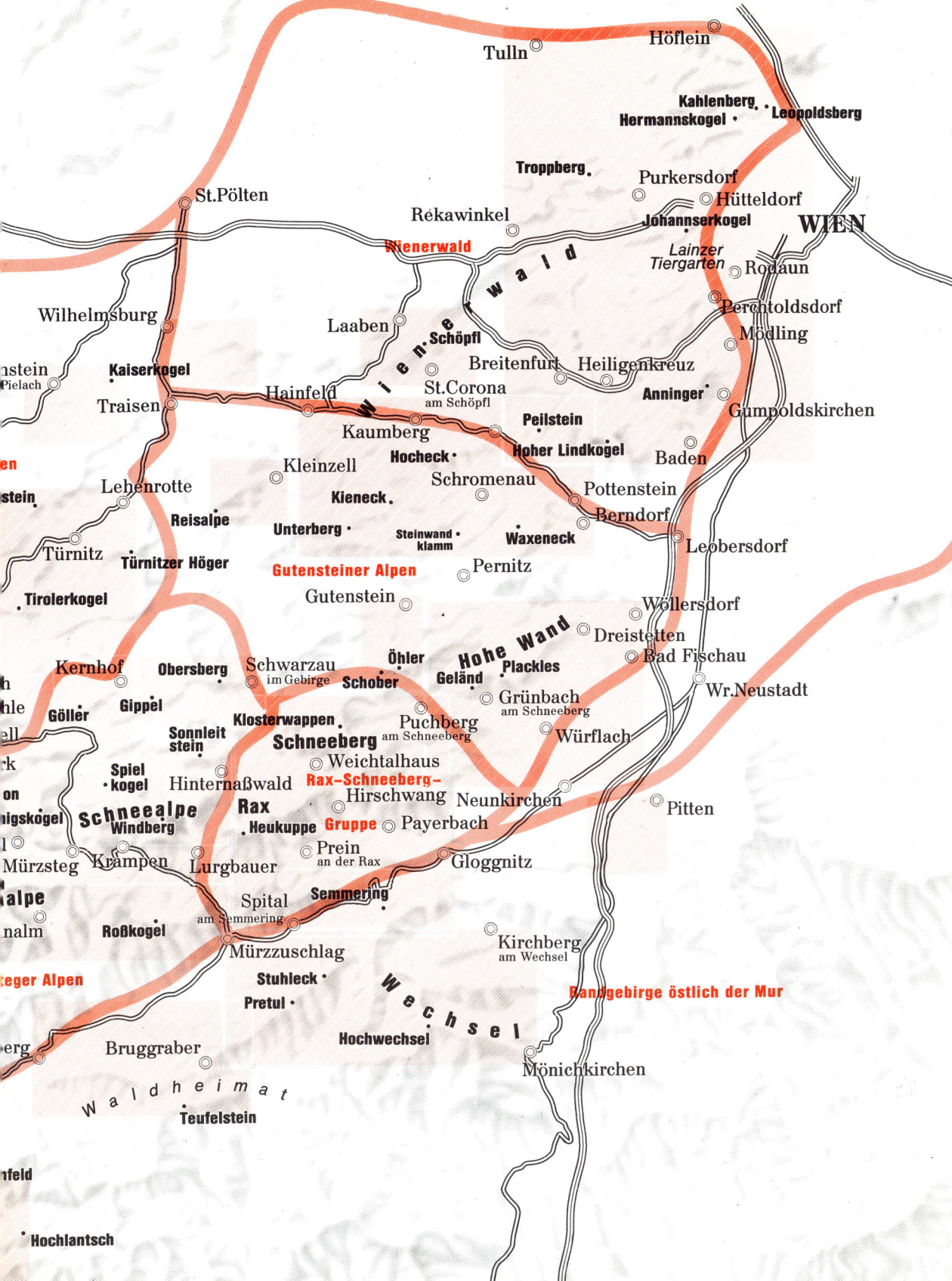

Inhalt

Vorwort

Als Wiener Hausberge im klassischen Sinn galten (und gelten selbstverständlich noch immer) Schneeberg und Rax sowie alle Erhebungen zwischen diesen Bergen und der Bundeshauptstadt. Mittlerweile aber hat uns die Motorisierung die Bergwelt so nahe gebracht, daß man ruhigen Gewissens alle Gipfel im Bereich von zwei Autostunden ab Wien dazuzählen darf. Der Titel ist eher als Markenzeichen zu verstehen, denn natürlich sollen weder die niederösterreichischen Bergfreunde noch die steirischen Nachbarn ausgeklammert werden: Zum Gesäuse haben die Wiener seit Anbeginn der Bergsteigerei ein besonderes Nahverhältnis, und auch der Hochschwab – nunmehr besser erreichbar – ist ihnen seit jeher ein beliebtes Ziel.

Um nicht völlig unsystematisch vorzugehen, wurde als Rahmen die neue Alpenvereinseinteilung angenommen, womit folgende Alpengruppen erfaßt werden: Wienerwald – Gutensteiner Alpen – Schneeberg/Rax – Randgebirge östlich der Mur (Semmering, Bucklige Welt, Fischbacher Alpen) – Mürzsteger Alpen – Türnitzer Alpen – Ybbstaler Alpen – Hochschwabgruppe und Ennstaler Alpen.

Die Ausführlichkeit, mit der die einzelnen Gebiete behandelt werden, wird gegen die voralpinen Ränder zu ein wenig »ausgefranst« wirken, wie auch allgemein selektiert werden mußte: eine lückenlose Erfassung hätte einen Tausendseitenwälzer ergeben!

Das Buch soll Überblick und Anregung für Wanderer, Kletterer und Tourenskiläufer sein. Der Untertitel »1000 Touren« ist als Ansporn an Phantasie und Initiative des Lesers aufzufassen, dem wohl eine Anzahl jeweils charakteristischer Touren mit Skizze und Kurzbeschreibung vorgestellt wird, der aber nicht mit schlüsselfertigen Erlebnisvorstellungen um die Vorfreude und die Lust am Planen gebracht werden soll. Für einfache Wanderungen reicht das Studium der Landkarte, für Kletterrouten ist ein detaillierter Gebietsführer ohnedies unerläßlich. In lexikalischer Form werden Talorte, Hütten und Gipfel angeführt und auf die jeweiligen Tourenmöglichkeiten hingewiesen; Symbole neben den betreffenden Stichwörtern dienen dem schnelleren Überblick. Eingestreute geschichtliche und alpinhistorische Details sollen ein Fenster zu einer tieferen Schau der Landschaft öffnen, die schließlich mehr ist als eine Summe von Höhenmetern, Wanderstempeln und Schwierigkeitsgraden.

Der Bergraum zwischen Wienerwald und Gesäuse ist derart vielfältig, daß ein Leben nicht ausreicht, um jedes Steinchen dieses Mosaiks kennenzulernen. Die teilweise noch intakte Naturlandschaft bildet einen Spielplatz unserer Wünsche, den Boden für das zum seelischen Gleichgewicht nötige Kontrasterlebnis. Ihre zunehmende Bedrohung durch das Höhersteigen der Zivilisationsgrenze um tausend Meter ist für jeden sehenden Menschen offenkundig. Um so mehr muß ihre Bewahrung ein Herzensanliegen aller Natur- und Bergfreunde werden: In einer Zeit, in der das Echte zunehmend von Surrogaten verdrängt wird, sind die Möglichkeiten für authentisches Erleben wichtiger denn je. Und eine einzige erfüllte Stunde inmitten der Bergnatur ist wertvoller als ein Dutzend Videokassetten!

Tips für unterwegs

Als versierter und erfahrener Bergfreund können Sie diese Seiten getrost überblättern, wer jedoch nur gelegentlich den Bergschuh anzieht, wird sein Wissen ein wenig auffrischen wollen (wer sich besonders eingehend informieren will, sei auf das Verzeichnis der alpinen Lehrbücher im Anhang hingewiesen).

Ausrüstung

Der Bereich der Hausberge umfaßt die meisten alpinen Landschaftstypen mit Ausnahme des vergletscherten Hochgebirges. Wenn auch zwischen einem Wienerwaldausflug und einem Gesäusegipfel ein beträchtliches Spektrum liegen mag, gilt davon unabhängig für alle Kategorien vom Waldwanderer bis zum Extremkletterer der Grundsatz der Ausrüstungsökonomie: *Maximaler Wirkungsgrad bei geringstem Volumen und Gewicht.*

Auf dem Sektor *Bekleidung* findet das Mehrschichtenprinzip Anwendung: besser mehrere dünne Schichten als eine dicke, schwere. Hemd oder Sweatshirt, dünner Pulli oder Pullover und ein leichter, winddichter Kapuzenanorak halten besser warm als eine schwere Jacke und lassen sich darüber hinaus besser kombinieren. Die körpernächsten Schichten sollen aus Naturfasern oder solchen »nachgebauten« Kunstfasern sein (z. B. Langlaufunterwäsche, die den Schweiß an die nächste Gewebeschicht weiterleitet). Leibchen oder T-Shirt zum Wechseln wird bei Durchnässung hochgeschätzt. – Kniebund- oder lange Hose? Wenn auch die Kniebundhose jahrzehntelang zur korrekten Uniform »echter« Bergsteiger zählte, sollte dies keine Glaubens-, sondern allenfalls Geschmacksfrage sein. Beide haben ihre Vorteile, sollten in jedem Fall aus festem, strapazierfähigem Stoff sein, eine lange Hose (Bluejeans sind ungünstig) soll vor allem in der Kniepartie beim Steigen genügend Bewegungsfreiheit bieten. – Geeignetes *Schuhwerk* ist das wichtigste. Der Schuh muß vor allem den Knöchel schützend (und stützend) umschließen und eine rutschfeste Profilsohle aufweisen. Vor allem darf er nicht zu knapp sitzen. Für den Wienerwald und die Waldregion allgemein sind hohe Laufschuhe durchaus geeignet. Noch besser und universeller ist (wenn mit wasserdichtem Obermaterial versehen) der Wander- oder Leichtbergschuh, besonders seit er als »Trekkingschuh« neue Ehren erlangt hat. Für Wanderungen, die ins alpine Steilgelände führen, bis zu Kletterfahrten mittlerer Schwierigkeit ist ein fester Bergschuh angebracht (vor allem Neulinge seien jedoch vor einem profil- und absatzlosen Reibungskletterschuh als Statussymbol gewarnt, dessen Vorzüge erst in den oberen Schwierigkeitsbereichen zum Tragen kommen). – Angenehm sind zwei Paar Socken: dünne, schweißsaugende, quasi als zweite Haut, und darüber etwas stärkere aus Wolle oder Mischgewebe. – Der *Regenschutz* ist nach wie vor ein ungelöstes Problem. Völlig wasserdicht ist gleichbedeutend mit völlig luftdicht. Bei starkem Dauerregen und Wind gibt es – gleich ob Umhang oder Anorak – früher oder später nur die Alternative, mehr von innen oder mehr von außen naß zu werden. Goretexgewebe, das die Schweißfeuchtigkeit nach außen, Wassertropfen hingegen nicht nach innen dringen läßt, ist ein (kostspieliger) Kompromiß, der anfangs recht gut funktioniert. Nach einigem Gebrauch gibt jedoch auch dieses Wundermaterial Schwachstellen zu erkennen. Auf einfachen Wegen (zumal ohne Wind) leistet ein simpler Taschenschirm gute Dienste. Schlaue haben in jedem Fall einen Nylonsack mit trockener Reservewäsche im Rucksack (auch auf dessen Dichtheit sollte man nur eingeschränkt bauen), besonders Schlaue auch noch etwas Reservekleidung im Kofferraum. – Eine *Notapotheke* sollte so klein sein, daß man ihr realistischerweise *immer* einen Platz im Rucksack zubilligen kann. Sie enthält: Leukoplast, Hansaplast, Druckverband, ein bis zwei Mullkissen, kleine Schere, Sicherheitsnadeln, elastische Binde, schmerzstillende Tabletten sowie wichtige Kleinigkeiten (Mini-Nähzeug, Rasierklinge, Streichhölzer) – alles wasserdicht verpackt. Ein weiterer Gegenstand sollte sich ebenfalls immer im Rucksack befinden: ein Zweimann-*Perlonbiwaksack,* der nur 500 g wiegt und gute Dienste leisten kann, sei es als Sitz- oder Liegeunterlage auf feuchter Wiese, als improvisierter Regenumhang oder – das sei ganz untheatralisch festgehalten – als Lebensretter, der bei Wettersturz, Unterkühlung oder Verletzung das bißchen menschliche Körperwärme erhält! – Wem dieses Gewicht zu hoch erscheint, der nehme zumindest eine *Rettungsdecke* aus Alufolie mit. Sie wiegt nur 70 g, ist aber nicht so robust und nur ein- bis zweimal zu verwenden – im Notfall, der hoffentlich nie eintritt!

Unterwegs

Langsam beginnen! Sowohl zu Beginn der Saison, mit stufenweiser Steigerung der Anforderungen, wie auch bei jeder einzelnen Bergtour. Der Organismus läßt sich nur ungern vom Stand auf Hochtouren bringen. Etwa alle zwei Stunden empfiehlt es sich, eine kleine Rast einzulegen und ein wenig zu essen: Mehrere kleine Mahlzeiten belasten den Verdauungsapparat nicht so sehr wie eine einzige, schwere (nach wie vor gilt der alte Merksatz: »Der Bergsteiger lebt aus der Hosentasche«). Noch wichtiger ist es, *viel zu trinken,* um den beträchtlichen Flüssigkeitsverlust – bei durchschnittlichen Touren rund drei Liter täglich! – auszugleichen. Weil mit dem Schwitzen auch wertvolle Mineralstoffe verlorengehen, müssen auch diese ersetzt werden. Salzige Suppen, Fleisch und Dörrobst sowie in konzentrierter Form die sogenannten »Elektrolytgetränke« (Beneroc, Isostar, Champ etc.) enthalten diese wichtigen Substanzen.

Sorgsamer Umgang mit unserem Rest *Naturlandschaft* muß zur Selbstverständlichkeit werden! Der einzelne kann zwar keine Großprojekte oder politischen Fehlsteuerungen beeinflussen, kann aber zumindest durch Abfallvermeidung seine Sensibilität für diesen großen Problemkreis beweisen. Wer schon meint, auf Getränkedosen und andere Einwegverpackungen nicht verzichten zu können, ist gewiß kräftig genug, um diese im leeren Zustand wieder ins Tal zu tragen. »Nimm nichts mit außer Fotos – und lasse nichts zurück außer Fußspuren!« – so lautet die Maxime der US-Bergsteiger und -Wanderer. Nachdem alles, was von »drüben« kommt, so begeistert aufgegriffen wird, wäre diese Haltung ein erfreulicher Import.

Gefahren

Die klassische alpine Unfallkunde unterscheidet zweierlei Arten: die *objektiven* Gefahren, die in der Bergnatur begründet sind, wie Lawinen, Wettersturz, Steinschlag. Ein großes Gefahrenmoment bergen auch harte Schneefelder, die zu den häufigsten Unfallursachen zählen. Gerade bei diesen aber spielt die zweite Gefahrenkategorie mit hinein: die *subjektiven* Gefahren, die im menschlichen Handeln oder Fehlhandeln wurzeln: Unwissenheit, mangelndes Können, Selbstüberschätzung, Leichtsinn und Panikreaktionen. Nicht zu unterschätzen ist das Nachlassen der Konzentration: die meisten Berg- und Skiunfälle geschehen am Nachmittag, bei Ermüdung, beim Abstieg im vermeintlich »leichten« Gelände! Jede Bergtour ist erst im Tal zu Ende!

Unfälle sogenannter Halbschuhtouristen nehmen prozentuell ab. Die Leute pflegen heute besser ausgerüstet zu verunglücken, weil sie außer acht lassen, daß mit dem Kauf eines Ausrüstungsgegenstandes nicht automatisch dessen richtige Anwendung sowie Können und Erfahrung erworben werden. Statt zunehmender Overkill-Kapazität auf dem Ausrüstungssektor wäre eher eine geistige Aufrüstung angebracht!

Die Kenntnis des *alpinen Notsignals* ist unerläßlich: Ein optisches oder akustisches Signal sechsmal in der Minute, danach eine Minute Pause, und so weiter, bis Antwort kommt (eine Trillerpfeife erhöht die Chance, gehört zu werden!). Umgekehrt besteht für jedermann die *Pflicht zur Hilfeleistung,* zumindest zur Herbeiholung von Hilfe!

Sicheres Wandern und Bergsteigen erlernt man nur durch Wandern und Bergsteigen. Alle Lehrbücher können bloß helfen, die gröbsten Schnitzer zu vermeiden, vor Überraschungen ist auch nach der tausendundersten Tour niemand sicher! – Anderl Heckmair, einer der Erstbegeher der Eiger-Nordwand, hat es mit fast philosophischer Tiefe formuliert: »Fehler macht ein jeder. Nur – der Dumme macht immer dieselben. Der Intelligente immer neue.«

Symbole zur Orientierung bei den Tips von A–Z

○ Unschwierige Wanderung

bzw. leichte Gipfelersteigung auf gefahrlosen Wegen – jedoch sehr unterschiedliche Anforderungen punkto Ausdauer!

● Anspruchsvolle Wanderung

Gesamtanforderungen bezüglich Länge, eventuell Ausgesetztheit oder die Notwendigkeit, einfachere Kletterstellen zu bewältigen, setzen Übung und Erfahrung voraus!

△ Versicherte Steiganlage

Innerhalb dieser Kategorie spannt sich ein Bogen von gefahrlosen Steiganlagen (z. B. Bärenschützklamm) bis zu Anlagen im Steilfels, die Klettererfahrung und unbedingte Schwindelfreiheit erfordern sowie z. T. Seilgebrauch ratsam machen (z. B. Wildenauer-, Währinger- und Pittentalersteig).

▲ Kletterei

bzw. Klettermöglichkeit (Klettergarten)
Geeignete Ausrüstung (Vollseil, einige Karabiner und Schlingen) sowie Kenntnis und Anwendung geeigneter Sicherungsmethoden sind Voraussetzung.
Es wird die in den meisten europäischen Führerwerken gebräuchliche UIAA-Skala verwendet. (UIAA: Union Internationale des Associations d'Alpinisme = Internationaler Verband der Bergsteigervereinigungen.) Die Skala wird in (derzeit) sieben Hauptstufen von I bis VII (in römischen Ziffern) unterteilt, wobei der Zusatz + oder – für die obere bzw. untere Grenze der Schwierigkeitsstufe steht. Ist die Verwendung künstlicher Hilfsmittel zur Fortbewegung erforderlich, wird dies zusätzlich durch den Buchstaben A (artificiel) mit einer arabischen Ziffer von 0 bis 4 angegeben.

I = Geringe Schwierigkeiten. – Einfachste Form der Felskletterei, jedoch kein einfaches Gehgelände! Die Hände sind zur Unterstützung des Gleichgewichts eingesetzt, Anfänger müssen am Seil gesichert werden. Schwindelfreiheit und Trittsicherheit sind notwendig.

II = Mäßige Schwierigkeiten. – Hier beginnt die Kletterei, welche die Drei-Punkt-Haltung erforderlich macht (nur jeweils ein Fuß oder eine Hand suchen nach dem nächsten Haltepunkt).

III = Mittlere Schwierigkeiten. – Senkrechte Stellen oder gutgriffige Überhänge erfordern bereits Kraftaufwand. Zwischensicherungen an ausgesetzten Stellen sind empfehlenswert.

IV = Große Schwierigkeiten. – Hier beginnt die Kletterei schärferer Richtung, erhebliche Klettererfahrung ist notwendig. Längere Kletterstellen erfordern bereits mehrere Zwischensicherungen.

V = Sehr große Schwierigkeiten. – Erhöhte Anforderungen an körperliche Voraussetzungen, Klettertechnik und Erfahrung.

VI = Überaus große Schwierigkeiten. – Weit überdurchschnittliches Können und bester Trainingszustand sind Voraussetzung. Passagen dieser Schwierigkeit können in der Regel nur bei guten Verhältnissen bezwungen werden.

VII = Außergewöhnliche Schwierigkeiten. – Ein durch gesteigertes Training und verbesserte Ausrüstung erreichter Schwierigkeitsgrad, der akrobatisches Klettervermögen und ausgefeilte Sicherungstechnik bedingt.

❋ Skitour bzw. Skiwanderung

Tourenmöglichkeit unterschiedlichster Anforderung, vom (ungespurten) Langlaufgelände bis zur schwierigen Steilabfahrt. Skibindung mit hohem Fersenhub, Steigfelle und Mitnahme einer kleinen Notfallausrüstung sind angeraten. Beachtung der Schnee- und Lawinensituation bei der Tourenplanung ist Voraussetzung. Ebenso muß Rücksichtnahme auf Forstkulturen selbstverständlich sein!

Abkürzungen:

Gh. = Gasthof   Min. = Minuten
HM = Höhenmeter   St. = Stunden

Wienerwald

Er kommt mit seinen Hügeln und letzten Bauminseln bis herein in die Stadt; mit einem kühlenden Lufthauch im Sommer, wirbelt herbstliche Blätterschwärme durch die Gassen der Außenbezirke, und an manchen Abenden überdeckt er mit feinem, erdfeuchtem Frühlingsduft die tägliche Abgasproduktion. Wie keine andere Stadt vergleichbarer Größe hat Wien den Vorzug, daß Natur- und Kulturlandschaft sachte verwoben ineinander aufgehen. »Dieses Ganze ist ja ein ungeheurer Garten, zusammengesetzt aus Tausenden von kleinen Gärten und aus wilden, aber gartenhaften Hügeln. Und dieses Ganze reicht von Baden im Süden bis zu jener Donauecke im Norden, auf der Klosterneuburg thront und die so schön ist, daß Napoleon sie nach Frankreich mitnehmen zu können wünschte . . .« Ob Hugo von Hofmannsthal heute ebenso begeisterte Worte fände für den Siedlungsbrei, der sich anscheinend unaufhaltsam über die Hänge ausbreitet, bleibe dahingestellt. Geographisch hat der Dichter jedenfalls noch untertrieben: Im Westen erstreckt sich der Wienerwald bis an den Lauf von Traisen und Gölsen, grob umrissen ein Rechteck von dreißig mal sechzig Kilometern Ausdehnung, in eine Flysch- (vier Fünftel) und eine Kalkzone (ein Fünftel) geteilt sowie zum Leidwesen der Volksschüler von zahlreichen auswendig zu lernenden Bächen entwässert. Höchste Erhebungen sind der Schöpfl (893 m), der benachbarte Gföhlberg (885 m) und der Hohe Lindkogel (834 m).

Um den für Außenstehende stark nach Lokalpatriotismus riechenden Enthusiasmus der Wiener für ihren Wienerwald zu ermessen, muß man sich die ganze Bandbreite seiner Bedeutung vor Augen führen: Er ist historische Kulisse, Wirtschaftsraum, Luftfilter, Idylle und Inspiration, Heurigenkolonie, Wander- und Kletterrevier und über allem – von vielen gar nicht bewußt wahrgenommen – als Jahreszeitenuhr ein gar nicht mehr so selbstverständliches Wunder inmitten einer zunehmend von künstlichen Gegebenheiten dominierten Umgebung. In allem, was heute den Wert des Exportartikels »Wiener Kultur« ausmacht, steckt ein Stück dieser Landschaft: in der Malerei von Waldmüller bis Kokoschka, in der Musik von Beethoven und Schubert bis zu den Dialektbarden und zum letzten, schon etwas ausgeleierten Heurigentrio, und in der Literatur von Lenau, Stifter, Altenberg und Weinheber bis zu H. C. Artmann, der ein imaginäres »St. Achatz am Wald« als Geburtsort anführt.

Von besonderer Bedeutung aber ist der Wienerwald seit jeher für den Alpinismus gewesen, so verschroben dies angesichts der geradezu »zwergenhaften« Gipfelhöhen klingen mag. Doch hier, wo die Grenzen zwischen Spaziergang und strammer Wanderung verschwimmen, wo sich das Gebirge ganz sanft und einladend an die Stadt

herandrängt, da fand der Ruf »Zurück zur Natur« sehr früh ein selbstverständliches Echo in den Ausflügen und Landpartien des Herrn Biedermeier. Mit der Gründung der alpinen Vereine Mitte des vorigen Jahrhunderts gewann diese Landschaft eine neue Facette hinzu – als Vorzimmer zum Gebirge, und zum Teil auch als Ersatz dafür. Nehmen wir nur die alten, echten Wienerwaldhütten: Sie geben sich außen wettergegerbt wie ihre großen Vettern im fernen Hochgebirge, in der Gaststube hängen außer dem vergilbten Foto des Vereinsvorstandes bei der Einweihung auch Bilder vom Matterhorn und den Dolomiten, und von der nahezu unabdingbaren Aussichtswarte neben der Hütte sieht man an klaren Tagen in weiter Ferne den Schneeberg glänzen – und das dahinter muß wohl gar die Schneealpe sein?! – Und die ganze Bergsehnsucht materiell benachteiligter Generationen manifestiert sich in den Benennungen jener Kalkzacken, die teilweise kaum die Baumwipfel überragen: Glocknergrat, Meije, Cimone, Zinne und Matterhörndl, deren es gleich zwei gibt: am Peilstein und am Anninger. Letzteres ganze sieben Meter hoch, was aber kein Grund für spöttisch herabgezogene Mundwinkel sein soll: es ist quasi historischer Boden, der »alpine Kindergarten« (wie sie ihn bescheiden nannten) der bedeutendsten Wiener Alpinisten vor mehr als 110 Jahren, und einer der ersten in der Literatur genannten Klettergärten überhaupt. Deren populärster freilich ist zweifellos der Peilstein. Seine janusköpfige Erscheinung – sanftgerundeter Wanderbuckel einerseits und blanke, fast hundert Meter hohe Felsstirn andererseits – macht ihn zum Typus des Hausberges schlechthin. Mit seinen fast 500 Kletterrouten und Varianten ist er Jugendland, Übungsgerüst, Prüfstein des Könnens und immerwährende Herausforderung, mit seinem Wanderwald und der Aussicht von der Wandkante, die sich so überraschend auftut, bleibt er ein Ziel auf Lebenszeit für jeden Freund der Natur. Auch wenn man nie geklettert ist, wird allein ein vorsichtiger Blick über den Wandrand hinunter den Hauch gefährlichen Lebens vermitteln. Und die Schau über die schwingenden, einander überschneidenden Linien der Voralpenberge, in der Ferne immer höher und blasser werdend, wird den Wunsch nach dem Dorthin und Dahinter stets aufs neue anfachen. Aber das Wesentliche am Peilstein bleiben schließlich seine felsigen Westabstürze. Bis zu 60, 80 Meter hoch, erfordern die meisten Anstiege Seilschaftskletterei mit einwandfreier Sicherung, der steile Kalkfels ist meist bombenfest, aber an vielen entscheidenden Stellen von Generationen glattpoliert wie Marmor! Der Peilstein ist auch ein schöner Spiegel der Entwicklung im Klettern. Als nach dem Krieg der alte Peilsteinführer neu herausgegeben wurde, sollte er nach dem

Wunsch seines Verfassers Hubert Peterka ein Werk von Ewigkeitswert werden: mit wissenschaftlicher Akribie setzte er die jungen Kletterer von 1948 auf alle noch irgendwie gangbar scheinenden Felspartien an, damit »alles gemacht wird, was am Peilstein noch zu machen ist!« Kaum waren die wunden Fingerspitzen der damaligen Kletterelite verheilt und der Führer erschienen, nahm ihn sich der alte Rudolf Reif vor, studierte ihn genau (Zeit hatte er genügend als Pensionist) – und machte zum Grimm Peterkas noch zwei Dutzend Erstbegehungen! Dreißig Jahre später, 1978, wollte Peter Holl den mittlerweile veralteten Nachkriegsführer zukunfts- und erstbegehungssicher gestalten – nach wenigen Jahren schon ist auch er als veraltet deklariert! Eine förmliche Explosion des Kletterkönnens hatte gleich zwei neue Peilsteinführer zur Folge, die heutigen Mauerläufer tragen wieder Schnurrbärte wie Lammer, Schmitt und Zsigmondy vor hundert Jahren, kleben jedoch am alleräußersten Rand der Schwerkraft oder hangeln sich mit Einfingerklimmzügen die furchterregendsten Überhänge hinauf, wobei allein schon das schärfere Anblicken eines Hakens als Regelverstoß getadelt wird.

Nicht nur mit seiner Hüttenromantik oder den Felsbildungen verkörpert der Wienerwald eine Alpenwelt im kleinen: auch einen regelrechten Bergbahn-Boom hat er schon erlebt: Außer der Zahnradbahn auf den Kahlenberg, von der immerhin ein Wienerlied und die Zahnradbahngasse in Döbling künden, wurde 1873 auch eine Standseilbahn auf den Leopoldsberg und 1874 eine solche auf die Sophienalpe gebaut. Die beiden letzteren mußten aber bereits nach wenigen Jahren den Betrieb einstellen, während die Zahnradbahn immerhin etliche Jahrzehnte bergwärts schnaufte.

Und schließlich war der Wienerwald, sogar im Nahbereich von Wien, eines der frühesten Skigebiete Mitteleuropas. Der »Erste Wiener Skiverein«, gegründet 1892 als der erste der Monarchie überhaupt, hatte sein Übungsgelände im Neuwaldegger Park, und im »Neuen Wiener Tagblatt« fand man die – durchaus ernst gemeinte – Meldung: »Der Präsident des Österr. Skivereines versuchte gestern zum Hameau [mit Skiern] vorzudringen, wurde jedoch durch ungeheure Schneemassen zur Umkehr gezwungen.« Wohl gab es damals sicherlich schneereichere Winter als heute, die Ski»technik« der meisten Enthusiasten jedoch war nach allen Berichten offensichtlich erbarmungswürdig. In dieser allerersten Phase war der Skilauf vornehmlich ein Gaudium für die Zuseher, wenn die Läufer nach mehr oder (meist) weniger langer Fahrt zu Sturz kamen und sich zu komplizierten Knäueln ballten. Schließlich holte man die bewunderten Norweger als Instrukteure. Der in Wien arbeitende norwegische Bäckergeselle Samson Bismarck war mit seinen Sprüngen und Telemarks ein vielbestaunter Star, der sogar den Söhnen Baron Rothschilds im Park ihres Palais auf einer kleinen Schanze Privatunterricht geben mußte. Und wer etwas hielt in dieser Urzeit des alpinen Skisportes, gab sich vor allem einmal Mühe, sich wie ein skandinavischer Landbriefträger zu verkleiden – den Skilauf konnte man allemal noch später lernen. Dabei liegt die Betonung in zweifachem Sinn auf dem »Lauf«: Einerseits wurde die in diesem Hügelgelände recht brauchbare nordische Technik praktiziert (erst einige Jahre später »erfand« Zdarsky den alpinen Skilauf), andererseits »... gehst du im Wienerwald mit Skiern so lange bergauf, bis du unten bist«. Und heute schließt sich der Kreis: von den Anfängen über die Christiania- und Keilhosen-Ära, über Schlepplift-Projekte für jeden noch so flachen Hang und Astronauten-Look auf der Himmelhofwiese gelangen wir wieder zurück zu den Wurzeln – zum Langlauf, der sich mehr und mehr als die dem Gelände gemäße Wintersportform herauskristallisiert.

In erster Linie aber bleibt der Wienerwald ein Wandergebiet, wie es derart leicht erreichbare, unschwierige und vielfältige nur wenige gibt. Die Vielfalt ergibt sich schon aus der Geologie: der Sandstein-Wienerwald bringt eine andere Flora hervor als der Kalk-Wienerwald mit seinen oft fast mediterran wirkenden Szenerien. Ein anderer Aspekt der Vielfalt ist die Position eines Weges oder Berges zum Stadtrand und zu den Verkehrswegen. Ein Kahlenberg etwa gleicht als Fixpunkt aller Sightseeing-Programme eher einem Rummelplatz als einem Wienerwaldgipfel herkömmlicher Prägung. Oder die Hochstraße bei Rodaun, das klassische Ausfallstor zu den Alpen: von hier aus lassen sich theoretisch alle Traumziele der Alpen zu Fuß erreichen – wenn man nur genügend Zeit hat. Diese seit jeher beliebte Ausflugspromenade ist übrigens während der letzten Jahre zum Paradebeispiel einer neuen Wanderbürokratie geworden, ein förmliches Koaxialkabel an Weitwanderwegen. – Und wenige Kilometer weiter gibt es Wege, die so selten begangen werden, daß einem mannshohes Gras um die Ohren schlägt, Wege mit verblichenen Markierungen, es gibt verborgene Kuriositäten wie den Badener Turm oder den Roßgipfel, und es gibt jenen Wienerwald im fernen Westen, um Schöpfl, Kukubauerwiese oder Steinwandleiten.

Wienerwald – das Alpha und Omega des Wiener Bergsteigers und Wanderers: vom Frühling, wenn aus dem braunen Laub des Vorjahres neben den bunten Abfällen des letzten Fitmarsches auch die ersten Blumen leuchten, über die Sommerabende, die auf einem mehr oder weniger großen Umweg bei einem Heurigen ausklingen müssen, über das infantile Vergnügen beim Rascheln des Herbstlaubes unter den schleifenden Schuhen bis zum Rauhreif und Kristallgeglitzer aus der Kitschkiste des Winters ... Von den Schulausflügen, den ersten Kletterversuchen und verbissenen »Trainingsmärschen« über die alljährliche unerbittliche Prüfung an den Standardfelsen (Bauch zu schwer? Finger zu lahm?) bis zum Herbst des Lebens, wenn der wetterfaltige Bergsteiger mit längst unmoderner Hose, mit Abzeichen und Lodenrock und müderem Schritt zurückkehrt auf immer sanftere Wege ...

Herbstwald bei der Jubiläumswarte

Wienerwald von A–Z

Agnesbründl

Die Quelle am Nordhang des Hermannskogels war einst einer der meistbesuchten Punkte des Wienerwaldes. Beim – angeblich – wundertätigen Bründl unter einer mit einem Marienbild gezierten Buche entwickelte sich ein regelrechter Wallfahrtsbetrieb. Bis zu 20.000 Menschen sollen an manchen Sonntagen gezählt worden sein – zuviel für den mißtrauischen Staatskanzler Metternich. Der ließ 1817 die Buche fällen und die Quelle zuschütten, aber sie trat wieder zutage und machte eine zweite Karriere als Glücksbrunnen, in dessen Spiegel dem Eingeweihten die richtigen Lotterienummern erschienen. Das währte bis in die zwanziger Jahre unseres Jahrhunderts.
Zugang: vom Gh. Jägerwiese 5 Min., PKW-Zufahrt bis zum Fischerhaus.

Alland, 331 m

Ort im Tal der Schwechat an der Grenze von Sandstein- und Kalkzone, seit alters her wichtiger Verkehrsknoten im Wienerwald; 2 km außerhalb der Ortschaft befindet sich die Lungenheilstätte. An der Nordseite des Buchbergs, 478 m, die *Allander Tropfsteinhöhle*, 70 m lang, an Wochenenden und Feiertagen von Ostern bis Spätherbst von 9 bis 17 Uhr geöffnet. Auskünfte: Telefon (0 22 58) 245.

Anninger, 675 m ○ ▲ ✳

Breit ausgedehntes Massiv, einer der bedeutendsten und meistbesuchten Wienerwaldgipfel. Exakt genommen sind es deren sogar vier: der »richtige« Anninger mit der Wilhelmswarte, der Buchkogel, 639 m, der Vierjochkogel, 651 m, mit seiner weithin sichtbaren Richtfunkstation, und der Eschenkogel, 653 m, in der Nähe des Anninger-Schutzhauses. Der Anninger – ein kleines Gebirge für sich – vereint alles, was der Wienerwald zu bieten hat: kleine Kulturdenkmäler wie Husarentempel und Ruine Mödling, die → *Dreidärrischenhöhle*, Kletterfelsen wie den → *Glocknergrat* und die Klause, Rauhe Platte, → *Friedrichswand* und → *Matterhörndl.*

Aufstiege: Der klassische und am häufigsten begangene der zahlreichen Wege ist jener über die »Goldene Stiege« und die »Breite Föhre«, weiter der (für den Autoverkehr gesperrten) Straße folgend über »Krauste Linde« und Anninger-Schutzhaus zum höchsten Punkt, der (gemauerten) Wilhelmswarte (rund 2 St.). Diese bietet vor allem einen schönen Blick über das Wiener Becken, die Jubiläumswarte auf dem Eschenkogel dagegen gewährt eine bessere Sicht auf die Wienerwaldberge.
Weitere Anstiege von Baden, Gaaden, Gumpoldskirchen, Guntramsdorf und der Brühl, je 2–2½ St.
Als *Winterziel* ist der Anninger altbekannt. Eine einst gutausgebaute und instand gehaltene Rodelbahn hat die schneearmen Winter der letzten Jahrzehnte nicht gut überlebt. Die Hauptwege sind jedoch bald von Fußwanderern gut gespurt. Der Weg über Goldene Stiege – Breite Föhre – Anningerhaus ist auch mit Langlaufskiern durchaus empfehlenswert (erstes steileres Stück Skier tragen!).
Das *Anninger-Schutzhaus, 625 m,* unterhalb des Eschenkogels, wurde 1912 vom »Verein der Naturfreunde in Mödling vom Jahr 1877« erbaut. – Ganzjährig bewirtschaftet, keine Nächtigung! Montag/Dienstag Ruhetag.

Arnsteinnadel ▲

Die zierliche Spitze der Arnsteinnadel an der waldigen Nordseite des → *Peilsteins* ist schon von Mayerling aus zu sehen. Sie erhebt sich zwar kaum zehn Meter über den Waldboden, überragt jedoch auf der anderen Seite den senkrechten 50-Meter-Absturz der Arnsteinwand. Sie war bereits in der Frühzeit des Alpinismus eine Herausforderung: Otto Laubheimer, dem Meteor am Kletterhimmel der Jahrhundertwende, gelang 1899 die vermutlich erste Erkletterung auf dem wendeltreppenartigen »Normalweg« (III+, Abstieg mittels Abseilens). In unmittelbarer Nähe der Nadel befinden sich Mauerreste, die allmählich vom Wald überwuchert werden – die Reste der Burg Arnstein, die 1170 erbaut, 1529 von den Türken zerstört und nie mehr aufgebaut wurde.

Baden, 232 m

Kurstadt am Ausgang des Helenentals (flankiert von den Burgruinen Rauheneck und Rauhenstein). Die heißen Schwefelquellen sind seit der Römerzeit bekannt. – Von den Türken wurde Baden 1529 und 1683 stark verwüstet. Nach einem Großbrand 1812 entwickelte sich Baden zu einer typischen Bäderstadt mit einem geschlossenen Stadtbild im klassizistischen Stil. Im 19. Jh. war Baden *der* Erholungsort des Kaiserhauses, des Wiener Adels und Bürgertums sowie Künstlertreffpunkt ersten Ranges: Beethoven, Mozart, Strauß und Lanner, die Maler Schwind, Waldmüller und von Alt, Raimund, Grillparzer und Stifter, die bekanntesten Schauspieler, Tänzerinnen und Sänger waren häufig Gäste in Baden. Die neue, empirische Auffassung ärztlicher Kunst, die Kuranstalten, die unter Förderung reicher Unternehmer entstanden, und das Gesellschaftsleben verschafften der Stadt Ansehen und zahlungskräftiges Publikum.
Ausgangspunkt für → *Anninger* (von »Einöde« 2 St.), → *Hohen Lindkogel* (3 St.), → *Pfaffstättener Kogel* (1⅓ St.).

Badener Lindkogel, 582 m ○ ▲

Prägnanter Waldberg im langgestreckten Massiv des Lindkogels, trägt die Ruinen Rauheneck und Scharfeneck. Nur auf unbezeichneten Wegen zu erreichen, eine Umrundung des Gipfels ist markiert. Straßenzufahrt bis zum Gh. Jägerhaus.
Der *Badener Turm* an seiner südwestlichen Flanke sowie die dahinterliegenden Wände sind ein lohnendes, jedoch anspruchsvolles Kletterziel (Normalweg III+, auf dem Turm ein Gipfelbuch, Abstieg durch Abseilen). Die Felsen des Badener Turms erreicht man vom Jägerhaus, dem rot bezeichneten Weg zur Cholerakapelle bis zum Sattel zwischen Badener und Hohem Lindkogel folgend. Auf einer hier beginnenden Wiese steigt man – nur zur Orientierung – rund 150 m Richtung Helenental auf und erblickt rechts oben die Felsen, die weglos erreicht werden.

Weingärten bei Perchtoldsdorf

Bad Vöslau, 276 m

Thermal-Kurort ähnlich Baden. Thermal-Strandbad in Parklage. Im klassizistischen Schloß ist ein Heimatmuseum untergebracht.
Die *Vöslauer Hütte, 492 m,* liegt am »Maria Zeller Zwickel«, am Fuß des Sooßer Lindkogels. Touristenverein »Die Naturfreunde«, 25 Schlafplätze. Autozufahrt von Gainfarn zur Hütte, *Aufstieg* von Bad Vöslau 1½ St. Auf den Sooßer Lindkogel ½ St., weiter auf den Hohen Lindkogel 1¼ St.

Buchberg(e)

Deren gibt es im Wienerwald mit seinem reichen Buchenbestand gleich sechs:
– westlich von Purkersdorf, 428 m, auf dem Weg Purkersdorf – Troppberg,
– nordöstlich von Purkersdorf, 465 m, über dem Augustinerwald,
– bei der Wilhelmshöhe im Verlauf des Höhenzuges zwischen Irenental und Weidlingbachtal, 405 m,
– westlich von Alland (an seinem Abhang die Tropfsteinhöhle), 478 m,
– bei Neulengbach, 469 m, auf seinem Gipfel die *Buchberghütte;* Autozufahrt oder schöne Höhenwanderung von Rekawinkel,
– und bei Klosterneuburg, 363 m.

Drei Berge, 555 m ○ ❄

Als selbständige Erhebung kaum kenntliche Waldberge an der Wasserscheide Wiental/Mödlingbach, über die jedoch ein überaus lohnender Höhenweg führt: von Preßbaum über den Bihaberg und die Sattelberge 2 St., weiter zum Hochrotherd ½ St. Sehr empfehlenswert ist dieser Höhenweg in Verbindung mit der Verlängerung vom Hochrotherd über Vorderen Wöglerberg – Lattermaißberg – Wiener Hütte bis Rodaun; gesamt 4–6 St. Auch *Skiziel* mit Langlaufskiern!

Dreidärrischenhöhle, 511 m ○

In halber Höhe des → *Anninger* gelegen, wurde diese Brandungshöhle des Tertiärmeeres stellenweise künstlich erweitert, gangbar gemacht und am 28. 8. 1926 als Schauhöhle mit elektrischer Beleuchtung eröffnet (diese ist längst wieder demontiert). Die Ganglänge dieser größten der rund 50 Wienerwaldhöhlen beträgt 130 m. Der Name rührt vermutlich von drei Felsgebilden über dem Höhleneingang her.
Zugang: von Gumpoldskirchen über Kalvarienberg und Rotes Kreuz 45 Min. (Taschenlampe nicht vergessen!).
Wer schon beim Höhlenbesuch ist, besuche auch die *Einödhöhle* bei Pfaffstätten–Einöde. Mit Wanderung über den Pfaffstättener Kogel zur Dreidärrischenhöhle und Rückweg auf dem südlich verlaufenden Weg Nr. 404 ergibt sich eine lohnende *Rundtour* (3–4 St.).

Dreimarkstein, 451 m ○ ❄

Am Westrand von Wien bildet er den Zusammenstoß der drei Gemarkungen Salmannsdorf, Sievering und

Weidlingbach an der Höhenstraße. Weitreichende Aussicht vom *Häuserl am Roan*. Reizvolle Kammwanderung (auch mit Skiern!) von Vorderhainbach (→ *Hohe-Wand-Wiese*) über Mostalm, Sophienalpe und Hameau, 3–4 St.

Eichberg, Eichkogel

Eichberge und -kogel gibt es im Wienerwald nicht ganz so viele wie Buchberge, aber dennoch mehr, als ihnen in der Relation zustünden. Der Eichenbestand ist im Rückgang begriffen, der pannonische Eichenwald mit seinen Zerr- und Flaumeichen ist noch bei Neuwaldegg, im Anningergebiet, bei Merkenstein und bei Gugging schön ausgeprägt.

– Eichberg, 327 m, ½ St. oberhalb von Klosterneuburg,
– Eichberg, 558 m, zwischen Kaltenleutgeben und Hochrotherd,
– Purkersdorfer und Weidlinguauer Eichberge, ca. 400 m, nördlich von Purkersdorf (wenig markant),
– Eichkogel, 367 m, Ausläufer des Anninger mit einer geologisch interessanten Schichtserie,
– Eichkogel, 428 m, bei der Wiener Hütte.

Eichleitenberg, 366 m ○

Eine unauffällige Erhebung bei Höflein an der Donau, die kaum Beachtung fände – wäre sie nicht die nördlichste Erhebung des gesamten Alpenbogens und solchermaßen »amtlich« sein Beginn bzw. Ende. Nur dürftige Durchblicke zur Donau – aber unter Sammlern eine wertvolle Kuriosität, so wie ein seltener Fehldruck für Philatelisten.

Vom Weg Höflein – Hadersfeld unmarkiert in 5 Min. erreichbar (1 St. von Höflein).

Eisernes Tor

Bezeichnung für den → *Hohen Lindkogel*. Sie leitet sich von einem Heiligenbild an einem Baum ab, welches von einem Eisengitter mit Tor eingefriedet war; schließlich übertrug sich der Name auf den gesamten Berg – selbst wenn von Tor, Bild und Baum nichts mehr übrig ist.

Föhrenberge ○

Pinus nigra, die formschöne Schwarzföhre, die der Landschaft einen südlichen Anhauch verleiht, ist der Namensgeber dieser Waldberge über Kaltenleutgeben. Im exakten Sinn werden damit nur zwei Erhebungen bezeichnet: der *Vordere Föhrenberg (Parapluiberg), 561 m*, und der *Hintere Föhrenberg, 582 m*, mit der *Kammersteinerhütte* und der *Josefswarte*. Im weiteren Sinn hat sich die Bezeichnung auf den gesamten Höhenzug zwischen Rodaun und Sulz ausgedehnt, der zum großen Teil auch in den gleichnamigen Naturpark einbezogen ist. Mit dem Effekt, daß die hübschen Tafeln immer rechtzeitig weitergerückt werden, ehe der Steinbruch wieder ein Stück Föhrenberg frißt.

Friedrichswand ▲

Felswand an der Südostseite des Anninger mit einer Höhe bis 60 m. Das Karwendel der Wiener Klettergärten: der Fels ist teilweise fest, vielerorts aber splitterbrüchig, was Lästerzungen zur Bezeichnung »... und Friedrichs-Wand« verführt hat. Trotzdem: eine lehrreiche Klettergelegenheit, vielfach kann nicht von oben gesichert werden, und schließlich ist's auch »draußen« nicht immer fest. Den besten Fels weist die »Schwarze Verschneidung« (III und III+) auf.
Zugang: von Mödling ins Prießnitztal (Parkplatz), vom markierten Weg nach wenigen Metern rechts abzweigen zu den erst jetzt sichtbaren Felsen.

Gföhlberg, 885 m ○

Waldiger Gipfel zwischen Klammhöhe und Kasberg, die zweithöchste Erhebung des Wienerwaldes. Nur um 8 m niedriger als der Schöpfl, wird er ungleich seltener aufgesucht – allerdings bietet er auch keine gute Aussicht.
Aufstiege: am kürzesten von der Klammhöhe, 1 St.; von Bernau (4 km von Hainfeld) 1½ St.; von Laaben auf Höhenweg über Kreuzwirt 3 St.

Im dichten Wegenetz im Umfeld Wiens wird noch vielfarbig markiert

Eine hervorragend schöne *Kammwanderung,* mit fortwährenden weitreichenden Ausblicken, führt von der Klammhöhe über Gföhlberg und Kasberg, durch eine der letzten intakten Kulturlandschaften, zur → *Kukubauerwiese* (4–4½ St., größtenteils markiert, zweite Hälfte auf Weg Nr. 404).

Gießhübel, 416 m
Gießhübler Wände ○ ▲
Ort auf einem Bergrücken westlich von Mödling am Abhang des Föhrenbergzuges mit schönem Blick auf Wien.
Wege auf den Hundskogel mit der Sittnerwarte ½ St.; auf den Predigerstuhl 1 St.
Oberhalb der großen Wiese auf einem Bergkamm die weithin sichtbare *Hans-Nemecek-Hütte, 524 m;* erbaut von den »Wiener Gebirgsfreunden« und nach dem langjährigen Einsatzleiter des Bergrettungsdienstes benannt. Wochenendbewirtschaftung, Nächtigungsmöglichkeit. *Zugang:* von Gießhübel (Bus-Endstelle) 15 Min. – Von der Hütte gelangt man absteigend in wenigen Minuten zum Fuß der *Gießhübler Wände* (Gießwände), ein recht anspruchsvolles Kletterrevier mit Felsen bis 35 m Höhe.
Beliebt sind der Fensterlgrat (I+), Breite Ries (II und III), Triograt (II und III+) und Triograt-Riß (III und –IV), alle bis 35 m hoch. »Präsident«, »Armer Hansi« und andere kürzere Steige bieten teilweise sehr krafttraubende Stellen.

Glocknergrat ▲
Die steile Felsklippe bei Mödling, die von der Anningerseite her den Eingang zur »Brühl« einengt, bietet einen der längsten Kletterwege des Wienerwaldes: eine Miniaturbergsfahrt in gutem Fels und mit abwechslungsreichen Kletterstellen. Ein Kamin bildet den Auftakt, ein Felshorn wird überklettert, und aus der folgenden Scharte erhebt sich ein steiler Aufschwung mit ein paar »dünnen« Metern im zweiten Drittel, der Schlüsselstelle des Grates, der nun mit einigen weniger luftigen Aufschwüngen im Wald endet.
Zugang: vom Aquädukt etwa 200 m dem Promenadenweg folgend, dann auf Steigspuren links aufwärts zu den Felsen. III, etwa 90 m Höhendifferenz, Kletterstrecke wesentlich länger; 30–40 Min.

Gumpoldskirchen, 260 m
Steht hier stellvertretend für all die bekannten Weinbauorte an der Südbahnstrecke, die zumeist eine ziemlich ähnliche Geschichte aufweisen – vom Beginn des Weinbaues in der Römerzeit über die Katastrophe des Reblausbefalles (dieser Schädling wurde um 1870 aus Nordamerika eingeschleppt) bis zu so gemütlichen Einrichtungen wie den »Großheurigen«. Im »Banntaidingbuch« von 1560 steht: »Fremde Weine dürfen nicht in den Markt gebracht werden, wer dawider thuet, ist dem Nachrichter mit sambt dem Wein verfallen« . . .

Gumpoldskirchen geht auf eine Gründung Herzog Friedrichs II. im 13. Jahrhundert zurück. *Sehenswert:* das Schloß des Deutschen Ritterordens, das mit der gotischen Pfarrkirche zu einer Wehranlage verbunden ist.
Ausgangspunkt für den → *Anninger* (mehrere Wege) 2 St.

Hadersfeld, 441 m
Dorf auf einer Hochfläche im nördlichen Teil des Wienerwaldes über dem steilen Abfall zum Donauknie. Nicht weniger als zwölf markierte Wege führen sternförmig zu dieser ehemaligen Holzfällersiedlung. Westlich des Ortes die *Tempelbergwarte, 403 m,* mit schönem Blick über das Tullnerfeld.

Hafnerberg, 478 m
Wallfahrtskirche an der Straße Alland – Altenmarkt im Zuge der einst vielbegangenen Wallfahrtsstrecke Wien – Mariazell. Die Verbindung zwischen Schwechat- und Triestingtal wurde 1802 als Poststraße ausgebaut. – Die

schöne doppeltürmige Barockkirche wurde zwischen 1729 und 1745 auf Kosten des Wiener Sattlermeisters Johann Michael Fürst sowie des damaligen Abtes von Kleinmariazell erbaut. *Übergang:* nach Kleinmariazell 1½ St.; nach Alland über Glashütten (teilweise Straße) 2½ St.

Hagenbachklamm ○

Romantisches, klammartiges Engtal bei St. Andrä vor dem Hagenthale. Die Klamm – eine geologische Rarität im Sandsteingebiet und mit sanfteren Formen als ihre schroffe Kalk-Verwandtschaft – wurde im Jahre 1907 durch Stege gangbar gemacht.
Zugang: von St. Andrä-Wördern durch die Klamm nach Hintersdorf oder Kirchbach 1½ St.

Hameau, 464 m ○ ❄

Am vielbegangenen Weg von der Sophienalpe zum Dreimarkstein. – Feldmarschall Graf Lacy hatte nach seinem Ausscheiden aus dem Militärdienst einen großen Besitz in Neuwaldegg erworben, auf dem er 1782 eine Siedlung aus 17 hölzernen, durch gedeckte Gänge verbundenen Hütten anlegen ließ (»Holländerdörfl«). Lacy benannte sie Hameau (franz. = Dörfchen). Später entstand dort ein – ebenfalls nicht mehr existierendes – Ausflugsgasthaus.
Das Hameau hat auch Skigeschichte gemacht: 1896 luden die Wiener Skipioniere ein norwegisches Lehrteam nach Wien. Man stapfte von Pötzleinsdorf auf den tiefverschneiten Kamm und fuhr dann gemeinsam erstmals die gegen Weidlingbach ziehende Wiese ab, was offenbar mit etlichen Stürzen verbunden war, denn seit damals heißt diese Wiese »Zum toten Norweger« oder griffiger: »Norwegerwiese« – auch heute ein beliebter Übungshang (120 HM).
Zugang: von Neuwaldegg (am *Lacy-Grab* vorbei) 1 St.

Hegerberg, 655 m ○ ❄

Weitläufiger Gipfel über Wiesen und Bauernland zwischen Michelbach- und Stössingtal im westlichen Wienerwald. Aus beiden Tälern auf insgesamt acht verschiedenen Wegen erreichbar (1½–2 St.), Autozufahrt bis in Gipfelnähe über die Hegerbergstraße (2 km nördlich von Stössing). Auf dem Gipfel das *Johann-Enzinger-Haus* des Österreichischen Touristenvereins. Ein moderner Neubau ersetzte die 1978 abgebrannte rustikale Hütte.
Beliebtes *Skiziel* ist der Hegerberg vor allem durch den von der Straße erreichbaren Schleiflift am nordseitigen Gipfelhang (110 HM). – Als Skitour am besten von *Kasten* (sanfte Wiesen, Wald und Lifthang); von *Stössing* eher flach (eventuell mit Langlaufskiern) über den aussichtsreichen Kammweg (1½ St.).

Heiligenkreuz, 312 m

Eine der kulturellen und architektonischen Kostbarkeiten des Wienerwaldgebietes: das älteste Zisterzienserstift Österreichs (gegründet 1133 durch Markgraf Leopold III.) in romanisch-gotischer Bauabfolge, mit großartigem gotischen Hallenchor, einem Kreuzgang mit 300 Marmorsäulen, herrlichen Glasfenstern im Brunnenhaus und, und . . .
Im Zuge des Baues der Außenringautobahn bestand allen Ernstes die Absicht, die Trasse auf charmanten Betonstelzen fast unmittelbar über das Stift hinwegzuführen!

Helenental ○ ▲

Die enge Tallandschaft der Schwechat zwischen Baden und Mayerling. Ende des 18. Jahrhunderts befand sich an der schmalsten Stelle des tiefeingeschnittenen Tales zwischen Rauheneck und Rauhenstein ein Holzrechen (Klause), der das von Alland herabgeschwemmte Holz auffing.
Das vielbesungene »Kleine Wegerl im Helenental« an der Lindkogel-Seite ist gar nicht so schmal, wenngleich auch nicht mehr so romantisch, seit der dröhnende Straßenverkehr immer stärkere Ausmaße annimmt.
Die *Cholerakapelle* wurde zur Erinnerung an die Epidemie des Jahres 1831 errichtet – heute befindet sich in unmittelbarer Nähe ein gleichnamiges Gasthaus.
Aufstiege zum → *Hohen Lindkogel* 2½ St., zum Jägerhaus (auch PKW-Zufahrt) ¾ St. Unmittelbar nach der Abzweigung der Straße nach Siegen-

feld erreicht man, durch Wald aufsteigend, in wenigen Minuten die *Badener Wände*, ein weitläufiges Klettergebiet mit Felshöhen bis zu 20 m.

Hermannskogel, 542 m ○ ❄

Der Hauptgipfel des »Kahlengebirges« und zugleich die höchste Erhebung Wiens. An seinem Abhang gegen das Weidlinger Tal das → *Agnesbründl*. Die 27 m hohe *Habsburgwarte* am Gipfel wurde vom Österreichischen Touristenklub nach Plänen des Architekten Franz von Neumann erbaut und 1888 eröffnet. Mit seiner außergewöhnlich instruktiven Fernsicht ist der Hermannskogel auch ein Triangulierungspunkt I. Ordnung des österreichischen Vermessungsnetzes. Man hat ausgerechnet, daß sich von diesem Punkte 22.452 km² überblicken lassen – an besonders klaren Tagen sind im Westen der Große Priel (170 km) und der Traunstein (184 km) zu erkennen.
Aufstiege: von Grinzing, Sievering oder Hinterweidling je 1–1½ St.
Ein hübscher *Skiausflug:* die Abfahrt nach Weidling auf dem gelb bezeichneten Weg über die Jägerwiese – das sind respektable 300 HM!

Hinterbrühl, 254 m

Talweitung des Mödlingbaches vor seinem Eintritt in die Felsenge der Klause. Der Name Brühl (althd.) bedeutet »feuchte Niederung«. Der traditionsreiche Gasthof »Höldrichsmühle« ist mit dem Wirken Franz Schuberts (teilweise freilich romantisierend überhöht) verbunden.
Von Hinterbrühl Zugang zur → *Seegrotte*, Aufstieg auf den → *Anninger* durch das Kiental (steil) 2 St.

Hochrotherd, 528 m

Auf einem Höhenrücken zwischen Liesing- und Wiental liegen – in Umkehrung des Üblichen – »mehrere Gaststätten mit Dorf«, deren Vorzüge schon 1823 in Franz Carl Weidmanns »Ausflügen«, einem der ersten Ausflugsführer, lebhaft gepriesen werden. – Unweit der mächtig auf der

Peilstein: die Vegetarierkante

Anhöhe thronenden Gaststätte bietet sich von einem Wiesenhügel »die« Wienerwaldaussicht über Kulturland, Wald und Voralpenhügel bis zum Schneeberg.

Übergang: über die Drei Berge nach Preßbaum 2½ St., über den Eichberg nach Kaltenleutgeben 2 St.; über Eichberg und Wienerhütte nach Rodaun 3 St.

Hoher Lindkogel, 834 m (Eisernes Tor) ○ ❊

Einer der bedeutendsten Wienerwaldberge, ein langgestreckter Bergrücken zwischen Schwechat- und Triestingtal mit den Trabanten Sooßer und Badener Lindkogel. Auf dem Gipfel das *Eiserne-Tor-Schutzhaus* des Österreichischen Touristenklubs. 37 Schlafplätze, ganzjährig bewirtschaftet, Montag Ruhetag. Telefon (0 22 52) 48 6 40. Daneben eine 1856 im Auftrag Erzherzog Albrechts erbaute Aussichtswarte mit Blick über südlichen Wienerwald und Voralpen, und eine 50 m hohe Anlage des Fernsehens.

Aufstiege: Der meistbegangene Weg führt von Baden zum Gasthof »Jägerhaus« (1 St., auch Autozufahrt) und von dort in weiteren 2 St. zum Gipfel. Lohnend sind auch die Wege über den *Sooßer Lindkogel, 713 m,* von Sooß oder Bad Vöslau 2½–3 St., sowie der Aufstieg von Schwarzensee über Zoblhof (2–3 St.), meist im Zug einer Überschreitung vom Peilstein her begangen wird. – Kürzer, aber steiler sind die Wege aus dem Helenental.

Als *Skiberg* bietet der Hohe Lindkogel die längste und »alpinste« Abfahrt des Wienerwaldes: Aufstieg von der Augustinerhütte (günstiger Ausgangspunkt für Autofahrer) über den »Steinigen Weg«, 2½ St. Abfahrt über den Westkamm (Skimarkierung) und die schöne »Orchideenwiese«, sodann auf Forststraßen entweder flach weiter zur Augustinerhütte, oder über Wiesen nach Sattelbach (von hier auch – unmarkierte – Aufstiegsmöglichkeit, 2½ St.). 550 HM.

Hohe-Wand-Wiese ❊

Über die *Hohe Wand,* einen Bergrücken zwischen Vorderhainbach und Hainbachtal, führt der Weg über die

Mostalm zur Sophienalpe. – An der südwestlichen Flanke zieht eine recht steile Wiese hinab, die eine rassige Skiabfahrt (110 HM) vermittelt.

Schlepplift, Flutlichtanlage und Schneekanonen gewährleisten theoretisch einen Dauerbetrieb – allerdings muß es zum Schneemachen mindestens –1° C haben!

Höllenstein, 645 m ○ ▲

Die höchste Erhebung des Bergzuges zwischen Rodaun und Sulz. – Auf dem Gipfel der im Jahr 1880 errichtete *Julienturm,* daneben das *Höllenstein-Naturfreundehaus* (42 Schlafplätze, ganzjährig bewirtschaftet).

Aufstiege von Kaltenleutgeben ¾ St., von Sittendorf und von Weißenbach bei Mödling je 1¼ St. – Am kürzesten von der Liechtenstein-Höhenstraße in 10 Min.

Den Kletterer locken drei Felsformationen, die zwar nicht schwindelerregend hoch (maximal 8–10 m), dafür aber größtenteils schwierig und kraftraubend sind: *Großer Höllensteinfels, Höllenstein* und *Höllensteinturm.*

Jubiläumswarte(n)

Zum 50. Regierungsjubiläum Kaiser Franz Josephs I. im Jahr 1898 entstanden in der gesamten Monarchie unzählige Gedenktafeln und -bauten, davon allein im Wienerwald 3 Jubiläumswarten:

– auf dem Harzberg, 466 m, von Bad Vöslau in ¾ St. erreichbar,

– auf dem unbenannten Gipfel, 449 m, in der Nähe des Satzberges, die 1956 als Betonkonstruktion völlig neu errichtet wurde. – Autozufahrt; von Neuwaldegg oder Hütteldorf je 1½ St.,

– und auf dem Eschenkogel, 653 m, des Anninger, eine 25 m hohe Eisenkonstruktion. 5 Min. vom Anninger-Schutzhaus.

Kahlenberg, 484 m ○

Er ist zwar nicht der höchste, wohl aber der meistbesuchte Berg des Kahlengebirges. Die 1936 eröffnete Höhenstraße (Autobuslinie von Grinzing) sorgt für kräftigen Besucherzustrom. Zwischen 1874 und 1921 besorgte dies die Zahnradbahn, die auf

der 5½ km langen Strecke von Nußdorf (Zahnradbahnstraße!) bis zum »Gipfel« 360 HM zu überwinden hatte.

Eine 165 m hohe Fernsehnadel ziert heute die belebte Örtlichkeit, die eher ein Sightseeing-Punkt als ein Wanderziel ist. Der Kahlenberg führte übrigens bis 1780 den Namen Sauberg, wahrscheinlich nach den vielen Wildschweinen, die sich hier aufhielten, dafür aber hieß der heutige Leopoldsberg damals Kahlenberg!

Kalksburg, 258 m ○ ▲

Einst eine Sperrsiedlung des oberen Liesingtales an der Kreuzung alter Verkehrswege, ein Kirchweiler im Bereich einer nicht mehr existierenden Burg. Das 1795 erbaute Schloß Mon Perou ist seit 1855 ein Jesuitengymnasium mit Konvikt.

Wanderungen zum Lainzer Tiergarten durch das Gütenbachtal (1 St.), zum Dorotheerwald und weiter nach Laab (unmarkiert, 2 St.).

Gegenüber den letzten Häusern der »Klause« im Wald versteckt der Felskamm des *Kalksburger Grates* mit hübschen, kurzen Klettermöglichkeiten. Eine Lithographie aus der Biedermeierzeit zeigt interessanterweise diesen Grat als frei stehende Felsrippe auf einer Wiese.

Kaltenleutgeben, 356 m ○ ▲

Der seltsam anmutende Name stammt aus dem Althochdeutschen: Lit = Obstwein, Most – also eine Schenke, wo besonders kühler Most ausgeschenkt wurde (Leitgeb = Wirt).

Die langgestreckte Ortschaft im Tal der Dürren Liesing wird beherrscht von Steinbrüchen und den Anlagen der Zementfabrik Perlmoser. Die 1883 erbaute Zweigbahn wurde 1951 eingestellt und dient nur noch als Industriegleis.

Am nördlichen Abfall des Höllensteinzuges finden sich reizende Skiwiesen (Geißberg, → *Kreuzsattel*) und einige bedeutende Klettergärten, etwa die Waldmühle. – *Der Kaltenleutgebener Grat* wird durch die steile Flößlgasse und dann links durch steilen Wald erreicht – eine Felsklippe, deren Überkletterung (I+) schon ein richtig luftiges Gefühl

vermittelt. Wenige Minuten oberhalb die → *Streberwände*.

Herrliches Klettern erlaubt die *Lukkerte Wand*. Zugang von der Kirche dem Graben folgend und dann den linken Hang aufwärts: der eisenfeste, teilweise löcherige Fels bietet kurze, aber vielfach recht kraftraubende Steige.

Klausenleopoldsdorf, 375 m

Liegt am Zusammenfluß mehrerer Bäche im westlichen Wienerwald und war einst für die Holzbringung der gesamten Region von entscheidender Bedeutung: Aus 14 Seitengräben wurde das Holz in die große Hauptklause getriftet, die zur Zeit der stärksten Wasserführung geöffnet wurde und die Stämme ins Helenental zum Holzrechen bei Baden schwemmte.

Die ehemalige Schwemmklause am Schwechatbach, ein Denkmal barocker Ingenieurkunst, trägt die Jahreszahl 1756. 1942 wurde das letztemal nach dieser uralten Methode Holz transportiert, dieses ist aber nach wie vor wirtschaftlicher Hauptfaktor in einer Waldgegend, in der man sogar den Flurnamen »Brennholz« findet. Eine jahrhundertealte Tradition ist hier der Vinzenzitag, der 22. Jänner, an dem zu Ehren des hl. Vinzenz von Saragossa, des Schutzpatrons der Holzarbeiter, ein Umzug und eine Messe stattfinden.

Aufstieg auf den Schöpfl über Schöpflgitter 2½ St.; *Übergang*: nach Buchelbach und nach Kleinmariazell, je 2½ St.

Klosterneuburg, 192 m

Auf eine steinzeitliche Gründung zurückreichend, später römisches Kastell Asturis. – Berühmtheit erlangte der Ort durch das 1106 von Markgraf Leopold III. gegründete Augustiner-Chorherrenstift. Der »Verduner Altar« von 1181 ist ein Kleinod frühmittelalterlicher Email- und Goldschmiedekunst. Kaiser Karl VI. wollte das »Neue Stift« nach der Vorlage des Escorial ausbauen lassen, von dem geplanten großen Viereck kam jedoch nur eine Seite zur Ausführung. Nord- und Südturm der Stiftskirche wurden in verschiedenen Jahrhunderten und Stilepochen begonnen, schließlich Ende des 19. Jahrhunderts im Zuge einer Renovierung einigermaßen aneinander angeglichen.

Aufstiege: auf den Kahlen- und Leopoldsberg je 1 St.; *Übergang*: über den Eichberg nach Hadersfeld 2 St.; über den Haschberg zum Eichenhain 2 St.

Kreuzsattel, 601 m ○ ☀

Bedeutende Wegkreuzung 15 Min. westlich des Höllensteins. *Zugang* von Rodaun über die Hochstraße 2¼ St., von Kaltenleutgeben (Biermaier) ¾ St.

Als *Skiausflug* im Bereich des Kreuzsattels ist die *Norwegerwiese* (richtiger wahrscheinlich: Neuweger Wiese) mit ihrem kleinen Schlepplift in Nordlage zu empfehlen – allerdings keine Einkehrmöglichkeit. Eine reizende Rundtour führt über die *Schöffelhütte* (Bergrettungshütte) mit ihrem Schneebergblick und netten Übungswiesen über die *Sulzer Höhe* und die »Essigmandlwiese« abfahrend zum Gasthaus Ellinghof.

Kukubauerwiese, 782 m ▲ ❅

Teilweise bewaldete Erhebung im Kamm zwischen Michelbach und St. Veit a. d. Gölsen im südwestlichen Wienerwald. Auf einer Wiese nördlich des höchsten Punktes das *Gasthaus Kukubauerwiese, 760 m*.

Die *Aufstiege* und *Übergänge* auf dem Kammscheitel sind mit ihren Ausblicken zu den Voralpen (Reisalpenmassiv) sehr reizvoll: vom Durlaß-Sattel 1 St.; von Michelbach über den Kukubauer 1½–2 St.; von Unter-Rohrbach 1¾ St.; von Kreisbach über den Höhenweg 3–3½ St.

Übergang: zur Steinwandleiten 3 St. (landschaftlich ganz zauberhaft, auch im Winter mit Langlaufskiern).

Lainzer Tiergarten ○

Rund 26 km² großer eingefriedeter Teil des Wienerwaldes. Seine Entstehung geht bis ins Jahr 1540 zurück, als Kaiser Ferdinand den »Auhof« erwarb und als Jagdschloß adaptieren ließ. 1772 wurde im Auftrag von Maria Theresia ein Tiergarten eingerichtet, der vorerst von einem Holzzaun umgeben war. Ihr Sohn, Kaiser Josef II., ließ eine 25 km lange und 2,5 m hohe Mauer errichten (91 Ekken soll sie haben, wer will, kann nachzählen), die Nestroy als »Junges der Chinesischen Mauer« bezeichnete. – Selbstverständlich war der Lainzer Tiergarten der Bevölkerung nicht zugänglich.

Im Jahr 1918 kam er unter die Verwaltung der Gemeinde Wien und wurde 1919 für den allgemeinen Besuch freigegeben. – In »freier« Wildbahn kann man vor allem Rotwild und Wildschweine antreffen, in Gehegen sind Wildpferde, Wisente, Mufflons und Damwild zu sehen.

Die *sieben Eingänge* erlauben eine Unzahl von Wegkombinationen, der schönste Blick auf Wien bietet sich von der *Baderwiese*, die beste Fernsicht von der *Hubertuswarte, 541 m,* auf dem *Kaltbründlberg*.

Öffnungszeiten: Von Anfang April bis Anfang November von Mittwoch bis Sonntag und jeden Feiertag von 8 Uhr bis zum Eintritt der Dämmerung. Im Winter ist nur der Hermesvilla-Park zugänglich.

Die Wanderung um den Lainzer Tiergarten herum (rund 30 km) ist im Süden und Westen interessant, an der Hütteldorfer und St. Veiter Seite führt sie vielfach durch verbautes Gebiet.

Die *Hermesvilla* ist ein nach Plänen von Karl Hasenauer 1882–1886 errichtetes Jagdschloß für die Kaiserin Elisabeth. 1945 schwer verwüstet, ist sie nunmehr renoviert und dient als Rahmen für Ausstellungen.

Leopoldsberg, 425 m

Der letzte Berg des Kahlengebirges, der mit einer rund 250 m hohen schroffen Flanke gegen die Donau abbricht. Schöner Wien-Blick und Sicht bis zur Porta hungarica zwischen Kleinen Karpaten und Hainburger Bergen. – Auf dem wegen seiner günstigen Position schon frühzeitig befestigten Gipfel wurde auf den Überresten einer älteren Kapelle die dem hl. Leopold geweihte Kirche erbaut, die dem Berg (der zuvor Kahlenberg genannt wurde) den Namen gab.

Anläßlich der Weltausstellung 1873 muß wohl der Slogan »Wien wird Bergbahnstadt« ausgegeben worden sein: außer auf Kahlenberg und Sophienalpe wurde auch auf den Leopoldsberg eine Standseilbahn eröffnet (Reste ihrer Trasse zwischen Kahlenbergerdorf und Klosterneuburg sind noch heute zu erkennen); sie war jedoch nur bis 1875 in Betrieb. Lohnende *Aufstiege* von Nußdorf, Grinzing und Klosterneuburg (je 1–1½ St.), berühmt die steile »Nase« vom Kahlenbergerdorf (40 Min.).

Liechtenstein, Burg

Nordöstlich von Mödling auf einer felsigen Rippe inmitten einer parkähnlichen Landschaft. Der ursprüngliche Bau aus dem 12. Jh. wurde 1529, 1637 und 1683 zerstört und blieb bis 1808 eine Ruine. Ab 1873 ließ Fürst Johann I. von Liechtenstein die Feste wiedererrichten, die teilweise kahlgeschlagenen Hänge im Gebiet der Brühl aufforsten und,

dem Zeitgeschmack folgend, künstliche Ruinen (Schwarzer Turm, Amphitheater und Husarentempel) und Kunststraßen anlegen. Der klassizistisch angehauchte Charakter dieser Landschaft mit ihrer leisen Ahnung vom Süden wurde dadurch bis in unsere Zeit geprägt.

Autozufahrt. Zugang von Mödling über Schwarzen Turm ¾ St.

Lutterwand ▲

Bei Rodaun gegenüber der Mitzi-Langer-Wand und gleich ihr einer der von Wien am bequemsten erreichbaren Klettergärten. Der Name stammt von einem ehemaligen Gasthaus Lutter. Vom Nordrand der Perchtoldsdorfer Heide gegen das Kaltenleutgebener Tal mit bis zu 20 m hohen Felsen abstürzend, bietet sie viele, auch für Anfänger »erschwingliche« Möglichkeiten, in der Hauptsache Plattenkletterei.

Zugang: von der Endstelle der Straßenbahnlinie 60 in 15 Min.

Matterhörndl ▲

Der rund 7 m hohe Felszapfen im Bereich des *Anninger* hat nicht nur am Peilstein, sondern auch in der Schweiz größere Verwandte. – Am Anninger-Matterhörndl wird ebenfalls seit mehr als 110 Jahren geklettert: Schon um 1870 hatten August von Böhm und Josef Aichinger sieben verschiedenfarbige Anstiege markiert. Die Asse der damaligen Kletterzunft holten sich hier ihre kräftigen Bizeps und nannten es bescheiden einen »Alpinen Kindergarten«.

Kürzester Zugang: von Vorderbrühl (Meierei Föhrenhof) erst blau, dann grün bezeichnet, 30 Min.

Mauerbach, 281 m

Ausflugsort im Tal des Mauerbaches im nördlichen Wienerwald. Hier hat 1313 Friedrich der Schöne das älteste Kartäuserkloster Niederösterreichs gegründet. Nach einer Blüte im 14. und 15. Jahrhundert wurde das Kloster 1782 aufgehoben, war Altersheim und Obdachlosenherberge und wurde 1963 als museale Kartause renoviert. Wegen der berühmten Karpfenzucht der Kartäuser war Mauerbach einst weithin bekannt.

Wanderungen auf den → *Tulbinger Kogel* 1½ St., nach Gablitz über den Königswinkelberg 1 St., zum Steinriegel 1½ St.

Mayerling, 326 m

Kleine Ortschaft im Tal der Schwechat, in die Regenbogenpresse eingegangen als eine Art österreichisches Loch Ness mit immer neuen Spekulationen über den Tod des Kronprinzen Rudolf und der Komtesse Mary Vetsera 1889. – Das einstige Jagdschloß ist zu einer Kapelle und einem Kloster der Karmeliterinnen umgewandelt.

Ausgangspunkt für den → *Hohen Lindkogel* über Zoblhof (erst gelb, dann rot) 2½ St., oder große Rundwanderung über Zoblhof – Schwarzensee – Peilstein – Raisenmarkt, insgesamt 4–5 St.

Merkenstein, 572 m

Ruine und Berg an der Südseite des Hohen Lindkogel. – Autozufahrt bis zur Ruine der Burg, die um 1100 erbaut und 1683 von den Türken zerstört wurde. Die Merkenstein-Höhle im Burgfelsen diente schon dem Neandertalermenschen als Aufenthalt, bei Grabungen stieß man auf 8 m tiefen Kulturschutt von der Jungsteinzeit bis zum Mittelalter.

Zugang: von Bad Vöslau 2 St.; von Pottenstein 1½ St. – Weiter auf den Hohen Lindkogel 1½ St.

Mitzi-Langer-Wand ▲

Die populärste »Kletterschule« der Wiener, in sonniger Lage mit einer Wiese am Fuß der Felsen. Mitzi Langer war eine exzellente Skiläuferin und Alpinistin der Jahrhundertwende, die später mit ihrem Mann Franz Kauba ein Sportgeschäft führte. Angeblich soll sie einen Preis für die erste Durchkletterung der Wand an ihrer höchsten Stelle (40 m) ausgesetzt haben.

Der meiste Kletterbetrieb herrscht im östlichen Teil mit dem auffälligen Großen und Kleinen Dreieck mit ihren zahlreichen Varianten. – Großzügig und interessant der Pfeilerweg,

Am Bibaberg bei Preßbaum

der die große Platte rechts begrenzt. Diese ist zwar schon aufgrund ihrer Höhe optisch eindrucksvoll, der Fels ist aber nicht sehr zuverlässig. Gute Übungsmöglichkeiten auch an der »Schwarzen Platte« am Westrand der Langer-Wand.

Zugang: von Rodaun (Endstation der Straßenbahn-Linie 60) 10 Min.

Mödling, 246 m

Die alte Babenbergerstadt am Ausgang der Brühl ins Wiener Becken war einst bedeutender Weinmarkt. Die Burg wurde in den Türkenkriegen weitgehend zerstört, die Stadt stark in Mitleidenschaft gezogen. Die gotische Pfarrkirche von 1113 wurde wiederhergestellt, sehenswert auch die gotischen Häuser im Stadtkern. Mödling war eine der frühesten »Sommerfrischen«, sein romantisches Hinterland schon immer ein beliebtes Ausflugsziel. Beethoven lebte zeitweise in Mödling, Schubert ist mit der Hinterbrühl verbunden, die klassizistische Ausgestaltung der Landschaft mit ihren künstlichen Rui-

nen vermittelt einen Eindruck früherer Naturanschauung.

Ausgangspunkt für den → *Anninger* (mehrere Möglichkeiten, je 2 St.) sowie kleinere Rundwanderungen (etwa zur → *Burg Liechtenstein*).

Neulengbach, 251 m

Einst Herrensitz der bayrischen Lengenbacher, die das beherrschende, im Mittelalter erbaute und später im Renaissancestil erneuerte Schloß auf dem Burgberg errichten ließen.

Wanderungen auf den Buchberg (am schönsten über den grün bezeichneten Wildeggersteig) 1 St.; über die Dreiföhrenkapelle und den Kohlreitberg nach Eichgraben, 2½ St.

Nordwiener Hütte, 490 m

Am *Wolfgeistberg.* – Unbewirtschaftete Hütte des Österreichischen Alpenvereins (Sektion Gebirgsverein). Auskunft: Telefon 35 14 985. Fallweise beaufsichtigt.

Zugang: von Pottenstein (Bhf.) ¾ St.; *Übergang:* nach Mayerling über Zoblhof 2½ St.

Ochsenburger Hütte, 571 m

Auf dem *Köpelberg* (Rudolfshöhe, 592 m) östlich von Wilhelmsburg. Besitzer sind die »Naturfreunde«, 8 Schlafplätze, Wochenendbewirtschaftung.

Zugang: von Kreisbach 1 St., von Ochsenburg 1¼ St. – Mehrere intern markierte Rundwanderwege und der Weg Nr. 404 berühren diesen aussichtsreichen Höhenrücken.

Empfehlenswert die Runde über Haberegg zur Steinwandleiten mit Abstieg nach Kreisbach (4–4½ St.), auch als Winterziel mit Langlaufskiern.

Peilstein, 716 m ○ ▲ ❋

Einer der bedeutendsten und auch höchsten Berge des Wienerwaldes, vor allem aber durch seine bis zu 80 Meter hohen Felsabstürze ein Kletterrevier ersten Ranges und seit mehr als einem Jahrhundert mit der Entwicklung des Wiener Bergsteigertums untrennbar verknüpft.

Aufstieg: von Schwarzensee ½ St.; von Raisenmarkt über Schloßberg (Arnsteinnadel) 1½ St.; über Holzschlag 1¾ St. (PKW-Zufahrt bis Holzschlag, dann ½ St.); von Weißenbach-Neuhaus (Bhf.) 1½ St.

Weitwanderungen: von Rodaun über Heiligenkreuz 5–6 St.; von Baden über Lindkogel und Zoblhof 5–6 St.

Die nach Westen gerichteten Peilsteinwände (mit schönem Voralpen- und Schneebergblick) sind die eigentliche Attraktion für Kletterer wie Zuseher.

Lohnende und beliebte Anstiege bis III: Gamseckgrat I–II, Frohsinnsteig I–II, Buchsteinerriß III+, Teufelsbadstubensteig I–II, Ballounsteig (Einstieg IV) II, III, Ballounkamin III, Jahnkamin III, Berglersteig III, Matterhorn-Nordwest II, III, Vegetariersteig III, Hausknechttraverse und Duettkamin II und III, Zinnensteig II+, Hahnenkammgrat II, III, Kohlröserlsteig II+.

Lohnende Anstiege im Bereich IV und V: Jahnpfeiler IV+ und –V A 0, Plattiger Riß IV+, Stadler-Swoboda-Riß IV, –V, D'Alten Moser-Steig IV A 0, Terzettkamin IV+ A 0, in Verbindung mit Oberer Kanzelwand –V, A 0; Vegetarierkante IV, Cimone-Südriß III, –IV, und -Westkantenplatte IV+; Alpinakante IV+, Schindel-

thalersteig III, –IV A 0, Zinne-Nord IV+ A 0; Hahnenkammturm, Storka-Kante IV+ A 0, Kleine Zinne-Süd V. Eine nette *Skitour* ist die Abfahrt über die (leider südseitigen) Wiesen nach Neuhaus, 290 HM.

Peilsteinhaus, Peilsteinhütte

Das *Peilsteinhaus* steht auf der Scheitelhöhe des Berges und dient seit neuestem auch als alpines Ausbildungszentrum. – Österreichischer Alpenverein, Sektion Gebirgsverein, 110 Schlafplätze, ganzjährig bewirtschaftet. Tel. (0 26 74) 333.

Die *Peilsteinhütte, 620 m,* befindet sich auf der Neuhauser Wiese südlich des Gipfels. – Touristenverein »Die Naturfreunde«, 60 Schlafplätze, ganzjährig bewirtschaftet.

Zugang: von Schwarzensee 15 Min.

Perchtoldsdorf, 265 m

Volkstümlich »Petersdorf« genannt; Markt und Weinort am Fuß der Föhrenberge. Eindrucksvolles, wehrhaftes Ensemble von Herzogsburg (aus dem 14. Jh.), gotischer Kirche und frei stehendem Wachtturm. Außerdem sehr gut erhaltener (und renovierter) alter Hausbestand. – Schon in der Römerzeit wurde die »Hochstraße« erbaut. Die X. Legion errichtete auch die »Römische Wasserleitung«, die aus mehreren Quellen das Wasser nach Vindobona leitete.

Aufstiege: zum Parapluiberg (Vord. Föhrenberg) 1 St.; zur Ruine Kammerstein 1 St.; zum Höllenstein 2½ St.

Pfaffstättner Kogel, 541 m ○

Bis zum Gipfel bewaldeter Berg im Bereich des Anninger nordwestlich von Pfaffstätten. Auf dem höchsten Punkt erhebt sich die Klesheimwarte über die Baumkronen, daneben befindet sich die *Rudolf-Proksch-Hütte*. (Österreichischer Alpenverein, Sektion Gebirgsverein. Wochenendbewirtschaftung, keine Nächtigung!)

Aufstiege: von Pfaffstätten 1½ St.; von Baden 1¾ St.; aus der Einöde 1 St. Am Fuß des Berges, ½ St. westlich von Pfaffstätten, liegt die *Einödhöhle,* eine Brandungshöhle des Tertiärmeeres.

Pfalzberg, 504 m ○ ❋

Bewaldeter Berg im insgesamt 16 km

langen Höhenzug von Laaben über Hochstraß bis Preßbaum.

Aufstieg von Preßbaum 1¼ St. – Über den Kaiserbrunnberg, 576 m (an seinem Nordhang befindet sich die »offizielle« Wienflußquelle), und Jochgrabenberg, 645 m, nach Hochstraß weitere 1½ St.

Als *Skiziel* ist der Pfalzberg nur bedingt empfehlenswert, jedoch schöne Langlaufloipe im oberen Bereich (Bergstraße bis zum Gasthaus Fazekas, ca. 490 m).

Rauheneck und Rauhenstein

Zwei Ruinen am Ausgang des Helenentals. Welche ist welche? Von Baden gesehen, liegt Rauhen*stein rechts* über dolomitenhaften Felsbildungen (*Rauhensteiner Türme,* interessante Klettermöglichkeiten). Sie dürfte unter den Babenbergern erbaut worden sein und ist teilweise noch gut erhalten. Rauhen*eck* liegt *links,* eine wiederholt zerstörte Burg, von der nur noch eine romanische Kapelle sowie der ungewöhnliche dreieckige Berchfrit übriggeblieben sind.

Rodaun, 266 m

Einer der zahlreichen ehemaligen Vororte von Wien, Straßenbahnendstelle der Linie 60, und nicht mehr oder weniger erwähnenswert als die anderen Stadtrandviertel. Eine Besonderheit ist Rodaun aber gewissermaßen als »Tor zu den Alpen«: Alle einigermaßen logischen Weitwanderungen nehmen hier ihren Anfang.

Empfehlenswerte *Rundtour* um das Tal von Kaltenleutgeben: Von Rodaun über die Perchtoldsdorfer Heide auf die Föhrenberge, über die Hochstraße bis zur Sulzer Höhe, hinüber zum Gernberg, und über Lattermaißberg und Wienerhütte zurück. Rund 21 km, auch mit Langlaufskiern lohnend, wobei nur der Aufstieg zum Föhrenberg eine kräftige Steigung aufweist. – Insgesamt rund 5 St.

Roßgipfel, 633 m ○

Er ist im Grunde ein Anti-Ziel: kein markierter Weg, keine aufregende

Bei Mayerling. Eine der unzähligen (ungespurten) Langlaufmöglichkeiten

Aussicht, keine besondere Gestalt, keine herausragende Höhe. Dafür ist er ein Unikum: Er ist der einzige Wienerwaldberg mit Gipfelbuch! Dieses wurde schon mehrmals von »Sammlern« mitgenommen ...

Zugang: von Buchelbach oder Klausenleopoldsdorf 1½ St., unmarkiert. Genaue Karte (ÖK 1:50 000) erforderlich!

Rote(s) Kreuz(e)

Gleich vier von ihnen stehen im Wienerwald:
– auf dem Sattel der Exelbergstraße, 497 m
– an der Waldstraße Rotgraben – Eichenhain bei Weidling, 420 m
– auf dem Sattel zwischen Einöde und Gaaden, 383 m
– westlich der Wienerhütte auf dem Weg Richtung Hochrotherd, ca. 400 m.

Schöffel, Josef
*29. 7. 1832, †7. 2. 1910

Der Offizier, Student der Geologie, Hausbesitzer in Wien und Mödling, Reichsratsabgeordnete und von 1873 an Bürgermeister von Mödling trägt mit voller Berechtigung die Bezeichnung »Retter des Wienerwaldes«. – Nach dem verlorenen Krieg gegen Preußen 1866 beschloß der Reichsrat, zur Füllung der Staatskasse den Wienerwald um 20 Millionen Gulden an Spekulanten zur Abholzung freizugeben. Sozusagen als 1-Mann-Bürgerinitiative kämpfte Schöffel einen anfangs fast aussichtslos scheinenden Kampf gegen ungemein mächtige Gegner im »Staatsgüter-Verschleiß-büro«, die vor Bestechung, Diffamierung und sogar Meuchelmordgedanken nicht zurückschreckten. Es erscheint fast wie ein Wunder, daß ein einzelner gegen eine festzementierte Bürokratie einen solchen Sieg davontrug: der Vertrag mit dem Holzhändler wurde gelöst, die korrupten Beamten versetzt und pensioniert.

Ein *Gedenkstein* auf der »Schöffelwarte«, einer Anhöhe 30 Min. südlich der Bahnhaltestelle Purkersdorf-Gablitz am Rundweg Purkersdorf – Rudolfshöhe – Weidlingau, sowie ein Denkmal vor dem Mödlinger Rathaus sind ein bescheidener Dank für so viel selbstlosen Einsatz.

Schöpfl, 893 m ○ ☀

Der höchste Berg des Wienerwaldes, ein mächtiges Massiv mit weit ausladenden Kämmen und teilweise steilen Waldflanken. Auf dem Gipfel die 17 m hohe Eisenkonstruktion der Franz-Eduard-Matras-Warte mit herrlichem Rundblick bis zum Waldviertel und den Ennstaler Alpen. – Wenige Minuten unterhalb des höchsten Punktes das *Schöpfl-Schutzhaus, 872 m,* des Österreichischen Touristenklubs. 72 Schlafplätze, ganzjährig bewirtschaftet (Montag Ruhetag). Es ist nun schon der dritte Bau an diesem Platz: das erste Schutzhaus brannte im Jahr 1921 ab, das zweite in den letzten Kriegstagen 1945. Das nun bestehende Haus wurde 1949 eröffnet.

Aufstiege: von Rekawinkel (Höhenwanderung über Hochstraß und Forsthof) 4½–5 St.; von Innermanzing 2½ St.; von St. Corona am Schöpfl 1 St.; von der Klammhöhe 2½ St.; von Schöpflgitter 2 St.

Übergang: zum Hegerberg über Stolberg 4½ St.; zur Kukubauerwiese 5–6 St.

Als *Skiberg* bietet der Schöpfl sanft bis mäßig geneigte Abfahrten, die übliche Strecke ist die zum Schöpflgitter, auch jene nach Innermanzing und Laaben wird manchmal ausgeführt. Für Langläufer mit etwas Mumm ist auch die lange Strecke von der Klammhöhe geeignet.

Seegrotte

In der Hinterbrühl bei Mödling. Hier wurde von 1848 an ein Gipswerk betrieben. Im Jahr 1912 drangen nach einer Sprengung 20 Millionen Liter Wasser ein und überfluteten die Stollenanlagen zur Gänze. 1931 wurden sie schließlich zur »Seegrotte« als Schauobjekt ausgebaut. – Gegen Ende des Zweiten Weltkriegs wurde sie leergepumpt, 1944 wurde eine unterirdische Flugzeugfabrik eingerichtet, in der bis zu 2000 Menschen an der Produktion von Heinkel-Bombern arbeiteten.

Heute fährt man wieder gemütlich, allenfalls leise schaudernd, mit dem Elektroboot auf dem 6200 m² umfassenden »größten unterirdischen See Europas«. Führungen und Motorbootfahrten von April bis Oktober

von 8.30 bis 12 Uhr und von 13 bis 17 Uhr, von November bis März von 9 bis 12 und 13 bis 16 Uhr. Auskünfte: Telefon (0 22 36) 26 3 64.

Sophienalpe, 477 m ○ ☀

Restaurationsbetrieb nahe der Exelbergstraße (Autozufahrt). – Benannt ist die ehemalige Schafalpe nach der Erzherzogin Sophie, der Mutter Kaiser Franz Josephs I. – Im Zuge des »Bergbahn-Booms« anläßlich der Weltausstellung in Wien wurde (allerdings ein Jahr zu spät) 1874 auf die Sophienalpe eine Standseilbahn gebaut, die auf einer Länge von 600 m einen Höhenunterschied von 108 m überwand. Sie wurde jedoch schon 1881 wieder eingestellt und abgetragen.

Zugang: von Hütteldorf über Jägerwaldsiedlung 1¼ St.; von Neuwaldegg über Rieglerhütte 1½ St.; von Vorderhainbach über Hohe-Wand-Wiese und Mostalm 1¼ St.

Letzteres auch reizende *Skiwanderung,* die man bis zum Dreimarkstein verlängern kann (plus 1½ St.).

Sparbach, 350 m
Sparbacher Tiergarten ○

Sparbach liegt im Becken von Gaaden und neuerdings an der Außenring-Autobahn. Schon 1131 wurde eine Adelheide von Sparewarbesbach als Grundherrin urkundlich erwähnt, der Volksmund hat den holprigen Namen allmählich zu »Sparbach« verschliffen.

Übergänge nach Gaaden, Weißenbach oder Sittendorf, je ½–¾ St.

Hauptanziehungspunkt ist der 340 ha große, eingefriedete *Sparbacher Tiergarten,* der als Naturpark ausgewiesen ist. Stars des freilebenden Tierbestandes sind die zahlreichen Wildschweine. – Die malerische Ruine Johannstein stammt aus dem 12. Jh.; Johannes Fürst von Liechtenstein (der auch den »Schwarzen Turm« und das »Amphitheater« bei Mödling errichten ließ) verfügte hier ebenfalls den Bau einer künstlichen Ruine, des sogenannten Köhlerhauses – einer der schönsten Wienerwald-Aussichtspunkte.

Stadtwanderwege ○

Die acht Stadtwanderwege sind Kombinationen bzw. Verbindungen bestehender Wege im städtischen Nahbereich des Wienerwaldes, deren Ausgangs- und Endpunkte mit öffentlichen Verkehrsmitteln erreichbar sind.

Stadtwanderweg 1: Kahlenberg, Ausgangspunkt Endstelle Straßenbahnlinie D, Länge 11 km

Stadtwanderweg 2: Hermannskogel, Ausgangspunkt Endstelle Autobuslinie 39A, Länge 10 km

Stadtwanderweg 3: Hameau, Ausgangspunkt Endstelle Straßenbahnlinie 43, Länge 10,5 km

Stadtwanderweg 4: Jubiläumswarte, Ausgangspunkt Rosentalgasse (Straßenbahnlinie 49), Länge 7 km

Stadtwanderweg 5: Bisamberg, Ausgangspunkt Endstelle Straßenbahnlinie 31, Länge 10 km

Stadtwanderweg 6: Zugberg – Maurer Wald, Ausgangspunkt Endstelle Straßenbahnlinie 60, Länge 12,5 km

Stadtwanderweg 7: Laaer Berg, Ausgangspunkt Endstelle U1 (Reumannplatz), Länge 15 km

Stadtwanderweg 8: Sophienalpe, Ausgangspunkt Vorderhainbach (Grüner Jäger), Autobuslinie 49 B, Länge 11 km

Steinwandleiten, 734 m ○ ☀

Der südwestliche Eckpunkt des Wienerwaldes, ein steiler Waldkamm über weitflächigem Wiesen- und Bauernland. Der exakt höchste Punkt ist verwachsen und bietet keine Aussicht, um so schönerer Blick (Traisental, Reisalpenmassiv) von einer Kanzel mit Kreuz nahe der *Stockerhütte* (»Naturfreunde«, Ortsgruppe Brunn am Gebirge; 34 Schlafplätze, ganzjährig bewirtschaftet).

Zugang: von Kreisbach Straße auf den Rametzberg, von ihrem Ende etwa ½ St. zur Hütte; vom Bhf. Traisen oder der Haltestelle Rotheau je 1¼ St.; von Schwarzenbach an der Gölsen 1½ St.

Hübscher *Skiberg:* Die Abfahrt über den Rametzberg nach Kreisbach ist fast 4 km lang (400 HM), bis auf die oberste Wiese sanft geneigt. – Nach Rotheau mäßig steil, erst über den Gipfelhang bis zum Stadelböck, dann

entlang der Markierung nach links über Lichtungen und Wiesen.

Streberwände ▲

Drei Felsformationen im Bereich der Föhrenberge oberhalb von Kaltenleutgeben, in wenigen Minuten vom *Kaltenleutgebener Grat* aufsteigend erreichbar. (Durch die steile Flösselgasse, dann im Wald, 20–25 Min.) Eifrige Streber können sich vorwiegend an steilen Kaminen und Rissen (bis 15 m hoch) delektieren oder an der überhängenden »Paviankante« lange Arme holen. – Lohnend in Verbindung mit der → *Waldmühle.*

Übergang: vom Sattel oberhalb der Felsen (alte Werksseilbahn) nach links in den ersten Graben hinunter querend, dann am rechten Hang zu den Waldmühlfelsen hinüber, rund 10–15 Min.

Teufelstein, 547 m ○

Waldiger Berg im Höllensteinzug mit reizvollem Blick auf den westlichen Wienerwald. Auf dem Gipfel die *Teufelsteinhütte* des Österreichischen Al-

penvereins, Sektion Gebirgsverein. Wochenend-Bewirtschaftung.

Zugang: von Rodaun oder Perchtoldsdorf, gemeinsam ab Parapluiberg über die Hochstraße, je 1½ St.

Troppberg, 542 m ○ ☀

Aussichtsberg im nordwestlichen Wienerwald mit einer 1870 erbauten und 1962 erhöhten Aussichtswarte. Das weit ausgebreitete, langgestreckte Massiv läßt sich auf zahlreichen Wegen und Wegkombinationen erwandern.

Aufstiege: von Tullnerbach oder Purkersdorf je 2 St.; vom Riederberg oder von Gablitz je 1¼ St.; vom Irenental 35 Min.

Als *Skiziel* ist vor allem die Höhenwanderung von Rekawinkel nach Purkersdorf lohnend, auch mit Langlaufskiern zu empfehlen (16 km). Mit Alpinskiern wähle man besser die Abfahrt über die Hochramalm nach Gablitz/Hochbuch. – Eine nette Tour ist die Umrundung des Irenentales von Tullnerbach-Preßbaum über den

Karl-Ritter-Weg zum Gipfel und übers Irenental zurück.

Tulbinger Kogel, 494 m

Aussichtsreicher Gipfel am Nordrand des Wienerwaldes mit gleichnamigem Berghotel. Auf dem höchsten Punkt der Betonbau der *Leopold-Figl-Warte* mit prachtvollem Blick nach Norden und Westen, auf das Band der Donau bis Krems, das Tullnerfeld sowie die Wienerwaldkuppen und die Voralpen bis zum Schneeberg und zum Ötscher.

Autozufahrt bis knapp unterhalb des Gipfels.

Aufstiege: von Kirchbach über Hainbuch 1¼ St.; vom Riederberg 1¾ St.; von Mauerbach über Karlsdorf 1½ St.

Waldmühle ▲

Klettergarten bei Kaltenleutgeben, etwas schattig (nordseitig orientiert) im Wald gelegen. – Zwei Felsformationen mit einer Höhe bis zu 15 bzw. 10 m mit teilweise stark abgeglätteten, kraftraubenden Steigen wie etwa »Mephisto«, »Seufzer«, »Oberlehrer« und »Schwarzer Adler« (nur am Rande: der »Seufzer« wurde in den zwanziger Jahren auch mit Nagelschuhen bezwungen!).

Zugang: von Kaltenleutgeben durch einen Graben (grün bezeichnet) am rechten Rand des großen Steinbruches in rund 15 Min.

Wassergspreng ▲

Schattiger Waldgrund nahe Weißenbach bei Mödling, vor allem wegen seiner Kletterfelsen aufgesucht. Die rund 15 m hohe Stirnwand bietet überwiegend schwierige und kraftraubende Kletterei, im hangaufwärtsziehenden, niedrigeren Teil gibt es einfache Problemstellungen.

Zugang: von Weißenbach bei Mödling Zufahrt bis zum ehemaligen Hotel Wassergspreng, von dort 10 Min.; von Gießhübel (absteigend) 15–20 Min.; günstig in Kombination mit den → *Gießhübler Wänden.*

Weidling, 196 m

Im gleichnamigen Tal bei Klosterneuburg. – Auf dem idyllischen Friedhof die Gräber des Dichters Nikolaus Lenau und des Orientalisten Joseph Freiherr von Hammer-Purg-

stall, der sich sein Grabmal mit Inschriften in zehn Sprachen schon mehr als drei Jahrzehnte vor seinem Tod bestellte(!).

Aufstiege zum Kahlenberg oder Hermannskogel je 1½ St.

Schöne *Rundwanderung:* Auf den Tafelberg über den unmarkierten *Managettasteig,* über Hohenau, *Haschberg* und Lange Gasse zurück 3–3½ St.

Wienerwaldsee

Der von einem 240 m langen und 13 m hohen Damm gesperrte Stauweiher bei Preßbaum wurde im Zuge der Wienflußregulierung im Jahr 1898 angelegt. Das Wasser des 38 ha großen Sees wird gefiltert und in die Wiener Wasserversorgung eingespeist – verständlicherweise ist daher das Baden untersagt. Am Ufer steht das *Wilhelm-Kreß-Denkmal.* Der Flugversuch des Klaviermachers im Jahr 1877 hätte fast der erste »gültige« Motorflug der Weltgeschichte sein können. Doch ein Zusammentreffen widriger Umstände (zu schwerer Motor, ungünstige Windverhältnisse) ließen am Vorführungstag den Flugapparat nach wenigen Sekunden im See und Kreß in der Pleite versinken.

Wienfluß

Die 32 km lange Wien entspringt mit dem »Kaiserbründl« am Kaiserbrunnberg nahe dem Pfalzberg bei Preßbaum. 124 Quellen aus einem Einzugsgebiet von 225 km² speisen den Fluß, der bei starken Regenfällen auch heute noch bedrohliche Wassermengen führt und vor seiner Regulierung 1895–1902 immer wieder durch Überschwemmungen beträchtliche Schäden anrichtete. 14 km der Flußstrecke sind gefaßt, zwischen Mariabrunn und Hütteldorf sind drei große Rückhaltebecken angelegt, im Wiener Stadtbereich ist das Flußbett teilweise überwölbt.

Der Bau der Westbahn 1858 hat dem immer schon bedeutenden Verkehrsweg Wiental eine Wachstumsphase mit Villenvierteln, aber auch Fabriks- und Gewerbeanlagen mit erheblichen Abwasserproblemen beschert. Diese waren mit für den Beschluß zur Regulierung bestimmend. Der-

zeit wäre eine neue Regulierung nötig: die des »Häuselkrebses«, der sich die Hänge hinauffrißt!

Wildegg, 457 m ○ ✳

Schloß in der Nähe von Sittendorf. Wurde im 12. Jh. als Burg erbaut, im 16. Jh. zum Schloß umgebaut und 1683 von den Türken zerstört. Bald darauf vom Stift Heiligenkreuz erworben und wiederhergestellt.

In unmittelbarer Nähe die *Alpenvereins-Jugendherberge Wildegg,* ganzjährig bewirtschaftet, 47 Schlafplätze, Autozufahrt.

Zugang: von Kaltenleutgeben über den Kreuzsattel 1¾ St.; von Rodaun über den Kreuzsattel 2½ St.

Nettes *Skiziel:* der steile, nordostseitige Sporrerhang, oder kleine Rundtour über den Kreuzsattel, auf dem Kamm links zur Schöffel-(Bergrettungs-)Hütte und sanft auf den Sulzberg, 606 m. Abfahrt an der rechten Grabenseite zum Neuweghof bzw. Sporrerhang.

Wienerwald

Umgrenzung: Donau von Traismauer bis Wien – Baden – Leobersdorf – Triesting – Kaumbergbach – Kaumberg – Gerstbach – Hainfeld – Gölsen bis Einmündung Traisen – Traisen bis Einmündung Donau

Wegmarkierung: 400

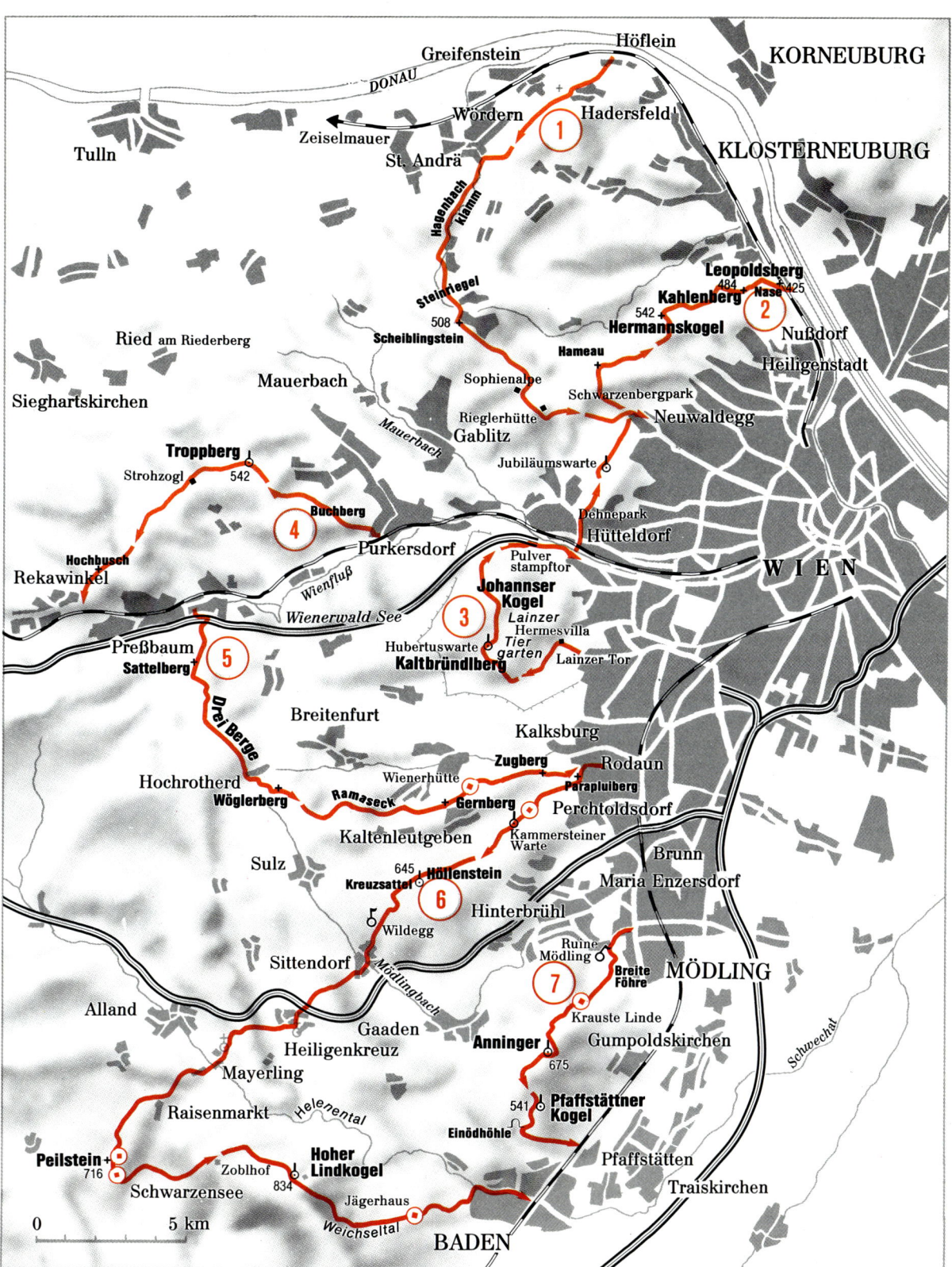

Touren konkret

1. Von Höflein nach Neuwaldegg

Wanderung durch den nördlichen Wienerwald von der Donau durch die Hagenbachklamm bis zur Endstelle der Straßenbahnlinie 43.

Wegverlauf: Bhf. Höflein (erst rot markiert, beim Zusammentreffen mit der grünen Markierung von Greifenstein wegloser Abstecher auf den Eichleitenberg, den nördlichsten »Gipfel« der Alpen!) – Hadersfeld. Von hier nach St. Andrä und durch die Hagenbachklamm bis Unterkirchbach auf Weg Nr. 404, weiter blau (Straße) nach Steinriegel – Scheiblingstein – Sophienalpe, weiter gelb zur Rieglerhütte und erst gelb, dann rot nach Neuwaldegg.
5–6 St., von St. Andrä rund 5 km kürzer. – 20 km.

2. Von Hütteldorf zum Kahlenbergerdorf

Ein großer Bogen entlang des nordwestlichen Stadtrandes, nirgends mehr als 10 km vom Stadtzentrum entfernt und dennoch über weite Strecken Naturlandschaft.

Wegverlauf: Haltestelle Rosentalgasse der Straßenbahnlinie 49 – Dehnepark – Steinböckengasse – Satzberg (grün) – Wickengasse – Seglerweg – Jubiläumswarte – Kreuzeichenwiese – Dornbach – Schwarzenbergpark – Hameauweg (blau) – Hameau – Dreimarkstein – Häuserl am Stoan – Hermannskogel – Sulzwiese – Höhenstraße- Kahlenberg – Waldweg über Josefinenhütte zum Leopoldsberg. Abstieg über Waldgrabenweg oder die »Nase« (östlichster »Steig« der Alpen) ins Kahlenbergerdorf.
Zusammen 4–5 St., rund 18 km; jederzeit Verkürzung möglich.

3. Lainzer-Tiergarten-Runde

Kleiner Halbtags- und Familienbummel durch den Tiergarten mit Einbeziehung des höchsten Punktes (Aussichtswarte). Beim Lainzer Tor Wildpferd- und Auerochsengehege, bei Auhof freilebende Wildschweine.

Wegverlauf: Lainzer Tor (Autobus 60B) – Hermesvilla – Kaltbründlberg – Hubertuswarte, 514 m – Schottenwald – Johannser Kogel – Pulverstampftor – Hütteldorf, U4.
Zusammen 2½–3 St. – Im Winter gesperrt!

4. Über den Troppberg

Dieser »Klassiker« vereinigt alle Charakteristika des westlichen Wienerwaldes: langer, sanfter Höhenzug, vorwiegend Buchenwald, auf dem Gipfel eine Aussichtswarte. Ausgangs- und Endpunkt sind überdies mit der Bahn (einstündige Intervalle) zu erreichen.

Wegverlauf: Bhf. Purkersdorf – grün bez. über Buchberg auf den Troppberg, weiter rot bez. (404) über Strohzogl, Kleiner und Großer Stiefelberg nach Rekawinkel, Bhf.
4–5 St., 16 km. Auch als Langlauftour lohnend, jedoch in umgekehrter Richtung vorteilhafter.

5. Preßbaum – Drei Berge – Hochrotherd – Rodaun

Vom Sandstein- in den Kalk-Wienerwald führt diese lange Wanderung, die – fast schon eine Rarität – über weite Strecken durch unzersiedeltes Waldgebiet ohne Forststraßen leitet.

Wegverlauf: Preßbaum (Bhf.) – rot bez. unter der Autobahnbrücke durch; über Vorderen und Hinteren Sattelberg, Drei Berge (555 m) nach Hochrotherd (Busverbindung). Über Vorderen Wöglerberg, Gernberg und Ramaseck zum Lattermaißkogel (linker, blauer Weg!) und über Wienerhütte und Zugberg nach Rodaun.
5–6 St., 22 km.

6. Rodaun – Peilstein – Hoher Lindkogel – Baden

Große, ausgefüllte Zweitagestour, die einen umfassenden Eindruck der südlichen Wienerwaldlandschaft vermittelt und auf zwei der interessantesten Erhebungen der Region führt.

Wegverlauf: Rodaun – Hochstraße – Kreuzsattel – Sittendorf – Heiligenkreuz – Mayerling – Raisenmarkt – Peilstein, 716 m. Nächtigung auf einer der beiden Hütten. 5½–6½ St., ca. 25 km.

Peilstein – Schwarzensee – Zoblhof (Weg Nr. 404) – Bachboden – Hoher Lindkogel – Jägerhaus – Rauheneck – Baden, Bhf. 4–5 St., ca. 17 km.

7. Große Anninger-Überschreitung

Alle Eigenheiten des südlichen Wienerwaldgebietes – Föhrenbestände, Felsbildungen und Weinhänge – vermittelt diese Anningerwanderung. Ausgangs- und Endpunkt an der Südbahnstrecke.

Wegverlauf: Bhf. Mödling – Aquädukt – Ruine Mödling – Breite Föhre – Anninger, 675 m – Pfaffstättner Kogel – Pfaffstätten.
3½–4 St., ca. 13 km.

8. Auf den Schöpfl

Der höchste Wienerwaldberg ist vor allem ein Ziel für den PKW-Besitzer. Seine weit ausstrahlenden Kämme, die in verschiedenen Tälern mit wenig günstigen Verkehrsverbindungen fußen, legen eine Besteigung mit Rückkehr auf demselben Weg nahe. *Aufstiege:* von Rekawinkel Höhenwanderung über Hochstraß und Forsthof 4½–5 St., ca. 17 km; von Innermanzing 2½ St., 6 km; von St. Corona am Schöpfl 1 St., 3 km; von Schöpflgitter 2 St., 6 km; von Klammhöhe 2¼ St., 7 km.

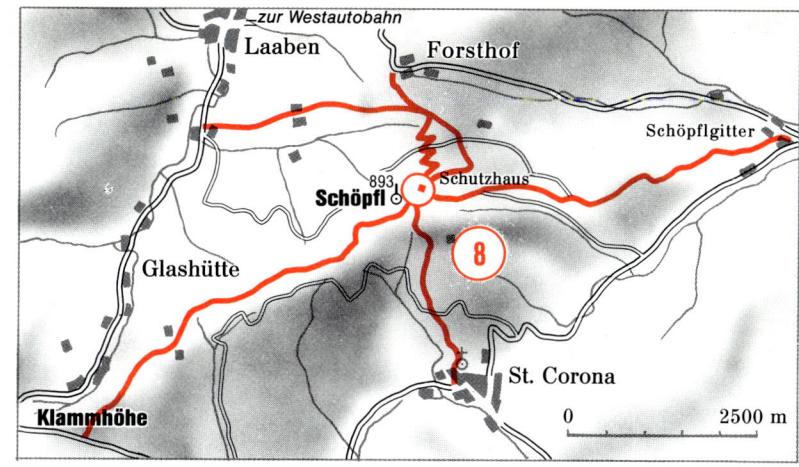

9. Kreisbacher Runde

Ausgedehnte Höhenwanderung über die Kämme des »Wiesen-Wienerwaldes« mit herrlichen Ausblicken auf die Berge des Gölsen- und Traisentales. – Für geübte Läufer auch mit Langlaufskiern hervorragend geeignet.

Wegverlauf: Hst. Kreisbach bei Wilhelmsburg – Ochsenburger Hütte, 571 m – Rudolfshöhe, 594 m – Izerhof – Haberegg – Katzelhofer Höhe – Zehethofer Höhe – Stockerhütte auf der Steinwandleiten (steil) – Stadelböck – Rametzberg (Straße) – Kreisbach.
5–6 St., 18 km.

Alle Wanderungen sind ganzjährig, außer bei hoher Schneelage, möglich.

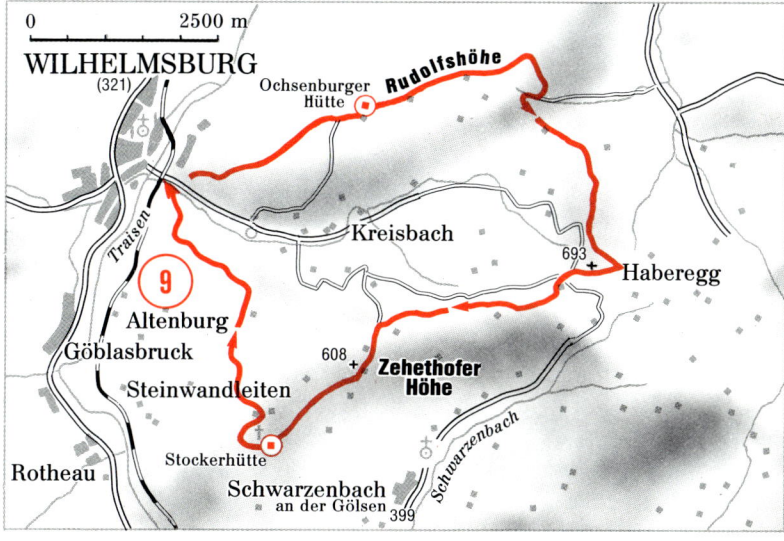

Gutensteiner Alpen

Es ist eine wohltuend »altmodische« Landschaft: bewaldete Bergkegel, Plateauberge, deren Wiesen knapp über die Baumgrenze ragen, mit Felswänden, in deren Gefüge schenkeldicke, beschuppte Föhrenwurzeln verkrallt sind, Graspolster, Blumen und Sträucher wachsen, die dem Wechsel der Jahreszeiten folgen ... Das Ganze sieht immer ein wenig nach Kunst aus: bei Nebel japanisch und nach Jugendstil, ansonsten (man muß nur die häßlichen Zweithäuser vergessen) nach Waldmüller und Gauermann ... Biedermeierlandschaft!

Eine Auto- plus eine Gehstunde von Wien ist sie im ausklingenden zwanzigsten Jahrhundert noch immer greifbar, unendlich weit entfernt von Overkill, Mikrochip und Genmanipulation. Dabei lebte Herr Biedermeier mitnichten in jener Gartenzwergidylle, in der ihn unsere problemgesättigte Zeit gern ansiedeln möchte. Metternichs Spitzel-, Zensur- und Obrigkeitsstaat, die räumliche und geistige Enge, in der es vor der Revolution 1848 gärte – gar so eine Hetz war das Leben damals auch nicht, und der Bürger, der aufgeklärte zumal, verkroch sich ins Private – und der exzentrische entdeckte die Natur. Herr Biedermeier war mindestens ein solcher Abenteurer wie der heutige Fernreisende, wenn er seine Ausflüge über die Stadtmauern hinaus in den Wienerwald, und seine Landpartien weiter und weiter ausdehnte, auf schauderhaften Straßen in einem »Zeugl« dahinrumpelte oder auf mehrtägigen Fußreisen in eine für ihn ebenso andersartige Welt gelangte wie jene, die wir heute die »Dritte« nennen. Bis zum Schneeberg und sogar noch weiter führten ihn diese Reisen, von denen er wahrscheinlich tiefere Eindrücke mitbrachte als manche weltreisenden Zeitgenossen. – Maler, Dichter und Musiker schöpften Anregungen aus dieser Landschaft, mag man sie auch für unsere Begriffe übersteigert und ein wenig geschönt und das harte Landleben romantisch überhöht dargestellt finden.

Als in den sechziger Jahren des vorigen Jahrhunderts die großen Alpinvereine gegründet wurden, entstanden gleichzeitig zahllose »Alpine Gesellschaften«. Als Markenzeichen einer besonderen Verbundenheit mit dem Landvolk trugen sie als sprachlichen Gamsbart im Titel ein »D« mit Apostroph: »D'Waldegger«, »D'Herrgottschnitzer«, »D'Lustigen Kraxler«, »D'Hochecker«, »D'Holzknecht« ... Meist hatten diese Gesellschaften nur den Umfang einer größeren Stammtischrunde, dürsteten aber außer nach Bier auch nach größeren Aufgaben. Zwanzig, dreißig Mitglieder, darunter ein, zwei wohlhabende Förderer sowie ein immenses Maß an idealistischer Begeisterung schufen Leistungen im Hütten- und Wegebau, von denen die heutigen Großvereine nur träumen können. Die dichteste Komprimierung jedoch fand der Vereinsgedanke in der »Alpinen Gesellschaft Mir Zwa«, die tatsächlich nur zwei Mitglieder umfaßte, jedoch ein eigenes Mitteilungsblatt herausbrachte!

Die Hütten dieser Zwergvereine wurden teils wegen der Aussicht, teils auch als weithin sichtbares Zeichen der Tüchtigkeit mit Vorliebe auf Gipfeln errichtet: Kieneck, Hocheck, Hoher Mandling, Geländ, Klosteralpe, Reisalpe ... Eine Nächtigung in einem solchen Gipfelhaus mit Sonnenunter- und -aufgang kann auch heute noch zu einem unvergeßlichen Erlebnis werden – etwa im Herbst, wenn nur wenige Gipfel als Inseln aus dem Nebelmeer des Flachlandes ragen, mit dem Schneeberg als magnetischem Nordpol aller Voralpenausblicke.

»Da steht er, der Schneeberg, der mächtige Greis,
von Gemsen in Angst nur erklettert.
Wenn donnernd sich ihm die Lawine entreißt
und krachend ins Tal niederschmettert.
Da steht er, der Schneeberg, so alt und so weiß,
von Felsen die Krone, das Stirnband von Eis –
als König der norischen Alpen!«

So dichtete der grantelnde Hofrat Grillparzer, den der Schneeberg während seiner Wanderungen nicht wenig beeindruckte. Noch ein großer österreichischer Dichter ist mit dieser Landschaft zutiefst verbunden gewesen: Ferdinand Jakob Raimann, bekannt unter seinem Künstlernamen Raimund. Der Schöpfer so »leichter« und märchenartiger Theaterstücke im Grunde ein ernster, finsterer, mit sich und der Welt zerfallener Mann voll Melancholie, die sich nur in der Natur löste. Er erwarb zwischen Gutenstein und Pernitz ein Haus, die heutige Raimundvilla, und verbrachte glückliche Tage in dieser Umgebung, schreibend, nichtstuend, sich geistig wieder regenerierend. Seine Figuren lebten hier ihren gar nicht märchenhaften Alltag: der arme Köhler, der Waldbauer, der reiche Fabrikant, der geizige Wirt, und die Kulisse seines »Alpenkönigs« darf auch heute nur eine original Gutensteiner Landschaft sein.

»So schau ich dich im Frühlingsschein,
Du mein geliebtes Gutenstein ...
Die Welt, so alt sie immer sei,
An Trug und Täuschung bleibt sie neu
Und edle Wahrheit thronet nur
im Herzen kräftiger Natur.«

Auf dem Mariahilfberg schrieb er dieses Gedicht »An Gutenstein«, und in seiner Villa nahm auch der tragische Tod des Dichters seinen Beginn: Als er von einem Hund gebissen wurde, steigerte sich der hypochondrische Raimund derart in die Vorstellung, daß das Tier tollwütig gewesen und daher auch er von dieser Krankheit befallen sei, daß er sich nach einigen Tagen eine Kugel in den Kopf schoß. Nach fünftägigem Koma verschied der Mann, der als heiterer Dichter des Biedermeier in den Gehirnen verankert ist.

Die Hohe Wand – trotz ihrer 8 km Längenausdehnung noch immer keine »Lange Wand« – ist ein Zwitter zwischen Garten und Gebirge. Das beginnt beim Wandfußsteig, der teilweise liebevoll wie ein Gartenweg zurechtgerichtet ist, und gipfelt in den zahlreichen Siedlungshäusern, die im Lauf der Zeit auf dem Waldplateau errichtet wurden. Die Wandbildungen dazwischen messen bis zu 230 m Höhe – das ist allerdings nicht immer blanker Fels, da gibt es Steilrasen, Wiesenflächen und senkrechten Wald dazwischen, und im Frühling wachsen dem Kletterer die größten Kuhschellen der Ostalpen in den Mund. Der unvergleichbare alpinistische Terminus »Ziguri« hat hier seinen humusreichsten Nährboden. Doch das kann einen echten »Wand«-Liebhaber nicht abschrecken. Der erste und größte unter ihnen war der bergbegeisterte Pfarrer von Grünbach, Dr. Alois Wildenauer. Nahezu alle wesentlichen Durchstiege bis zum IV. Grad, die vor dem Ersten Weltkrieg begangen wurden, hat er entdeckt, erklettert, zum Teil auch gerodet und markiert. Dazu war er oftmals allein kletternd unterwegs, mit einem Schlossergewand bekleidet, den Pinsel zwischen den Zähnen – ein damals wohl unerhörtes Bild von einem »hochwürdigen Herrn«. Er wußte auch um die Bedeutung des Fluches als Sesam-öffne-dich bei der Bewältigung vertrackter Kletterstellen und hatte sich ein ganzes Repertoire von Flüchen zurechtgelegt – von zimmerreinen selbstverständlich, wie es sich für einen geistlichen Herrn geziemt: ein »Potzblitz!« etwa, ein »Sapperment!!« oder gar ein fürchterliches »Donnerwetter mit Trompetenschall!!!« – Tja, und dann wurde die Straße auf die Hohe Wand erbaut, auf der viele Leute zu den Gasthöfen und privaten Hütten und Häuschen hinauffahren können, und weil so viele Leute kommen, braucht man weitere Gasthöfe und weitere Straßen ... Abseits dieser »Schnitzelroute« aber kann man zeitweise fast die gleiche Ruhe finden wie zu Wildenauers Zeiten.

Die Gutensteiner Alpen sind keine so homogene Landschaft wie der Hochschwab oder das Gesäuse. Die Gebiete im Einzugsbereich der Südbahn oder der Westbahn liegen touristisch auf verschiedenen Kontinenten. Zum einen wegen der Verkehrsverhältnisse – hier war traditionell die Südstrecke begünstigter –, zum anderen wegen des Klimas, welches am Alpenostrand stark pannonisch beeinflußt ist. Hohe Wand, Mandling, Hocheck und wie sie alle heißen mögen, wären etwa ganz brauchbare Skiziele – nur gibt es höchst selten eine ausreichende Schneedecke. Eine Ausnahme bildet der Unterberg – ein wahrer Schneemagnet, dessen Gipfelhänge manchmal schon zu Allerheiligen oder sogar früher zu befahren sind! Besser sieht es diesbezüglich im Gebiet des Traisentales aus. Kurioserweise begann der Siegeszug des alpinen Skilaufs nicht auf den weiten Hängen der Kitzbühler Alpen oder des Arlbergs, sondern auf diesen borstigen Waldbergen mit ihren steilen Wiesen und Schlägen. Und er war das Werk eines einzigen Mannes, eines klugen Sonderlings, der abgeschieden auf seinem Gut Habernreith bei Lilienfeld hauste: Matthias Zdarsky. Nansens 1891 erschienenes Buch »Auf Schneeschuhen durch Grönland« beeindruckte ihn so sehr, daß es ihn reizte, diese Schneeschuhe auch in seinen schneereichen Heimatbergen auszuprobieren. Er erkannte sofort, daß die fragilen Bindungen der Norweger (eine Art primitiver Langlaufbindung) nichts taugten, daß diese vielmehr ». . . keinen Millimeter seitlich abweichen darf und in kräftigem Zug den Fuß mit den Brettern verbinden muß«. Nach rund 200 Versuchskonstruktionen fand er das Richtige: eine Stahlsohlenbindung mit Federzug. Dazu erfand er den Vorlageschwung, der es erlaubte, im steilen – eben alpinen – Gelände kontrolliert und sturzfrei zu fahren (übrigens nur mit einem Stock). Gegen viele Widerstände setzte sich seine Fahrtechnik schließlich durch. 1905 fand der erste Torlauf der Skigeschichte auf dem Muckenkogel statt. Es mußte mit einem 6-kg-Rucksack aufgestiegen werden, »Stockreiten« bei der Abfahrt brachte Strafpunkte. Für die 1950 m lange Strecke mit 85 Toren bei 488 m Höhenunterschied benötigte der Sieger 12 Min. 34 Sek., der Zweite brauchte bereits 4 Min. länger, und der Letzte jener Teilnehmer, die nicht aufgegeben hatten, erreichte das Ziel nach stattlichen 35 Min. und 20 Sek. bei neun Stürzen! An diesem Lauf nahm Zdarsky selbst nicht teil, doch war er der anerkannt beste Skiläufer seiner Zeit, der auf einem präparierten Hang bereits 100 km/h erreichte! Als bei einem weiteren Torlauf (1906) kein Teilnehmer die Strecke sturzfrei bewältigte, reklamierte man zu große Schwierigkeiten. Worauf Zdarsky den Hang in weniger als der halben Pflichtzeit bezwang!

Zdarsky erteilte im Lauf seines Lebens etwa 20.000 Menschen kostenlos Skiunterricht. Er erfand den nach ihm benannten, oftmals lebensrettenden Biwaksack und lehnte es ab, sich darauf ein Patent erteilen zu lassen, er veröffentlichte im Gegenteil Anleitungen, wie man solche Zeltsäcke herstellen könne – er war, wie gesagt, ein Sonderling. Darüber hinaus ein Weiser – und überzeugter Junggeselle. Vier Dinge, so sagte er, müßten Ski fahrende Damen halten: »Stock, Spur, Abstand und Mund!«

Gutensteiner Alpen von A–Z

Almesbrunnberg, 1079 m ○ ☀

Die weitläufige, im oberen Bereich vielfach bewaldete Erhebung mit kleiner Gipfelwiese wird zwar oft genannt und viel besucht, der höchste Punkt jedoch, zu dem keine Markierung führt, wird nur relativ selten erstiegen. Ziemlich verwachsen, bietet er überdies keinen besonderen Ausblick. Gern besucht wird das Gebiet vor allem wegen seiner Nachbarschaft zur → *Steinwandklamm.* Stützpunkt ist das *Almesbrunnberg-Touristenheim, 690 m,* des Österreichischen Touristenklubs nahe dem Kreuthsattel (24 Betten), PKW-Zufahrt von Muggendorf (Karnerwirt) bis zum Gh. Jagasitz, auf den Almesbrunnberg ca. 50 Min. (letzter Teil unmarkiert). Eine hübsche *Rundtour* führt grün bezeichnet weiter zur Steinwandklamm 2½ St.
Als *Skiziel* nicht besonders rassig, jedoch schöne Möglichkeiten zum Skiwandern (auch mit Langlaufskiern).

Araburg, 799 m

Die höchstgelegene Burg Niederösterreichs, auf einem Waldkamm über Kaumberg, wurde 1190 unter Wolfgerus de Araperich erbaut, unter den Jörgern (1540–1621) erweitert und 1625 vom Stift Lilienfeld erworben. Obgleich sie die sicherste und stärkste Burg des Landes war, wurde auch sie 1683 von den Türken »ausgehungert, verbrannt und niedergebrochen« und verfiel seither. In den letzten Jahrzehnten bemüht man sich um eine Erhaltung der Überreste. Der Rundturm wurde 1901 von der Alpinen Gesellschaft »D'Hochecker« in eine Aussichtswarte umgebaut und gewährt einen prächtigen Rundblick. Im Eingangsturm ist die *Touristenherberge Araburg* des Österreichischen Touristenklubs eingerichtet (4 Schlafplätze, während die Sommermonate Wochenend- und Feiertagsbewirtschaftung).
Zugang: von Kaumberg 1¼ St.; vom Parkplatz am Ende der Zufahrtsstraße 20 Min. *Übergang:* zum Hocheck 4–4½ St.; zum Kieneck 3–3½ St.; zum Unterberg weitere 2 St.

Berndorf, 312 m

Industriestadt im Triestingtal (Vereinigte Metallwerke Ranshofen), neobarocke Pfarrkirche, historisierende Schulgebäude (errichtet von der Familie Krupp 1909–1917).
Ausgangspunkt für den Hohen → *Mandling, 967 m,* durch das Grillenbergtal 3 St., und für die hübsche Wanderung über den Guglzipf, 427 m, und die Jauling, zurück über Kleinfeld nach Veitsau, 3½ St.

Berndorfer Hütte, 967 m

Alpenvereinshütte auf dem Gipfel des Hohen → *Mandling;* eröffnet 1924, ganzjährig bewirtschaftet, 37 Schlafplätze.
Kürzester *Zugang:* von Ortmann 1½ St.

Bernhuberhütte, 720 m

Schutzhaus der alpinen Gesellschaft »Alpenfreunde« unter dem Gipfel des → *Kitzberg.* An Wochenenden beaufsichtigt. Winterraum.
Zugang: von Pernitz oder Miesenbach 1¼–1½ St.

Dürre Wand, 1222 m ○

Der langgestreckte Höhenzug (10 km) der Dürren Wand beginnt bei Waidmannsfeld und setzt sich im Schober-Öhler-Kamm bis zur Mamauwiese fort. Auf dem *Plattenstein, 1154 m,* steht die → *Gauermannhütte,* höchste Erhebung ist der *Katharinenschlag, 1222 m.* Dieses Gebiet mit seiner besonders reichhaltigen alpinen Flora, seinen Felsbildungen und seinen dichten Waldungen ist dem Biedermeiermaler Friedrich Gauermann Kulisse für seine Landschaftsbilder gewesen.
Die klassische Überschreitung der Dürren Wand von Waidmannsfeld bis zum Öhlerkreuz mit Abstieg nach Puchberg erfordert 6 St. Gehzeit. Eine lohnende *Rundtour* für Autofahrer bildet der Aufstieg von Frohnberg zur Gauermannhütte mit Abstieg über den Schweighof.
10 Min. unterhalb der Gauermannhütte befindet sich das *Tablerloch,* eine Kalkhöhle mit schönen Eisbildungen bis ins späte Frühjahr (blaue Zeichen, Trittsicherheit erforderlich).

Ebenwald ○ ☀

Eine etwa 3 km² große Hochfläche im Gebiet der → *Reisalpe* zwischen Schwarzwaldeck, Hochstaff und Kiensteiner Öde in einer Höhenlage zwischen 1000 und 1100 m mit verstreuten Bergbauernhöfen, die teilweise schon im 14. Jh. urkundlich erwähnt wurden.
Zugang: Autozufahrt (Mautstraße) von Kleinzell; aus dem Wiesenbach (Schindeltal) durch den Geißgraben 2 St.; von Kleinzell durch den Schneidergraben 2 St.; von St. Veit an der Gölsen 3½ St.
Unweit des Parkplatzes am Endpunkt der Ebenwaldstraße das *Ebenwald-Haus, 1046 m,* der »Naturfreunde«.
Ausgangspunkt für → *Reisalpe* (2 St.), → *Schwarzwaldeck* (1 St.), → *Hochstaff* (1 St.), ebenso für *Skitouren* auf diese Gipfel, außerdem schöne Langlaufmöglichkeiten.

Eichert-Hütte, 1052 m

In der Nähe der *Großen Kanzel,* eine der ältesten Schutzhütten auf der *Hohen Wand* (erbaut 1899). Im Besitz des Österreichischen Touristenklubs (Sektion Wr. Neustadt), 100 Schlafplätze, 10 Notlager, ganzjährig bewirtschaftet, Telefon (0 26 37) 22 58.
Zugang: vom Grünbacher Sessellift 10 Min.; von Grünbach über den unschwierigen Grafenbergweg 1½ St.; von Oberhöflein über den versicherten Wagnersteig 1½ St. Die Große Kanzel ist, wie ihr Name verspricht, ein überaus lohnender Aussichtspunkt.

Einhornhöhle

Bei *Dreistetten* am Wandeck der Hohen Wand, mit Tropfsteingebilden.
Auskünfte: Telefon (0 26 33) 25 53.

Eisensteinhöhle, 575 m

Bei *Bad Fischau.* 920 Gänge führen bis in 70 m Tiefe, Sintergebilde mit Kalzitkristallen und Kristallrosen. Führungen vom 1. Mai bis Oktober, am ersten und dritten Wochenende im Monat.
Auskünfte: Telefon (0 26 39) 21 0 33.
In der Nähe das *Eisensteinhöhle-Haus, 407 m,* des Österreichischen Alpenvereins. Samstag, Sonntag, Feiertag ganzjährig bewirtschaftet, keine Nächtigung!

Ausblick von der Dürren Wand

Zufahrt bis 10 Min. vor das Haus, *Zugang* von Bad Fischau-Brunn 40 Min., von Brunn ½ St., von Winzendorf 1¼ St.

Emmerberg, Ruine

Reste einer einst beachtlichen Burg (»Eimerburg«) in den Fischauer Bergen. Sie wurde schon 1172 urkundlich erwähnt. Ihr Verfall war auch ohne Türken- und andere Stürme besiegelt; 1682 war sie schon so heruntergekommen, daß keines der drei Tore gesichert werden konnte. Die verschuldeten Grafen von Heussenstein ließen 1760 den Eichenholzdachstuhl abtragen, um ihn zu verkaufen, 1821 wurde aus den Mauersteinen im Tal ein Pferdegestüt gebaut.
Zugang: vom Gh. Teichmühle 10 Min.

Enzianhütte, 1106 m

Auf dem Gipfel des → *Kieneck.* Von der alpinen Gesellschaft »Enzian« im Jahr 1897 erbaut, nun im Besitz der gleichnamigen Alpenvereinssektion. 30 Schlafplätze, an Wochenenden bewirtschaftet, Wintersperre von November bis März. Wegzeiten siehe Kieneck.

Falkenstein, 1013 m ○

Felsiger Aussichtsberg nördlich von Schwarzau im Gebirge. *Aufstieg:* vom nördlichen Ortsende 1¼ St. Der Gipfel läßt sich vorteilhaft bei einer Ersteigung des → *Handlesberges* »mitnehmen«.

Fischauer Berge ○ ▲

Dieser zahme Höhenzug, der von der Hohen Wand durch das Talbekken der »Neuen Welt« getrennt ist, erreicht im *Größenberg, 605 m,* seinen höchsten Punkt. Ein abwechslungsreicher Höhenweg führt entlang dieses Rückens von Wöllersdorf bis nach Winzendorf, ein verhältnismäßig dichtes Wegenetz erlaubt aber auch für Autofahrer eine beliebige Kombination von Rundwanderungen.

Sehenswert sind die Felsbildungen des Teufelsmühlsteins und des Steinernen Stadls, eines beachtlichen Felsbogens, der als Kulisse einer Wagneroper dienen könnte, die → *Eisensteinhöhle* (nahe bei Brunn an der Schneebergbahn), sowie in der Nähe des Finkenhauses Reste keltischer Gräber. – Oberhalb der Prossetschlucht steht die Ruine → *Emmerberg,* den Wänden des Schloßbergs ist der kühne *Kollerturm* vorgelagert (Normalanstieg III, Paulinensteig IV), der in Verbindung mit der »Kollerwand« dahinter durchaus einen Besuch lohnt (Oskarsteig III+, Prossetkamin III+, Emmerberger Risse – III bzw. IV+ und noch andere Möglichkeiten).

Flatzer Wand, 700 m ○ △ ▲

Eine Miniaturausgabe der Hohen Wand bei der kleinen Ortschaft Flatz, 3 km nördlich von Ternitz, mit Klettermöglichkeiten und einigen Höhlen, deren interessanteste das Langloch ist.
Der *Fürststeig* ist ein netter versi-

cherter Steig, der *Doppelsteig* eine reizende, kaum mäßig schwierige Kletterei (I–II, Felshöhe etwa 80 m, ½ St.). Weitere Steige mit Klettergartencharakter. *Übergang:* zum Neunkirchener Haus 15–20 Min. *Zugang:* von Flatz 15 Min.

Frauenluckensteig △
Der Name rührt von den sagenhaften »Wildfrauen« her, welche früher die Gegend bevölkerten. – Er ist einer der originellsten versicherten Steige der Hohen Wand. Vom → *Völlerin-Steig* abzweigend, führt er nach Überwindung einer mit Drahtseilen und Klammern gesicherten Einstiegswand über eine Eisenleiter durch einen 15 m hohen Höhlenschacht. Er erfordert etwas Kraft und turnerische Gewandtheit, ist aber nicht als schwierig zu bezeichnen.

Gauermann, Friedrich
* 20. 9. 1807, † 7. 7. 1862
Geboren und aufgewachsen in Scheuchenstein (Gauermannhof!) zwischen Dürrer und Hoher Wand, wurde der Sohn des Malers Jakob Gauermann einer der bedeutendsten Landschaftsmaler der Biedermeierzeit, am Übergang vom Rokoko zum Realismus. In seinen Schaffensjahren hat er sich verausgabt, er starb 55jährig in seinem Wiener Atelier und hat ein enormes Werk hinterlassen: 273 Landschaften, 348 Tierbilder, 111 Genreszenen, 70 Jagdbilder, 383 Ölstudien, 560 Handzeichnungen und 14 begonnene Ölbilder. – Gauermann wurde im Familiengrab in Scheuchenstein beigesetzt.

Gauermannhütte, 1154 m
Auf dem Plattenstein am Kamm der → *Dürren Wand;* 1908 von der alpinen Gesellschaft »Waldegger« erbaut und nach dem Alpenmaler benannt, heute im Besitz des Österreichischen Touristenklubs. 53 Schlafplätze; ab Ostern bis Anfang November an Wochenenden und Feiertagen einfach bewirtschaftet. *Zugang:* von Puchberg und Miesenbach je 1½ St.; von Pernitz 3 St. Schöner Ausblick, beherrschend der Schneeberg; 10 Min. unterhalb der Hütte das *Tablerloch.*

Geländ, 1026 m ○
Kanzelartige Erhebung mit felsiger Flanke über Grünbach in Verlängerung der Hohen Wand (*Übergang* vom Großen Plackles über den Rastkreuzsattel, 868 m, etwa 1½ St.). Auf dem Gipfel ein privates Schutzhaus. – Prächtiger und instruktiver Anblick des Schneebergs, gegen Osten ist bei klarem Wetter der Neusiedler See zu sehen. *Zugang:* von Grünbach, 678 m, vier verschiedene Aufstiege, jeweils 1–1½ St.

Gösing, 898 m ○
Markanter, bis zum Gipfel bewaldeter Bergkopf in der Nähe der → *Flatzer Wand* mit schönem Schneebergblick. Der Aussichtspunkt liegt wenige Minuten unterhalb der höchsten Erhebung. – Die ins Sierningtal abbrechenden, von ferne recht imposant aussehenden Felswände sind ziemlich brüchig und wenig lohnend. *Zugang:* vom Neunkirchener Haus auf der Kranzstetten 45 Min. In Verbindung mit der Flatzer Wand schöne Rundwanderung.

Grünbach am Schneeberg, 557 m
Grünbach war einst eine nicht unbedeutende Bergwerkssiedlung. Von 1827 bis 1965 wurde hier Steinkohle abgebaut, besonders in der Nachkriegszeit trugen diese Vorkommen zur Linderung des Kohlemangels bei. Der tiefste Punkt des rund 50 km langen Stollensystems lag in 1142 m Tiefe. Als Pfarre ist Grünbach bereits 1387 erwähnt, die Pfarrkirche mit gotischen Elementen stammt aus dem 14. und 15. Jh. Grünbach ist einer der wichtigen *Ausgangspunkte* für die → *Hohe Wand* (Doppelsessellift) und für das → *Geländ.*

Gutenstein, 481 m
Reizvoller Markt am Zusammenfluß von Steinapiesting, Längapiesting und Piesting in waldiger Umgebung. Die Ruine der ehemals bedeutenden Feste Gutenstein, Biedermeiervillen und der → *Mariahilfberg* mit seiner Wallfahrtskirche bestimmen das Ortsbild einer typischen Sommerfrische, in der noch etwas vom Glanz

der Donaumonarchie lebt. *Sehenswert* sind auch die gotische Pfarrkirche (auf dem Friedhof das Raimundgrab) und das Waldbauernmuseum in der Alten Hofmühle.
Die herzogliche Burg wurde unter Leopold VI., dem Glorreichen, im 13. Jh. erbaut. Sie trotzte allen Türkenbelagerungen (1683 17 Anstürme!), heute sind nur noch Teile des Palas und des Gefängnisses Zeuge einer bedeutenden Vergangenheit. Gutenstein ist *Ausgangspunkt* für → *Schober* und → *Öhler,* etwas umständlich auch für den → *Unterberg.*

Hainfeld, 439 m
Im breiten Talboden des Gölsentales zwischen den Wienerwaldbergen und den Ausläufern der Voralpen an einem schon in der Vorgeschichte bekannten Verkehrsweg gelegen. Schon 1105 als »Haganfelt« erwähnt, schöne gotische Pfarrkirche. – Bis ins 19. Jh. bedeutende Sensenwerke, heute Kleinindustrie und Einkaufsort. *Ausgangspunkt* für den → *Kirchenberg* sowie den Übergang zur → *Araburg* (3 St.).

Hainfelder Hütte, 922 m
Auf dem → *Kirchenberg* bei Hainfeld. Österreichischer Touristenklub. An Wochenenden und Feiertagen durch Mitglieder bewirtschaftet, keine Nächtigung möglich!

Handlesberg, 1370 m ○ ✳
Ein Aussichtsgipfel für jede Jahreszeit, nordöstlich von Schwarzau im Gebirge. Zwei *Aufstiege* von Schwarzau vereinigen sich beim »Grubenfranzl« und führen gemeinsam durch Hoch- und Jungwald und Wiesenflächen zum höchsten Punkt. 2–2½ St. Felsig, mit alten Wetterbäumen bestanden, ist er ein richtiger Voralpen»gipfel«. Die Sicht reicht über Ötscher und Dürrenstein bis zum Hochschwab, in der Nähe beherrschend die Nordwestseite des Schneebergs, dahinter Rax und Schneealpe. *Übergang:* über den Wildföhrenstein, 1159 m, in die Vois (2 St.) oder durch die Pax zum Gschaiderwirt (2½ St.), lohnend auch die Einbeziehung des Falkensteins (+ 1 St.).

*Übergang Almesbrunnberg–Gutenstein.
Im Hintergrund der Schneeberg*

Skiaufstieg vom Gh. Höchbauer unter dem Klostertaler Gscheid. Bei sicherem Schnee Aufstieg und Abfahrt durch die rechtsseitig vom Reitbauer hinaufziehende steile Rinne, sonst linksseitig, beim »Hansl im Berg« vorbei, das »Steinritzel« links umgehend zum Gipfel (2½ St.) 730 HM.

Hanselsteig   △
Eine der beliebtesten versicherten Steiganlagen der → *Hohen Wand.* Der Wiener Neustädter Schlossermeister Johann Hansel errichtete den Steig auf eigene Kosten und »schenkte« ihn 1911 dem Österreichischen Touristenklub. Durch russischen Artilleriebeschuß wurde die Steiganlage 1945 schwer beschädigt, 1958 wurde sie wieder instand gesetzt. Eine imposante Felshöhle (»Karnitschstüberl«) mit Rastbank, Tisch und prächtigem Ausblick ist der erste Glanzpunkt des Steiges, der zweite ist der mit einer Leiter versehene Hanselkamin. – Unweit des Ausstieges steht das *Hanselsteig-Haus, 850 m* (privat, Straßenzufahrt).
Vom Loderhof bis zum Ausstieg 1–1½ St., Trittsicherheit erforderlich.

Haselrast, 778 m   ○
Paßhöhe der Straße Rohr im Gebirge – Gutenstein durch ein waldreiches, kaum besiedeltes Gebiet ohne markiertes Wegenetz, das als stilles Wanderland noch zu entdecken ist. – Im Gutensteiner Waldbauernmuseum ist die Sage vom »Herrgott auf der Haselrast« zu lesen: »In alter Zeit durchwanderte der Herr unsere Welt, um in die Geschicke der Menschen zu schauen. Von der einsamen Paßhöhe der Haselrast sah er über die wilden Abstürze hinweg nichts als Wald, Berg und Fels. Da vergrub der Herr sein Gesicht in beide Hände und weinte bittere Tränen über ein so unwirtliches Land.«

Hegerberg, 1179 m   ○
auch *Hohenberger Höger.* Von Hohenberg gesehen ein schöner Dreikant.

Aufstieg: (unmarkiert) am besten von der Kalten Kuchl. Erst über eine Forststraße in Richtung St. Ägyd, dann um einen Mugel herum ins sogenannte Gsohl und zuletzt auf einem Jagdsteig über den felsigen Südostkamm. 1½ St.

Herrgottschnitzerhaus, 826 m
auf dem Wandeck im Osten der Hohen Wand. Von der alpinen Gesellschaft »D' Herrgottschnitzer« 1912 erbaut. 45 Schlafplätze. Autozufahrt.
Zugang: von Dreistetten. Mehrere Möglichkeiten: Herrgottschnitzerweg (bequem), Drobilsteig (etwas »alpiner« mit einigen Versicherungen); jeweils 1 St.

Himberg, 948 m   ○
Aussichtsberg bei Puchberg am Schneeberg mit umfassender Schneebergansicht. Sessellift, zwei bezeichnete Wege (jeweils 1–1½ St.). Wer nicht zum Ausgangspunkt zurück muß, kann schöne Höhenwanderungen bis zum Gösing und nach

Ternitz bzw. über Schrattenstein und Johannisbachklamm nach Würflach anschließen.

Hinteralm (Kleinzeller), 1012 m   ○
Auf einem fast parkähnlichen, von alten Baumriesen umstandenen Almboden nach der sattelartigen Einschnürung zwischen Ebenwald und dem Aufbau der → *Reisalpe.* Im Sommer bewirtschaftete, schmucke Almhütte. Ausblick auf Schneeberg und Unterberg.
Zugang: von Ebenwald-Parkplatz 1 St. – Auf die Reisalpe 1 St., auf den Hochstaff (unmarkiert) 1 St.

Hocheck, 1037 m   ○ ☀
Eines der beliebtesten Ziele des Triestingtales, schon zur Zeit vor der Erbauung der Bahnlinie, in erhöhtem Maße nach der Errichtung einer Mautstraße. Seit deren Sperre für den allgemeinen Verkehr ist es wieder stiller geworden an diesem Berg. Knapp unterhalb des Gipfels das *Hocheck-Schutzhaus, 1030 m,* des

Österreichischen Touristenklubs, das 1903 als »Kaspar-Geitner-Haus« eröffnet wurde und am 23. 4. 1945 niederbrannte. 80 Schlafplätze, Wochenendbewirtschaftung. Telefon (0 26 73) 23 06.

Neben der Hütte stand bis 1945 die Franziskanerwarte (erbaut 1879), die zum 90jährigen Jubiläum der Sektion Triestingtal des Österreichischen Touristenklubs neu errichtet wurde und einen ausgezeichneten Rundblick gewährt.

Zugang: am besten über Dornau bei Thenneberg (größtenteils Forststraßen) mit schönem Rückblick auf die Peilsteinwände und die Kämme des Wienerwaldes (2 St.). Etwas länger die Wege von Altenmarkt und Taßhof, am kürzesten, jedoch steil, der »Krennweg« von Furth (1½ St.).

Übergang: über den Feiglberg, 808 m, zur Araburg 4 St.; zum Kieneck 6–7 St.

Als *Skiberg* darf man das Hocheck ebenfalls gelten lassen. Bester Aufstieg ebenfalls von Dornau. Abfahrt jedoch rechts abzweigend am rot bezeichneten Wieshofersteig bis zum Waldrand und dann links über Wiesen (Großhof) nach Thenneberg. Auch für gute Langläufer mit Abfahrtskönnen. 650 HM.

Seit Sperre der Mautstraße ist auch der Schleiflift auf der Gipfelwiese außer Betrieb.

Hochstaff, 1305 m ○ ☀

Schöner dreikantiger, bewaldeter Voralpengipfel mit felsiger Westflanke im Reisalpengebiet. Vom Gipfel ausgezeichneter Rundblick, schöne Sicht auf die nahe Reisalpe.

Zwei – unmarkierte – *Aufstiege:* Vom Ebenwald-Parkplatz bei einem Marterl südöstlich über Wiesen vom Reisalpenweg abzweigen und gegen eine auffällige Senke am Nordfuß des Berges, dann auf dem Kamm über ein Steiglein (1 St.). – Von der Kleinzeller Hinteralm stets über den Kamm (1 St.).

Auch als *Skitour* möglich, Abfahrt jedoch durch den Schneidergraben nach Kleinzell (vom Gipfel links über Wiesen zum Güterweg, auf diesem zur Weißenbachalm, später die blaue Markierung kreuzend zum Sollenekkerhof beim Kleinzeller Lift).

Hohe Wand/Kurzporträt

Mächtiger, von Nordost nach Südwest streichender Kalkstock mit einer Längenausdehnung von rund 8 km zwischen Dreistetten und Grünbach und einem gegliederten, bewaldeten Plateau von 10–12 km². Höchste Erhebung: *Großer Placklesberg, 1132 m,* an der Südwest-Ecke. Mauerartiger Steilabfall gegen Süden mit Felshöhen zwischen 50 und 230 m. Mehr als 300 Kletterrouten; nicht ganz so viele Schutzhütten, Gasthöfe und Privathäuser. – Seit 1933 gut ausgebaute Bergstraße (max. 13% Steigung), die allmählich zu fast allen größeren Unterkünften Ableger entsendet. Naturpark mit Tiergehege und Aussichtsturm auf dem *Bromberg, 1061 m.* Weniger besucht ist der stark bewaldete, dennoch steile Nordabfall.

Empfehlenswerte Kletttereien:
Hochwandlersteig III+, Wiener Steig III+, Fredsteig IV, Kanzelsteig II, Naglplatten –V bis VII, Grafenbergsteig III, Weningersteig III, Schillerkamin IV, Turmsteig –II, Hochlandkante –V, Freundschaftssteig III, Freundschaftsriß IV+, Danglsteig VI und VI+, Edelweißsteig IV, Grünbachersteig –VI, A1, Tirolersteig II, –III, A-Steig –III, Turnerbergsteigersteig –IV, Pepi-Obermann-Gedächtnisweg –VI, A2, Totenköpflsteig V A 0, Austriasteig IV, Hochempor-Verschneidung V+, Höhlensteig II+, Sollenauer Steig –V, Inthalersteig –IV, Teufelsgrat III, Kletterbrüderpfad IV, Bergfreundesteig –V, Stanagerlsteig –IV.

Hubertushaus, 946 m

Auf der *Hohen Wand.* Sektion Gebirgsverein des Österreichischen Alpenvereins. Ganzjährig bewirtschaftet; 50 Schlafplätze.

Zugang: über den Springlessteig (einige Versicherungen) von Zweiersdorf bzw. Ober-Höflein 1½ St.

Übergang: zur Eichert-Hütte bzw. zur Bergstation des Grünbacher Liftes 30 bzw. 40 Min.; zum Gh. Wieser oberhalb des Leiterlsteiges 1½ St.

Jochart, 1266 m ○ ☀

Der (oder die?) Jochart ist ein Waldberg nordwestlich von Rohr im Gebirge mit mehreren lohnenden, abwechslungsreichen Aufstiegen und prächtiger Rundsicht (sehr schön Unterberg und Schneeberg, ferner Reisalpe, Gippel, Göller und Ötscher, Schneealpe und Rax).

Der kürzeste *Aufstieg* führt von Rohr über den Schacherbauerhof (blau bez., 2 St.), etwas länger ist der Weg durch die Öd über das Hammerleck, 987 m (2½ St.) – gemeinsam eine lohnende Rundtour. Reizvoll ist auch der Weg durch die (kurze) Roßbachklamm von der Straße Kleinzell – Kalte Kuchl, der sich beim »Schacherkreuz« mit dem direkten Weg von Rohr vereinigt (2½–3 St.).

Der oder die Jochart ist auch eine anspruchsvolle Voralpen-*Skitour.* Aufstieg durch die Öd bis zur Jagdhütte in der Talgabelung, hier auf einer Forststraße nach links, bis man über freie Hänge die Gipfelwiese erreicht (2–3 St.).

Johannisbachklamm ○

Entzückende romantische Klamm, die Verbindungsschlucht zwischen Greith und Würflach, mit moos- und efeuüberwachsenen Felsszenerien. Sie ist durch eine Steiganlage der »Naturfreunde« (eröffnet am 3. August 1902) bequem gangbar gemacht (nur geringe Steigung). Besonders schön im Frühjahr!

Zugang: von Würflach 10 Min., die gesamte Klammbegehung erfordert 10–15 Min. Beliebige Rundwanderkombinationen mit Einbeziehung der Ruine Schrattenstein und der Kettenluß-Hügel.

Kalte Kuchl, 732 m

Alpengasthof und Sattelhöhe am Knotenpunkt der Straße von Kleinzell, Hohenberg und Schwarzau im Gebirge. – Kleine Schlepplifte.

Aufstieg (unmarkiert) zum → *Hegerberg.* – An der Straße nach Rohr im Gebirge ein Kohlenmeiler, der ganzjährig von einem Köhler betreut wird. Der aus drei Meter langen Buchenhölzern aufgerichtete »Langmeiler« kohlt etwa 5 Wochen und erbringt aus 1 Festmeter Holz rund 140 kg Holzkohle.

Ruine Emmerberg in den Fischauer Bergen

Kanzelsteig ▲

Eine der einfacheren Standardklettereien der *Hohen Wand,* sehr beliebt im Auf- und Abstieg. Der Steig gliedert sich in drei Abschnitte: im unteren Teil eine Steilrinne mit dem »Testamentwandl« (etwas steinfallgefährdet), einer schrofigen Steilwiese als Mittelteil (Steigspuren) und den oberen, eigentlichen Kanzelgrat, der in schöner Kletterei direkt beim Kreuz der *Großen Kanzel, 1043 m,* endet. Die erste Erkletterung dieser prägnanten Felsformation hat schon vor der Jahrhundertwende stattgefunden, genaue Daten sind nicht überliefert.

II, Felshöhe 240 m, 1½ St. vom Einstieg. Rote Zeichen. Vom Fuß der untersten Kanzelzinne (Steigbuch) zweigt der in der östlichen Gratflanke verlaufende schöne Technikersteig (II+) ab.

Kaumberg, 494 m

Der alte Markt im Triestingtal ist Ausgangspunkt für zahlreiche Wanderungen, deren beliebteste der Besuch der → *Araburg* ist. Die Besteigungen des → *Kieneck, 1106 m,* und des → *Hocheck, 1037 m,* lassen verschiedenartige Varianten zu; seltener wird der Schöpfl über St. Corona erstiegen.

Sehenswert sind die gotische Wehrkirche und die Araburg (1¼ St. vom Ort). Mit deren Erwerbung durch das Stift Lilienfeld ging auch die Gerichtsbarkeit an dieses über, und noch heute gehört der Ort politisch zum Bezirk Lilienfeld.

Kieneck, 1106 m ○ ❋

Nicht weniger als acht verschiedene Wege (mit teils beträchtlichen Gehzeiten angesichts der bescheidenen Gipfelhöhe) führen auf diese steile Kuppe, von der aus sich einige Höhenzüge verzweigen. Auf dem Gipfel steht die → *Enzianhütte* des Österreichischen Alpenvereins. Die Aussicht zählt zu den umfassendsten in den Voralpen: Schneeberg, Rax und Schneealpe, die Berge des Triestingtales, Reisalpe und Ötscher.

Drei *Aufstiege* vom Gasthof Leitner

im Tal des Mirabaches (Viehgraben, Enziansteig und Mareschsteig) erfordern jeweils 2–2½ St. – Sehr lohnend ist der Weg von Furth im Triestingtal über einen aussichtsreichen Waldkamm (Gaisruck, Almeskogel), 4–4½ St. – Übergang über den Kirchwaldberg zum Unterberg 2 St., zum Hocheck 5½–6½ St.

Auch als *Skiberg* ist das Kieneck lohnend: Die übliche Abfahrt führt durch den Viehgraben, anspruchsvoller ist die Überschreitung vom Unterberg her mit der Viehgrabenabfahrt als Abschluß.

Kirchenberg, 922 m ○ ❋

Der höchste und am weitesten gegen das Gölsental vorgeschobene Kalkalpenausläufer, der Hausberg von → *Hainfeld,* bietet eines der reizvollsten Voralpenpanoramen: im Norden reicht der Blick bis zum Waldviertel, im Süden bis Schneeberg, Rax, Schneealpe und Gippel. – Auf dem Gipfel steht die → *Hainfelder Hütte* des Österreichischen Touristenklubs. Ein kleiner Schlepplift am Gipfelhang, Kletterfelsen am Südkamm und ein engmaschiges Wegenetz machen ihn zu einem kleinen Allroundberg. – *Aufstiege* 1–1½ St., meistbegangener Weg ist der über den Kirchenbauer. Ein schöner Höhenweg leitet über den Kruckensattel zum Hotel Adamstal südlich der Ramsau (4 St.). Als *Skiberg* bietet der Kirchenberg mehrere mittelschwierige Abfahrten (fast 500 HM). Am bekanntesten ist die Kirchenbauernabfahrt, die zumeist freies Gelände ausnützt.

Kitzberg, Großer, 770 m ○

Dieser nicht überlaufene Wanderberg über Pernitz erhebt sich inmitten einer romantischen »Gauermannlandschaft«. In Gipfelnähe die → *Bernhuberhütte.* Der Gipfel selbst ist ziemlich verwachsen und wenig lohnend, um so mehr aber der Besuch einer 5 Min. nördlich der Hütte gelegenen Aussichtskanzel auf das enge Piestingtal, welches hier den einprägsamen Namen »In der Quarb« trägt.

Enzianhütte auf dem Kieneck

Aufstiege: von Pernitz 1¼ St.; von Waidmannsfeld 1 St.; von der Haltestelle Miesenbach 1½ St. – Nette Kombinationsmöglichkeiten für Rundtouren.

Klause, Große und Kleine ○ △

Zwei felsumstandene Gräben an der Nordseite der *Hohen Wand,* die aus dem malerischen Dürnbachtal zur Hochfläche führen. Die Große oder Waldegger und die Kleine (Dürnbacher) Klause mit ihren ansehnlichen, stellenweise klammartigen engen Felsbildungen lassen sich vom Dürnbachtal oder von der Waldeggerhütte her (Autofahrt) zu einer lohnenden, etwa dreistündigen Rundtour verbinden.

Große Klause: Von Waldegg bis zum oberen Ende der Klause 1¼–1½ St.; vom Grillwirt 30 Min. weniger. Die *Kleine Klause* ist ihr landschaftlich ebenbürtig. Für Kletterer, die einmal etwas Neues versuchen wollen, ist das Gebiet des *Badener Turmes* zu empfehlen.

Kleinzell, 480 m

Dorfgemeinde im Tal des Hallbaches. Die Salzquellen im nahe gelegenen → *Salzerbad* bewirkten eine frühzeitige Besiedelung. Schon im 12. Jh. wird der Ort urkundlich erwähnt, aus dieser Zeit stammt vermutlich auch die Kirche »Unserer Frauen Zell in dem Hallbach«. Im 19 Jh. wurde am westlichen Ortsrand Steinkohle und bis nach 1920 beim »Taurer« am Kleinzeller Erzberg auch Eisenerz abgebaut.

Ausgangspunkt für → *Ebenwald* (auch Mautstraße), → *Schwarzwaldeck,* → *Hochstaff* und → *Reisalpe.*

Klosteralpe, 1311 m ○ ❄

Eigentlich Kloster-Hinteralpe; Bergmassiv über Lilienfeld zwischen Traisental und Wiesenbachtal. Markante Erhebungen sind der *Spitzbrandkogel, 729 m,* mit seiner auffälligen dreieckigen Wiese, der → *Muckenkogel, 1248 m,* welcher durch einen felsigen Kamm mit der eigentlichen Kloster-Hinteralpe, auf deren Gipfel die → *Traisener Hütte* steht, verbunden ist. Daran schließt sich die Hochfläche der Kandlhofalm. Der *Gscheidboden, 910 m,* bildet die Trennung zur Reisalpe.

Als *Skiziel* erfreut sich das Gebiet großer Beliebtheit, vor allem durch den Sessellift auf den Muckenkogel (660 HM) und die Liftanlagen auf der Klosteralpe und am Kesselboden. Gesamtlänge der Abfahrt vom Muckenkogel 4,5 km.

Für ausdauernde und geländeerfahrene Skibergsteiger ist der große *Übergang* zur → *Reisalpe* (3–4 St.) mit deren Überschreitung und anschließender Schwarzwaldeck-Abfahrt nach St. Veit an der Gölsen eine anspruchsvolle Tour (6–7 St. insgesamt).

Liasnböndlhütte, 640 m

Auf dem → *Kirchenberg* bei Hainfeld. Im Besitz der »Naturfreunde«, 27 Schlafplätze, an Wochenenden bewirtschaftet.

Zugang: von Hainfeld durch das Kirchental über das Pestkreuz (1679 sind hier angeblich 1000 Pestopfer begraben worden) in ¾ St. Zum Gipfel ½–¾ St.

Lilienfeld, 383 m

Im Traisental inmitten einer reizvollen Voralpenszenerie gelegen, ist der Ort vor allem durch sein im Jahr 1202 gegründetes Zisterzienserstift berühmt geworden. Dieses bei seiner Fertigstellung (1263) größte Bauwerk des damaligen Österreich war durch die Jahrhunderte der bestimmende Pol der gesamten Region. Die Geschichte des Stiftes und des Ortes sind eng miteinander verwoben. Bedeutsam war auch die Lage an der Wallfahrerstraße nach Mariazell. Im 19. Jh. brachten Eisenindustrie und Steinkohlevorkommen (die noch bis 1929 abgebaut wurden) wirtschaftliche Impulse, seit 1900, als Matthias Zdarsky die »Alpine (Lilienfelder) Skifahr-Technik« entwickelte, ist auch der Wintersport ein Wirtschaftsfaktor geworden.

Ausgangspunkt für → *Klosteralpe, Hinteralm,* → *Reisalpe* und kleinere

Ziele von mehr lokalem Charakter (z. B. Lorenzi-Pechkogel, Klostereben, Hintereben, das Zdarsky-Gut Habernreith).

Lilienfelder Hütte (Gschwendt-Hütte), 953 m
Auf dem Lilienfelder Gschwendt der → *Klosteralpe*. Sektion Tulln des Österreichischen Alpenvereins, 46 Schlafplätze, ganzjährig bewirtschaftet.
Zugang: von der Bergstation des Muckenkogel-Liftes 30 Min.; von Lilienfeld 2 St.; von Freiland 1¾ St.
Übergang: zur Traisener Hütte 1½ St., zur Reisalpe 3½ St.

Mamauwiese, 960 m ○ ❋
Schöne Wiesenmatten in Verlängerung des Schober-Öhler-Kammes im unmittelbaren Nahbereich des Schneebergs. Der Name stammt vermutlich von Mumen (so wurden gute Geister genannt).
Straßenzufahrt aus dem Klostertal (Klausgraben).
Übergang: nach Gutenstein 3½ St.; nach Puchberg 1½ St.; über die Dürre Leiten zur Edelweiß- und Sparbacherhütte 1½ St.

Mandling, Hoher, 967 m ○ ❋
Der acht Kilometer lange Bergrücken über dem Piestingtal wirkt wenig einladend mit seinen dichtbewaldeten, steilen Flanken. Dennoch ist er ein gern besuchtes Wanderziel, schon deswegen, weil sich auf seinem Gipfel, der »Knödelwiese«, eine Schutzhütte befindet (→ *Berndorfer Hütte*). Nicht weniger als sieben Aufstiegsmöglichkeiten machen die Wahl schwer. Für motorisierte Wanderer bietet sich als *günstiger Aufstieg* der Weg vom Mariahof im Feichtenbachtal über Geyersattel und Fozeben an (1¾ St.); eine *Rundtour* mit einem nur kurzen Straßenstück beginnt mit dem Aufstieg von Oed durch das Stampftal über den Rosenkogel und führt vom Mandling hinunter nach Reichental (3½–4 St.). Kürzester Anstieg (steil) von Ortmann, 1½ St. Als *Skiberg* läßt sich der Mandling am besten vom Forsthaus in der Quarb zwischen Reichental und Ortmann besteigen – erst Forststraße, dann

gelbe Markierung. 560 HM, teilweise ziemlich steil, nur bei ausreichender Schneelage lohnend!

Mariahilfberg, 708 m
Servitenkloster und Wallfahrtsort über Gutenstein, auf einer Fahrstraße sowie auf mehreren Fußwegen (¾ Std.) zu erreichen. – Kirche und Kloster (erbaut 1668 bzw. 1675) zählen zu den bedeutendsten Wallfahrtsorten Niederösterreichs. Hier befindet sich auch eine Gedenkstätte an Ferdinand Raimund, der dieser Landschaft außerordentlich zugetan war. Ein Netz von Wander- und Spazierwegen macht den Mariahilfberg auch zu einem Ziel für Bergsteiger, die eine Berg- oder Skitour mit etwas Kultur ausklingen lassen möchten.

Mirafälle, Miralucke ○
Der Mirabach, »die Mira« (der Name stammt vermutlich von Mirl, der bäuerlichen Form von Maria), tritt bei der *Miralucke, 694 m,* zutage. Auch hier im Unterberg sitzt der Sage nach ein Kaiser samt Gefolge an einem steinernen Tisch im Inneren. Manchmal erwacht er – da sei es ratsam, aus dem Weg zu bleiben, warnt die Sage. – Aus diesem Tor zur Unterwelt fließt der Bach Richtung Muggendorf, wo er in schönen Katarakten – den *Mirafällen* – tiefer stürzt. Allerdings darf er das nur an Wochenenden und Feiertagen – wochentags betreibt er seit 1914 ein Kleinkraftwerk.

Miesenbach
Haltestelle der Gutensteiner Bahn einerseits sowie Talschaft zwischen Hoher und Dürrer Wand; Straßenverbindung Piestingtal – Puchberg am Schneeberg.
Der Zauber dieser Landschaft – ein wenig idealisiert – kehrt in den Bildern Friedrich Gauermanns immer wieder, der hier geboren wurde und auch als namhafter Künstler immer wieder hierher, zu seinem bäuerlichen Ursprung, zurückkehrte.
Die Ruine *Scheuchenstein,* deren Ursprung bis ins 12. Jh. zurückgeht, war zuzeiten eine richtige Raubritterburg, nämlich als Hans King von ihr aus die Gegend tyrannisierte (1464). Sie war so geschickt angelegt, daß er

sie mit nur acht Mann verteidigen konnte und Kaiser Friedrich III. 300 Mann einsetzen mußte, um ihn auszuräuchern.

Muckenkogel, 1248 m ○ ❋
Von Lilienfeld zieht ein Sessellift bis zur Klosteralm, 1122 m, etwa 20 Min. unterhalb des Gipfels. Von dort erreicht man auf dem schönen, aussichtsreichen Gratweg in 30 Min. die → *Traisener Hütte*.
Der Muckenkogel ist historischer Skiboden: Am 19. 3. 1905 fand hier, von Matthias Zdarsky ausgesteckt, der erste Torlauf der Skigeschichte statt. Bei einer Höhendifferenz von 488 m und einer Maximalneigung von 45° waren 85 Tore zu durchfahren. Der Sieger stürzte sechsmal und benötigte für die 1950 m lange Strecke 12 Min. 34 Sek. – Zdarsky selbst nahm an der Konkurrenz nicht teil, er hätte vermutlich kaum die Hälfte dieser Zeit benötigt.

Neunkirchener Haus, 772 m
Auf der Kranzstetten, westlich der → *Flatzer Wand*. Von den »Naturfreunden« im Juli und August durchgehend, ansonsten an den Wochenenden bewirtschaftet. Die 1923 erbaute Hütte wurde in den Kriegstagen 1945 in Brand geschossen. Das neue Haus wurde 1965 eröffnet.
Zugang: von Flatz ¾ St.; von Ternitz über den Schönbühel 2½ St.

Ochsattel, 820 m ○
Paßhöhe der Straßenverbindung Kalte Kuchl – St. Ägyd am Neuwalde. – Ein wunderhübsches Wandergebiet mit landschaftlich interessanten kleinen Zielen wie Moosbachtal, Seebachquelle etc., die sich gut zu lohnenden Rundwanderungen vereinigen lassen. Im Süden des Sattels entspringen Grüne und Dürre Schwarza.

Öhler, 1183 m ○ ●
Der Öhler-Schober-Kamm bildet die westliche Verlängerung der Dürren Wand bis zur Mamauwiese. Seine Überschreitung ist eine Bergtour im Taschenformat: Da gibt es eine felsige Gratschneide mit Klippen, die nordseitig umgangen werden, Tiefblicke – auf fast greifbar nahe Baum-

wipfel – und sogar ein kleines Holzkreuz auf dem waldigen Gipfel des Schober, 1213 m. Wer es bequemer vorzieht, kann auf dem gelb bezeichneten Imitzerweg die südliche, sanfte Flanke des Kammes queren. Das *Öhler-Schutzhaus, 1027 m,* der »Naturfreunde« steht auf dem Öhlersattel, der Höhe des Übergangs Puchberg – Gutenstein. Von Mai bis September bewirtschaftet, sonst an Wochenenden beaufsichtigt.
Zugang: von Puchberg (Haltbergerhof) 1½ St.; von Gutenstein (Natterbauer) 1¾ St. Zum Öhlergipfel 20 Min.

Pernitz, 420 m

In einer Ausweitung des Piestingtales liegt das schon 1170 im Falkensteiner Kodex erwähnte Pernitz. Eine geraffte Kurzchronik, stellvertretend für sehr viele Ortschaften der Region, besteht im wesentlichen aus allerhand Heimsuchungen, welche die gute alte Zeit recht häufig bereithielt: Den ersten illyrischen Siedlern folgten Kelten, Germanen, Slawen (»bernitza« = die Glänzende), im 12. Jh. Herrschaft Herrnstein, 1632 Wechsel zu Hoyos (Gutenstein). – 1529, 1532, 1683 Türkenstürme, 1674 und 1713 Pest, 1813 Choleraepidemie. 1641 fand der letzte Hexenprozeß statt: Der bedauernswerten Brigitta Brandstetter wurde Unzucht mit dem Teufel nachgewiesen, und zwar auf dem Schneeberg, wohin sie auf einer Ofenpfanne geritten war ... Heute ist Pernitz vor allem als Talort für den → *Unterberg* bekannt.
Ausgangspunkt ferner für den Hohen → *Mandling* über Ortmann (2 St.) und den → *Kitzberg* (1¼ St.).

Reisalpe, 1399 m ○ ❋

Der massige Kalkstock der Reisalpe, der höchsten Erhebung über dem Traisental, genießt den Ruf, die schönste Voralpenaussicht zu gewähren. Sicher nicht zu Unrecht, wie schon ihre zentrale Lage vermuten läßt: Vom Waldviertel und Wienerwald angefangen sind alle bedeutenden Voralpengipfel zu erkennen; Ti-

rolerkogel, Göller, Schneeberg, Rax und Schneealpe sind gewissermaßen Nachbarschaft, in der Ferne sieht man Veitschalpe, Hochschwab, Gesäuse und Totes Gebirge.
Wenige Meter unterhalb des höchsten Punktes steht das 1898 eröffnete *Reisalpen-Schutzhaus, 1350 m,* des Österreichischen Touristenklubs; 68 Schlafplätze, im Sommer durchgehend, im Frühjahr und Herbst an Wochenenden bewirtschaftet.
Zugang: am kürzesten vom Ende der Ebenwaldstraße 2 St.; von Kleinzell über die Zeislalm 3½ St.; von Hohenberg 3 St.; von der Kloster-Hinteralpe 3½ St.

Als *Skiziel* ist die Reisalpe wieder vor allem wegen des Ausblicks lohnend, am besten über den kürzesten Anstieg vom Ebenwald. Ein großzügiges, Erfahrung und Ausdauer erforderndes Unternehmen ist die große Überschreitung vom Muckenkogel über den Gipfel zum Ebenwald und die Schwarzwaldeck-Abfahrt über Sengeneben und Wobach nach St. Veit an der Gölsen (1000 HM, insgesamt 6–7 St.)

Rohr im Gebirge, 683 m

Von bewaldeten Bergen umstandener Sommerfrischeort in der »Steinapiesting«. *Ausgangspunkt* für Wasser-

stein, 964 m (1½ St.); → *Jochart,* 2 St.; → *Unterberg* (Zufahrt bis Gh. Gries) 1¾ St.
Nette *Wintersportmöglichkeiten* (lokale kleinere Schlepplifte – Furtner- und Grieshoflifte), Langlaufloipe.

Salzerbad, 463 m
Kuranstalt östlich von → *Kleinzell.* Die Salzquelle ist möglicherweise schon von den Römern genutzt worden, urkundlich seit 1469 nachgewiesen. Bis ins 17. Jahrhundert wurde hier noch Salz gewonnen.
Ausgangspunkt für Rundwanderung über Schönleiten – Hohenberg – Kruckensattel – Salzergraben, 4 St.

Schober, 1213 m ○ ●
Westlicher Endpunkt des in der Verlängerung der Dürren Wand verlaufenden Öhler-Schober-Kammes, der beim Übergang Puchberg – Gutenstein leicht erstiegen werden kann.
Aufstiege: Als selbständiges Gipfelziel wird er seltener bestiegen (von der Schoberkapelle, 961 m, 1 St., hierher von Puchberg/Haltbergerhof 1 St., von der Mamauwiese ½ St.), meist wird der felsige Verbindungskamm zum Öhler überschritten (unbezeichnet, jedoch ausgeprägter Steig, der Felskamm wird nordseitig umgangen); von Gipfel zu Gipfel 1½ St.

Schwarzau im Gebirge, 617 m
Sommerfrische im hier breiten Tal der Schwarza. Kleiner Schlepplift; Naturpark im Gebiet des Handlesberges.
Ausgangspunkt für *Obersberg* (2½ St., siehe Abschnitt Mürzsteger Alpen), *Falkenstein* (1¼ St.) und *Handlesberg* (2–2½ St.).

Schwarzwaldeck, 1073 m ○ ✳
Dichter Föhren- und Fichtenbestand auf der Kleinzeller Seite gab diesem Berg den Namen. Auf seinem Gipfel steht das private *Schwarzwaldeckhaus.* Prachtvolle Aussicht von der Donau bis zum Schneeberg.
Kürzester *Aufstieg:* von Ebenwald, 1 St. – Sehr empfehlenswert ist der Weg von Kleinzell über die »Schwarzwaldhäuser« (schon 1312 urkundlich erwähnt), der über besonders blumenreiche Hänge und durch Wald zum Gipfel führt (2 St.).

Als *Skiberg* bietet das Schwarzwaldeck geübten Tourenfahrern eine lange Abfahrt über den Sengenebenberg und den Wobach nach St. Veit an der Gölsen (700 HM, 8 km Länge, im Aufstieg 3–3½ St.).

Staff, 786 m ○
Der St. Veiter Staff (der Name stammt von einem mittelalterlichen Trinkgefäß) trug auf dem Gipfel um 1100 eine Burg der Hohenstaufen. Sie wurde von Herzog Leopold III., dem Glorreichen, erworben – und geschliffen, um eine Bedrohung des Stiftes Lilienfeld auszuschalten.
Die *Staffhütte, 600 m,* der »Naturfreunde« (Wochenendbewirtschaftung) ist von St. Veit an der Gölsen auf drei verschiedenen Wegen in je etwa ¾ St. zu erreichen (schöner Blick auf die Kuppen des Wienerwaldes). Zur Spitze des Staff weiter ½ St. – Am bewaldeten Gipfel gibt es keinen Ausblick, doch sind die Reste der einstigen Burg, die das Gölsental an seiner engsten Stelle bewachte, noch zu erkennen.

Starhemberg, Ruine, 542 m
Die Straße von Oberpiesting nach Dreistetten führt wenige Gehminuten unterhalb der Reste dieser bergumgreifenden mittelalterlichen Burganlage vorbei. Sie wurde unter den steirischen Ottokaren und den Babenbergern errichtet und im 16. und 17. Jahrhundert erweitert. – Angeblich soll ein unterirdischer Gang bis zum Höllturm, oberhalb von Wöllersdorf, führen.

Steinwandklamm ○ △
Im hintersten Steinwandgraben (14 km von Weißenbach a. d. Triesting) befindet sich diese wildromantische Felsschlucht, ein Naturwunder der Voralpen. Zur Zeit der Schneeschmelze oder nach starken Regenfällen bietet eine Begehung der Steinwandklamm mit ihren brausenden Wassern ein Schauspiel besonderer Art. – 1884 hat der Österreichische Touristenklub mit einem Aufwand von 320 Gulden eine Steiganlage mit Holzstiegen, Brücken und Drahtseilsicherungen bauen lassen. Vom Gasthaus am Eingang der Klamm (549 m) bis zum Gasthof Jagasitz (706 m) nahe beim Ausstieg er-

fordert eine Begehung 1 St. – Für Trittsichere sei empfohlen, nach dem ersten Drittel über den versicherten *Rudolf-Decker-Steig* und die Wildschützenhöhlen zum *Türkenloch* aufzusteigen. Dieser gewundene, dunkle Höhlenschacht führt zum Ausstieg mit schönem Tiefblick auf die Klamm. Lohnende Rundwanderungen in Verbindung mit dem → *Almesbrunnberg.*

Stixenstein, Schloß, 514 m
Im stillen Sierningtal liegt die Stammburg der Stüchse, die schon im 12. Jh. erbaut wurde. Nach einem Brand im Jahr 1803 wurde sie teilweise wiederaufgebaut, die 4 Meter dicken Mauern des Bergfrieds sind noch aus dem Mittelalter erhalten. Seit 1549 sind das Schloß und die beachtlichen Quellen der Umgebung im Besitz der Familie Hoyos. Die Quellen wurden der Gemeinde Wien geschenkt und der Ersten Wiener Hochquellenleitung zugeführt.

Teufelsbrücke ▲
Eine Kuriosität für Kletterer: etwa 30 Zentimeter breit und einen Meter stark, klebt diese natürliche Brücke im Steinwandgraben in 40 m Höhe zwischen zwei Felstürmen. Nach Überschreitung auf den Turm III+, Abstieg durch Abseilen.
Günstig in Verbindung mit der → *Steinwandklamm.* Man verläßt die zur Klamm führende Straße dort, wo der Blick zum »Jagasitz« freier wird. Links oben am Hang eine Felsgruppe, die von der Straße in 10 Min. erreicht wird.

Teufelsgrat ▲
Bugartig ausgeprägt und steil, ist eine der beliebtesten Klettereien der *Hohen Wand.* Zufahrt von Stollhof bis wenige Minuten unterhalb der Felsen möglich. Fester Fels, gute Sicherungsmöglichkeiten und teilweise prickelnde Luftigkeit zeichnen diese Kletterei aus, die nur einen Nachteil hat: Sie müßte mindestens doppelt so lang sein!
III, Felshöhe rund 100 m, 40–50 Min. vom Einstieg.

Schober, Öhler und Mamauwiese

Teufelskanzel ▲

Der pilzförmige Kalkturm, der zum Massiv der → *Klosteralpe* gehört, ist bei Innerfahrafeld von der Straße Freiland – Hohenberg sichtbar – schon rein optisch eine Herausforderung für jeden Bergbegeisterten. Aus der Nähe betrachtet, sehen die 30 bis 70 m hohen Wände des Turmes deprimierend aus: fast durchwegs überhängend, auch die einfach und logisch aussehenden Möglichkeiten an der Südseite sind bereits stramme »Fünfer« . . . Und doch ist der »Normalweg« nicht schwieriger als III: er überlistet das ganze Überhanggedrohe, indem er von der Nordwestseite her durch eine Höhle an die Südseite – oberhalb der »Wuchteln« – und auf das etwa 60 x 20 m große Gipfelplateau leitet.

Die übrigen rund 30 Anstiege verlangen freie und künstliche Kletterei in den obersten Schwierigkeitsgraden (Nordwand, Nordwestwand, Südostverschneidung etc.).

Abstieg mittels Abseilen über die eingerichtete Ostabfahrt.

Zugang: vom Kandlhofbauern über einen sehr steilen Güterweg 45 Min.

Tirolersteig ▲

Eine der schönsten und meistbegangenen Standardklettereien der *Hohen Wand.* Führt über den Grataufbau, der den verwachsenen Schwarzgraben rechts begrenzt. Der Kletterpfarrer Alois Wildenauer und sein Gefährte Rudolf Riedl haben ihn im Oktober 1914 erstmals begangen, »ausgeputzt« und ihn nach dem Besitzer des Gehöftes nahe dem Postlwirt, dem alten Tiroler, benannt. Mittlerweile verzeichnet das letzte der Steigbücher mehr als 3500 (eingetragene) Begehungen. Immer wieder begeistern hübsche Kletterstellen, die mit Gehgelände abwechseln; der Knalleffekt des Steiges ist eine überraschende, ausgesetzte Abstiegsstelle, nach der dann in einer lauschigen Halbhöhle ein Bänkchen mit Steigbuch und danach die herrliche Ausstiegsseillänge warten.

Der Einstieg wird am besten von Maiersdorf, der grünen Markierung zum Straßenbahnsteig folgend und rechts abzweigend über den Wandfußsteig (Einstiegstafel) erreicht.

II, einige Stellen –III, Felshöhe 210 m, Kletterstrecke wesentlich länger. 1½–2 St. Farbzeichen.

Traisener Hütte, 1311 m

Auf dem aussichtsreichen Gipfel der → *Kloster-Hinteralpe.* – »Naturfreunde«, 49 Schlafplätze, ganzjährig bewirtschaftet.

Zugang: von der Bergstation am Mukkenkogel 1 St., von Freiland über die Lilienfelder Hütte 3–3½ St.

Turmsteig, Turmsteighütte ▲

Der *Turmsteig* ist eine der leichtesten »echten« Kletterrouten der *Hohen Wand,* seine Begehung läßt sich vorteilhaft mit einer Ersteigung des *Baumgartnerturms* (ca. 940 m) verbinden (Felshöhe ab Turmscharte 20 m, II). Man erreicht den Turmsteig am besten vom Springlessteig her durch eine Querung unterhalb der gelbroten, überhängenden Hochfallwand – eines der imposantesten Bilder der Hohen Wand. Nach Abzweigung des → *Wildenauersteiges* führt er in die Turmscharte und durch einen wandartigen Schluchtgrund (Abzweigung zum *Freundschaftssteig,* III) zur Hochfläche. Stellenweise –II, stark abgeglätteter Fels, rote Farbzeichen. 30–40 Min. Unweit des Aussteiges, zwischen Eicherthütte und Hubertushaus, steht die *Turmsteighütte, 1000 m,* ein privates Schutzhaus.

Unterberg, 1342 m ○ ☀

Die Bezeichnung »König der Gutensteiner Alpen« darf als lokalpatriotischer Überschwang gelten, einer der bedeutendsten Voralpengipfel mit prächtiger Rundsicht ist er allemal noch: sommers wie winters gern besucht.

Aufstiege: Sechs markierte Wege führen zum → *Unterberg-Schutzhaus* und zum privaten Alpengasthaus, von denen aus der Gipfel in 30 Min. leicht erstiegen werden kann.

Am naturbelassensten sind die Wege von der Nordseite her: von Adamstal durch den Wallerbach (gelb, 2 St.) sowie vom Gütenbach-Sattel über Steinkamp und Blochboden (Brunnröhrensteig, 2 St., steil). – Vom Kieneck her leitet eine schöne Kammwanderung über den Kirchwaldberg,

1067 m (2 St.), vom Grieswirt bei Rohr im Gebirge geht es durch den waldigen Miragraben in 1¾ St. zu den Wiesen beim Schutzhaus. – Der kürzeste Aufstieg ist der vom Parkplatz im Drahtal unweit der Miralukke (1½ St.).

Der Unterberg ist ein Voralpen-*Skiziel* ersten Ranges, ein richtiges »Schneeloch«. Seit 1969 wurden eine – für den privaten Verkehr gesperrte – Straße für den Zubringerbus zum Schutzhaus sowie 6 Schlepplifte errichtet. Abseits dieses Skizirkus gibt es einige herrliche Tourenabfahrten: Die Wallerbach-Abfahrt (800 HM) ist steil und nur bei ausreichender Schneelage empfehlenswert, hübsch und leicht ist die Blaubodenabfahrt zum Gries-Wirt (4 km). Auch der Übergang zum Kieneck ist bei genügend Schnee lohnend.

Unterberg-Schutzhaus, 1170 m

1886 durch die alpine Gesellschaft »Enzian« erbaut, heute im Besitz des »Österreichischen Touristenklubs«. Ganzjährig bewirtschaftet, 61 Schlafplätze. – Im Winter Autobus-Pendelverkehr. Zugänge siehe Unterberg.

Völlerin-Steig ○ △

Unschwierige Steiganlage in einer teilweise klammartigen Felsszenerie der *Hohen Wand,* die 1897 vom Österreichischen Touristenklub ausgebaut wurde. Sie beginnt beim Bundesheer-Klettergarten und führt – durch einige Stufen und Drahtseile gangbar gemacht – durch den schluchtartigen Völleringraben schräg nach rechts zur Hochfläche. In der Mitte zweigt der → *Frauenlukkensteig* ab, der sich mit dem Völlerin-Steig als Abstieg günstig kombinieren läßt.

Die *Wilde Völlerin* ist eine gefährliche Kletterei, typischer »Hohe Wand-Ziguri«, und wäre zu Recht vergessen, gäbe es nicht die schöne, feste, sehr exponierte Schlußwand, die ein lohnendes kleines Kletterziel darstellt. Einstieg bei kleiner Sickerquelle im oberen Teil des Weges, 1 Seillänge, II+.

Währingersteig △

Einer der anspruchsvollsten versicherten Steige im Bereich der Wie-

ner Hausberge führt über den Wandabbruch des Hirnflitzsteines am östlichen Ende der *Hohen Wand* empor. Er wurde 1934 von der »Bergsteiger- und Skiläufergilde Felixdorf« errichtet und 1983 durch Mitglieder der »Naturfreunde«-Ortsgruppe Währing wieder instand gesetzt und »Währingersteig« benannt.

Zugang: von Dreistetten über die große Wiese zum Hirnflitzstein, vom Waldrand Richtung Einhornhöhle zum Einstieg. Felshöhe rund 50 m; ausgesetzt und Kraft erfordernd, Seilsicherung ist anzuraten.

Waldegg, 402 m

Die älteste Ortschaft im hier sehr engen Piestingtal, Pfarrkirche aus dem 15. Jh. Ausgangspunkt für die Wege auf das Wandeck der → *Hohen Wand, Große Klause* sowie den Vorderen und den Hohen → *Mandling.*

Waldegger Haus, 1000 m

Privates Schutzhaus auf einer Erhebung der »Hinteren« *Hohen Wand.* Straßenzufahrt.

Zugang: von Waldegg auf dem Höhenweg über den Dürnberg 2¼ St.; über den Stangelsteinweg ab Nazwirt 1½ St.; durch die »Krumme Ries« 1¼ St.

Der Urbau des Waldegger Hauses war die erste Schutzhütte auf der noch sehr urtümlichen Hohen Wand. In dieser Gegend wurde 1869 der letzte Wolf in Niederösterreich erlegt.

Waxeneckhaus, 785 m

Schutzhaus der »Naturfreunde« östlich des »Hals«, der Straßenverbindung Pernitz – Pottenstein. Ganzjährig bewirtschaftet, Autozufahrt.

Zugang: vom »Hals« 35 Min.

Der bewaldete Höhenrücken des *Waxeneck, 796 m,* läßt sich von Pottenstein auf langer Forststraßenwanderung erreichen, der höchste Punkt ist jedoch nicht von touristischem Belang. Die sonnseitigen Hänge bieten ein schönes Anschauungsbeispiel für schleichende Verhüttelung.

Übergang: zum Hohen Mandling 2 St.; zur Steinwandklamm 2 St.

Wienersteig ▲

Eine der schönsten und beliebtesten Klettereien der *Hohen Wand* im mittleren Schwierigkeitsbereich, charakteristisch der Wechsel von recht anspruchsvollen Kletterstellen mit grasigem, baumbestandenem Gehgelände. Wie die meisten Steige dieses Typus wäre er ohne Farbzeichen plus genauer Beschreibung kaum zu finden. – Markante Kletterstellen sind das »Bosheitswandl«, die Wienerhöhle, die in einer Schleife von links her mit einer »dünnen« Querung – oder mittels Seilwurf direkt über die Platte erreicht wird, sowie die prachtvolle Plattenrampe (»Wiener Platte«), die zur Vereinigung mit dem Kanzelsteig leitet.

III, Felshöhe 220 m, Kletterzeit etwa 2 St. – Abstieg über den Kanzelgrat lohnend!

Wildenauer, Dr. Alois
* 29. 4. 1877, † 21. 6. 1967

Als junger Pfarrer von Grünbach wurde er von 1910 an zum Erschließer der Felsabstürze der Hohen Wand. Er hat einen großen Teil der klassischen Felswege erstmals begangen, teilweise »gerodet« und markiert – mindestens 60 Klettereien, vielfach im Alleingang. Eine Menge gefährliches, bewachsenes und brüchiges Zeug, das nie mehr begangen wird, wo es hochkarätigen Sportkletterern »vorm Sterben aufstößt« – aber auch so unvergängliche Evergreens wie Hochwandler-, Fred-, Wiener-, Grafenberg-, Tiroler-, Freundschafts-, Innerkofler-, Sonnenuhr- und Aeroplansteig. Sein Kletterführer für dieses Gebiet ist ein Kuriosum des alpinen Schrifttums, mit seinen liebenswürdig verschrobenen Formulierungen so gar keine »Gebrauchsliteratur«. Später wurde Wildenauer Domprälat zu St. Stephan in Wien und blieb dem Bergsteigen noch herzlich verbunden. Im achtzigsten Lebensjahr erlitt der allseits geschätzte und verehrte Mann einen Schlaganfall, der ihn die letzten zehn Jahre seines Daseins an den Rollstuhl fesselte.

Wildenauersteig △

Einer der kühnsten versicherten Steige der Wiener Hausberge, durch den westlichen Teil der Hochfallwand (Hohe Wand). Der Hausherr in diesem Revier, Dr. Alois Wildenauer, war auch hier der erste, der 1915 eine Abseilfahrt über diese abweisende Wand unternahm. Er markierte die Route, die im oberen Teil durch einen senkrechten Höhlenschacht führt, mit roter Farbe. Ein Auf-Stieg im richtigen Sinn wurde allerdings erst 1919 daraus, als mittels künstlicher Tritte und Eisenklammern eine Steiganlage geschaffen wurde.

Wegen der teilweise weit auseinanderliegenden Trittstifte ist turnerische Gewandtheit und Kletterkönnen nötig. Seilgebrauch ist angeraten.

Zugang: von Ober-Höflein über den Springlessteig, der am Fuß der Hochfallwand verlassen wird. Unter dieser querend wird der Einstieg erreicht. Felshöhe rund 60 m, Steig sehr exponiert.

Zdarsky, Matthias
* 25. 2. 1856, † 20. 6. 1940

Wurde als Sohn eines Müllers in Trebitsch (Mähren) geboren. Als Jugendlicher verlor er bei einem Unfall ein Auge, wurde Lehrer, befaßte sich mit Malerei und Bildhauerei und war ein hervorragender Schwimmer und Turner. 1889 kaufte er das Gut *Habernreith* bei Lilienfeld. Das 1891 erschienene Buch von Fridtjof Nansen, »Auf Schneeschuhen durch Grönland«, war, wie erwähnt, für ihn ein Anstoß, sich mit dem Skilauf auseinanderzusetzen. Anstelle der im steilen Gelände untauglichen Norweger-Bindung konstruierte er nach zahlreichen Versuchen 1896 eine Stahlsohlenbindung mit Federzug und erfand die dazupassende »Alpine oder Lilienfelder Skifahr-Technik«. So hieß auch das im gleichen Jahr erschienene Büchlein dieses »Newton des alpinen Skilaufs«. Zdarsky bildete im Ersten Weltkrieg Hochgebirgs-Kompanien im Skilauf aus und war – wiederum richtungweisend – als Lawinenexperte tätig. Der überragende, vielseitige Geist, Philosoph und Freidenker starb 85jährig und ist auf seinem Gut beigesetzt.

Eine umfassende Zdarsky-Dokumentation befindet sich im Lilienfelder Heimatmuseum. Die Stadt Lilienfeld hat in einem Park ein Zdarsky-Denkmal errichtet, dessen Inschrift der berühmte britische Skipionier Sir Arnold Lunn verfaßt hat: »Zdarsky can never be dethroned as ›Father of alpine skiing‹.«

Gutensteiner Alpen

Umgrenzung: Gölsen – Hainfeld – Gerstbach – Kaumberg – Kaumbergbach – Triesting – Steinfeld – Neunkirchen – Ternitz – Sierning – Puchberg – Sebastiansbach – Mamauwiese – Klausgraben – Klostertaler Gscheid – Voisbach – Schwarza – Tiesentalerbach – Trauchbach – Wassertal – Seebach – St. Ägyd am Neuwalde – Unrecht-Traisen – Traisen bis Einmündung Gölsen

Wegmarkierung: 200

Touren konkret

1. Hocheck – Araburg

Große Rundwanderung, erst durch Bauernland, ab Hocheck immer auf vielfach bewaldeten Kämmen mit reizvollen Ausblicken zwischendurch. Tüpfelchen auf dem »i«: die Araburg. *Wegverlauf:* Kaumberg, 494 m – Hagerhof – Höfnerhaus – *Hocheck, 1037 m* – Hochriegel – Feiglkogel – Araburg, 799 m – Kaumberg.

5–6 St., ca. 19 km. – Ganzjährig, außer Hochwinter.

2. Kieneck – Unterberg

Zwei der bekanntesten Voralpengipfel verbindet diese Kammwanderung. Entlang der vielfach freien Kammstrecke sehr schöne Ausblicke, Höhepunkt ist die Aussicht vom Unterberggipfel. – Wer nicht über den Kirchwaldberg zurückgehen möchte, kann natürlich durchs Drahtal absteigen und hat dann 2,5 km Straßenwanderung zum Ausgangspunkt zurückzulegen.

Wegverlauf: Gh. Leitner, 595 m (Zufahrt von Pernitz) – Viehgraben und

Matrassteig – *Kieneck, 1106 m* – Bettelmannkreuz – Kirchwaldberg – *Unterberg, 1342 m* – Unterberghaus – Bettelmannkreuz – Enziansteig – Gh. Leitner.

5–6 St., ca. 18 km, mit Abstieg Drahtal rund 2 km kürzer. – Frühjahr bis später Herbst.

3. Steinwandklamm und Almesbrunnberg

Große Rundwanderung um den Steinwandgraben. Romantische Landschaft mit Klammbegehung als optischem Höhepunkt (gut gesicherte Steiganlage).

Wegverlauf: Schromenau, 408 m – Rainer (gelb bez.) – Gh. Singer – Steinwandklamm – Berghäuser (grün bez.) – *Almesbrunnberg, 1079 m* – Gh. Jagasitz – Hohenwart – Rotes Kreuz – Sieberlgraben – Schromenau.

6–7 St., ca 23 km. Mit Ausgangspunkt Gh. Singer Halbtagstour (Klamm – Jagasitz 1 St., Almesbrunnberg und zurück 1½ St., Abstieg zum Gh. Singer 20 Min.). – Ganzjährig, außer bei Schneelage.

4. Waxeneck-Runde von Pottenstein

Auf meist bewaldeten Kämmen rund um das Tal von Grabenweg, vielfach Forststraßen – das Richtige für eine Wanderung »zwischen den Jahreszeiten«.

Wegverlauf: Pottenstein, 321 m (blau bez., rechts) – Hohenwart – Hals – *Waxeneckhaus, 785 m* – (blau und grün bez.) Pottenstein.

5–6 St., ca. 21 km. – Ganzjährig, außer bei hoher Schneelage.

5. Große Überschreitung der Hohen Wand

Von Dreistetten bis Grünbach, wo immer möglich nahe dem Wandrand mit seinen hübschen Ausblicken, führt dieser Weg über die ganze Länge der »Wand«.

Wegverlauf: Dreistetten, 528 m – Herrgottschnitzerhaus – Gh. Stickler – Hochkogelhaus – Hubertushaus – *Eichert-Hütte, 1052 m* – Rastkreuzsattel – Geländ – Grünbach, 557 m.

4½–5½ St., ca. 18 km. – Ganzjährig, außer bei Schneelage.

Rohrbach
Triesting
Hainfeld
Kaumberg
(494)
Thenneberg
Altenmarkt
1
Höfner-
graben
799
Steinbach-
tal
R. Araburg
808
Hocheck
1037
Feiglkogel
882
Hocheck-
Schutzhaus
Hochriegel
Weißenbach
an der Triesting
Furth
a. d. Triesting
Kleinzell
Maierhof
Schromenau
Auf der
Wurzen
692
Prym-
häuser
POTTENSTEIN
Enzianhütte
Kieneck
1106
3
Annental
2
Rainer
Siebergr.
BERNDORF
1067
Matrassteig
Steinwand-
klamm
Unterberg
1342
Kirchwald-
berg
Enziansteig
Atz
Waxeneck
796
4
1079
Berg
Hohenwarth
Gh.
Singer
(312)
Unterberghaus
Mirabach
Almes-
brunn-
berg
Waxeneckhaus
Steinhof
662
Gh.
Leitner
Jagasitz
Auf dem Hals
0
5 km
Kreuth
Erholungsheim

Waldegg
Wöllersdorf
Piesting
Waidmannsfeld
Markt Piesting
Peisching
Teufelsmühlstein
Steinerner
Stadel
Dreistetten
Finkenhaus
Malleitenberg
509
Herrgottschnitzer-
haus
Balbersdorf
7
Dürnbach
Hohe Wand
Wh. Stickler
Felbring
Muthmanns
dorf
Bad Fischau
Größen
berg
605
6
Miesenbach
Neue Welt
Fischauer Berge
Stollhof
Bromberg
1078
Brunn
a. d. Schneebergbahn
Hochkogelhaus
R. Emmerberg
5
Maiersdorf
Emmerberg
Plackles
1132
Winzendorf
Rastkreuz
sattel
Wilhelm-Eichert-
Hütte
Netting
Frauenbach
Weikersdorf
am Steinfelde
Dörfles
Zweiersdorf
Geländ
Neusiedl
am Walde
Oberhöflein
Unterhöflein
Klaus
Saubersdorf
Grünbach
am Schneeberg
(557)
Urschendorf
Rosental
Willendorf
Greith
Johannesbach-
klamm
Gerasdorf
am Steinfeld
St. Egyden
am Steinfeld
Schrattenbach
Johannesbach
Würflach
Neusiedl
am Steinfeld
R. Schrattenstein
Hettmannsdorf
Kettenluß
8
Wolfsohl
Steinfeld
Mollram
Auf der Kehr
790
Sierning
1. Wiener Hochquellenleitung
Raglitz
0
2500 m
Flatzer Wand
Neunkirchner
Hütte
Flatz
Gösing
898
NEUNKIRCHEN

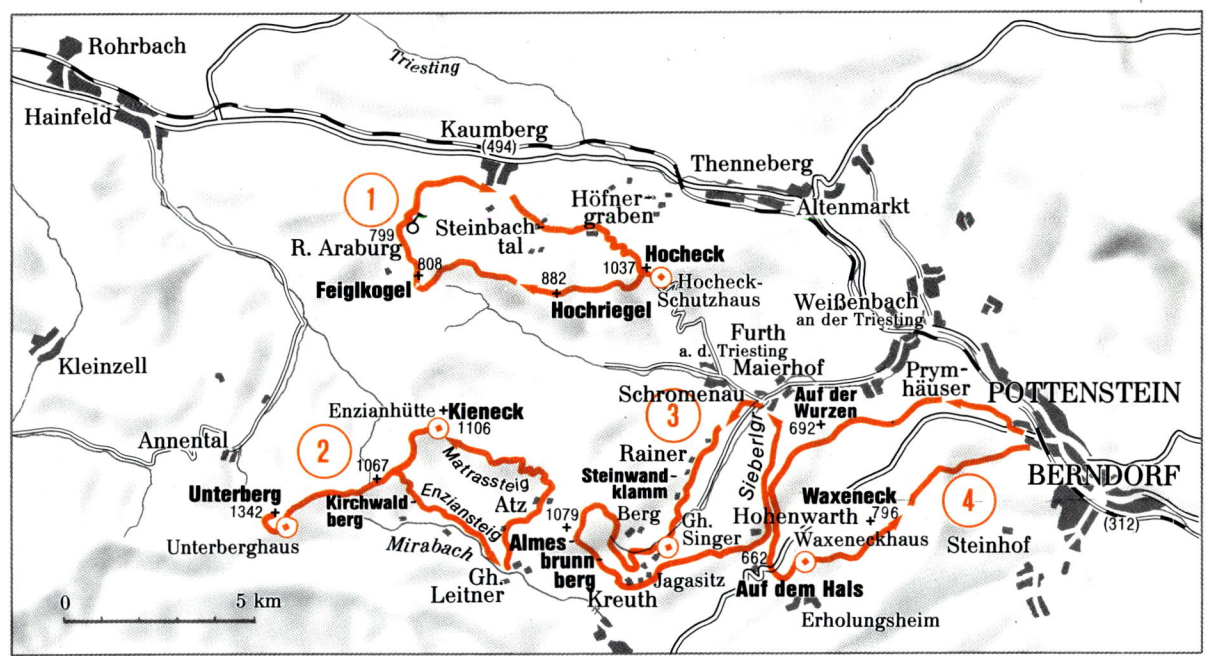

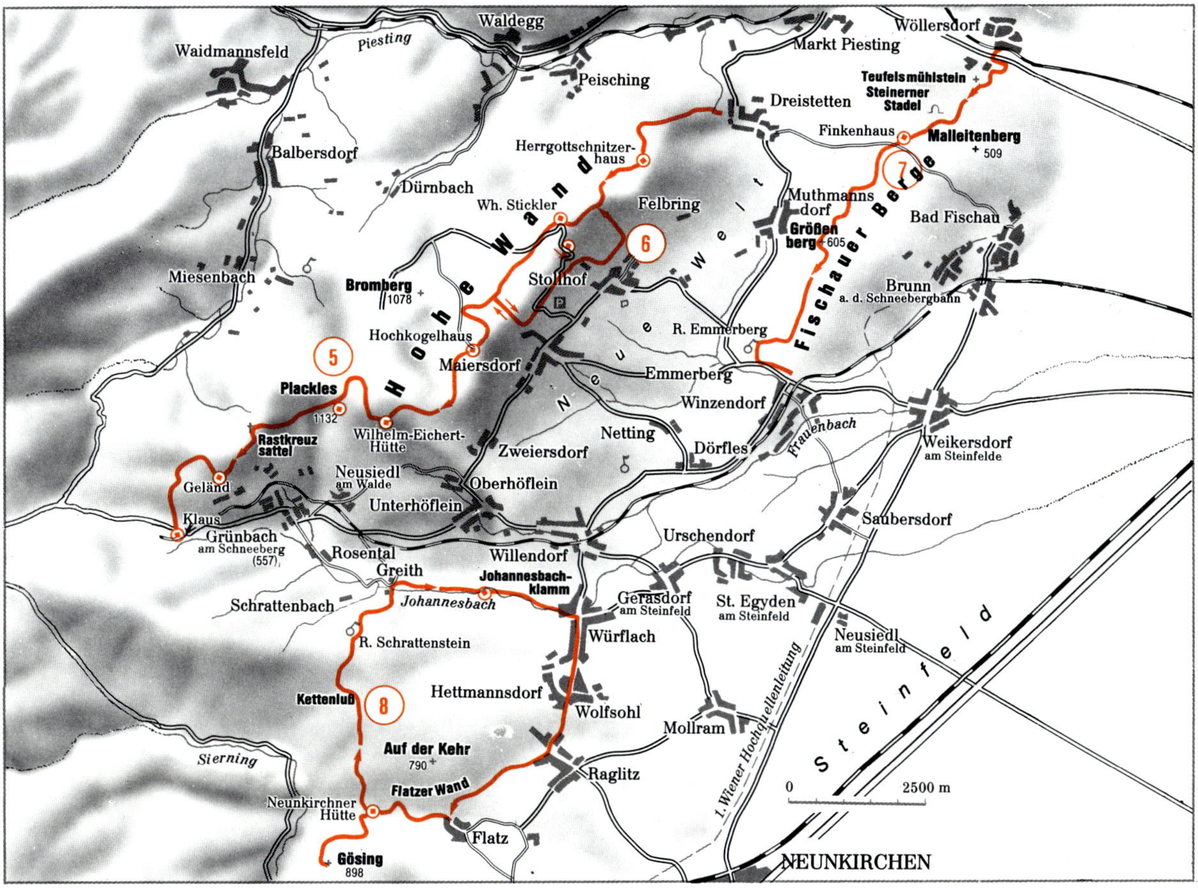

6. Hohe Wand, Klettersteige

So richtig vom alten Schlag sind diese Klettersteiglein der Hohen Wand – kein Vergleich mit den modernsten und steilsten »Ferratas«, deren Begehung mehr Material- und Sicherungsaufwand erfordert als eine mittelschwere Kletterei. Vier dieser Steige lassen sich in einer Art Achterschleife gut miteinander verbinden.

Ausgangspunkt entweder der Loderhof bei Stollhof oder der Parkplatz unter dem Bundesheer-Klettergarten.

Kombinationsvorschlag: Frauenluckensteig – Gh. Wieser – Leiterlsteig im Abstieg – Loderhof – Hanselsteig – Gh. Postl – Völlerin im Abstieg.

Gesamtzeit 3–4 St. Für wenig Geübte oder Kinder am Frauenluckensteig eventuell Seilsicherung.

7. Fischauer Berge

Für die chronisch schneelosen Frühwinter etwa eignet sich diese Wanderung in geringer Höhenlage, die durch interessante Felsgebilde wie Teufelsmühlstein und Steinernen Stadel eine besondere Note erhält. – PKW-Fahrer werden vom Finkenhaus über blaue, dann gelbe Markierung den Kreis schließen, Unabhängige dagegen den ganzen Höhenzug bis Winzendorf begehen.

Wegverlauf: Wöllersdorf, 315 m – Teufelsmühlstein – Finkenhaus – Burgstall – *Größenberg, 605 m* – Ruine Emmerberg – Winzendorf, 327 m.

3½ St., ca. 12 km (verkürzte Rundtour ca. 9 km). – Ganzjährig, außer bei hoher Schneelage.

8. Gösing und Johannisbachklamm

Eine ganze Alpenwelt en miniature, mit Kletterwand, Gipfelchen und kleiner Klamm in einer nahezu flachen Landschaft, wo man sie kaum vermuten würde.

Wegverlauf: Flatz, 461 m – Neunkirchener Haus (über Flatzer Wand oder Waldbauer) – *Gösing, 898 m* – Neunkirchener Haus – Kettenluß – Schrattenstein – Greith – Johannisbachklamm – Würflach – Straße (5 km) nach Flatz.

6–7 St., 21 km. – Ganzjährig, außer bei Schneelage.

9. Öhler-Schober-Kamm

Durch die typische Gutensteiner Landschaft mit bewaldeten, felsdurchsetzten Gipfeln und immer neuen Ausblicken zum dominierenden Schneeberg führt diese Rundtour. Die direkte Begehung des Verbindungskammes erfordert Trittsicherheit, weniger Geübte wandern entlang seiner Südflanke über den bequemen Imitzerweg. (Kammbegehung unmarkiert, Felsen rechts umgehen!)

Wegverlauf: Gutenstein (Längapiestingtal, Zinsensteiner, 578 m) – unbezeichnete Verbindung zum Öhlerbauer (links halten) – Öhlerhaus - *Öhler, 1183 m* – *Schober, 1213 m* – Schoberkapelle – Gobenzsattel – Zinsensteiner.

4½–5½ St. – Frühjahr bis Spätherbst.

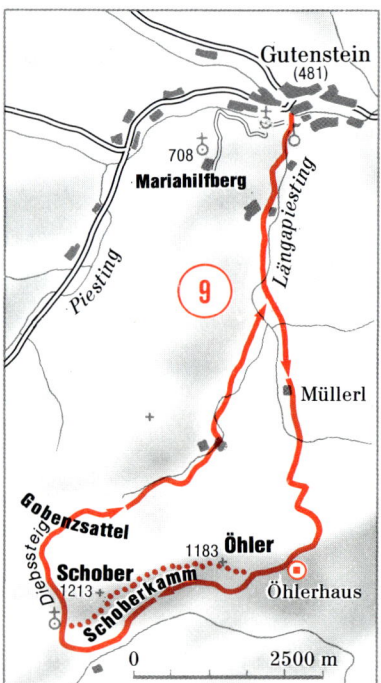

10. Auf die Reisalpe

Große Rundtour auf einen der markantesten Voralpengipfel mit berühmter Rundsicht. Autofahrer können sie mit Auffahrt zum Ebenwald auf eine Reisalpenbesteigung verkürzen – durchaus lohnend, doch nicht so abwechslungsreich.

Wegverlauf: Kleinzell, 480 m – *Schwarzwaldeck, 1073 m* – Ebenwald – Hinteralm – *Reisalpe, 1399 m* – Hinteralm (nach rechts, blau bez.) – Kleinzell.

7–8 St. (Reisalpenbesteigung vom Ebenwald und zurück 3½–4 St.). – Frühjahr bis Spätherbst.

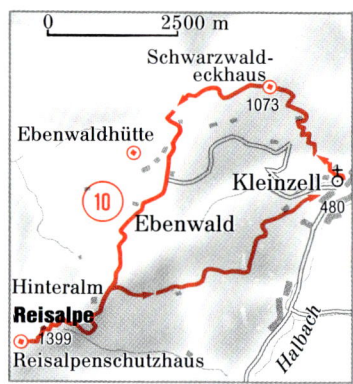

Schneeberg/Rax

Ihre Namen werden meist in einem Atemzug genannt, obgleich sie trotz ähnlichem Charakter zwei eigenständige, verschiedenartige »Persönlichkeiten« sind. Als Berggestalt ist der Schneeberg schöner: im Gipfelbereich bis in den Mai hinein weiß und oft bereits im Oktober wieder überzuckert, steht er beherrschend über dem Talkessel von Puchberg und ist sogar von vielen Punkten Wiens zu sehen. Auf den Schneeberg steigt der allergrößte Teil der Besucher wegen des Gipfels – die Rax hingegen ist von keiner Seite her so mit einem Blick zu erfassen, sie ist vielfältiger, weitläufiger, mehrgesichtig. Hier ist der Weg das Ziel: mehr als 600 verschiedene Steige, Kletterrouten und deren Varianten nennt die letzte Auflage des Raxführers, der nun schon auf eine neunzigjährige Tradition verweisen kann, und die Heukuppe – der höchste Punkt dieses typischen Plateauberges – ist nur eines unter den zahlreichen Wanderzielen.

Schneeberg und Rax sind das erste »richtige« Hochgebirge, das man von Wien aus erreicht. Wenn die Mittel knapp waren oder knapp sind – aus persönlichen Gründen oder in allgemeinen Notzeiten –, dann wurden und werden sie zum fast vollwertigen Ersatz für größere und »teurere« Berge. 1107 Klafter und 2 Fuß wurde der Schneeberg im Jahr 1764 vermessen, was heute auf nüchterne 2076 Meter hinausläuft. »Auch schon was«, denkt so mancher Uneingeweihte, »ein gerade zweitausend Meter hoher Berg will da Hochgebirge spielen?« – In Wiener Alpinistenkreisen ist es fester Brauch, auswärtige Besucher außer zum Heurigen auch auf den Schneeberg zu führen, so wie sich jeder Schrebergärtner gern bestätigen läßt, daß selbstverständlich *seine* Rosen – bedenkt man Lage und Witterung – von geradezu außerordentlicher Schönheit ... Nun – auf dem Schneeberg pflegt infolge seiner exponierten Lage nicht selten ein grimmiges Lüfterl zu wehen, vor allem im Winter! Der Fadensteig, über den an schönen Sommertagen förmliche Karawanen auf und ab steigen, ist dann mit Eisglasur, Triebschnee und sogar Lawinengefahr eine höchst ernsthafte Angelegenheit. Der Ernst wächst noch, wenn man den schützenden Felsen entsteigt und voll vom Weststurm erfaßt wird, der die Atemluft vom Mund wegreißt, Schneekristalle schmerzend ins Gesicht peitscht ... Der lang ansteigende Gipfelhang scheint ohne Ende, während man auf kompakten Luftwellen schwimmt, zwischen den Sturmstößen um Gleichgewicht ringt ... Endlich der schützende Bau der Fischerhütte – jetzt ein bizarrer Eispalast aus dezimeterdicken Rauhreifschichten ...

So manchem auf Sieben- und Achttausendern erprobten Expeditionisten ist – auf allen vieren kriechend – das Lächeln über den Zweitausender eingefroren. Freilich bleibt man bei derartigen Verhältnissen üblicherweise im Biwak oder Hochlager – man geht höchstens auf einen »Hausberg«. Im Februar 1975 hat einmal der Sturm noch ein Schäuferl nachgelegt – und eine Garnitur der Zahnradbahn umgeworfen!

Die Zahnradbahn ... 1897 wurde sie eröffnet, gegen alle Proteste der Bergsteiger, die einen Niedergang der Touristik befürchtet hatten. Siebzig Jahre später protestierten sie wieder: Da wollte man nämlich die schnuckelige Dampfbahn durch moderne Diesellok ersetzen. Allgemeine Entrüstung: Ein Stück alter Schneebergromantik wäre damit zerstört! Doch das Problem löste sich ganz von selbst: Die Konstrukteure hatten die hautengen Tunnels nicht einkalkuliert und die Lokomotiven zu breit dimensioniert. So ruckelt noch immer schnaubend und rauchend der alte Museumszug in fünf Viertelstunden hinauf zum Bahnhof Hochschneeberg. Von hier ist es nur noch eine gute Stunde zum Gipfel. Ausgerechnet im Naturschutzjahr 1970 wurde auf diesem eine Radar-Leitstelle des Bundesheeres errichtet, ein Beton- und Metallmonster, vor dem das Gipfelkreuz in stummem, resignierendem Protest die Arme ausbreitet. – Die Gipfelschau reicht an besonders klaren Tagen bis zu den Julischen Alpen und den Hohen Tauern, ist aber schon bei normalem Schönwetter mit den Fernblicken bis zum Hochschwab, den Gesäusebergen, dem Toten Gebirge und der instruktiven Sicht auf die Rax eindrucksvoll genug.

Das wäre sozusagen »Schneeberg für jedermann«. Spezialisten bevorzugen ungewöhnliche Wege. Etwa die Grafensteige, die den Berg in rund zwei Drittel Höhe umrunden und die ganze Vielfalt der Schneeberglandschaft vermitteln: die mächtigen, von Felsgraten eingefaßten Kare an der Puchberger Seite, die »Riesen« und der Schneidergraben, dann der Gang entlang der steilen Höllentalflanke, immer im Angesicht der Rax, im ständigen Wechsel von Szenerie und Beleuchtung ... Dieser Weg ohne Gipfel ist ein Gang für Augenmenschen; zwei Tage, an denen es oft scheint, daß die Zeit stehengeblieben wäre.

Und dann die Weichtalklamm! Sie ist sicherlich der romantischste Aufstieg zum Schneeberg. Felsschluchten und -klüfte haben den Menschen von jeher fasziniert, seine Phantasie hat dort von Tatzelwürmern bis zur Wilden Jagd allerhand Ungetier angesiedelt. Doch auch der Mensch, der hinter die Sterne geblickt hat und alles viel besser weiß, kann sich dem Geheimnis nicht entziehen, das in einem solchen dunklen Felsschlund wohnen mag, wo die Wände über ihm zusammenzuschlagen scheinen, wo das Tageslicht nur gedämpft hereindringt, dessen Grund mit Farnen und Moos bewachsen ist und dessen Stille nur vom Klatschen vereinzelter Wassertropfen unterbrochen wird.

Dieser Steig durch die Klamm beginnt dort, wo unweit der Höllentalstraße, ein wenig versteckt unter Bäumen, das Weichtalhaus steht. Der bescheidene Bau ist ohne bombastisches Marketing (bis vor rund zehn Jahren sogar ohne elektrisches Licht) zwar kein »Alpinzentrum«, aber seit jeher eine Kraftzelle der Wiener Bergsteigerei. »Waachdoe«, sagen die Wiener im breitesten Dialekt und meinen sowohl die Hütte wie auch das Kletterrevier: die Stadelwand am Schneeberg und die Wände des Großen Höllentals. Hier eröffnet sich das gesamte Spektrum alpinistischer Betätigung, vom zahmen, mit Leitern gangbar gemachten Wachthüttelkamm bis zu den 300 m hohen, über die abweisendsten Felsschilder und -bäuche führenden Routen in der Blechmauer, für deren Durchsteigung teilweise sechs, sieben Stunden schwierigster Haken- und Freikletterei veranschlagt sind. – Die Terrasse vor dem Weichtalhaus: Braungebrannte Kapazunder mit schwellenden Armmuskeln, bekleidet und behängt mit allem, was die jeweils letzte Klettermode fordert, rasseln noch einmal entschlossen mit ihrem Material, erwartungsvoll-ängstliche Elevinnen fragen an, ob es auch wirklich nicht zu schwierig wäre, was ihre Begleiter mit markiger Miene verneinen, ein Familienvater in Halbschuhen erkundigt sich, ob er seinen Kindern die Teufelsbadstube zutrauen könne, und am Tisch neben den gestikulierenden Superkletterern sitzt ein grauhaariger Opa mit einem lächerlich kleinen, zerschlissenen Rucksäcklein bei seinem Jausenbrot, kaum beachtet. Er hat gerade einen klassischen Vierer im Alleingang bewältigt . . . Massenandrang? Gibt es zuweilen auch: »Alle Anstiege in der Loswand waren mit kletternden und wartenden Bergsteigern förmlich verstopft, so daß ich meinen Begleitern vorschlug, in die Stadelwand zu gehen, wo ich etwas Neues wußte . . .«, berichtet Karl Hanns Richter, und dieses »Neue«, das an jenem verstopften Sommertag des Jahres 1914 (!) erstmals erklettert wurde, ist bis heute eine der schönsten und beliebtesten Klettereien der Wiener Hausberge geblieben – der Richterweg in Verbindung mit dem Stadelwandgrat!

Zwischen Schneeberg und Rax ist das Höllental eingeschnitten, eine zehn Kilometer lange, teilweise schluchtartige enge Flußlandschaft zwischen Felswänden und steilen Waldhängen, vom grünen Wasser der Schwarza durchflossen – das sicher schönste Straßenstück Niederösterreichs. Von diesem »Höllental« führt zur Verwirrung von Gebietsfremden das »Große Höllental« als felsiger, von 600–700 m hohen Wänden flankierter Graben zweieinhalb Kilometer in das Raxmassiv hinein. Hier findet der trittsichere Wanderer großartige versicherte Steiganlagen – die zu den ältesten im Alpenraum zählen –, auf denen er den Reiz des »gefährlich Lebens« relativ ungefährlich nachempfinden kann: den Teufelsbadstubensteig, der einem uralten, ehedem nur mit einigen Eisenstiften ausgerüsteten Jagdsteig folgt, den eindrucksvollen Alpenvereinssteig, an dessen Ausstieg sich die Kanzel der »Höllentalaussicht« mit ihrem 1000-Meter-Tiefblick befindet, den Gaislochsteig, der den Talschluß an seiner niedrigsten Stelle überwindet, und den Hoyossteig in der Klobenwand.

Es geht auch bequemer: »In 90 Minuten von Wien ins Hochgebirge!« lautete ein Slogan der Raxbahn-Gesellschaft. Als die Seilbahn 1926 eröffnet wurde, befürchteten viele, daß nun »das Plateau von fahrenden Besuchern wimmeln würde«. Doch der Hauptstrom zirkuliert immer und überall vornehmlich um die Gaststätten und läßt zehn Minuten weiter eine köstliche Abgeschiedenheit blühen. Außerdem ist das Raxplateau mit 86 km² genügend groß, um die sonntäglichen Ausflüglerscharen aufzunehmen und gleichzeitig auf weiten Strecken eine Urtümlichkeit wie in den Pioniertagen der Bergsteigerei verspüren zu lassen. Da gibt es die dichten Wälder der Nordseite, droben auf den windgepeitschten Kuppen fast undurchdringliche Latschendschungel, in deren Lichtungen sich Gamsrudel von 30, 40 Stück belauschen lassen, da gibt es das Kletterdorado der Lechnermauern, das erst entdeckt wurde, nachdem es vier Auflagen des Raxführers nicht einmal erwähnten, nachdem Generationen von Bergsteigern daran vorbeigeschaut hatten. Und es gibt die Kahlmäuer, die schönste Felslandschaft der Rax. Sie gelten als die Wiege der extremen Bergsteigerei der Wiener. Doch was um 1880 »nur für die Elite der Felsensteiger« bestimmt war, ist heute schon lange außer Kurs, wie etwa die »Schneidige Wildfährte«, der »Allerwildeste Zerbenriegel«, der »Narrensteig« oder der »Proteststeig«. – Der Fels ist hier nicht besonders zuverlässig, deswegen werden von den zahlreichen Kletterrouten nur ganz wenige begangen. Die schönste ist das nicht sehr schwierige »Wilde Gamseck«, landschaftlich wunderschön sind die (versicherte) Wildfährte und der Kaisersteig, auf denen sich ohne Schwierigkeiten eindrucksvolle Felsszenerien, gewaltige Tiefblicke und zauberhafte Stimmungen erleben lassen.

Schneeberg und Rax sind auch Skiberge. Keine Skiparadiese von Arlbergqualität, sondern bewaldete, ungehobelte Klachel von Bergen, die trotzig dastehen und sagen: »So, jetzt zeig, was du kannst!« Sie weisen keine glattgewalzten Pisten und keine Familienabfahrten auf und lassen sich auch durch die buntesten Prospekte nicht zu »Skizentren« hochstilisieren. Sie sind einfach da und erwarten ihre Freunde. Und es ist eine beachtliche Anzahl von Skifahrern, die ihnen die Treue hält. Es sind jene, die noch eine dunkle Erinnerung haben, daß Ullr ein Ski-Gott war und nicht Vertragsfahrer bei einer Bindungsfirma. – Um die Jahrhundertwende war so ein Skiausflug auf die Rax ein recht anstrengendes Unternehmen, und man kannte »nur eine einzige ideale, von Aperwehung und Lawinengefahr völlig freie Bahn, den Großen Kesselgraben«. Dieser zieht sich in weitem Bogen über 7 km vom Grünschacherplateau bis ins Höllental und erfreut sich bis heute großer Beliebtheit. Die Standardabfahrten von der Rax sind heute die »Schöller« und der Seilbahngraben, bei reichlichem Schnee nicht übel und recht interessant, in schneearmen Wintern jedoch ein Martyrium für Mensch und Material. Im Frühjahr wird auch das Wolfstal gern gefahren, der Staudengraben dagegen deklariert sich schon mit seinem Namen. Beliebt ist auch die Abfahrt von der Heukuppe zum Karl-Ludwig-Haus und durch den Karlgraben zum Preiner Gscheid. – Am Schneeberg fährt

Die Puchberger Seite des Schneebergs

man den ganzen Winter über die Trenkwiesenabfahrt, vom Gipfel weg je nach Wetter- und Schneeverhältnissen wahlweise durch Wurzen- oder Schneegraben, bei Firn jedoch die großen Steilabfahrten an der Nordseite: Breite Ries, Lahningries, Rote Schütt und Schneidergraben, wobei die erstgenannte noch die gutartigste ist, und die Schwierigkeiten sich in der aufgezählten Reihenfolge steigern. Mit dem steigenden Standard des Fahrkönnens haben auch diese Abfahrten den Nimbus des Übermenschlichen verloren, doch tauchen immer wieder Zeitungsmeldungen von Unfällen in diesen Steilrinnen auf. Die Ursachen: harter Schnee, Ahnungslosigkeit beziehungsweise Selbstüberschätzung.

Das folgenschwerste Skiunglück auf dem Schneeberg aber, welches zehn Menschenleben forderte, war auf eine fast bizarre Verknüpfung unglückseliger Umstände zurückzuführen. Es war am 25. März 1912. Dr. Ämilius Hacker, ein Spitzenbergsteiger (große Westalpentouren, Kaukasus- und Spitzbergenexpedition) war bei Nebel und Sturm die Mulde zwischen den beiden Gipfeln (die heutige Hackermulde) abgefahren und wartete im flachen, schon schneefreien Auslauf mit neun Gefährten auf zwei Nachzügler, die noch weit oben murksten. Durch einen ungeschickten Sturz versetzten sie den auf härterer Unterlage angesammelten, feuchten Neuschnee in eine sich blitzschnell bis unten fortsetzende Bewegung. Die abrutschende Schneedecke staute sich auf dem aperen Untergrund und begrub die ahnungslose Gruppe, sich mehrfach überfaltend, unter einer drei Meter hohen, betonfesten Masse!

Schneeberg & Rax: Ein Begriffspaar, fast eine eingetragene Warenmarke. Ein Einzugsgebiet von zwei Millionen Menschen – gleich beginnt manches Spekulantenherz höher zu schlagen: Da könnte man doch – ein Bungalowdörfchen oder auch zwei? Und ein paar Lifte, und ein Aussichtshotel – alles abgeblockt?! Wasserschutz?!

Ein Segen in zweifacher Hinsicht ist das poröse Innenleben dieser Berge: Es liefert den Wienern das beste Trinkwasser der Welt, und die nötigen Schutzmaßnahmen zur Reinhaltung dieser Quellgebiete haben diese Landschaft vor den gröbsten Verschandelungen bewahrt. 16 Stunden benötigt das Wasser, bis es aus der Gipfelregion durch den Berg findet und bei Kaiserbrunn in die Quellfassung eintritt. Schon Kaiser schätzten dieses Naß: Ab 1736 brachten uniformierte »Wasserreiter« Fäßchen mit Schneebergwasser in dreitägigem Ritt an den Wiener Hof. Seit 1873, als die Erste Wiener Hochquellenleitung eröffnet wurde, floß es auch für den kleinen Mann in der Hauptstadt. Und infolge der weltweiten Verknappung an Trinkwasser könnte die Region als »Wasserscheichtum« neuen Nutzen aus einer vermeintlichen Selbstverständlichkeit ziehen.

Schneeberg/Rax
von A–Z

Akademikersteig ▲
Der »Akademiker« ist der erste Buchstabe im Alphabet der Raxkletterer. Dieser klassische »Zweier« in der → *Loswand* wurde von den Herren Pichl, Gams und Panzer erstmals begangen und ist so alt wie unser Jahrhundert. Er hat vom Anfängerkurs bis zum ergrauten Bergveteranen seine Liebhaber und wird auch gern im Abstieg geklettert. Fester Fels, hübsche Stellen wie das »Fensterl« oder der Ausstiegsgrat sowie eine landschaftlich reizvolle Szenerie machen ihn zu einem der meistbegangenen Felswege der Wiener Hausberge. II, Kletterzeit 2 St., 210 m Felshöhe (Kletterstrecke wesentlich länger). Rote Farbpunkte.

Alpenfreundehütte, 1568 m
Privathütte, wenige Meter unterhalb des → *Krummbachsteins*.

Alpenvereinssteig △
Der Wiener Kunstschlosser August Čepl verwendete viel Freizeit, Begeisterung und Geld für den Bau gesicherter Felssteige. Der Alpenvereinssteig in der Hinteren → *Loswand* ist eines seiner Meisterstücke. Tagelang bohrte er, an einer selbsterfundenen Seilklemmvorrichtung hängend, die Löcher für die Sicherung in den Fels, vor allem für die 60 m hohe Einstiegsleiter, das Schaustück dieses Steiges, der am 9. Oktober 1910 eröffnet wurde.
Aufstieg: Vom Weichtalhaus bis zur Höllental-Aussicht sind 1000 HM zu überwinden. Der Steig erfordert absolute Schwindelfreiheit und sollte wegen der Steilrinnen im oberen Teil, in denen sich der Schnee lange hält, nicht zu früh im Jahr begangen werden. Blau bezeichnet, 3–4 St.

Altenberg, 785 m
Liegt im gleichnamigen Tal zwischen Rax- und Schneealpe in freundlicher Südlage. Mehrere Gasthöfe. *Ausgangspunkt* für → *Naßkamm*, → *Gamseck* und Schneealpenanstiege (Lohmgraben, Blarergraben).

Altenberger Steig ●
Dieser landschaftlich wunderhübsche Steig, der beim → *Moasser-Alpengasthof* beginnt, leitet unschwierig durch die südwestlichsten Felsformationen der Rax und gewährt eine schöne Sicht auf die gegenüberliegende Schneealpe und ins Altenberger Tal – für Wiener Raxgeher geradezu ein Besuch bei den Antipoden. Vom Moasser bis zum Ausstieg nahe dem Gamseck 2–2½ St., rot bezeichnet. Auf die Heukuppe weitere ½–¾ St.

Bärenloch △
Einem alten Jagd- und Holzknechtsteig in den → *Kahlmäuern* der Rax folgt dieser von den Herren Fikeis und Krischker 1877 als ersten Touristen begangene Felspfad. Er wurde bald darauf mit Sicherungen versehen, obwohl der Grundbesitzer, Graf Hoyos, »derartige Wege nicht für Touristen« freigeben wollte. Heute ist der Bärenlochsteig, der durch eine der schönsten Felslandschaften der Rax leitet, keine große Sache: Trittsicherheit ist erforderlich, um die eindrucksvollen Tiefblicke auch genießen zu können.
Aufstieg: Von Hinternaßwald zum Habsburghaus 4 St., grün bezeichnet.

Baumgartnerhaus
Heute nur noch eine historische Bezeichnung und eine Haltestelle der → *Schneeberg-Zahnradbahn*. Das Baumgartnerhaus war die älteste (1839 erbaut) und größte alpine Unterkunft auf dem Schneeberg. Enorme anstehende Renovierungskosten und Auflagen des Umweltschutzes bewogen den ÖTK, das Haus an die Gemeinde Wien zu veräußern, die es aus Gründen des Wasserschutzes im Sommer 1982 schleifen ließ.

Benesch, Dr. Friedrich
* 1868, † 29. 6. 1949
Der eher zarte und schmächtige Mann, der mit einer voluminösen 18 x 24-cm- Plattenkamera (die allerdings unnachahmlich scharfe Bilder lieferte) im Gebirge herumstieg, war einer der Pioniere der Bergfotografie. Bereits 1913 veröffentlichte er im Alpenvereins-Jahrbuch die ersten Farbfotos. Benesch verfaßte auch den ersten Raxführer (1894), das erste Führerwerk übrigens mit einer »Vergleichsweisen Rangeinteilung der Steige nach ihrer Schwierigkeit«. VII war das Leichteste, I das Schwierigste. Als dann »Nuller«- und »Doppelnuller«-Steige hinzukamen, wurde das System allerdings unpraktikabel. – An Benesch, von dem auch ein Schneeberg- und ein Schneealpenführer stammen (1897 bzw. 1925), erinnert ein Gedenkstein in der Nähe des Ottohauses.

Bismarcksteig △
Der versicherte, rot bezeichnete Klettersteig quert waagrecht und sehr ausgesetzt die Wände des Predigtstuhls auf der Rax. Im Frühjahr bei Schneelage ist er unbedingt zu meiden; Gehzeit vom Karl-Ludwig-Haus zur Seehütte 2 St.

Blechmauer ▲
Die bis zu 300 m hohe Wand am Eingang des Großen Höllentales war schon immer Experimentierfeld und Gradmesser der Kletterkunst. Seit der ersten Durchkletterung des schräg die Wand durchziehenden »Blechmauernrisses« (IV+) durch Erwin Radwein im Alleingang im Jahr 1920 wurden mehr als 50 Durchstiege und Varianten gefunden. Ihre jeweilige Beliebtheit unterliegt gewissen Schwankungen; einen gleichbleibend guten Ruf als genußvolle Extremkletterei hat nach wie vor die Blechmauernverschneidung (V+ A1) von Dangl/Pammer aus dem Jahr 1932. Kletternde Normalverbraucher erfreuen sich am Jarabekweg (III und III+), an den Gretelkaminen (III+) oder an den sehr ausgesetzten Gratkaminen (IV+). Als Abstieg wird meist der rot bezeichnete Blechmauernsteig (I) begangen.

Bodenwiese ○ ☀
Auf dem Plateau des → *Gahns* dehnt sich eine 2½ km lange und ½ km breite, von einem schönen Hochwaldgürtel umgebene Wiese (1140 m), an deren Südrand die → *Waldburg-Anger-Hütte* steht. Man erreicht sie am besten über Payerbach

Breite Ries

vom Gh. Hochberger (1½ St.). Über die Bodenwiese berichtet die Sage, daß sie einst ein Knecht im Laufe eines einzigen Tages abgemäht hätte. Kein solches Riesenunterfangen, aber dennoch Ausdauer erfordernd ist die Bodenwiese als Langlauftour ungespurt, nur für geübte Läufer, aber ideal bei geringer Schneelage im Tal.

Zugang: am besten von der Station Baumgartner der Zahnradbahn über den Krummbachsattel und weiter auf Forststraßen.

Brandschneide ●

Ein riesiger Waldbrand legte im Jahr 1859 jenen Gratrücken frei, über den nun dieser schöne, aussichtsreiche Steig von Kaiserbrunn zur Bergstation der Raxbahn hinaufführt. Besonders im oberen Teil (einige kurze, aber gut gesicherte Leitern) bieten sich herrliche Blicke in das benachbarte → *Wolfstal* sowie auf die 1500 m hohe Südflanke des Schneebergs mit den schönen Felsbildungen von Wasserofen, Mittagstein und Stadelwand.

Aufstieg: 3 St. von Kaiserbrunn, gelb bezeichnet.

Breite Ries ✳

Die berühmteste und beliebteste Steilabfahrt des Schneebergs, ja vermutlich sogar die älteste der Alpen. Am 5. Januar 1905 fand hier ein Vergleichswettbewerb zweier erbittert verfehdeter Ski-Lager statt: der norwegischen und der alpinen (Lilienfelder) Skifahrtechnik. Die Norweger entsandten Ing. Hassa Horn, Sieger des Holmenkollenrennens, die alpine Technik war durch ihren Erfinder Matthias Zdarsky vertreten. Nach der Abfahrt aus dem oberen Drittel der Ries bestätigte der Norweger neidlos die Vorzüge von Zdarskys Technik. – Heute ist an schönen Frühlingstagen dieses Kar mit seiner sehr steilen Einfahrt (36°) oft pistenähnlich ausgefahren. 700 m sind es bis zur Latschenzone, dann wird meist zum Hansenriegel aufgestiegen und in den unteren Teil der Lahning-Ries gequert. – Die Beliebtheit dieser Abfahrt darf nicht über ihre Gefahren hinwegtäuschen: Bei hartem Schnee sind hier immer wieder Schwerver-

letzte und auch Todesopfer zu beklagen.

Bürklesteig ▲

Dieser schöne Felspfad, der über den Grat führt, welcher die *Breite* und die *Krumme Ries* des Schneebergs trennt, wurde am 26. Dezember 1889 durch den Lehrer Ferdinand Bürkle mit dem sportlichen Robert Hans Schmitt und Julius Grossinger erstmals erklettert. Der abwechslungsreiche Kletterweg in alpiner Szenerie wird auch gern im Winter als Trainingstour begangen. Den Einstieg erreicht man am besten vom Schneebergdörfl in 1½–2 St.
II. Felshöhe etwa 250 m, Kletterzeit vom Einstieg etwa 1½ St., rot bezeichnet.

Damböckhaus, 1810 m

Am Ochsenboden unter dem Schneeberggipfel. Erbaut 1873 vom Österreichischen Touristenklub.
Zugang: 20 Min. von der Zahnradbahn; 90 Schlafplätze. Ganzjährig bewirtschaftet, im Winter nur, wenn die Zahnradbahn verkehrt. Telefon (0 26 36) 22 59.
Übergang: zur Fischerhütte 50 Min.

Edelweißhütte, 1235 m

Von der Alpenvereinssektion »Edelweiß« am »Faden« des Schneebergs in unmittelbarer Nähe der → *Sparbacherhütte* errichtet. Ganzjährig bewirtschaftet, 43 Schlafplätze, Telefon (0 26 36) 22 05 16.
Zugang: siehe Sparbacherhütte.

Elisabethkirchlein, 1796 m

Nahe der Zahnradbahnstation Hochschneeberg. Der zum Gedenken an die 1898 ermordete Kaiserin Elisabeth im Jahre 1901 errichtete Bau ist sogar von den Wienerwaldbergen her auszunehmen.

Eng ○

Die wildromantische Felsschlucht an der Südseite des Schneebergs ist vor allem wegen der Reste jener 7 km langen Holzriese einen Besuch wert, durch die bis 1957 das Holz des Gahns-Gebietes zu Tal gebracht wurde. 1971 wurde ein kleines Stück dieses Meisterwerks einer ländlichen Ingenieurkunst als Denkmal für die

schwere Holzarbeit nachgebaut. – Durch die »Eng« gelangt man in 2½ St. von Payerbach zum → *Friedrich-Haller-Haus.* – Schwer vorstellbar, daß diese Strecke einst eine hoch im Kurs stehende Skiabfahrt gewesen sein soll . . .

Faden ● ✳

Der an der Nordseite des Schneebergs zum gleichnamigen Sattel herabziehende Rasenstreifen, auf dem sich Edelweiß- und Sparbacherhütte befinden. Der gelb markierte *Fadensteig* führt von hier durch die Felsen der Fadenwände zum Gipfelrücken, der *Fadenweg* hingegen ist eine völlig unschwierige Verbindung zur → *Kienthalerhütte.* – Das *Faden-Dreieck,* welches oberhalb der Hütte in die Lahning zieht, bildet im Winter eine Bereicherung der → *Trenkwiesenabfahrt.*

Fischerhütte, 2049 m

Die höchstgelegene Schutzhütte Niederösterreichs, wenige Meter unterhalb des → *Kaatersteins* am Schneeberg, wurde 1885 vom Österreichischen Touristenklub erbaut. 52 Schlafplätze; Frühjahr bis Spätherbst bewirtschaftet, im Hochwinter meist nur an Wochenenden. Telefon (0 26 36) 23 13.
Zugang: von der Zahnradbahn 1¼ St., von der Sparbacherhütte über den Fadensteig 2¼ St., von der Kienthalerhütte 2¼ St.

Friedrich-Haller-Haus, 1250 m

Auf der *Knofeleben,* im Besitz der »Naturfreunde«. Ganzjährig (außer November) bewirtschaftet; 49 Betten, 29 Matratzenlager. Nach der Schleifung des Baumgartnerhauses eine der wenigen Unterkünfte an der Schneeberg-Südseite.
Zugang: von Kaiserbrunn 2–2½ St., von Payerbach durch die Eng 2½–3 Std., von der Station Baumgartner der Zahnradbahn 1½ St.
Gipfel: Krummbachstein, 1602 m, 1 St.

Frohnbachwand ▲ ✳

Die mächtige rötliche Wand, die über dem gleichnamigen Graben aufragt, ist wohl optisch sehr eindrucksvoll, wegen des nicht besonders zuverlässigen Gesteins jedoch werden ihre drei Durchstiege kaum jemals geklettert.

Der *Frohnbachgraben* bietet die Abfahrt mit der größten Höhendifferenz in Niederösterreichs Bergen (Klosterwappen – Höllental 1500 HM): Bei der → *Krempelhütte* wird die → *Trenkwiesenabfahrt* nach Westen, in den *Juliengraben,* verlassen (sehr steil, lawinengefährdet im oberen Teil), unten geht es flach auf Forststraßen ins Höllental.

Gahns, 1352 m ○ ❋

Zum größten Teil bewaldete Hochflächenerhebung von durchschnittlich 1200 m Höhe, die dem Hochschneeberg südöstlich vorgelagert und durch den Krummbachsattel mit ihm verbunden ist. Auf dem Gahns liegt die 2½ km lange → *Bodenwiese* mit der → *Waldburg-Anger-Hütte.*
Aufstiege von Ternitz, Gloggnitz, Schlöglmühl, Payerbach und Rohrbachgraben. Am schönsten von Werning über die Rote Wand, am kürzesten vom Gasthof Hochberger (1¼–1½ St.).
Prächtiges (ungespurtes) Langlaufgelände; Zugang am besten von der Station Baumgartnerhaus der Schneebergbahn.

Gaisloch △

Im Talschluß des → *Großen Höllentals.* Die mächtige Grotte in der linken Begrenzungswand dient den Gemsen als Unterschlupf und mag die Namensgebung bestimmt haben. An dieser niedrigsten Stelle im Felsrund des Tales zieht (auf den Spuren eines alten Jäger- und Holzknechtsteiges) eine versicherte Steiganlage zum Gaislochboden und weiter zur → *Wolfgang-Dirnbacher-Hütte* (Unterstandshütte, 3 St. vom Höllental). Im Winter schafft die den Steig überrieselnde Quelle phantastische Eisbildungen, die eine anspruchsvolle Eiskletterei bieten (je nach Verhältnissen 60–80°, Varianten bis 90°). – Das Gaisloch war sicherlich die erste

Wasserfallkletterei überhaupt: Am 26. 2. 1877 hackten sich Alois Faschingbauer, der Baumgartner-Wirt August Suschnik und sein Knecht Jakob mit abenteuerlicher Ausrüstung diese Eisgebilde hinauf.

Gamseck, 1857 m △ ▲

Der westliche Eckpfeiler der Raxalpe. Durch die südliche Flanke des gratartigen Felsmassivs führt das *Zahme Gamseck,* ein mit Drahtseilen und Leitern versicherter Steig, der 1875 vom Österreichischen Touristenklub errichtet wurde und in Verbindung mit dem → *Naßkamm* den Übergang zur Schneealpe herstellt (Trittsicherheit erforderlich).
Direkt über den Grataufbau führt das *Wilde Gamseck,* eine reizende, nicht allzu schwierige Kletterei, die Guido Lammer mit Fritz Leeder 1883 erstmals ausgeführt hat (I–II, 1½ St. vom Einstieg, Felshöhe 150 m). Die *Gamseckerhütte, 1330 m,* ist eine unbewirtschaftete Privathütte der Alpinen Gesellschaft »Gamsecker«. Daneben steht die (geöffnete, jedoch unbewirtschaftete) *Zimmermannhütte.*

Gamsgartelgrat ▲

Der orographisch rechte Begrenzungsgrat der *Krummen Ries* bietet

mit seinen Türmen eine abwechslungsreiche Kletterei in gutem Fels, die schönste an der Puchberger Seite des Schneebergs. Der Name stammt entweder von den die Grattürme links begleitenden begrünten Schrofen (Gamsgärten) oder von dem markanten Felstor nach dem zweiten Turm. – Die wesentlichsten Kletterstellen sind Risse und Kamine. III, 3 St. vom Einstieg, rote Farbzeichen. Felshöhe bis zum Ausstieg rund 250 m. Von dort noch rund 150 HM über Schrofen zur Hochfläche oder Abstieg nach rechts in die Krumme Ries.
Zugang: am besten vom Schneebergdörfl, 2 St.

Gloggnitzer Hütte, 1548 m
Sie liegt unterhalb des Klobentörls am Beginn des Großen → *Kesselgrabens* der Rax und ist hauptsächlich für die Befahrung im Winter von Interesse. Als Bergrettungshütte an Wochenenden beaufsichtigt, einfache Bewirtschaftung, Nächtigung nur in Notfällen.
Zugang: von der Bergstation der Raxbahn über die Dirnbacher-Hütte 1½–2 St.

Grafensteig, Nördlicher und Südlicher ○ ●
Eine Steiganlage, die zu den schönsten des Gebietes zählt und wie kaum eine andere den Formenreichtum der Kalkalpen- und Voralpenlandschaft präsentiert. Sie umrundet den Hochschneeberg in halber Höhe und erfordert (ohne Zu- und Abstieg) 10–11 St. Gehzeit. – Stützpunkte sind → *Sparbacher-* und *Edelweißhütte* (Liftzufahrt), → *Kienthalerhütte* (Wochenendbewirtschaftung), eventuell *Station Baumgartner* (Gh. Holzer) der Zahnradbahn. – Am schönsten beginnt man diese Umrundung mit dem Nördlichen Grafensteig, der die Kare der Nordseite durchquert (Vorsicht im Frühjahr auf harten Schneefeldern!) und schließt den Südlichen Grafensteig an. Dieser Teil, der hoch über dem Höllental verläuft und immer neue Einblicke in das Raxmassiv gewährt, erfordert an einigen Passagen unbedingt Trittsicherheit.
Gehzeiten: Sparbacherhütte – Station Baumgartner 4–4½ St., Baumgartner

– Kienthalerhütte 4–4½ St., Kienthalerhütte – Sparbacherhütte 2 St.

Gretchensteig ○ △
Dieser mit einigen Drahtseilen versicherte Steig in den → *Raxenmäuern* ist für Geübte kaum schwierig. Er ist eigentlich eine Abzweigung des Wetterkogelsteigs und mündet links von diesem auf dem Raxplateau, unweit des Karl-Ludwig-Hauses. Von der Reißthalerhütte 2 St., vom Preiner Gscheid 3 St.

Grieß, Großes und Kleines ● ✳
Das größte Schuttkar der Rax liegt in einer ihrer phantastischsten Felslandschaften: durch ein von gewaltigen Pfeilern gebildetes Felstor führen Steigspuren die ungeheure, mühsame Schutthalde aufwärts. Ein Felssporn im oberen Teil verlangt leichte Kletterei (I), einige Versicherungen erleichtern eine unangenehme Abrutschstelle, schließlich leitet der Rotwandgraben bis knapp unter das Habsburghaus. – Das *Große Grieß* ist bei idealen Schneeverhältnissen auch eine extreme Skiabfahrt (am besten vorher im Aufstieg begehen, um die Verhältnisse zu prüfen); noch steiler und anspruchsvoller ist das *Kleine Grieß,* welches in unmittelbarer Nähe des Habsburghauses hinunterzieht.
Aufstieg: Hinternaßwald – Habsburghaus 4 St., 1050 HM.

Großes Höllental
Der landschaftlich großartigste Taleinschnitt des Raxmassivs. Bis zu 600 m überhöhen die Wände – links die → *Loswand*, rechts die → *Klobenwand* – den Talboden. Rund 250 Kletterrouten (inklusive Varianten) aller Schwierigkeits- und Beliebtheitsgrade nehmen hier ihren Ausgang. Auch wer nur über die Leiter des Schönbrunnersteigs aufsteigt und die 3 km leicht ansteigend in den Talschluß wandert, wird von der Wucht und Größe dieses Bildes tief beeindruckt sein: »Feierlich ernst an sonnigen Tagen – düster, dämonisch wird es, wenn trübe Wolkenschleier am Himmel hängen« (Friedrich Benesch im alten Raxführer).
Ein besonderes Erlebnisfeld sind für

den geübten und trittsicheren Bergsteiger die versicherten Steiganlagen, die allesamt fast historische Bedeutung haben: → *Teufelsbadstubensteig,* → *Alpenvereinssteig,* → *Gaisloch* und → *Hoyossteig.*

Habsburghaus, 1785 m
Alpenverein, Sektion Gebirgsverein; wurde 1899 erbaut und mehrmals erweitert. Im Sommer an Wochenenden bewirtschaftet. 28 Betten, 80 Matratzenlager. In herrlicher Lage auf dem Grießkogel am Westrand des Raxplateaus ist es ein förmlicher Logenplatz für eine Schau auf die → *Kahlmäuer* und die Schneealpe. Die Sperre des Reißtales für den Fahrzeugverkehr hat seine Besucherzahlen reduziert, es bleibt um so mehr das »alpinste« Schutzhaus der Rax.
Zugänge: von Hinternaßwald über den Kaisersteig 3–4 St., von der Raxbahn 3 St., vom Karl-Ludwig-Haus 1 St.
Gipfel: Heukuppe, 2007 m, 1½ St.

Hackermulde ✳
Ovale Mulde, die östlich vom Gipfelkamm Kaiserstein-Klosterwappen des Schneebergs herabzieht; ein beliebtes Ski-Übungsgelände. – 1912 verunglückten hier durch eine tragische Verkettung der Skipioniere Ämilius Hacker und neun seiner Gefährten.

Haid-Steig △
Eine der kühnsten Steiganlagen der Wiener Hausberge führt durch die → *Preinerwand* auf das Raxplateau. Wie der Alpenvereinssteig ist auch er eine Co-Produktion des Kunstschlossers August Čepl, der die Versicherungen anbrachte, mit dem König des Ottohauses, Camillo Kronich, welcher die Kosten dieser 1913 eröffneten Steiganlagen übernahm. Mit Steigbaum, Leitern und Eisentritten versehen, führt er überaus luftig durch den höchsten Teil der Preinerwand. Er wurde nach dem damaligen Obmann der Alpenvereins-Sektion Reichenau, Hans Haid von Haidenburg, benannt. – Vom Einstieg 1½–2 St.; wird häufig mit Seilsicherung begangen (für wenig Geübte anzuraten); blau bezeichnet, Felshöhe ca. 350 m.

Blick vom Schneeberg nach Westen

Hengst

Waldiger Bergkamm, der vom Schneeberg Richtung Puchberg abstreicht. Der *Hohe Hengst, 1450 m,* ist trotz des Umstandes, daß an seiner Ostflanke die Zahnradbahntrasse führt, eine der einsamsten Erhebungen des Schneebergs. Die Bahntrasse wird vom *Hengstweg,* dem unschwierigsten Weg Richtung Hochschneeberg, begleitet.

Herminensteig ●

Er führt über den felsigen Kamm, der den → *Schneidergraben* des Schneebergs (im Aufstiegssinn) links begrenzt. Der *Untere Herminensteig* (I+), in einem steilen, bewaldeten Graben mit einer felsigen Unterbrechungsstelle, ist weniger beliebt, meist wird der wesentlich schönere *Obere Herminensteig* begangen, der

vom Nördlichen Grafensteig abzweigt.

Zugang: entweder von der Haltestelle Baumgartner oder durch den Unteren Schneidergraben. Rot bezeichnet, –I, ab Grafensteig rund 300 HM, 1–1½ St.

Heukuppe, 2007 m ○ ☀

Die höchste Erhebung der Raxalpe, oberhalb der Raxenmäuer, ist ein sanfter Bergrücken. Auf dem Gipfel steht ein Heldendenkmal des Österreichischen Touristenklubs. – Die Aussicht reicht im Westen über die Veitschalpe zum Hochschwab, wird aber durch die Schneealpe teilweise verdeckt, im Süden über die Fischbacher Alpen bis zur Gleinalpe, im Norden dominiert der Schneeberg. Kürzester *Aufstieg:* vom Karl-Ludwig-Haus 40 Min. (dorthin vom Preiner Gscheid 2–2½ St.).

Hinternaßwald, 711 m

Kleine Ansiedlung im Nordwesten der Rax. Ausgangspunkt für die

Aufstiege an der Rax-Westseite (*Scheibwaldmauern* und → *Kahlmäuer),* auf die *Schneealpe* und den *Sonnleitstein* sowie für den Übergang ins Tal der Kalten Mürz (siehe Abschnitt Mürzsteger Alpen).

Hirschwang, 550 m

Kleiner Industrieort am Ausgang des Höllentals; Talstation der Raxbahn. In Hirschwang nehmen → *Törlweg* und Gsohlhirnsteig ihren Anfang.

Hochgang, 1217 m ○ ▲

Bewaldeter Nebengipfel des Schneebergs, der mit beachtlichen Felsbildungen gegen Kaiserbrunn abfällt. In diesen Wänden gibt es ein rundes Dutzend Kletterrouten unterschiedlicher Schwierigkeit, die aber größtenteils als nicht lohnend gelten. Eine Ausnahme macht der *Südwestpfeiler,* eine schöne Kletterei mit ernsterem Charakter (IV, 2–3 St. vom Einstieg). Die Besucher dieses Gipfels sollten aus Gründen der Jagd Zurückhaltung üben.

Hochquellen-Wasserleitung, Erste Wiener

Schon Kaiser Karl VI. hatte 1732 während einer Jagd jene Quelle entdeckt (»Kaiserbrunnen«), deren vorzügliches Wasser in der Folge mittels eigenen Reiterdienstes nach Wien geschafft wurde. Franz Joseph I. schenkte diesen Brunnen 1865 der Gemeinde Wien, die von 1870 an in dreijähriger Bauzeit Wasserschlösser, Aquädukte, einen 2845 m langen Wasserstollen und Zuleitungen errichtete. Am 24. Oktober 1873 wurde die 96 km lange »Erste Wiener Hochquellenleitung« eröffnet. – In 22 St. legt das Wasser diese Entfernung zurück und erwärmt sich dabei nur von 6° auf 8°. Die Ergiebigkeit des Kaiserbrunnens liegt im Winter bei 300.000 hl täglich, nach der Schneeschmelze bei 1,300.000 hl! – In den Jahren 1891–1894 wurden noch Höllental-, Fuchspaß-, Wasseralm- und Reißtalquelle einbezogen und die Gesamtlänge der Leitungen um 16 km erweitert.

Höllental

Der von der Schwarza durchflossene, teilweise fast schluchtartig enge Taleinschnitt zwischen Schneeberg und Rax ist von der »Singerin« bis Hirschwang 12 km lang. Die Straße durch das Höllental wurde erst 1829 erbaut, zuvor war man hier auf schmalen Saumpfaden oder Flößersteigen unterwegs. – Die klassische Wanderung durch das Höllental ist an Wochenenden nicht empfehlenswert, es lohnt jedoch, diese Strecke an einem Wochentag zu durchwandern – der Fußgänger sieht ein Mehrfaches dessen, was der Autofahrer aufnimmt.

Höllental-Aussicht, 1620 m ○

Unzweifelhaft der prachtvollste Aussichtspunkt der Raxalpe: Von einer Kanzel am Ausstieg des → Alpenvereinssteigs fällt der Blick tausend Meter bis zum Talgrund der Schwarza, den gesamten Höllentalkessel umfassend. Und gegenüber baut sich mächtig die Südflanke des Schneebergs auf. Kaum eine andere Aussicht im Raum der Hausberge ist so »billig« zu haben: von der Raxbahn zum »Praterstern« und von dort nördlich abzweigend, rund 40 Min.

Hotel Hochschneeberg, 1796 m

Wurde gleichzeitig mit der Zahnradbahn unweit deren Endstation am Waxriegel im Jahr 1898 erbaut und befindet sich heute im Besitz der Bundesbahn (1970/71 renoviert). – Schöne Blicke ins Tal von Puchberg und auf die Gutensteiner Alpen.

Hoyosgraben ❄

An der Nordwestflanke des Schneebergs. Beliebte Skiabfahrt, die westlich des Vestenkogels (Einfahrt am orographisch linken Hang) beginnt und schließlich in die → Trenkwiesenabfahrt mündet. Im unteren Teil befindet sich eine felsige Engstelle, die jedoch leicht umfahren werden kann.

Hoyossteig △

Der einzige versicherte Steig in der → Klobenwand folgt einem schon zu Anfang des 19. Jahrhunderts benützten Jagdsteig. Trittsicherheit und Schwindelfreiheit sind erforderlich. *Aufstieg:* 1½–2 St. vom Weichtal zum Einstieg, weitere 1½ St. bis zum Ausstieg am Rudolfsteig und von dort noch 1 St. zum Klobentörl. Rot bezeichnet.

Inthaler, Daniel
*** 1846, † 26. 12. 1923**

Einer der wenigen bedeutenden Bergführer des Raxgebietes war Daniel Inthaler aus Naßwald, der vor allem in den → Kahlmäuern eine Anzahl neuer Felswege fand (im Gesäuse durchstieg er als erster die Planspitze-Nordwand mit E. Suchanek durch den heutigen Inthalerkamin).
1914 galten für Bergführer u. a. folgende Tarife: Ein leichter Weg auf die Hochfläche kostete rund 10 Kronen, für Kletterwege wurden Zuschläge verlangt (Malersteig 6 Kronen, Wildes Gamseck 6 Kronen, Akademikersteig 8 Kronen, Inthalerband 12 Kronen, Wr.-Neustädter-Steig 20 Kronen).

Inthalerband ▲

Zu den wenigen öfter begangenen Kletterrouten in den → Kahlmäuern zählt das Inthalerband, welches sehr ausgesetzt durch den höchsten Teil der Wände zieht. Es wurde von Da-

niel Inthaler gefunden, der 1896 einen Herrn Starke als ersten Touristen hinaufführte. II und III, eine Stelle –IV, 1–2 St., rote Farbzeichen.

Jakobskogel, 1737 m ○

Vielbesuchte Plateaukuppe der Rax mit Gipfelkreuz in der Nähe des Ottohauses – ein Ziel für bequeme Wanderer, und fast ein »richtiger« Gipfel.

Kahlmäuer △ ▲

Die gegen Westen, ins Reißtal, abbrechenden Wände der Rax zwischen Gamseck und Kleinem Grieß erreichen im Bereich des »Horrenden Risses« eine Höhe von 700 m. Dieser beachtliche Anstieg wird – wie die meisten Kahlmäuerklettereien – nur sehr selten wiederholt. Das Gestein ist über weite Strecken brüchig, dazu kommt die Steinschlaggefahr. Die beliebteste Route in diesem Felsrevier ist das Wilde Gamseck (I–II), gefolgt vom Inthalerband (II, III, eine Stelle –IV) und dem Kahlmäuergrat (III). Ganz besonders schön sind dagegen die versicherten Steige: → Wildfährte, → Bärenloch und Zahmes → Gamseck.

Kaiserbrunn, 537 m

Schöner, kesselartiger Talschluß an der Schneebergseite des Höllentales. Gh. Schnepf. Quellfassung der Ersten Wiener Hochquellenleitung; aus Gründen des Wasserschutzes ist der Krummbachgraben gesperrt. In Kaiserbrunn beginnen die Aufstiege zum → Friedrich-Haller-Haus und weiter zum → Krummbachstein (Schneeberg) sowie über die → Brandschneide (Rax).

Kaisersteig ○

Der unschwierigste Aufstieg an der Westseite der Rax (eine – gut gesicherte – felsige Passage im oberen Teil). Vom Ausstieg am Plateau, beim sogenannten »Steiger«, überaus schöner und umfassender Blick in die Kahlmäuer. *Aufstieg:* von Hinternaßwald zum Habsburghaus 3–4St., grün bez.

Frühling im Höllental

Kaiserstein, 2066 m ○ ✳

Die zweithöchste Erhebung des Schneebergs. – Kaiser Franz I. erstieg in den Jahren 1805 und 1807 den Gipfel. Nach dem vom Grundherrn, dem Grafen Hoyos-Sprinzenstein, errichteten Granitdenkmal erhielt diese Kuppe die Bezeichnung Kaiserstein.

Karlgraben ○ ✳

Die Grabensohle, die von der Einschartung des Raxplateaus unterhalb des Karl-Ludwig-Hauses – links vom Schlangenweg – Richtung Waxriegelhaus hinunterzieht. Im Sommer touristisch bedeutungslos, ist der steile Trog bis ins Frühjahr eine beliebte *Skiabfahrt* und vermittelt den kürzesten *Aufstieg* zur Heukuppe: vom Preiner Gscheid 3 St. 950 HM. – Dem steilen Mittelteil kann man zum Schlangenweg ausweichen.

Karl-Ludwig-Haus, 1804 m

Die größte Schutzhütte der Rax wurde 1877 vom Österreichischen Touristenklub erbaut und nach Erzherzog Karl Ludwig benannt. Ganzjährig bewirtschaftet, 118 Schlafplätze. Telefon (0 26 65) 359.
Zugang: vom Preiner Gscheid über den Schlangenweg 2–2½ St.; der (versicherte) Karl-Kantner-Steig ist etwas kürzer.
Übergänge: zum Habsburghaus 1 St., zur Seehütte 1½ St.
Gipfel: Heukuppe, 2007 m, 40 Min.

Katzenkopfsteig ▲

Beliebte, mäßig schwierige Kletterei in der → *Loswand* der Rax. Der schon klassische Anstieg wurde 1894 von Theo Keidel und Gefährten begangen. Er beginnt etwas rechts der markanten Loswandkamine und führt im allgemeinen schräg rechts aufwärts. Vom großen Schuttkessel kann man links die *Katzenkopfkamine* (–III, 40–50 Min. vom Einstieg) erklettern, die meisten Begeher schließen jedoch den oberen → *Zimmersteig* an (II, eine Stelle –III, rote Farbzeichen). Insgesamt 2½–3 St., 250 m Felshöhe, Kletterstrecke (inklusive viel Gehgelände) wesentlich länger.

Kesselgraben, Großer ○ ✳

Der 7 km lange, hakenförmig gebogene Graben (der längste der Raxalpe), der von der Gloggnitzer Hütte ins Höllental zieht, ist als Sommerwanderung nicht übermäßig attraktiv, seit er von einem Forststraßensystem durchzogen wird. – Im Winter bietet er eine altbekannte und häufig unternommene Tourenabfahrt vom Raxplateau.
Zugang: Von der Seilbahnstation folgt man der Stangenmarkierung zum Ottohaus und etwa 10 Min. dem Weg zur Seehütte, dann leiten Hinweistafeln nach rechts, wo es abwärts zur Dirnbacherhütte geht. Ein steiler Aufstieg führt zum Klobentörl, erst geht es eben, dann über schöne Hänge zur Grabeneinfahrt bei der Gloggnitzer Hütte (2 St. ab Seilbahn). Abfahrtshöhe 1000 HM, am schönsten nach Neuschneefall. Vom Grabenausgang in 20 Min. zum Weichtalhaus.

Kienthalerhütte, 1380 m

Der einzige Stützpunkt an der südwestlichen Seite des Schneebergs, 1896 von der Alpinen Gesellschaft »Kienthaler« erbaut, jetzt im Besitz des Österreichischen Touristenklubs. 35 Schlafplätze; nur an Wochenenden (ab Samstag nachmittag) während der Sommermonate bewirtschaftet!
Zugang: vom Weichtalhaus über Ferdinand-Mayr-Weg oder Weichtalklamm je 2½–3 St.; von der Sparbacherhütte 2–2½ St.; von der Station Baumgartner über den Südlichen Grafensteig 4–4½ St.
Gipfel: Turmstein, 1416 m, 10 Min.; Klosterwappen, 2076 m, 1½–2 St.

Klobenwand ▲

Die rechte Begrenzung des → *Großen Höllentales* mit bis zu 700 m hohen Wänden, durch die nur ein einziger bezeichneter Steig führt, der *Hoyos-Steig*. Klobenwand – das ist allerdings in Wiener Bergsteigerkreisen ein Synonym für brüchiges, vegetationsdurchsetztes, gefährliches Gelände (manche der Routenbeschreibungen im Raxführer lesen sich wie der Katalog einer Baumschule). – Von den klassischen Durchstiegen werden noch am ehesten der Hocke-Felix-Steig (IV+) und der Gaisbauer-

Jug-Weg (–V) begangen; die Klobenwandschlucht (zwei Stellen II) wird öfter als winterliche Trainingstour unternommen. Von den modernen Routen erfreuen sich ziemlicher Beliebtheit der Große Spiegel (V+ A2) und der Gelbe Pfeiler (V+ A2, in freier Kletterei VII).

Klosterwappen, 2076 m ○ ✳

Die höchste Erhebung des Schneebergs. Im Gipfelfelsen war einst das Wappen der geistlichen Herrschaft Reichenau eingegraben: das Kleeblattschwert mit dem Hufeisen des Stiftes Neuberg. – Jetzt steht neben dem Gipfelkreuz eine automatische Radarstation des Bundesheers. – Die Aussicht vom Schneeberg reicht im Osten bis zu den Wienerwaldbergen, im Westen bis zum Gesäuse und zum Toten Gebirge, bei besonders klarer Atmosphäre bis zu den Hohen Tauern und im Süden zu den Julischen Alpen. Von der → *Fischerhütte* in 10 Min. erreichbar.

Königschußwandsteig ▲

Die Königschußwand ist eine brüchige Felsscholle der Rax, die der → *Preinerwand* vorgelagert ist und kaum jemals aufgesucht wird.
Der *Königschußwandsteig* hingegen ist ein sehr anstrengender und exponierter versicherter Steig in der → *Preinerwand,* auf dessen Zustieg über den unteren → *Malersteig* eine Stelle des Schwierigkeitsgrades –III zu bewältigen ist. Der Steig verlangt im Kamin kraftraubende Kletterei an einem dünnen Führungsseil. Nichts für »normale« Klettersteigbegeher!

Krempelhütte, 1561 m

Heinrich Krempel (1860–1935) war – obgleich gebürtiger Franke – ein geradezu legendärer Vertreter des »Wiener Schmähs« beim Bergsteigen und dennoch ein ernstzunehmender Alpinist. Darüber hinaus war er von großer Selbstlosigkeit: 1896 gründete er zusammen mit Theo Kleidel und Franz Kleinwächter den »Alpinen Rettungsausschuß Wien« (ARAW), den ersten Bergrettungsdienst der Welt, dessen Leitung er 17 Jahre innehatte. – Die Diensthütte der Bergrettung an der Schneeberg-Westseite wurde nach ihm benannt.

Krotenseemauern ▲

Diese Wandformation befindet sich etwa 15 Min. oberhalb der → *Kienthalerhütte* am Südlichen Grafensteig. Jahrzehntelang unbeachtet, wurde sie durch die Entdeckung der Bügeleisenkante (–IV, etwa 130 HM, 1½–2 St. Kletterzeit) zu einem geschätzten Kletterziel. Die anderen Anstiege sind kaum begangen.

Krummbachstein, 1602 m ○

Nebengipfel des Schneebergs, mit instruktivem Blick auf dessen Südseite sowie ins Höllental und zur Rax. Er ist durch den Krummbachsattel (1333 m) vom Hauptmassiv getrennt. Wenige Meter unterhalb des Gipfels steht die private *Alpenfreundehütte*. *Zugang:* am besten von der Station Baumgartner der Zahnradbahn 1¼ St., von Kaiserbrunn über das Friedrich-Haller-Haus 3 St. Der direkte Aufstieg durch den Krummbachgraben ist aus Quellschutzgründen gesperrt.

Krumme Ries ❄

Steiles Schuttkar an der Schneeberg-Nordostseite. Über den im Aufstiegssinn linken Begrenzungsgrat führt der Gamsgartelgrat, über den rechten der Bürklesteig. – Im Frühjahr ist die Krumme Ries eine extreme Steilabfahrt (bis 44°, 700 HM).

Kuhschneeberg, 1545 m ○ ❄

Dem Hochschneeberg nordwestlich vorgelagertes Alm- und Waldplateau (höchste Erhebung: *Saukogel, 1545 m*). Schöne Talblicke von den Plateaurändern, instruktiver Blick in die Gräben der Schneeberg-Westflanke. – *Aufstiege:* aus der Vois (Fleischersteig 2½ St.) und von der Singerin (Schnellerwagsteig 3 St.) – letzterer sehr steil und mühsam. Am einfachsten ist der Kuhschneeberg von der Sparbacher- oder Kienthalerhütte zu erreichen.

Lahning ○ ❄

Der vom Fadensattel nach Losenheim ziehende Graben, durch den die Standardabfahrt vom Schneeberg – und vom Sessellift – führt.

Am Stadelwandgrat. Über dem nebelverhüllten Höllental die Rax

Die *Lahning-Ries* hingegen ist eine rassige Steilabfahrt mit einer sehr engen, extrem steilen (bis 48°) Einfahrt, die bei hartem Schnee schon Todesopfer gefordert hat. Die Einfahrt befindet sich etwas südlich des Vestenkogels bei einer Verflachung. 1200 HM bis Losenheim; nur bei sicheren Verhältnissen im Frühjahr!

Langermanngraben ❄

Als dünner weißer Strich fällt er im Frühling bereits von der Semmering-Bundesstraße ins Auge. Der steile Graben, der vom Predigtstuhl auf der Rax gegen die Prein hinunterzieht, bricht im unteren Teil felsig ab und

wird nur bis zum Göbl-Kühn-Steig befahren, dann quert man rechts zum Waxriegelhaus. 550 HM, sichere Schneelage bis ins späte Frühjahr.

Lechnermauern ▲

Sie sind das schönste und – weil ohne Baumbewuchs – »alpinste« Kletterrevier der Rax. 1934 wiesen sie erst einen einzigen, von Albin Roessel schon 1919 begangenen Durchstieg auf. Der Erwecker dieses schlafenden Dornröschens war der Student Rudolf Klose, der bei Markierungsarbeiten die wesentlichsten Routen austüftelte und – zum größ-

ten Teil mit seinem Dauerpartner Fritz Schmid – in die Tat umsetzte. Insgesamt 14 schöne Erstbegehungen gelangen ihnen in den Sommern 1934/35, die zum Großteil richtige »Evergreens« geworden sind.

Die schönsten Routen durch die bis zu 300 m hohen Felswände: Lenzkamine (II, III), mittlere Lechnermauernkamine (III), westliche (IV+) und östliche (–IV) Lechnermauernkamine, Bärengrubengrat (IV), Lechnermauernkessel (IV+) und direkter Kessel (eine Stelle –V), Lechnermauerngrat (IV+), Bartlrisse (V+), Lechnermauernpfeiler, Weg Schmid-Klose (V A1) und Weg Kowelka-Goldschmidt (V+ A1).

Losenheim, 831 m

Weiler am Ende der von Puchberg Richtung Schneeberg führenden Straße. Einige Gasthöfe (Wanzenböck, Gscheider); Schlepplifte, Talstation des Doppelsesselliftes zum Faden.

Ausgangspunkt für *Schneeberg,* → *Mamauwiese* und → *Schober-Öhler-Kamm* (siehe Abschnitt Gutensteiner Alpen).

Loswand △ ▲

Die Loswand bildet die linke Mauer des Höllentalkessels der Rax vom Ende der Blechmauer am Talbeginn bis nach hinten zum Gaisloch. Ein förmliches Spinnennetz von Kletterrouten – vornehmlich der unteren und mittleren Schwierigkeitsgrade – durchzieht diese vielfach gegliederte, auf den bewaldeten Wachthüttelkamm mündende Wandflucht. Besonders populär sind der versicherte → *Teufelsbadstubensteig* und der → *Alpenvereinssteig* sowie der etwas schwierigere, unversicherte → *Preintalersteig* (I).

Von den *Kletterrouten* werden am häufigsten begangen: Akademikersteig (II), Katzenkopf-Zimmer-Steig (II, III), Loswandkamine (III, –IV), Kreuzelschreibersteig (III, –IV), Wr.-Neustädter-Steig (III, –IV) und Badstubenkante (IV). Eine Kuriosität für Wandkenner ist die Loswandpromenade (II, –III), welche die Wand vom Akademiker bis zur Teufelsbadstube durchquert.

Malersteig ▲

Diese beliebte Kletterei, welche in der Linie eines großen »Z« durch die Preinerwand der Rax führt, wurde 1901 von den beiden akademischen Malern Gustav Jahn und Otto Barth (von ihm stammt das in jeder zweiten Schutzhütte hängende Bild »Morgengebet der Führer auf dem Großglockner«) erstmals begangen. – Sie überwindet das mit großen Überhängen ins Kar abbrechende Plattendach zwischen Preinerwandplatte und Haidsteig. I und II, einige Stellen –III, rote Farbzeichen. 2 St. vom Einstieg. Felshöhe 250 m.

Mittagstein, 1301 m ○ ▲

Dem *Feuchter* vorgelagerter Gipfel im Schneeberggebiet, der gegen Hirschwang mit felsiger Flanke absinkt. Die Kletterwege (Südgrat, Südwand, Nordwestgrat etc.) sind im Verhältnis zum Zustieg eher kurz, vielfach von Bäumen bestanden und werden nur selten begangen.

Moasser-Alpengasthof, 1160 m

An der Südwestseite des Raxmassivs, ganzjährig geöffnet, im Winter Skibetrieb (Schlepplift), Telefon (0 38 57) 22 25, 32 Betten.

Zufahrt von Stojen, *Zugang:* von Altenberg 1½ St. – *Übergang:* zur Reißthalerhütte 1½ St.; zum Naßkamm 1½ St.; auf die Heukuppe (Altenberger Steig) 2–3 St.

Nandlgrat ●

Der rechte (nördliche) Begrenzungsrücken der Breiten Ries am Schneeberg wird am besten von Losenheim über eine Forststraße oberhalb der Sessellift-Talstation und dann auf einem Steiglein zum Hansen-Riegel erreicht (ca. 1¼ St.). Ab der (privaten) Bieder-Hütte blau bezeichnet, führt der Aufstieg in landschaftlich interessanter Szenerie teils auf dem felsigen Kamm, teils in seiner rechten Flanke, zeitweise etwas mühsam, zum Ausstieg unweit des Vestenkogels. I, 1½–2 St.

Naßkamm, 1210 m ○

Der ausgeprägte Kamm verbindet das Schneealpen- mit dem Raxmassiv und trennt das Reißtal vom Altenberger Tal. Auf dem Sattel schöne Wie-

sen, die eine gute Aussicht bieten. *Zugang:* von Hinternaßwald 1¼ St.; vom Ende des Fahrwegs im Altenberger Tal 40 Min. Auf die Raxalpe über den Gamseckersteig 2 St.; auf die Schneealpe (Ameisbühel) 2 St.

Naßwald, 600 m

Die kleine evangelische Gemeinde am nordwestlichen Fuß des Raxmassivs geht auf eine Gründung Georg Hubmers zurück, jenes Holzknechts, der als »Raxkönig« in die Literatur Eingang fand, nachdem er auf genialeinfache Weise den Holzreichtum des »Neuwaldes« mittels eines Schwemmtunnels durch das Preintaler Gscheidl (siehe Abschnitt Mürzsteger Alpen) in die Schwarza flößte. Sie besitzt ein sehenswertes Hubmer-Museum, auf dem kleinen Friedhof die Gräber Hubmers und der berühmten Raxführer Daniel Inthaler und Naz Spielbichler. – *Ausgangspunkt* für Wanderungen im → *Sonnleitsteingebiet* sowie für den Übergang ins *Preintal.*

Otto-Schutzhaus, 1644 m

Auf der Rax unter dem Jakobskogel, erbaut 1893 vom Österreichischen Alpenverein. 100 Schlafplätze, ganzjährig bewirtschaftet. Nov. geschlossen. Telefon (0 26 66) 24 02. Durch die Nähe der Raxbahn das meistbesuchte Schutzhaus der Rax.

Zugang: von der Bergstation der Raxbahn 30 Min. *Übergang:* zum Karl-Ludwig-Haus sowie zum Habsburghaus jeweils 3 St. – Beliebt für Abwärtswanderer: Seilbahnauffahrt – Ottohaus – Abstieg Törlweg.

Payerbach, 483 m

Sommerfrische im Schwarzatal, mit Bahnstation und Autobusbahnhof der »Hauptort« der Region. – *Ausgangspunkt* für Wanderungen auf die Rax, den Schneeberg (→ *Eng,* → *Waldburg-Anger-Hütte*) sowie den Kreuzberg, von dem sich ein besonders guter Blick auf Schneeberg und Raxmassiv bietet.

Pottschacher Hütte, 914 m

An der Südostseite des Gahns-Massivs. Im Besitz der »Naturfreunde«; nur an Wochenenden bewirtschaftet, 18 Schlafplätze.

Zugang: von Prigglitz 1 St. – *Übergang:* zur Waldburg-Anger-Hütte 1½ St.; zum Friedrich-Haller-Haus 2½ St.

Prein an der Rax, 680 m

Beliebte Sommerfrische in sonniger Lage. Mehrere Gasthöfe. Wintersport (Skilifte unterhalb des Gscheids sowie oberhalb der ersten Kehre im Rettenbachtal). – *Ausgangspunkt* für Kreuzberg, Luckete Wand und Haakogel sowie für die in der Griesleiten beginnenden Raxaufstiege.

Preiner Gscheid, 1070 m

Paßhöhe der Straßenverbindung Prein – Mürztal. *Ausgangspunkt* für → *Karl-Ludwig-Haus* und → *Heukuppe*, die Steige in den → *Raxenmäuern* sowie für den Übergang über die Kampalpe nach Mürzzuschlag. Im Winter Skibetrieb (2 Schlepplifte).

Preinerwand, 1783 m ○ △ ▲

Wie ein riesiges, spitz zulaufendes Pult baut sich die Preinerwand der Rax über den ins gleichnamige Tal fließenden Schuttströmen mit bis zu 300 m hohen Wänden auf. Ein vielbesuchtes Kletterziel, das infolge seiner sonnseitigen Lage keine lange Winterpause kennt. Die schönen Durchstiege durch die unglaublich abweisend wirkende Preinerwandplatte wurde erst 1933/34 durch die Seilschaft Rudolf Klose/Fritz Schmid eröffnet. Die Preinerwand bietet dem Bergsteiger jedes Leistungsniveaus das Seine. Beliebt sind der Preinerwandsteig (rot bezeichnet, versichert), der überaus luftige (und leider schon stark abgeschmierte) Haidsteig, einer der kühnsten Eisenwege im Bereich der Hausberge; für Kletterer der landschaftlich hervorragende Malersteig (I, II, einige Stellen –III), der kurze Drei-Enzian-Steig (–III), der Wiener Kletterklub-Steig (III, –IV) und natürlich die Preinerwandplatte: Westweg III, Direkte IV+, Ostweg –V, sowie einige Varianten.

Preintalersteig ●

Nicht versicherter Steig in der → *Loswand* der Rax, der auch eine günstige Abstiegsmöglichkeit darstellt. Er führt ohne wesentliche Schwierigkeiten in einer abwechslungsreichen Felslandschaft diagonal durch die Wand bis zum Ausstieg der Teufelsbadstube. I, 2½–3 St. vom Weichtalhaus zum Ausstieg am Wachthüttelkamm, rot bezeichnet.

Puchberg am Schneeberg, 598 m

Einer der »alpinsten« Orte Niederösterreichs in einer echten Hochgebirgsszenerie unter dem beherrschenden Schneeberg.
Sehenswert: spätgotische Pfarrkirche (1526), Ruine Puchberg aus dem Jahr 1260. – Kurort, Wintersport; Talbahnhof der Schneeberg-Zahnradbahn; Sessellift auf den 946 m hohen Himberg.

Raxalpe/Kurzporträt

Stockartig ausgebildeter Kalkhochflächenberg. Grundfläche des Massivs rund 100 km², Raxplateau 34 km². Höchste Erhebung: *Heukuppe, 2007 m,* weitere Plateauerhebungen: *Scheibwaldhöhe, 1943 m, Dreimarkstein, 1948 m, Gamseck, 1857 m, Preinerwandgipfel, 1783 m.* Felsabbrüche am Plateaurand und ausgeprägte Schluchtbildungen (Höllental, Kesselgraben etc.). Die Karte des Lazius aus dem Jahr 1492 nennt das Gebiet »In der Draxl«, der Name kommt vermutlich aus dem Dialekt: »rachs« = rauh.

Raxenmäuer ○ △ ▲

Ein gänzlich anderes Bild als die düstere Nordseite der Rax und die Kargheit des Plateaus vermittelt der niedrige Mauerkranz der Raxenmäuer. Eine fast heiter zu nennende Stimmung liegt über diesen nach Süden, zur sanftgewellten Semmeringlandschaft orientierten Felswänden mit Klettergartencharakter. – Die bis zu 120 m hohen Kletterrouten »gehören« fast ausschließlich den Anrainern, die den hierfür doch relativ langen Zustieg in Kauf nehmen.

Gern begangen werden die (kaum schwierigen, nur Trittsicherheit erfordernden) versicherten Steige: Altenberger-, Reißthaler- und Gretchensteig.

Raxseilbahn

Die erste Seilbahn Österreichs – am 9. Juni 1926 eröffnet – hat bis zu ihrem 50. Betriebsjubiläum 7,2 Mill. Fahrgäste transportiert.

Die neuen, 40 Personen fassenden Gondeln überwinden den Höhenunterschied von 1017 m in 6 Min. Dieser zum Zeitpunkt der Errichtung von zahlreichen Bergsteigern heftig angefochtene Seilbahnbau ist – vergleicht man dagegen viele heutige Anlagen – geradezu mustergültig und dezent in die Landschaft eingefügt.

Reichenau, 484 m

Beliebte Sommerfrische an der Rax, Kurort mit alten Villen und Hotels; Kurtheater (in dem auch ein Bergbau- und Heimatmuseum untergebracht ist).

Ausgangspunkt für den Aufstieg durch die → *Eng,* Ausflüge in die Prein und auf den Kreuzberg.

Reifweg ▲

Rudolf Reif war ein Neutourensammler, der bis ins Pensionistenalter eine Schwäche für unbegangenes Felsgelände hatte. Es gibt zahlreiche Reifwege, so auch einen in der → *Stadelwand,* mancher von ihnen ist nicht ganz zu Unrecht vergessen – doch mit diesem Anstieg in der → *Wachthüttelwand* fand er in einer Sternstunde einen der schönsten »Dreier« der Wiener Hausberge. – Er führt nach Überwindung des Abbruches des Wachthüttelgrabens vorwiegend durch Risse und Kamine; Schlüsselstelle ist eine abdrängende Wandstufe, über die man eine steile, überdachte Platte erreicht.

III, eine Stelle III+, Felshöhe 200 m, 1½–2 St. – Der schnellste Abstieg führt vom Ausstiegsgrat eine Rinne nach links hinunter in den Wachthüttelgraben (am Abbruch abseilen!) oder etwas mühsam rechts aufwärts querend zum Wachthüttelkamm.

Reißthaler Steig △

Versicherter Steig, der vom Preiner Gscheid durch die Raxenmäuer zur Hochfläche leitet. *Aufstieg:* Vom Gscheid durch Wald zur unbewirtschafteten *Reißthalerhütte, 1447 m,* die von der gleichnamigen alpinen Gesellschaft erbaut wurde (1¼ St.). Dann über Schutthänge zu den Felsen (teilweise Sicherungen) und über sie zum Rax-Plateau (zusammen 2½–3 St.). Gelb bez.

Richterweg ▲

Über den zweiten, pfeilerartig vorspringenden Grat der → *Stadelwand* führt dieser klassische »Vierer«, der in Verbindung mit dem Stadelwandgrat als schönste Kletterei dieser Schwierigkeit im Rax-Schneeberg-Gebiet gilt (und an Sonntagen entsprechend gut besucht ist). Der Erstbegeher, Karl Hanns Richter, erkletterte ihn übrigens noch als hoher Siebziger!

Es überwiegen Wand- und Plattenkletterei in festem, manchmal schon recht abgespecktem Fels, Schlüsselstellen sind die 12-Meter-Verschneidung und die anschließende »Richterplatte«. Zumeist wird als Ausklang der schöne *Stadelwandgrat* (II+) angeschlossen, das macht zusammen

respektable 450 m Fels. IV, 2½–3 St. vom Einstieg (für den Grat sind weitere 1–1½ St. zu veranschlagen).

Rote Schütt ❅

Dieses Schuttkar der Schneeberg-Nordostseite mündet in die Lahning-Ries und vermittelt eine rasante Steilabfahrt. Einfahrt in der letzten Scharte des Nandlgrates, nach dem großen Turm. Im oberen Teil eng und steil, jedoch flacher als die Lahning-Ries (350 HM bis zur Einmündung in diese). – Aus der erwähnten Scharte zieht die *Rote-Schütt-Flanke* in die Gegenrichtung, in die Breite Ries. Im oberen Teil gleichfalls sehr steil. 300 HM. Nur bei besten Schneeverhältnissen!

Rudolfsteig ●

Als Gegenstück zum Wachthüttelkammweg zieht er am oberen Rand der → *Klobenwand* des Großen Höllentals entlang. Blau bezeichnet, steil und stellenweise Trittsicherheit erfordernd. Vom Höllental bis zum Klobentörl benötigt man 4 St., von dort noch 1 St. bis zum Habsburghaus. – Im Aufstieg ziemlich mühsam, besser – auch wegen der im Nachmittagslicht schöneren Blicke zur Loswand – als Abstieg zu wählen.

Saugraben ❅

Steiler Graben an der Schneeberg-Südseite. Wenn man sich vom Damböckhaus nach Süden wendet, erreicht man die Einfahrt des Großen Saugrabens, der weiter unten in den Krummbachgraben mündet.

Eine schöne *Steilabfahrt* (700 HM), die infolge der geschützten Lage schon frühzeitig mit Firn aufwartet. Einen Schönheitsfehler hat sie auch: keine Fortsetzung ins Tal, daher wieder Aufstieg zum Krummbachsattel.

Scheibwaldhöhe, 1943 m ○ ❅

Eine der höchsten Erhebungen der Raxhochfläche, westlich der Lechnermauern, wird beim Übergang Trinksteinsattel – Klobentörl berührt. Vor Jahrzehnten stand hier eine winzige, längst verfallene Unterstandshütte. Die Einbeziehung der Scheibwaldhöhe in die Kesselgrabenabfahrt erbringt die Raxabfahrt mit der größten Höhendifferenz: 1370 HM!

Schlangenweg ○

Der unschwierigste Weg auf die Rax-hochfläche, der sich aus dem Siebenbrunnenkessel in zahlreichen Kehren schlangenartig bis zu einer felsigen Einschartung unter dem Karl-Ludwig-Haus windet.
Aufstieg: Vom Preiner Gscheid bis zur Hütte 2–2½ St., rot bezeichnet.

Schneeberg/Kurzporträt

Der östlichste Zweitausender der Alpen, ein Kalkmassiv mit zwei durch einen sanften Kamm verbundenen Gipfeln: *Klosterwappen, 2076 m,* und *Kaiserstein, 2066 m.* Im Nordwesten vorgelagert der *Kuhschneeberg, 1545 m,* im Südosten der *Gahns* mit mehreren Erhebungen zwischen 1300 und 1600 m.

Schneeberg-Zahnradbahn

Die 9,7 km lange Strecke von Puchberg bis zur Station Hochschnee-

---

Die Schneeberg-Zahnradbahn

---

berg, die einen Höhenunterschied von 1217 m bei einem Steigungsverhältnis von 20% überwindet, wurde nach zweijähriger Bauzeit im Jahr 1897 eröffnet. Der Erbauer, der Architekt Leo Arnoldi, wurde von den Bergsteigern heftig befehdet, weil sie ein »Ende der Touristik« heraufdämmen sahen. – Die Beförderungszahl lag vor dem Ersten Weltkrieg bei 20.000 Personen und liegt derzeit bei 100.000 Personen jährlich. Die Züge benötigen für die Bergfahrt 75 Min., für die Talfahrt 70 Min. Die Lokomotiven – es sind noch immer jene, die schon am Eröffnungstag dampften – können den Ruhm als älteste (und unfallfrei) diensttuende Dampfrösser der Welt in Anspruch nehmen.
Während der letzten Jahre ist aus Kostengründen der Betrieb im Hochwinter eingestellt.

Schneidergraben ○ ❄

Graben an der Schneeberg-Nordostseite, der vom Schneebergdörfl bis

unter den Waxriegel zieht und im oberen Teil von felsigen Flanken eingefaßt ist.
Aufstieg: 3–3½ St. bis zum Damböckhaus, blau bezeichnet. Wegen der äußerst mühselig zu begehenden Schuttfelder günstiger als Abstieg, jedoch größte Vorsicht bei Schneelage (bereits mehrere Todesopfer!). Im Spätwinter bei gutem Firn extreme *Steilabfahrt* (bis 48°), meist noch lange ausreichende Schneelage in der Grabensohle. 1000 HM.

Schöller-Abfahrt ○ ❄

Standardabfahrt von der Rax, ziemlich identisch mit dem Gsohlhirnweg. Sie beginnt unmittelbar bei der Bergstation der Raxbahn und endet in Hirschwang, etwa 10 Min. von der Talstation entfernt. Keine Skiautobahn modernen Stils, eher eine Art Riesenslalom mit längeren Querfahrten, Hohlwegen und Wiesen. 1000 HM. Reichliche Schneelage angenehm!

Schüttersteig ○

Sehr steiler, vorwiegend durch Wald führender Aufstieg auf die Scheibwald-Hochfläche der Rax. Er beginnt ca. 2 km vor Hinternaßwald und gewährt im ersten Drittel einen schönen Einblick in die beiden Übeltäler.
Aufstieg: Bis zum Schütter-Jagdhaus gut 2 St., über Forststraßen zur ehemaligen *Zikafahnler-Alm* (1½ St.), weiter zum Habsburghaus 1 St., oder Abstieg über den Kaisersteig.

Schwarza

Der bedeutendste Fluß des Schneeberg-Rax-Gebietes entspringt südlich des Ochsattels. Dürre und Grüne Schwarza fließen südwärts durch bewaldete Täler, die sich erst bei Schwarzau im Gebirge weiten. Ab der Singerin, wo die Wände des Höllentales zusammenrücken, wird die Flußlandschaft malerisch und wildromantisch und außerdem eine beliebte Wildwasserstrecke (Schwierigkeit durchschnittlich II–III, die Schlüsselstelle, die »Freiheit«, IV+). Der Name wird 863 erstmals urkundlich erwähnt und stammt aus dem Althochdeutschen: »Suarzaha« = Schwarze Ache.

Seehütte, 1648 m

Nahe der Preinerwand der Rax. Die auf den Landkarten nicht auszumerzende Bezeichnung »Höllentaler Holzknechthütte« wird im Sprachgebrauch praktisch nie verwendet. 1894 errichtete die Alpine Gesellschaft D'Höllentaler Holzknecht an einem – längst vertrockneten – Tümpel die gemütliche »Seehütte«, die im Zweiten Weltkrieg abbrannte. Nach der Wiedererrichtung ist sie nunmehr die »Neue Seehütte«, nahezu am gleichen Platz zwischen Preinerwand und Trinksteinsattel.
Im Besitz des Österreichischen Touristenklubs, im Sommer durchgehend, sonst an Wochenenden bewirtschaftet. Nächtigung nur in Notfällen!
Zugang: von der Raxbahn 1¼ St.; aus der Prein über den Göbl-Kühn-Steig 3 St.; vom Karl-Ludwig-Haus und Habsburghaus je 1½ St.

Seilbahngraben ❋

Direkte Abfahrt zur Talstation der Raxbahn, meist durch steile, enge Waldschneisen. Bis zur »Gsohlwiese« gemeinsam mit der Schöllerabfahrt, dann durch den Laubgraben hinunter. Eine Rechtsquerung auf einem schmalen Steiglein leitet in den Lahngraben und schließlich unten etwas flacher zur Talstation. Nur bei ausreichender Schneelage! 1000 HM.

Sparbacherhütte, 1248 m

Am Fadensattel des Schneebergs. Erbaut 1896, im Besitz des alpinen Vereins »Sparbacher«. Ganzjährig bewirtschaftet, 80 Schlafplätze. Telefon (0 26 36) 22 05 12.
Zugang: vom Ende der Fahrstraße in Losenheim ¾ St.; von der Bergstation des Sessellifts 10 Min.
Übergang: zur Fischerhütte über den Fadensteig 2¼ St.; zur Kienthalerhütte über den Fadenweg 2–2½ St.

Stadelwand, 1407 m ▲

Sie ist *das* Kletterrevier des Schneebergs: sonnseitig, noch spät im Herbst und schon früh im Jahr schneefrei (im Hochsommer allerdings unbarmherzig). Fast durchwegs guter Fels und mittelschwere bis anspruchsvolle Kletterrouten sorgen für nicht nachlassende Beliebtheit. Fünf pfeilerartige Grate stützen diesen Felsbau. Über sie führen: Neustädtergrat III+, Richterweg –IV, Brunnerweg IV, Richterkante IV+ und Reifweg IV. Auch die Wandpartien dazwischen warten mit schönen Anstiegen auf, wie etwa Stadelwandverschneidung V, Stadelwandplatte VI, Direkter Stadelwandkessel –V, Direkte Stadelwand V+, Zimmerweg III+ (der älteste Durchstieg – 1906 – durch diese Wand), Reifschneiderweg und seine Direktvariante V+, der BG-Weg –VI sowie mehr als ein Dutzend anderer selbständiger Wege oder Varianten.
Der *Stadelwandgrat,* der dieses Wandmassiv krönt, ist der schönste »Zweier« weitum (einige Stellen II+). Er hat nur einen Minuspunkt: den Zustieg durch das als Schinder gefürchtete »Gassl« (2 St.). Da lernen Anfänger gleich, welches Vergnügen das Bergsteigen ist!

Staudengraben ❋

Der gegen Westen von den Kornbrandmäuern, gegen das → *Wolfstal* vom Jägerriegel begrenzte Graben der Rax beginnt unweit der Hochstegbrücke (nach dem Felsdurchlaß) mit einer 5 m hohen felsigen Stufe, ist aber in seinem weiteren Verlauf unschwierig, jedoch mühsam und einförmig. Von Gebietskennern wird er gern mit Skiern befahren, da er weniger lawinengefährdet ist als das Wolfstal. (1000 HM.) Der Name allerdings spricht für sich . . .

Teufelsbadstube △

In der Urzeit des Alpinismus kursierte unter den Wiener Touristen das Gerücht von einem alten Jagdsteig durch die → *Loswand* der Rax. 1877 fanden schließlich Wratislaw Fikeis und Franz Krischker die Fragmente jenes Steiges, den Erzherzog Johann 1802 hatte anlegen lassen. 1894 wurde der vom Österreichischen Touristenklub versicherte und markierte heutige Teufelsbadstubensteig eröffnet, der seither Tausenden Bergfreunden das Erlebnis einer packenden Felslandschaft auf einem unerwartet leichten Pfad vermittelt hat. Schwindelfreiheit und Trittsicherheit sind allerdings erforderlich.
Aufstieg: vom Weichtalhaus bis zum Einstieg 1 St., bis zum Ausstieg auf dem Wachthüttelkamm 1½–2 St.; rot bez. Weiter zum Ottohaus 1 St.

Törlweg ○

Einer der ältesten und unschwierigsten, vor der Erbauung der Seilbahn der meistbegangene Weg überhaupt auf die Raxhochfläche. Das »Törl« ist ein natürlicher Felsbogen im oberen Teil des Steiges und schon vom Tal aus wahrnehmbar.
Aufstieg: von Hirschwang oder Edlach 3–3½ St.

Trenkwiesenabfahrt ○ ❋

Die Standardabfahrt vom Schneeberg. Zwei Haupteinfahrten: der *Wurzengraben,* unmittelbar bei der Fischerhütte (häufig vom Wind ausgeblasen) oder der durch eine Querung unter das *Klosterwappen* erreichbare *Schneegraben.* Vor der Krempelhütte vereinigen sich diese Gräben, die Abfahrt führt durch Wald

---

Rax: Am Wilden Gamseck, im Hintergrund die Schneealpe

zu den beiden Steilstufen, die nunmehr häufig auf einer Forststraße umfahren werden. Auf dieser weiter, dann folgt eine Querung mit leichtem Gegenanstieg zur Sparbacherhütte und die Abfahrt durch die Lahning nach Losenheim. 1200 HM. Die eigentliche Trenkwiesenabfahrt führt nach der zweiten Steilstufe einen Graben weiter und schließlich über Forststraßen zum Klostertaler Gscheid. – Der Name rührt von einer Pferdetränke an der »Römerstraße« her, einer Salzstraße nach Mariazell.

Turmstein, 1416 m   △ ▲
Felsturm zwischen Frohnbachgraben und Weichtal, unmittelbar neben der → *Kienthalerhütte*. Ein versicherter Klettersteig (36 m Höhe) führt über die Ostkante auf den Gipfel mit schöner Aussicht. Drei weitere Anstiege mit Klettergartencharakter (Direkte Nordwand, Magdasteig und Resisteig).

Wachthüttelkamm   △
Der langgestreckte Kamm begleitet den oberen Rand der → *Loswand*. Eine im Jahr 1906 eröffnete Steiganlage mit Leitern und Geländern, die den unteren, felsig-steilen Teil entschärfen, macht ihn zum unschwierigsten Aufstieg über dem Höllentalkessel. Immer wieder öffnen sich prachtvolle Blicke in dessen Tiefe, zur gegenüberliegenden Klobenwand sowie rückschauend zum Schneeberg. Erschütternd allerdings ist der Anblick der Waldreste, welche die Windwurfkatastrophe vom Jänner 1976 zurückgelassen hat.
Aufstieg: vom Weichtalhaus zum Ottohaus ca. 4 St.

Wachthüttelturm, -wand   ▲
Der eher plumpe Bau des *Wachthüttelturms* ist infolge seiner Nähe zum Weichtalhaus ein häufig besuchtes, allerdings anspruchsvolles Kletterziel des Raxmassivs.
Am häufigsten begangen werden die steile Nordwand, die »Wa-Hü-No« (IV und –V), sowie die sehr exponierte Westwand (IV+). – Der *Wachthüttelgraben* zieht zwischen der Fortsetzung des Turmes und der *Wachthüttelwand* zur Hochfläche. Ein Abbruch in der Mitte weist den Schwierigkeits-

grad II und –III auf. Der Graben bietet auch eine extreme Skiabfahrt, wobei am Abbruch abgeseilt wird. Die Wachthüttelwand wurde vor allem durch den prächtigen → *Reifweg* populär, die Wachthüttelwandkamine (IV+) werden schon weniger oft begangen.

Waldburg-Anger-Hütte, 1180 m
Privathütte am Südrand der Bodenwiese, am Abbruchrand des Gahns-Plateaus gegen das Schwarzatal – 16 Betten (keine Matrazenlager), im Sommer bewirtschaftet bzw. an Wochenenden beaufsichtigt.
Zugang: von Payerbach über den Saurüssel 2–2½ St.; über Gasthaus Hochberger 1½–1¾ St. – Weitere Zugänge von Werning, Prigglitz, Pottschach und Gasteil.

Waxriegel   ○
Der Name »Wax« kommt aus dem Althochdeutschen und bedeutet soviel wie scharf. Verwirrung stiftend, existieren in diesem Gebiet eine Anzahl solcher Waxriegel.
Auf der Rax bildet ein Waxriegel die östliche Begrenzung des Siebenbrunnenkessels. Über ihn führt vom *Waxriegelhaus, 1361 m* – »Naturfreunde«, ganzjährig bewirtschaftet, 70 Schlafplätze, Telefon (0 26 65) 237 –, der aussichtsreiche *Waxriegelsteig* (blau bez.) in 1½ St. zum Trinksteinsattel. – Ein weiterer *Waxriegel, 1913 m,* ist eine selten besuchte Kuppe auf dem Scheibwaldplateau, nördlich des Habsburghauses.
Der *Waxriegel, 1885 m,* am Schneeberg ist eine vom Damböckhaus bzw. Hotel Hochschneeberg in 10 Min. ersteigbare Erhebung mit instruktiver Rundsicht und schönem Blick in den Talkessel von Puchberg.

Weichtalhaus, 563 m
Das im Besitz der »Naturfreunde« befindliche Haus steht etwas abseits der Höllental-Bundesstraße am Beginn des Weges durch die Weichtalklamm. – Ganzjährig bewirtschaftet, 70 Schlafplätze. Der bedeutendste Stützpunkt für Wanderungen und Klettertouren im Bereich des Höllentales und der Stadelwand. Tel. (0 26 66) 36 20. Zufahrt bis zum Haus.

Weichtalklamm   ○ △
Durch die größte Felsschlucht des Schneebergs führt ein romantischer Aufstieg, der beim Weichtalhaus beginnt. Die ersten touristischen Begeher dieser Klamm – Wratislav Fikeis, August und Theodor Mayer – fanden am 13. Juni 1880 an einigen Stellen bereits primitive Versicherungen vor, die von Jägern angebracht worden waren. Diese mit starken Eisennägeln versehenen Bäume sind z. T. noch heute zu sehen, daneben aber wurden einige solide Versicherungen geschaffen.
Aufstieg: vom Weichtalhaus zur Kienthalerhütte 2½–3 St. – Parallel dazu führt über den westlichen Begrenzungskamm der Klamm der unschwierige Ferdinand-Mayer-Weg. – Besonders schön ist die Klamm im Abstieg, wenn im schmalen Spalt zwischen den dunklen Wänden im Gegenlicht das Laub leuchtet.

Wiener-Neustädter-Steig   ▲
Im Jahr 1902 machte der Bezirkshauptmann von Wiener Neustadt angesichts einer Häufung von Kletterunfällen auf der Rax den Vorschlag, einen Befähigungsnachweis für die Begehung schwieriger Kletereien zu verlangen. Natürlich wurde daraus nichts. Als Antwort begingen Otto Laubheimer, Viktor Schwenk und Stögmüller diesen Steig in der *Loswand,* die damals schwierigste Raxkletterei. Der Anstieg ist bis heute eine Standardtour geblieben. Die Schlüsselstellen sind Kamine und Risse (Einstiegskamin, Büchelriß), landschaftlich ist er hochinteressant mit seinen Blicken in den wilden Badstubenkessel. III, einige Stellen –IV, Felshöhe 450 m, blaue Farbzeichen. 3–4 St. vom Einstieg.

Wildfährte   △
Wie die meisten allerersten Wanddurchstiege der Rax geht die »Wildfährte« in den *Kahlmäuern* auf einen alten Jagdsteig zurück, der 1877 von Rudolf und Ernst Leonhardt als ersten Touristen begangen wurde. – Dann kam eines Tages der fanatische Alleingänger und Gefahrensucher Guido Lammer, fand den Steig markiert, mit Versicherungen versehen

und demzufolge »entweiht«. Wut-
schnaubend fand er eine direkte Variante, die er »Schneidige Wildfährte« taufte. – Doch die gute alte, nun
eben versicherte Wildfährte ist bis
heute einer der schönsten Steige dieser Art geblieben. Durch die Sperre
des Reißtales für den privaten Verkehr ist es eher ruhiger geworden
auf diesem Felspfad, der eine schräg
nach rechts aufwärtsführende Terrasse zu einem relativ einfachen Höher-
kommen ausnützt. Gewaltige Tiefblicke, Schwindelfreiheit erforderlich.
Aufstieg: von Hinternaßwald bis zum
Ausstieg nahe der Grasbodenalm
3½ St.

Wolfgang-Dirnbacher-Hütte, 1477 m
Unterstandshütte am Gaislochboden
der Rax, vom Österreichischen Touristenklub 1954 wiederaufgebaut. –
Die Fortsetzung des Gaislochwegs
Richtung Seehütte in der Talsenke
ist mittlerweile von einem dichten Latschendschungel verwachsen, so daß
sich der Aufstieg zum Seeweg empfiehlt.
Zugang: vom Höllental über das Gaisloch 3 St.; von der Raxbahn 1¼ St.

Wolfstal ❄
Zwischen Brandschneide und Jägerriegel der Rax zieht das Wolfstal nach
Kaiserbrunn. Es bildet eine hochalpi-
ne, häufig befahrene Abfahrt, deren
obere, freie und steile Hänge jedoch
oft lawinengefährdet sind. Im unteren Viertel eine kurze Felsstufe
(eventuell abseilen, 20-m-Seil erforderlich), dann geht es durch den
engen, bewaldeten Graben hinunter
zur Höllental-Bundesstraße (etwa
3 km westlich der Raxbahn).
1050 HM.

Zimmersteig △ ▲
Franz Zimmer, 1865–1941, war ein
exzellenter Turner, ausgezeichneter
Bergsteiger und unumstrittenes
Oberhaupt eines Alpinistenclans der
Jahrhundertwende, der »Zimmer-
Platte«. Ihm gelang die erste Durch-
kletterung der → *Stadelwand* – die-
ser »Zimmerweg« hat jedoch nie be-

sondere Beliebtheit erlangt. Ganz im
Gegensatz zu seinem Pendant in der
→ *Loswand:* Der »Untere Zimmer«
ist schwieriger (eine von einem
überhängenden Felskeil gebildete
Nische ist III+), der »Obere Zimmer«, meist in Verbindung mit dem
Katzenkopfsteig begangen, bietet als
Schlüsselstelle das »Lachkabinett«,
einen engen, 5 m hohen Riß (II+),
der am Ende umknickt. Weh dem,
der hier verkehrt einsteigt!

Schneeberg/Rax

Umgrenzung: Naßkamm – Naßbach – Schwarza – Voisbach –
Klostertaler Gscheid – Klausgraben – Mamauwiese – Sebastiansbach – Puchberg – Sierning –
Ternitz – Schwarza bis Gloggnitz
– Schottwien – Semmering –
Mürzzuschlag – Mürz bis Kapellen – Altenbergtal – Naßkamm
(Das Gebiet südlich der Prein
wird in diesem Werk den »Randbergen östlich der Mur« zugeordnet.)

Wegmarkierung: 800

Touren konkret

1. Klosterwappen über den Fadensteig
Die klassische *Schneebergbesteigung* für trittsichere Wanderer. Im
oberen Teil alpine Szenerie, teilweise versichert. Bei Schneelage nur für
sehr erfahrene Bergsteiger!
Wegverlauf: Sparbacherhütte (Zugang entweder von Losenheim 1 St.
oder von der Liftstation 10 Min.) –
Fadensteig (gelb) – Fischerhütte –
Klosterwappen, 2076 m, 2–2½ St. –
Schauerstein (grün) – Krempelhütte
(Bergrettungshütte) – Fadenweg –
Sparbacherhütte.
4–4½ St. – Frühsommer bis Spätherbst.

2. Oberer Herminensteig
Alpinistisch interessante Variante der
Schneebergbesteigung mit Hilfe der
Zahnradbahn: Von der Station Baumgartner erreicht man, am Grafensteig
nach rechts querend, diesen anre-
genden Felspfad, der den Schneider-

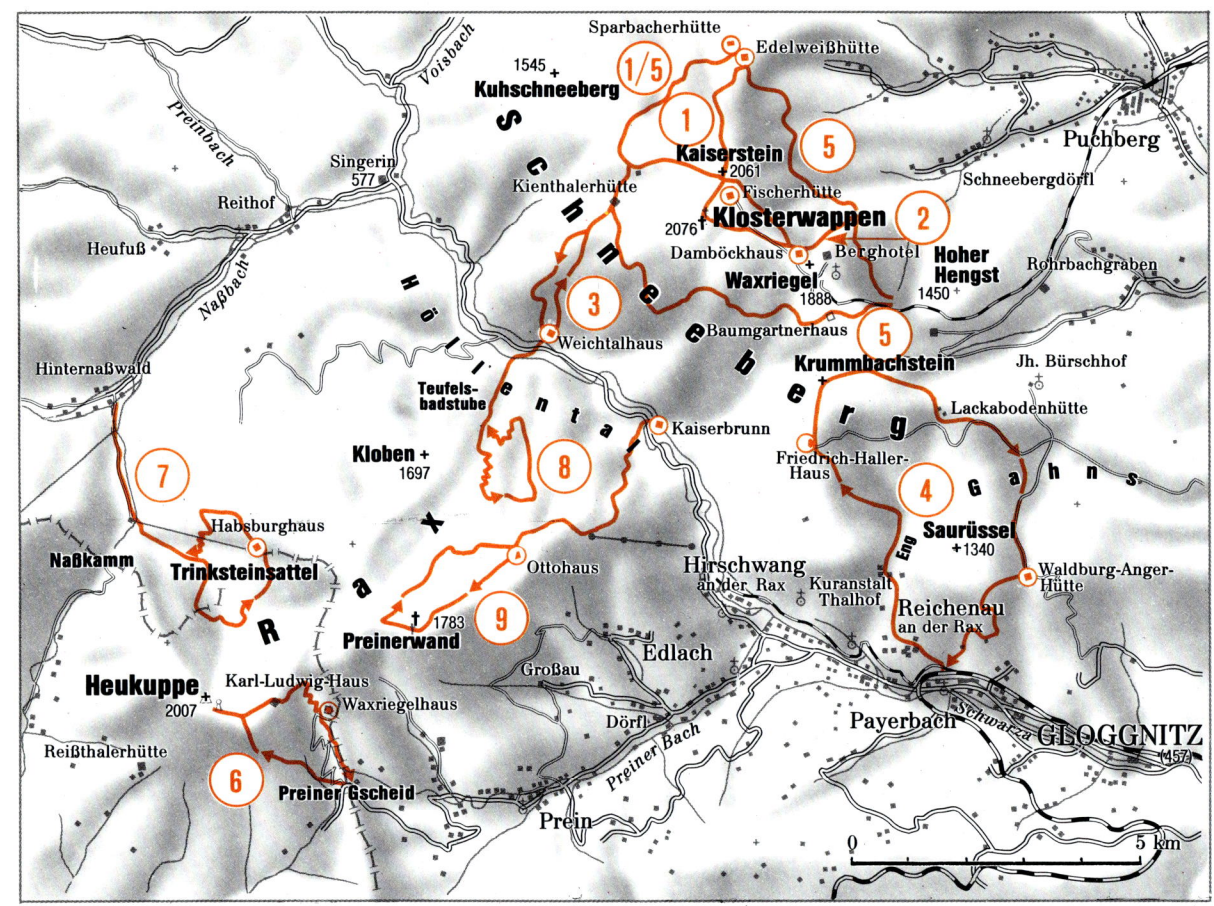

graben im Aufstiegssinn links begrenzt (rot bez.; Trittsicherheit erforderlich).

Wegverlauf: Puchberg – Zahnradbahn bis Baumgartner, 1394 m – nach 250 m entlang der Bahntrasse zum Grafensteig – nach ¾ St. Einstieg Herminensteig – Damböckhaus – Fischerhütte – *Klosterwappen, 2076 m.*

Von und bis Hst. Baumgartner 4–5 St. – Spätfrühjahr bis Spätherbst.

3. Durch die Weichtalklamm auf das Klosterwappen

Ein landschaftlich ungewöhnlich reizvoller Aufstieg – allerdings auch jener mit der größten Höhendifferenz: 1500 m! – Die Klamm für sich, mit Abstieg über den Mayer-Weg, ist jedoch allein ein lohnendes Ziel.

Wegverlauf: Weichtalhaus, 563 m – Weichtalklamm – *Kienthalerhütte,* 1380 m – Weg Nr. 801 – *Klosterwappen, 2076 m* (5 St.) – Abstieg auf dem Anstiegsweg, zusammen rund 8 St. – Oder Zweitagestour mit Nächtigung auf der Fischerhütte, Rückweg eventuell über Stadelwandleiten, Südl. Grafensteig und Mayer-Weg. – Frühjahr bis Spätherbst.

4. Eng und Krummbachstein

Unschwierige Wanderung im Massiv des Gahns, eines Nebengipfels des Hochschneebergs, für Konditionsstarke mit Einbeziehung des schönen und aussichtsreichen Krummbachsteines.

Wegverlauf: Payerbach, 483 m – Schneedörfl – Eng (rot bez., Reste alter Holzriesen) – Promisquegraben (gelb) – Friedrich-Haller-Haus – *Krummbachstein, 1602 m* – Schneegraben (unbez., doch leicht zu finden) – Lackaboden – Bodenwiese (blau) – Waldburg-Anger-Hütte – Jubiläumsaussicht – Schneedörfl.

6–7 St., ohne Krummbachstein 1 St. weniger. – Frühjahr bis Spätherbst.

5. Wege ohne Gipfel: die Grafensteige

Sie umrunden den Schneeberg in halber Höhe auf aussichtsreichen Pfaden, wobei sich der Südliche Grafensteig als etwas anspruchsvoller erweist (Trittsicherheit!) – Sie lassen sich sowohl als Einzelunternehmungen wie auch als Zweitagestour durchführen.

Wegverlauf: Südlicher Grafensteig: Zahnradbahnstation Baumgartner, 1394 m – Querung von Saugraben und Heuplagge – Salzriegel – Stadelwandleiten – Kienthalerhütte – Krempelhütte – Fadenweg – Sparbacherhütte 6½ St. (Abstieg nach Losenheim ¾ St.)

Nördlicher Grafensteig: Sparbacher-hütte, 1248 m – Hansenriegel – Querung von Breiter und Krummer Ries sowie des Schneidergrabens – Zahnradbahnstation Baumgartner 4½ St. (Abstieg durchs Mieseltal ins Schneebergdörfel 1 St., zurück nach Losenheim 1 St.). – Frühjahr bis Spätherbst.

6. Über den Reißthaler Steig auf die Heukuppe

Von der Sonnenseite auf den höchsten Punkt der Raxalpe. Der teilweise versicherte Reißthaler Steig erfordert Trittsicherheit, der Schlangenweg als Abstieg ist völlig unschwierig.

Wegverlauf: Preiner Gscheid, 1070 m – Reißthalerhütte (unbewirtschaftet) – Reißthaler Steig – *Heukuppe, 2007 m* (3 St.) – Karl-Ludwig-Haus – Schlangenweg – Preiner Gscheid.
5 St. – Frühjahr bis Spätherbst.

7. Wildfährte und Kaisersteig

Ein Tag in den Kahlmäuern – ein optischer Hochgenuß inmitten einer der schönsten Felsszenerien der Rax.

Die Wildfährte ist stellenweise recht luftig und erfordert Trittsicherheit, der Kaisersteig (teilweise großartige Ausblicke) ist unschwierig, die einzige (kurze) Felspassage ist gut gesichert.

Wegverlauf: Hinternaßwald, 711 m – Reißtalklamm – Rehboden – Wildfährte – Grasbodenalm 1657 m (Hochflächenrand, 3½–4 St.) – Bärengraben – Aufstieg zum *Habsburghaus, 1785 m* – Kaisersteig – Rehboden – Hinternaßwald.
6½–7½ St. – Frühsommer bis Spätherbst.

8. Alpenvereinssteig und Wachthüttelkamm

Die großartigste versicherte Steiganlage im Felskessel des Großen Höllentals, sehr luftig und nichts für Ungeübte. Der Wachthüttelkamm ist unschwierig, erfordert beim Abstieg im unteren Teil jedoch Achtsamkeit.

Wegverlauf: Weichtalhaus, 563 m – Großes Höllental – Alpenvereinssteig (blau bez.) – *Höllentalaussicht, 1620 m* (zum Ottohaus ½ St.) – Wachthüttelkamm – Weichtalhaus.
6–7 St. – Frühsommer bis Herbst; nicht zu früh wegen steiler Altschneereste im oberen Teil!

9. Mit der Seilbahn auf die Rax

Eine aussichtsreiche und unschwierige Wanderung über die südöstlichen Randerhebungen des Raxplateaus – jedoch große Vorsicht bei schlechten Sichtverhältnissen!

Wegverlauf: Raxbahn-Bergstation, 1547 m – Ottohaus – Jakobskogel, 1737 m – Hohe Kanzel – *Preinerwand, 1783 m* – Seehütte – Ottohaus – Bergstation.
3½–4½ St. – Frühjahr bis Spätherbst. Wer noch Kraft, Zeit und vor allem keine Seilbahn-Rückfahrkarte hat, der steige über die aussichtsreiche Brandschneide nach Kaiserbrunn ab. Etwas Trittsicherheit erforderlich; schöner Anblick der Schneeberg-Südseite. 2 St. bis Kaiserbrunn, anschließend 3 km Straße bis zur Talstation.

Randgebirge östlich der Mur:
Wechsel – Semmering – Fischbacher Alpen

Diese flächenmäßig größte Gebirgsgruppe ist der Strand, an dem der machtvolle geologische Wellenschlag der Alpen mit immer niedriger werdenden Ketten, mit Hügeln und sachten Buckeln in den unendlichen Weiten des Ostens verebbt.

Sie umfaßt alles, was sich östlich von Mürz und Mur erhebt, bis zu den letzten, immer weniger markant werdenden Aufwölbungen am Rand der Ungarischen Tiefebene (die Hinzuzählung des Semmeringgebiets geht mit der offiziellen Einteilung nicht ganz konform, drängt sich aber dem Charakter nach förmlich auf).

Es ist eine alte Landschaft, abgeschliffen und gerundet von Jahrmillionen. Aufgahrende Felsformationen sind hier selten und wirken jugendlich-provokant: die Schlucht-wände der Adlitzgräben, der Türkensturz, die Felsen von Hochlantsch und Bärenschützklamm. Das große, aufregende Gebirge erhebt sich in respektvoller Distanz. Mittelgebirge. Bauernland, verflochten mit dem einst fast allgegenwärtigen Wald . . . Waldheimat . . . Rosegger . . .

»Von meinem Heimatberge gegen die Abend- und Mitternachtseite hin stehen spitze und kuppige Waldberge, über deren viele man hinwegsieht in das Kalkgebirge der Alpen. Gegen die Morgenseite hin steht in weiter Ferne eine langgestreckte blaßgraue Wand, das Wechselgebirge. Zwischen diesem und meinem Heimatberge liegt ein weiter Landkessel von Berg und Tal mit vielen Ortschaften, dlles so in die Tiefe gesenkt, daß unser Blick hoch und frei darüber hinwegfliegen kann. Menschenaugen, die auf solchen Bergen glänzen, können nie ganz kurzsichtig, Herzen, die auf solchen Höhen wachsen, nie ganz engherzig werden.

Aber auch gegen die Mittagsseite hin steht eine hohe, langgezogene Wand, sie ist viel näher da, ist ganz dunkel bewaldet, und nur gegen den obersten Rand hin geht das grünliche Braun in ein leichtes Blau über. Das sind die Fischbacher Alpen, ein stundenlanger Bergzug, der meiner Heimatgegend die unabsehbare Breitseite zuwendet. In meiner Jugendzeit war dieser Gebirgszug mit einem einzigen unendlichen Wald überzogen. Kein Märchenwald kann geheimnisvoller sein als dieses dunkle Meer, das, vom hochgelegenen Vaterhause aus gesehen, ewig und unbeweglich vor meiner kleinen ahnenden Seele dalag.«

Waldheimat. Aus der literarischen Verdichtung von Roseggers Jugendeindrücken, Erlebnissen und meisterlichen Landschaftsschilderungen ist – wohl einmalig in des Geschichte – ein Begriff geworden, der von der Landkarte des Gemütes in die amtlichen Kartenwerke eingegangen ist. Ein Begriff, der beladen ist mit einer schwierig dingfest zu machenden Sehnsucht nach dem imaginären Shangri La, dem verlorenen Patadies. – Indessen war dieses Waldland beileibe kein Garten Eden für die Kleinhäusler zu Roseggers Zeiten, und selbst mit einem Großbauern der damaligen Zeit möchte wohl, bei Licht besehen, kaum jemand tauschen, und dennoch, wir suchen . . . Waldmark – so hieß einst auch jene Region, die uns heute unter dem weniger anziehenden Namen »Bucklige Welt« bekannt ist. Hier, am äußersten Rand der Alpen, dauerte es bis ins zehnte Jahrhundert unserer Zeitrechnung, ehe die ersten Kolonisten den unermeßlichen Wald einige Siedlungen abrangen. Diese – und auch die spärlichen Verkehrswege – wurden übrigens bevorzugt auf den Höhen anstatt in den sumpfigen, oftmals überschwemmten Tälern angelegt. In dieser Rand- und Grenzlage war es wohl immer besser, Beobachter und Chronist denn Bewohner zu sein: Was da an Awaren, Magyaren, Türken und sonst noch aus dem Osten anstürmte, machte vorerst den Bewohnern der Waldmark das Leben sauer, und wenn es auf geschichtlichen Tatsachen beruhen sollte, daß 1532 bei Seebenstein ein versprengter Trupp Türken von erbitterten Bauern über eine Felswand gestürzt wurde, ist dies angesichts eines jahrelang ausgeübten Terrors nur allzu verständlich.

Heute ist man als Wanderer und Urlaubsgast gern gesehen und hat eine solche Fülle von Möglichkeiten zur Auswahl, daß eine Aufzählung praktisch unmöglich ist. Noch dazu, wo es sich um ein richtig hausbackenes Wandern handelt, für das keine umständlichen Beschreibungen nötig sind. Die Grenzen zum Spaziergang verlaufen hier fließend, es braucht nur eine halbwegs aktuelle Karte – und Zeit. Dann läßt es sich wandern über all die Hügel bis in die Semmeringlandschaft und die ganzen Fischbacher Alpen, bis ins ferne Kapfenberg – vier, fünf oder mehr Tage lang.

Die Bergbauernflur auf den Hügelketten wirkt ein wenig skandinavisch durch das hier schon rauhere Klima, und die langen Kämme des Wechsels erreichen ohnehin schon die Hochgebirgszone. Trotz seiner relativ geringen Höhenlage, in der anderswo noch geschlossene Waldgebiete existieren können, ist er ein unwirtliches Reich des Windes, der hier allerhöchstens winzige Krüppelbäumchen und nicht einmal viel Schnee duldet – zum Leidwesen der Wintersportler, denn die riesenhaften Kammüberschreitungen hinüber zu den Fischbachern wären vom Gelände her ideal für Skiwanderer und Langläufer.

Die Eignung des Semmeringgebiets für den Wintersport dagegen hat man schon Ende des vergangenen Jahrhunderts erkannt. Der Winter war ja bis dahin für die Menschen eine »tote Zeit«, die sie weitgehend in ihre vielfach dumpfen und lichtarmen Stuben bannte. An Winter»sport« kannte man Rodelfahrten und Schlittschuhlauf, in der Obersteiermark war auch das Eisstock-schießen seit jeher populär – der Skilauf war sehr weit weg, in Norwegen. Von dort kam dann auch ein Buch, auf das bereits in einem früheren Kapitel (S. 33 und S. 48) hingewiesen wurde und das wie kaum ein anderes die Weichen für eine neue Alpenwelt stellte: 1891 erschien in deutscher Sprache Fridtjof Nansens Bericht »Auf Schnee-schuhen durch Grönland«, ein auch heute noch lesens-wertes Werk über eines der größten wissenschaftlich-sportlichen Abenteuer, mit einem umfassenden Kompen-dium des Skilaufs. Zahlreiche Mitteleuropäer ließen sich davon inspirieren und aus Norwegen solche Wunderbret-ter schicken, standen dann aber dem üblicherweise stei-len alpinen Gelände mangels einer geeigneten Fahrtech-nik eher hilflos gegenüber. Immerhin – im Winter 1891 unternahm der Grazer Max Kleinoscheg bereits eine Skibesteigung des Stuhleck, und Toni Schruf aus Mürzzu-schlag übte mit seinen Gleithölzern an den Hängen des Mürztales, das bald einer der ersten Wintersportplätze der Monarchie wurde. 1892 wurde der »Erste Wiener Skiverein« und bald darauf in Mürzzuschlag der »Ver-band steirischer Skiläufer« gegründet. Allerdings war der einzige, der aus dem Flachlandgerät der nordischen »Schneeschuhe« etwas alpin Taugliches gemacht hatte, der Einsiedler aus Lilienfeld, Matthias Zdarsky. Über ein Skirennen am Semmering im Februar 1896 notierte er pikiert: »Was sah ich? Auf sehr sanft geneigter Wiese gegenüber dem damaligen kleinen Gasthof [dem heuti-gen »Erzherzog Johann«] prachtvolle Fahnen, aber jäm-merliche Skifahrer. Vorläufig übten sie nur wild. Den Stock weit nach hinten haltend und sich so schwer auf ihn stützend, daß er fast brach, fuhren sie abwärts ... Weit und breit war auf dem ganzen Semmering keine einzige Skispur zu entdecken. Alles spielte sich auf diesem Fleck-chen Wiese ab.«

Das erste Skirennen Österreichs fand 1893 in Mürzzu-schlag statt. Im Jahr 1894 gab es eine internationale Wintersportausstellung, und 1904 fanden hier die ersten Vorläufer Olympischer Winterspiele, sogenannte »Nor-dische Spiele« statt. Das Stuhleck, bis heute einer der beliebtesten Skiberge der Ostalpen, kann auch den trauri-gen Posten des ersten Skitoten des Alpenraums für sich buchen: Am 29. November 1896 erfror der junge Wiener Josef Dier beim Versuch, mit Skiern die Nansenhütte zu erreichen.

Noch ehe aber der alpine Skilauf sich als beliebteste Sportart und schließlich als wesentlicher Wirtschaftsfaktor etablierte, erlebten Semmering und oberes Mürztal ihre erste Blüte. Für die Wiener war der Semmering das nächstgelegene Gebirge, eine der ersten »Erholungsland-schaften« – lange bevor man diese alberne Wortschöp-fung gebrauchte. Der Semmering war für die Wiener der Gründerzeit Sonnenveranda, Sportplatz, Inzenierung einer Schweizer Hochgebirgslandschaft im Kleinformat und Bühne, auf der sie sich selbst darstellen konnten. Vor der romantischen Kulisse posierten alter Adel und neues Geld, und Rosegger stellte fest: »Wer am Sonnwendstein nach Wasser gräbt, wird auf Sekt stoßen.« Ein Spaziergang zwischen den alten, patinierten Villen, Sommerfrischen,

Schloß Seebenstein

den heute zu großen Hotels vermittelt einen nostalgi-schen Hauch einer großen k. u. k. Vergangenheit ... Sem-mering – eine überaus vornehme, doch sichtlich ver-armte alte Dame im etwas abgeschabten Spitzenkleid, die sich in bestem Schönbrunnerdeutsch nach dem nächsten Zug in die Gegenwart erkundigt ...

Vom lästigen Reisehindernis zur Fremdenverkehrsattrak-tion und zum festen Begriff wurde »der Semmering« durch den Bau der ersten Bergbahn Europas in den Jahren 1848–1854, eine technische Pioniertat ersten Ran-ges. Karl Ritter von Ghega bewältigte auf der kehrenrei-chen Trasse mit zahlreichen Viadukten und Tunnels ein unerhört schwieriges Gelände. Die Steigungen und Kur-venradien wurden in der Fachwelt bis dahin für unmög-lich gehalten. Immerhin war für die Bergfahrt eine zweite Lokomotive als Vorspann nötig. Als der Konstrukteur bei einem Vortrag vor allerhöchster Stelle darauf zu sprechen kam, strich sich einer der anwesenden Erzherzöge sin-nend den Bart: »Da müssen ja schon Hunderte Lokomoti-ven droben stehen ...?«

Randgebirge östlich der Mur von A–Z

Adlitzgräben 700–900 m ○

Das romantische, zum Teil von beachtlichen Felswänden überragte Tal des Haidbaches von Schottwien bis zur Kalten Rinne. Hoch oben, teilweise in den Felsen, verlaufen Galerien und Viadukte der Semmeringbahn. Der Graben ist wohl durchwegs mit PKW befahrbar, lohnt aber durchaus auch eine Fußwanderung.

Das Gebiet ist eigentlich Grauwackenzone, doch treten hier besonders markante Kalkaufbauten zutage, die überraschenderweise trotz leichter Erreichbarkeit nur ganz sporadisch von Kletterern besucht werden. Lohnend in Verbindung mit → *Kreuzberg*, → *Luckete Wand* und → *Eselstein*.

Alois-Günther-Haus, 1782 m

Am Gipfel des *Stuhleck*. Österreichischer Alpenverein, Sektion Edelweiß. Das Haus wurde 1963 grundlegend umgebaut und modernisiert. – 100 Schlafplätze, ganzjährig bewirtschaftet. Telefon (0 38 53) 300. Zufahrt über Mautstraße vom → *Pfaffensattel* (von Steinhaus oder Rettenegg) bis zur Hütte (im Sommer).

Zugang: von Steinhaus oder Spital am Semmering jeweils 3 St.; von Rettenegg 3 St.; vom Hühnerkogel (Sessellift) 1½ St.; vom Pfaffensattel 1¼ St. Im Winter von der Schwaigerhütte am Ende des Schleifliftes 1 St.

Übergang: zum Rosegger-Schutzhaus auf der Pretulalpe 1¾ St.; zum Wetterkoglerhaus am Hochwechsel 5 St.; zum Sonnwendstein 5 St.

Alpkogel, 1414 m ○ ❄

Der Alpkogel erhebt sich – wenig ausgeprägt – über dem Höhenkamm vom *Sonnwendstein* zum Fröschnitzsattel. Wenig südlich steht auf dem Kamm die *Alpkogelhütte, 1314 m,* eine unbewirtschaftete Selbstversorgerhütte des Österreichischen Touristenklubs.

Alpl, ca. 900 m ○

An der von Krieglach nach St. Kathrein am Hauenstein führenden Straße liegt Roseggers Waldheimat.

Das Geburtshaus, Alpl Nr. 14 (»Kluppeneggerhof«), wurde unverändert belassen – ein Zeugnis der äußerst einfachen Lebensumstände der damaligen Zeit (ganzjährig zu besichtigen, zu Fuß 30 Min. von Alpl). Die von ihm gestiftete Waldschule (Alpl Nr. 2) ist heute aufgelassen, da auf den umliegenden Höfen zuwenig Kinder leben, und dient als Wandermuseum (ganzjährig geöffnet).

Amundsenhöhe, 1666 m ○ ❄

Freie Almkuppe über einem Seitenast des Hauptkammes der Fischbacher Alpen, der höchste Punkt der → *Pretulalpe*. Benannt – wohl als Gegenstück zur ehemaligen Nansenhütte am Stuhleck – nach dem Norweger Roald Amundsen, der 1911 als erster den Südpol erreichte.

Aufstieg: vom Ganzalm-Schutzhaus 50 Min.

Arabichl, 1595 m ○ ❄

Die kahle Kuppe liegt am Höhenzug des → *Kampsteins*, östlich des vom Hochwechsel zum Umschußriegel ausstrahlenden Kammes.

Aufstieg bzw. Übergang: von der Feistritzer Schwaig 40 Min.; vom Hochwechsel 1½ St.; von der Kampsteiner Schwaig 1¾ St.

Der sanftgeneigte Hügel bietet leichte Skiwandermöglichkeiten, teilweise auch für Langläufer. Skilift von der Steyersberger Schwaig.

Aspang-Markt, 498 m

Am Verkehrsstrang von Aspangbahn und Wechsel-Bundesstraße bzw. Südautobahn, eine der ältesten Siedlungen im Gebiet der Buckligen Welt (bereits im 9. und 10 Jh. erwähnt).

Sehenswert: die Pfarrkirche in Unter-Aspang, eine uralte Wehrkirche; das Schloß Aspang mit gotischen Bauteilen, schöne Bürgerhäuser um den Marktplatz.

Ausgangspunkt für → *Hochwechsel*, → *Kampstein* sowie Wanderungen in der Buckligen Welt.

Bärenschützklamm △

Im Gebiet des Hochlantsch befindet sich diese großartige Klamm, die zu den bekanntesten Österreichs zählt. – Die 1,4 km lange Steiganlage, die in den Jahren 1902–1907 mit Unterstützung des Grazer Alpenclubs errichtet

wurde, überwindet mit 51 Leitern und 109 Brücken eine Höhendifferenz von 350 Metern. Die wildromantische Klamm ist vom Frühjahr (am schönsten, wasserreichsten und eindrucksvollsten) bis zum späten Herbst begehbar. Auskünfte: Telefon (0 38 67) 279.

Ausgangspunkt ist *Mixnitz*. Fahrstraße bis zum Fuchswirt (Gh. Sarklet), Parkplatz, Fahrverbotstafel. – Zu Fuß noch 1 St. zum Eingang der Klamm, für die Benützung der Steiganlage ist ein kleiner Obolus zu entrichten. Aufstieg ca. 1–1¼ St., bis zum Gh. »Zum Guten Hirten« am Ausstieg. Abstieg entweder durch die Klamm oder über den »Prügelweg« und die Schwaigeralm nach Mixnitz zurück.

Vom »Guten Hirten« kann man in 1½ St. den → *Hochlantsch*, ersteigen und zur Teichalpe absteigen.

Bruggraber-Alpengasthof, ca. 950 m

In Alpl in Roseggers Waldheimat, 15 Min. oberhalb der Waldschule. PKW-Zufahrt, Postbus-Haltestelle.

Zugang: von Krieglach durch den Freßnitzgraben 3 St.; von St. Kathrein am Hauenstein 1½ St.

Übergang: zur Hauereckhütte oder zum Almbauer-Wirtshaus je 1½ St.; zu Roseggers Geburtshaus ¾ St.; nach Fischbach 3 St.; auf die Stanglalm 3 St.; zum Schanzsattel 3 St.

Gipfel: Hochgölk, 1178 m, 1½ St.; Teufelstein, 1498 m, 2¼ St.; Pretulalpe, 1653 m, 3½ St.

Bucklige Welt/Kurzporträt

Weitläufige Hügellandschaft zwischen Steinfeld und Wechselgebiet sowie Semmeringgebiet und Rosaliengebirge. Vorherrschend sind sanftgerundete (kristalline) Geländeformen, die Höhenzüge und -rücken erreichen eine durchschnittliche Höhe zwischen 700 und 900 m. Höchste Erhebung ist der → *Hochwechsel, 1743 m.* Pannonisches Klima sowie ein dichtes Wege- und Straßennetz machen das alte Kultur- und Bauernland zum idealen Gebiet für den Freund beschaulicher, unschwieriger Wanderungen, die sich zumeist mit

Semmeringlandschaft: Blick vom Sonnwendstein zur Rax

kultur- und naturgeschichtlichen Aspekten bereichern lassen.

Drahte Kogel, 1565 m ○

Früher hieß er auch Tradenkogel, dieser Waldberg mit dem verwachsenen Gipfel (auf dem einst das Wilczek-Schutzhaus stand) zwischen Preiner Gscheid und Mürzzuschlag. Er ist zwar die höchste Erhebung des ganzen Kammes, doch ist er nur an wenigen Stellen vom Tal sichtbar und spielt eine eher untergeordnete Rolle.
Aufstieg bzw. Übergang: vom Preiner Gscheid über Tattermannkreuz 2–2½ St.; von Mürzzuschlag über den Scheibenberg 4 St.; von der Kampalpe 1 St.

Erzkogel, 1504 m ○ ❄

Im Semmeringgebiet, ragt aus dem vom → *Sonnwendstein* nach Süden ziehenden Kamm. Großes Gipfelkreuz. An seiner Südseite verläuft ein Fußsteig mit guter Aussicht, an der Nordseite eine Mautstraße. – Der Erz-

kogel ist auch ein hübscher Abstecher mit Skiern im Rahmen eines Pistentages (Aufstieg etwa ½ St.).

Eselstein, 1004 m ○

Der Eselstein, auch Baufelsen genannt, ist eine inmitten der bewaldeten Urgesteinsbuckel der Semmeringlandschaft auffallende Kalkklippe zwischen Adlitzgräben und den Kehren der Paßstraße.
Der Gipfel (der felsige Aufbau, rund 15 m, ist sogar versichert) ist einer der schönsten Punkte des Semmeringgebietes und bietet einen instruktiven Einblick in die leicht verwirrende Landschaft mit ihren Hügeln, Gräben und Bahn- sowie Straßenanlagen.
Aufstieg: vom Bärensattel, 900 m (gleichnamiges Gasthaus), über einen Waldweg, vorbei an der Georgswarte (eine Kanzel mit Eisengeländer) zum Gipfel, 1 St., grün bez. Lohnend in Verbindung mit den → *Adlitzgräben;* der Abstieg nach Schottwien ist nicht ganz leicht zu finden.

Falkenstein, 1013 m ○

Waldiger Gipfel im Bereich der → *Adlitzgräben.* Lohnend ist vor allem der Besuch der *Falkensteinhöhle,* die auf etwa 50 m Länge auf Treppen begehbar ist. Die Höhle war angeblich einst in Kriegszeiten ein Zufluchtsort. In der felsigen Wand des Falkensteins befindet sich auch das grottenartige *Geißkirchl.*
Zugang: vom Orthof an der Kreuzbergstraße, südlich absteigend in etwa 20 Min., rot bez.

Feistritz am Wechsel, 487 m

Im Tal des gleichnamigen Baches (slaw. »Wildbach«) in der Buckligen Welt. Die im 12. Jh. errichtete Feste Feistritz war bis in die Türkenzeit von strategischer Bedeutung. *Sehenswert:* die Festung mit ihrer reichhaltigen Waffensammlung sowie die Wehrkirche aus dem 15. Jh.
Ausgangspunkt für Wanderungen in der Buckligen Welt.

Feistritzer Schwaig, 1438 m

Privates Almgasthaus an der Südwestseite des Kampsteinzuges.
Zugang: vom Freistritzsattel 2¼ St.; von Mariensee 2¾ St.
Übergang: zur Kampsteiner Schwaig 1 St.; zur Steyersberger Schwaig 1¼ St.; zum Wetterkoglerhaus 2 St.
Der *Feistritzsattel, 1290 m,* ist die Scheitelhöhe der Straßenverbindung Kirchberg am Wechsel – Rettenegg, unterhalb entspringt ein weiterer Fluß mit Namen Feistritz (dieser mündet an der ungarischen Grenze in die Raab).

Fischbacher Alpen/Kurzporträt

Langgezogenes Waldgebirge mit freien Höhen zwischen Semmering (Stuhleck) und Bruck an der Mur (Rennfeld). Höchste Erhebung ist das → *Stuhleck, 1782 m.* Der kleine Ort *Fischbach, 1000 m,* liegt als Namensgeber ungefähr in der Mitte des mehr als 40 km langen Kammverlaufes. Eine typische Landschaft der Grauwackenzone mit sanften Formen; ein Gebiet für ausgedehnte, gefahrlose Wanderungen durch den Wald und

über weite Almflächen in einer durchschnittlichen Höhenlage zwischen 1200 und 1500 m. Weiten Kreisen ist diese Landschaft aus den Erzählungen von Peter Rosegger ein Begriff. Schönes, unschwieriges Skigelände bietet vor allem der Hauptkamm.

Forchtenstein, 502 m

Mächtige Burganlage an der Südabdachung des → *Rosaliengebirges.* Der aus dem 14. Jh. stammende Bau (Berchfrit) wurde im 17. Jh. unter den Esterházy zu einer mächtigen Renaissance-Festung erweitert. In den Schauräumen der Burg bedeutende historische Sammlungen: Kunstschätze, Gemälde, Rüstungen. Sie übermitteln ein prächtiges Bild der Glanzzeit der Burg vom Mittelalter bis über das Barock hinaus. – Bemerkenswert ist eine 142 m tiefe Felszisterne.

Ganzalmhaus (Neues), 1380 m

An der nordwestlichen Abdachung der → *Pretulalpe,* Touristenverein »Die Naturfreunde«; 52 Schlafplätze, an den Wochenenden und Feiertagen bewirtschaftet.
Zufahrt: von Mürzzuschlag-Hönigsberg bis zum Haus.
Übergang: zum Rosegger-Schutzhaus 1¼ St.; zum Alois-Günther-Haus 2½ St.; zur Hauereckhütte 2½ St.; nach Rettenegg 3 St.; zum Alpl 4 St.; nach Ratten 4 St.
Gipfel: Grazer Stuhleck, 1635 m, 1¼ St.; Steinriegel, 1577 m, 1½ St. Unmittelbar neben dem Haus die Ganzalmhütte (Selbstversorgerhütte).

Gloggnitz, 457 m

Von malerischer Hügellandschaft umgebener Industrieort im Schwarzatal, am Fuß von Gahns und Semmering. *Sehenswert:* das »Schloß« mit Pfarrkirche Maria Schnee (spätgotisch, im 18. Jh. barockisiert) sowie die moderne Christkönigskirche von Clemens Holzmeister.
Ausgangspunkt für Wanderungen im Gebiet des → *Kreuzbergs,* der Buck-

ligen Welt und des *Gahns* (siehe Abschnitt Schneeberg/Rax).

Hallerhaus, 1530 m

Am Niederwechsel an der steirisch-niederösterreichischen Grenze. Alpine Gesellschaft »D'Haller«, 50 Schlafplätze, ganzjährig bewirtschaftet, Telefon (0 26 49) 230.
Zugang: von der Bergstation des Sesselliftes zur Mönichkirchener Schwaig ½ St.; von Mönichkirchen 1½ St.
Übergang: zum Wetterkoglerhaus 2½ St.; zum Alois-Günther-Haus weitere 5–6 St.; zum Feistritzsattel 4½–5 St.; zum Pfaffensattel ca. 6 St.
Gipfel: Niederwechsel, 1669 m, 1 St.; Hochwechsel, 1743 m, 2¼ St.

Hauereckhütte, 1295 m

Nördlich des Kammrückens der Fischbacher Alpen im Gebiet der Rattner Alm. Selbstversorgerhütte des Österreichischen Touristenklubs, 20 Schlafplätze, während der Sommermonate zeitweise beaufsichtigt.
Zugang: aus dem Feistritztal (St. Ka-

threin am Hauenstein) mit dem Haustein-Sessellift, von der Bergstation 10 Min.; vom Almbauer (PKW-Zufahrt) ½ St.; vom Alpl 1½ St.; von Langenwang über den Brunnsteig 3 St.
Übergang: zum Rosegger-Schutzhaus 1½ St.; zum Alois-Günther-Haus 3–3½ St.
Gipfel: Steinriegel, 1577 m, 1 St.; Grazer Stuhleck, 1635 m, 2½ St.

Hermannshöhle, 627 m

Diese größte Schauhöhle Niederösterreichs liegt bei Kirchberg am Wechsel an der Sraße zum Ramssattel (am Hang des Eulenberges, 20 Min. von Kirchberg). – Sie wurde 1783 erstmals urkundlich erwähnt, 1843 begann Hermann Steiger, Verwalter der Burg Feistritz, größtenteils allein mit der Erschließungsarbeit. Nach ihm hat man die Höhle schließlich benannt. Sie ist nur im Zuge von Führungen zugänglich; von den bisher erforschten 4 km Ganglänge sind rund 300 m erschlossen und beleuchtet. Herrliche Tropfsteinbildun-

gen haben zu einem schmeichelhaften Vergleich mit der Adelsberger Grotte geführt: da gibt es das »Türkische Zelt«, den »Niagarafall«, den »Ölberg«, den »Fechthandschuh«, die »Lawine« und andere bizarre Formen.

In der Hermannshöhle überwintern mehrere hundert Fledermäuse, die regelmäßig seit über zwanzig Jahren beringt und kontrolliert werden.

Eine Höhlenbesichtigung nimmt 1–1½ St. in Anspruch. Warme Kleidung nicht vergessen (konstante Jahrestemperatur +7° C). Geöffnet von Ende März bis Anfang November, davon vom 1. Mai bis 30. September täglich, ansonsten an Wochenenden.

Herrgottschnitzerhütte, 1318 m

Östlich des → *Kampsteingipfels* im Wechselgebiet, erbaut von der Alpinen Gesellschaft »D'Herrgottschnitzer«, 52 Schlafplätze.
Zugang: von der Bergstation des Sessellifts von St. Corona 20 Min.; von St. Peter am Wechsel 1½ St.; von Unternberg 1½ St.; von der Neuwaldhütte 1½ St.; von Aspang 3 St.
Übergang: zur Kampsteiner Schwaig ½ St.; zur Steyersberger Schwaig 2¼ St.; zum Wetterkoglerhaus 3½ St.

Hirschenkogel, 1340 m ○ ❋

Einer der bekanntesten und meistbesuchten »Skimugel« der Wiener Hausberge im Bereich der Paßhöhe Semmering. Mit zwei Sesselliften bestückt, gewährt er drei Abfahrten (Osthang, Westhang, Südhang), die zwar breit angelegt, aber relativ steil und in Schattenlagen häufig vereist sind (ca. 300 HM); wer tagsüber zu wenig gefahren ist, kann notfalls auch »nachtpisteln«.

Auch im Sommer ist der Hirschenkogel wegen seiner reizvollen Aussicht lohnend: Rax und Schneealpe vor allem, deren Gipfelregion das halbe Jahr über weiß leuchten, vermitteln einen Anhauch von Hochgebirge. Knapp unterhalb des Gipfels das → *Liechtensteinhaus.* Übergang zum Sonnwendstein 1¼ St. Am Fuß des Hirschenkogels kündet die Liechten-

stein-Sprungschanze von der alten Tradition des Semmeringgebiets als Allround-Wintersportplatz.

Hochlantsch, 1722 m ○ △ ▲

Der langgestreckte, felsige Kamm im nördlichen Grazer Bergland, der mit den *Lantschmauern* (300 m) und der *Rannerwand* (100 m) beachtliche Felsabstürze aufweist, ist vor allem bei den Wanderern und Kletterern des Grazer und des obersteirischen Raumes ein höchst beliebtes Ziel, das aber zunehmend mehr »Auswärtige« anlockt. Über drei Tälern aufragend, bietet er entsprechend zahlreiche Aufstiegsmöglichkeiten.
Ausgangspunkte sind die Breitenau (Schafferwerke, 560 m, Gh. Zirbisegger, 1000 m), Mixnitz im Murtal (447 m) und die → *Teichalpe* (ca. 1200 m). Am lohnendsten und landschaftlich schönsten ist eine Ersteigung des Hochlantsch in Kombination mit der → *Bärenschützklamm* (insgesamt 4 St.), am bequemsten – wegen der Autozufahrt – von der Teichalpe.

Aufstieg: von der Teichalpe über den Ostkamm 1¾ St.; vom Gh. Zirbisegger 2 St.; vom »Guten Hirten« (2¼ St. ab Parkplatz Bärenschützklamm) 1½ St.; von Schüsserlbrunn (»Steirischer Jokl«) 1 St.
Ein anspruchsvoller versicherter Steig, der *Naturfreundesteig,* führt durch die 300 m hohe Nordflanke. Unbezeichnet, I+, 2–2½ St. vom Zirbisegger; Kletterhelm empfehlenswert, wegen glatter, erdiger Passagen nur bei trockener Witterung! Die Kletterwege bewegen sich zwischen III. Grad (Nordwandweg) über die Klassiker Riebenriß und Stopperrinne (jeweils IV) bis zum Techno-Hammer im Grad VI A 2 (Breitenauerweg), werden aber vorwiegend von lokalen Kennern und Könnern begangen.

Hochwechsel, 1743 m ○ ❋

Der höchste Punkt des östlichen Kammes der Zentralalpen wurde früher »Hoher Umschuß« genannt. Mit seinen von drei Seiten zusammenstrebenden, breiten Urgesteinskäm-

men (über einen führt eine Mautstraße) ist er ein richtig einladender Wanderberg. Jedoch: ungemein dem Wetter ausgesetzt, über weite Strecken nur mehr vom Islandmoos (Cetraria islandica) der subarktischen Zone bedeckt – ein eigenartiger Kontrast zu den Wanderungen in den Kalkformationen, eine karge, »nordische« Landschaft. Auf dem höchsten Punkt steht das über die Mautstraße von Süden her erreichbare → *Wetterkoglerhaus* (Aufstiege und Übergänge s. d.). – Die Aussicht reicht bei klarem Wetter vom Neusiedler See im Osten bis zum Grimming im Westen, im Süden bis zur Riegersburg und den Karawanken.

Das Wechselmassiv wäre theoretisch das ideale Gelände für großzügige Skitouren (auch mit Langlaufskiern), jedoch schaffen die heftigen Stürme auf den freien Kämmen meist herzlich schlechte Schneeverhältnisse – abgewehte Strecken wechseln mit Windgangel-Labyrinthen. Ein hochalpines Unternehmen ist die Umrundung des Marienseer Tals (mindestens 6 St.).

Auch ohne Schneelage ist bei Sturm und Nebel das Gebiet keineswegs zu unterschätzen!

Kampalpe, 1534 m ○ ❈
Hübscher Aussichtsgipfel (Stuhleck, Wechsel, Rax) über Spital am Semmering, der steil ins Fröschnitztal abfällt. Zwei *Aufstiege* von Spital am Semmering (2–2½ St.) lassen sich zu einer netten Rundtour kombinieren.
Übergang: zum Drahte Kogel 1 St.; zum Pinkenkogel und weiter zum Semmering 2½–3 St. (in der Gegenrichtung schöne Skiwanderung von hauptsächlich touristischem Wert).

Kampstein, 1467 m ○ ❈
Die höchste Erhebung des von Aspang in westlicher Richtung verlaufenden Höhenzuges ist eine sanfte Waldkuppe mit prächtiger Aussicht gegen Veitsch, Schneealpe und Rax im Norden sowie Hochwechsel im Süden.

Der Kampstein wird vor allem von Skifahrern besucht: die Lifte der Skischaukel St. Corona – Außerneuwald münden unweit des höchsten Punktes; die Pisten sind leicht bis mittelschwer. Darüber hinaus gibt es Gelegenheit für unschwierige, unerwartet einsame Skiwanderungen beliebiger Ausdehnung. Eine schöne Höhenwanderung führt zum → *Arabichl* (1½–2 St.; rot bez.) und kann bis zum → *Hochwechsel* oder zum → *Stuhleck* verlängert werden. Östlich des Kampsteins die → *Herrgottschnitzerhütte*, westlich die *Kampsteiner Schwaig, 1400 m* (private Schutzhütte, keine Nächtigungsmöglichkeit).
Zugang: von der Sessellift-Bergstation ½ St.; von Unternberg 2 St.; von Aspang 3½ St.
Übergang: zur Herrgottschnitzerhütte ½ St.; zur Feistritzer Schwaig 1 St.; zur Steyersberger Schwaig 2 St.; zum Wetterkoglerhaus 3 St.

Karl-Lechner-Haus, 1450 m
An der Nordseite des Stuhlecks. Das von der Alpinen Gesellschaft »Stuhlecker« erbaute Haus ist heute im Besitz des Österreichischen Alpenvereins. 19 Schlafplätze, von Pfingsten bis Ende September an Wochenenden bewirtschaftet. – Zufahrt über den Pfaffensattel bis zur Hütte.
Zugang: vom Pfaffensattel 1 St.; von Spital bzw. Steinhaus am Semmering jeweils 2 St.
Gipfel: Stuhleck, 1 St.

Kirchberg am Wechsel, 581m
Im Feistritztal in der Buckligen Welt. Der Name rührt von der spätgotischen St.-Wolfgang-Kirche »am Berg« her. Die Geschichte des Ortes ist eng mit dem *Schloß Kranichberg* verknüpft (1155 erstmals erwähnt), das als Sperrburg die Straße über den Ramssattel nach Gloggnitz beherrschte. *Sehenswert:* die spätgotische St.-Wolfgang-Kirche; Sachsenbrunn, ein ehemaliger Wehrbauernhof aus dem 14. Jh. (heute Priesterseminar), das Schloß Kranichberg und die → *Hermannshöhle*.

Klamm, Ruine, 705 m
Die Burg auf den Felsen über Schottwien wurde im 12. Jh. errichtet; spä-

ter wurde Schottwien zur Felsenzitadelle ausgebaut. Dennoch wurden diese von der Felslandschaft unterstützten Wehrbauten 1487 von Matthias Corvinus und 1529 von den Türken erobert. Die Burg stand so wie Schottwien unter der Pfandherrschaft Siegmunds von Herberstein, eines Ratgebers von Kaiser Maximilian I. Als gewissenhafter Chronist verzeichnete Freiherr von Herberstein alles, was mit dem Semmeringpaß zusammenhing, etwa, daß an der Handelsstraße über den Paß täglich 200 Paar Ochsen als Vorspann benötigt wurden.

Die auf einem mehr als 120 m hohen Felsen stehende Burgruine ist heute nicht allgemein zugänglich.

Kreuzberg, 1084 m ○ ☀

Der langgestreckte, vielfach bewaldete Bergrücken zwischen Adlitzgräben und der Prein ist ein bequemes, unschwieriges Ausflugsziel für jedermann. Immer wieder bieten sich reizvolle Blicke auf Schneeberg und Rax, die aus dieser Höhenlage besonders eindrucksvoll wirken. Auf dem höchsten Punkt steht die mit dem Auto erreichbare → *Speckbacherhütte*.

Kürzester *Zugang:* vom Bhf. Breitenstein, ¾ St. (wichtig für Autofahrer, die eine Überwanderung oder Skiabfahrt vorhaben). Lohnend ist die Überschreitung des 10 km langen Kammes bis Gloggnitz (2½–3 St.; rot bez.), ein schöner Höhenweg führt von der Hütte über den *Kaasbühel, 968 m,* und die *Stojerhöhe, 809 m,* nach Payerbach. Dies ist auch die altklassische Kreuzberg-Skiabfahrt, die an sich hübsch, leicht und lohnend ist (500 HM), während der letzten Jahre aber nur selten ausreichende Schneelage aufwies (von der Stojerhöhe links über Wiesen zum Gh. Flackl, auch östlich schöne Wiesen bis Reichenau, zunehmend durch Zäune beeinträchtigt). PKW-Besitzer lassen ihr Fahrzeug beim Bhf. Payerbach, fahren bis Breitenstein mit dem Zug, steigen ¾ St. zur Speckbacherhütte auf und gelangen mit Skiern fast zum Ausgangspunkt zurück. Lohnend – auch mit Langlaufskiern – ist die Kammüberschreitung bis Gloggnitz (13 km, 600 HM).

Krieglach, 608 m

Markt und Ferienort im Mürztal. Hier lebte und wirkte der steirische Volksdichter Peter Rosegger. In seinem Wohnhaus (Hauptplatz Nr. 64, täglich 8–17 Uhr geöffnet) verbrachte er ab 1877 jeden Sommer. Die Einrichtung wurde unverändert belassen. Auf dem Dorffriedhof liegt er unter einem einfachen Holzkreuz begraben. *Sehenswert* außerdem die spätgotische Pfarrkirche mit reicher Rokoko-Ausstattung.

Ausgangspunkt für Wanderungen in den Fischbacher Alpen (Hochgölk, Waldheimat, Stanglalpe) und im Gebiet der Veitschalpe. Großzügig angelegte Langlaufloipen.

Kummerbauerstadel, 1079 m

Gasthof am Göstritzsattel, Zufahrt von Trattenbach (Postbushaltestelle). *Übergang:* nach Trattenbach 1 St.; nach Maria Schutz 1¾ St.; über den Weinweg zum Alpkogel und zum Sonnwendstein, 1523 m, 2 St.; bzw. zum Feistritzsattel 3–4 St. Dies ist auch eine großzügige *Skiwanderung* (Langlaufskier vorteilhaft).

Gipfel: Großer Otter, 1358 m (Sträßchen bis in Gipfelnähe), 1 St. (unbezeichnet).

Liechtensteinhaus, ca. 1300 m

Nahe dem Gipfel des → *Hirschenkogels* im Semmeringgebiet. Privates Almgasthaus, ganzjährig bewirtschaftet, keine Nächtigungsmöglichkeit. Telefon (0 26 64) 343.

Zufahrt: vom Semmering bis zum Haus (Sommer), Hirschenkogel – Sessellift (Winter).

Zugang: vom Semmering 1¼ St.

Übergang: zum Pollereshaus 1¼ St.; nach Trattenbach 2¼ St.; zum Feistritzsattel 3½ St.

Gipfel: Erzkogel, 1504 m, 1 St.; Alpkogel, 1414 m, 1¼ St.

Luckete Wand, 1128 m ○

Relativ wenig besuchter Berg im Westen des → *Kreuzbergs.* Der Gipfel ist eine teilweise bewaldete Kalkklippe mit schönem Raxblick und einer originellen Durchgangshöhle.

Aufstieg: vom Gh. Orthof an der Straßenverbindung Adlitzgräben – Prein ¾ St. (rot, dann grün bez.); von Prein über den Haakogel, 885 m, 1½ St.

Maria Schutz, 759 m

Berühmter Wallfahrtsort im Semmeringgebiet, mit schöner Barockkirche. Der erste Bau aus dem Jahr 1738 wurde von Graf Julius Walzegg errichtet. Ein Marienbild und eine hinter dem Altar gefaßte heilkräftige Quelle begründeten ihren Ruf.

Eine Sesselbahn führt auf den → *Sonnwendstein, 1523 m,* und ermöglicht schöne Rundwanderungen. *Skigebiet* mit prachtvoller Aussicht; die Standardabfahrt ist die Erzkogelabfahrt (Piste II), die »Neue Abfahrt« (Piste I) an der Nordseite weist nur selten ausreichende Schneelage auf.

Mariensee, 815 m

Der letzte Ort im großen Talkessel des Wechselgebiets bei Aspang, der von Kampstein, Umschußriegel, Hoch- und Niederwechsel eingefaßt wird. Die *Marienseer Schwaig, 1478 m,* ist eine im Sommer bewirtschaftete Ausflugsstätte gegen den Hochwechsel.

Zugang: von Mariensee 2 St.; weiter auf den Hochwechsel 1 St.

Mönichkirchen, 967 m

Die höchstgelegene Gemeinde Niederösterreichs am Wechsel wurde schon im 12. Jh. gegründet. Bis zum Bau der Aspangbahn ein eher abgeschiedenes Dorf, wurde es nach der Verkehrserschließung infolge seines relativ milden Höhenklimas ein bedeutender Kur- und Sommerfrischenort und in den letzten Jahrzehnten ein bedeutender Wintersportplatz. In der Zwischenkriegszeit verfaßte hier Anton Wildgans den größten Teil seiner Werke.

Sehenswert: die spätgotische Pfarrkirche aus dem 15. Jh. (eine der ältesten Marienwallfahrtskirchen Niederösterreichs) mit einem Muttergottesbild von Waldmüller.

Ausgangspunkt für Wanderungen im Wechselgebiet: Sessellift zur *Mönichkirchener Schwaig, 1174 m* (zu Fuß ¾ St.). – Übergang zum → *Hallerhaus* 40 Min., weiter auf den → *Hochwechsel* insgesamt 2¾ St.

Schönes *Skigebiet* mit meist mäßig steilen Abfahrten und abwechslungsreichen Kombinationsmöglichkeiten (2 Schlepplifte zum »Lichteneck«, »Wechsellifte« bis unter die Steinerne Stiege, mehr als 550 HM).

Teufelstein (Fischbacher Alpen)

Mürzzuschlag, 670 m
Hauptort des oberen Mürztals und Ausgangspunkt für Wanderungen in den Fischbacher Alpen sowie im Veitschalpengebiet.
Sehenswert: die 1094 erstmals erwähnte Pfarrkirche, schöne alte Bürgerhäuser an der Wiener Straße und das in Mitteleuropa einzigartige Ski- und Wintersportmuseum (ganzjährig täglich außer Freitag geöffnet von 9–12 und 14–17 Uhr) mit zahlreichen Exponaten von der Urzeit des Skilaufes bis heute. – Mürzzuschlag kann als frühester Wintersportort im Ostalpenraum gelten: 1893 fanden hier die ersten Skiwettkämpfe statt.

Niederwechsel, 1669 m ○ ☀
Überhöht den langen, gleichförmigen Ostkamm zum Hochwechsel. Bei einer Felsgruppe befindet sich ein Gefallenen-Denkmal. Am Aufstieg vom → *Hallerhaus* zum Niederwechsel passiert man die *Steinerne Stiege,*

1505 m, eine interessante, schroffe Gneisformation, die auffällig zu den sanften Formen des übrigen Kammes kontrastiert.

Otter, 1358 m ○
Einsamer Waldberg mit teilweise steilen Flanken östlich des Sonnwendsteins. Der Gipfel selbst bietet keine Aussicht (ein Kreuz auf dem höchsten Punkt wird von den umstehenden Nadelbäumen überragt), reizvolle Blicke bietet hingegen eine große Wiese auf halbem Weg.
Aufstieg vom → *Kummerbauerstadl* auf einem Fahrweg (im oberen Teil sehr steil) unschwierig 1 St. (unbezeichnet). Hübsche Rundwanderung: Göstritzgraben – Kummerbauerstadl – Großer Otter – Kummerbauerstadl – Schanzkapelle (blau bez.) – Göstritz (3–3½ St.)

Ottokar-Kernstock-Haus, 1619 m
Auf dem → *Rennfeld* in den Fischbacher Alpen. Österreichischer Alpenverein. 37 Schlafplätze, bewirtschaftet von Anfang Mai bis Anfang Oktober,

ansonsten an Wochenenden. Telefon (0 38 62) 53 2 89.
Zugang: vom Bhf. Bruck 3½ St.; von Pernegg 3½ St.; vom Gh. Leichtfried 2 St.; von Maria Rehkogel 2 St.; vom Gh. Oberzettler 2 St.; von der Pischkalm 1½ St.
Übergang: zum Eiwegsattel 3 St.; zum Gh. am Straßegg 6–7 St.

Pfaff, Großer, 1555 m,
Kleiner, 1539 m ○ ☀
Die höchsten Erhebungen im Kammverlauf Feistritzsattel – Pfaffensattel. Als selbständige Gipfelziele kaum aufgesucht, sie werden an der Nordseite umgangen; Ersteigung am günstigsten aus dem Sattel zwischen beiden Gipfeln. – Lohnend ist die Kammwanderung vom Feistritz- zum Pfaffensattel (auch interessante Ski-Überschreitung), vor allem in Verbindung mit dem Stuhleck (Steyersberger Schwaig – Stuhleck 5–5½ St.).

Pfaffensattel, 1372 m
Paßhöhe und gleichnamiges Gasthaus an der Straßenverbindung

Fröschnitztal – Feistritztal, Postbushaltestelle. – Beginn der Mautstraße auf das Stuhleck (Gehzeit 1¼ St.). In der Nähe des Sattels die Seeriegelhöhle mit 370 m Ganglänge – interessantes Beispiel einer »Schichtgrenzhöhle« am Zusammentreffen zweier völlig verschiedener Gesteinsarten.

Pinkenkogel, 1292 m ○ ❋

Der weithin sichtbare Aussichtsgipfel erhebt sich nördlich der Paßhöhe 300 m über den Semmering. Außer schönen Talblicken bietet er eine Sicht, die bis zum Hochschwab und den Gesäusebergen reicht. – Das Gipfelschutzhaus ist seit 1980 geschlossen. *Aufstiege* vom Semmering je ungefähr 1 St.
Ausgangspunkt für die Kammwanderung über Ochner Höhe, 1397 m, Kampalpe, 1534 m, zum Drahte Kogel, 1565 m, 3–3½ St. Weiter entweder zum Preiner Gscheid (1½ St.) oder nach Mürzzuschlag 2–2½ St. (meist bewaldete Bergrücken, einige schöne Fernblicke, auch großzügige Skiwanderung).

Pittentalersteig △

Der »Pittentaler« am → *Türkensturz* ist einer der anspruchsvollsten Klettersteige der Wiener Hausberge. Der 1926 von der Sektion Seebenstein des ÖTK versicherte Steig erfordert unbedingte Schwindelfreiheit, Klettergewandtheit und Armkraft. – Den Einstieg erreicht man am besten von der Ruine am Gipfel absteigend und – eine Felsrippe querend – rechts haltend hinunter zum markanten eisernen Steigbaum querend. Die Wegführung – zwischen Kaminstellen jeweils links querend – ist durch die Sicherungen gegeben, ein abdrängender Riß (Drahtseil) leitet schließlich in gestuftes Gelände.
Zugang: von Gleißenfeld auf grün bez. Weg auf den Türkensturz (50 Min.) und in wenigen Minuten abwärts zum Einstieg (von unten her steil und mühsam).
Felshöhe 80 m, sehr steil und luftig! Seilsicherung ist unbedingt anzuraten. Die teilweise schon etwas mürben Versicherungen wurden 1985 erneuert.

Pollereshaus, 1520 m
(Berghotel Sonnwendstein)

Auf dem Sonnwendstein in unmittelbarer Nähe der Sessellift-Bergstation. Am 29. Juni 1985 abgebrannt! Wiederaufbau vorgesehen.
Zugang: zu Fuß am besten von der Paßhöhe Semmering am Hirschenkogel vorbei über die Sonnwendsteinstraße 2 St.
Übergang: zum Hirschenkogel 1 St.; zum Alois-Günther-Haus über Weinweg und Wetterkreuz (erst rot, dann grün, dann wieder rot bez.) 5 St.; über Kummerbauerstadl und Schanzkapelle nach Maria Schutz 3–3½ St.; zum Wetterkoglerhaus 5–6 St.

Pretulalpe, 1653 m ○

Teil des langgestreckten, behäbigen Höhenkamms der Fischbacher Alpen zwischen Stuhleck und Hauereck. Auf dem die Umgebung nur unwesentlich überragenden höchsten Punkt (die etwas nördlich befindliche Amundsenhöhe ist sogar um 9 m höher) steht die *Peter-Bergner-Warte* (benannt nach dem einem Raubmord zum Opfer gefallenen ersten Hüttenwart des Rosegger-Hauses); weitreichende Aussicht ähnlich dem Stuhleck.
Wenige Minuten unterhalb in südwestlicher Richtung das → *Rosegger-Schutzhaus* (Wegzeiten etc. s. d.). – Als Skigelände steht die Pretulalpe ein wenig im Schatten des benachbarten Stuhleck.

Rennfeld, 1630 m ○ ❋

Bedeutender langgestreckter Berg am westlichen Ende der Fischbacher Alpen, der Hausberg der Kapfenberger und Brucker. – Die Aussicht ist weitreichend und umfaßt die Gebirge der Obersteiermark; Tiefblicke ins Mürz-, Mur- und Breitenauertal.
Trotz des geeigneten Geländes oberhalb der Waldgrenze kein Klasse-Skiziel, jedoch gute Möglichkeiten für längere Überschreitungen (eventuell mit Langlaufskiern).
Wenige Meter unterhalb des Gipfels vereinigen sich sechs von Kapfenberg, Bruck und St. Marein kommende Wege beim → *Ottokar-Kernstock-Haus* (Wegzeiten s. d.)

Rosaliengebirge ○

Das Rosaliengebirge begrenzt als langer Höhenrücken das Steinfeld gegen Osten und bildet die Grenze zwischen Niederösterreich und dem Burgenland. Es ist der äußerste Abschluß des Alpenbogens und hat keine Verbindung mehr mit dem Leithagebirge, von dem es durch die »Ödenburger Pforte«, das geschichtsträchtige Tor nach Ungarn, getrennt ist.
Der in freundlicher Übertreibung »Gebirge« genannte Hügelzug erreicht seine höchste Erhebung in der *Rosalienkapelle, 746 m,* unweit der Rosalienhäuser, 700 m, an der Straßenverbindung Steinfeld – Mattersburg. (Diese Kapelle wurde nach einer Pestepidemie im Jahr 1679 vom Fürsten Paul Esterházy gestiftet und der Pestpatronin, der heiligen Rosalia, geweiht). – Da man nahe bis zum höchsten Punkt fahren kann, ist nur die gesamte Überschreitung von touristischem Wert: Von Neudörfl bei Wr. Neustadt über Mitterriegel, 544 m, Kriegriegl, 648 m, Mittereck, 631 m, bis zur Rosalienkapelle, 746 m (3½–4 St.; Postbus bis zu den Rosalienhäusern, tunlichst ohne PKW). Lohnend in Verbindung mit → *Forchtenstein.*

Rosegger, Peter
* 31. 7. 1843, † 26. 6. 1918
Wer die Landschaft der Fischbacher Alpen und des Mürztales mit der Seele erfassen will, kommt um Peter Rosegger nicht herum, dessen Wirken mit diesem Raum aufs engste verbunden ist. Der bedeutende steirische Heimatdichter wurde als Sohn eines armen Bergbauern geboren. Von etwas schwächlicher Konstitution, wurde er zu einem Schneider in die Lehre gegeben. Im Alter von 22 Jahren kam er nach Graz, wo ihm Gönner das Studium der Handelsakademie ermöglichten. Durch erste schriftstellerische Versuche ermutigt, konnte er sich bald als Erzähler und ab 1876 als Herausgeber des Monatsblattes »Heimgarten« einen Namen machen. Seine bedeutendsten Werke sind Zeugnisse einer zum Teil versunkenen bäuerlichen Welt: »Waldheimat« (1873), »Die Schriften des Waldschulmeisters« (1875).

Rosegger-Schutzhaus, 1588 m

Auf der → *Pretulalpe,* unweit des höchsten Punktes. Im Besitz der »Naturfreunde«. 40 Schlafplätze, bewirtschaftet von Anfang Mai bis Ende Oktober, sonst an den Wochenenden.
Zufahrt: (im Sommer) auf Mautstraße von Ratten bis zum Haus.
Zugang: von Rettenegg 2½ St.; von der Friedrichshütte über das Stuhleck 3 St.; von Mürzzuschlag 3 St.; von Ratten 3½ St.
Übergang: zur Ganzalmhütte 1 St.; zum Almbauer 1¾ St.; zur Hauereckhütte 1½ St.; zum Alois-Günther-Haus 1¾ St.; zum Pfaffensattel 3 St.
Gipfel: Amundsenhöhe, 1666 m, 20 Min.; Steinriegl, 1577 m, 35 Min.; Grazer Stuhleck, 1635 m, 50 Min.

St. Corona am Wechsel, 844 m

An der Straßenverbindung Kirchberg–Aspang am nördlichen Abhang des Kampsteins. Sommerfrische und Wintersportort, Sessellifte auf den → Kampstein, Wanderungen zur → Kampsteiner Schwaig und zum → Arabichl.
Sehenswert: Schloß Unternberg; die Kleine Klause (mehrere alte Mühlen im Tal des Pischingbaches, an der Straße nach Aspang).

St. Kathrein am Hauenstein, 822 m

Südlich des Hauereck in den Fischbacher Alpen; hübsches Wander- und Skigebiet, die Doppelsesselbahn aufs Hauereck führt auf den Hauptkamm und erschließt weiträumige Höhenwanderungen (Pretul, Stuhleck) sowie großzügige Skiüberschreitungen (auch mit Langlaufskiern).

Schanz, 1171 m

Berggasthof auf dem Schanzsattel (Straße Stanz–Fischbach) in den Fischbacher Alpen. 35 Betten, ganzjährig bewirtschaftet. Telefon (0 38 65) 82 44. – Schlepplift und gespurte Loipe.
Zufahrt: aus dem Mürztal von Kindberg, aus dem Feistritztal von Fischbach; Postbushaltestelle.

Zugang: von Fischbach 1½ St.; über den Lackenriegel 2 St.; von Stanz 2½ St.
Übergang: zur Herrenalm 1½ St.; zum Waldheimat-Schutzhaus 2½ St.; zum Alpl 3 St.; zum Straßeggsattel 3½–4½ St.
Gipfel: Teufelstein, 1498 m, 1 St.; Hoch-Pürschtling, 1491 m, 1¾ St.

Scheibenberg, Großer, 1473 m
○ ❋

Waldberg nördlich von Mürzzuschlag, im Osten über das Beeralpl mit dem Zug des → *Drahte Kogels* verbunden. Einst eine gerühmte Skiabfahrt nach Süden, die heute durch Fahrwege etwas an Wert verloren hat.
Auf dem Gipfel die *Scheibenhütte,* unbewirtschaftete Selbstversorgerhütte der Alpenvereinssektion Mürzzuschlag. 10 Schlafplätze, an Wochenenden und Feiertagen meist beaufsichtigt.
Zugang: vom Gh. Waltenberger in der Raxen durch den Brandlgraben und über Hochmaiß 2 St.; vom Bhf. Mürzzuschlag über Steirerhof 2½ St.; vom Steirerhof 2 St.; von Kapellen über den Karnsteiner Kogel 2½–3 St.
Übergang: über Drahte Kogel, 1565 m, zum Preiner Gscheid

2½–3 St.; oder weiter über Kampalpe und Pinkenkogel zum Semmering (meist Waldkämme mit einigen Aussichtspunkten) 5–6 St.

Seebenstein, 348 m

Im Pittental an der Aspangbahn bzw. Südautobahn. Wahrzeichen und geschichtsbestimmender Bau ist die gleichnamige Burg, die 1170 erstmals erwähnt wurde. 1788 erwarb Anton David Steiger, ein aus Ungarn stammender Montanwissenschaftler, die Burg und gründete einen Verein von Altertumsfreunden, der sich »Wildensteiner Ritterschaft auf blauer Erde« nannte. Dieser Nostalgieklub, dem 250 Mitglieder, darunter Erzherzog Johann und Prinz Wilhelm von Preußen angehörten, pflegte die Bräuche des Rittertums und des Mittelalters. Bei ihren Zusammenkünften gab es Turniere, Gelage, Gerichtsverhandlungen und Jagdzüge. Diese Gesellschaft stand trotz zahlreicher Loyalitätsbekundungen bei Metternich im Geruch des Freimaurertums und wurde 1823 »auf allerhöchsten Befehl des Kaisers« aufgelöst. Immerhin bleibt ihr Verdienst, die Burg vor dem Verfall bewahrt zu haben.
Zugang: zum → *Türkensturz* 1 St. (zwei Wege: oberer Waldweg rot, unterer grün bez.); Abstieg nach Gleißenfeld durch den Sollgraben 30–40 Min.

Semmering, 985 m

Der östlichste unter den großen Alpenpässen. Der Name stammt vermutlich aus dem Slawischen: smrk = Fichte. Er bildet die Wasserscheide zwischen Wiener Neustädter Bucht im Osten und Mürz- sowie Fröschnitztal im Westen. Als Saumpfad wurde er schon von den Kelten und Römern benützt, deren Hauptweg nach Süden jedoch im großen Bogen nach Osten (Carnuntum) um die Gebirgsausläufer herumführte. Ein Saumweg wird seit dem 12. Jh. vermeldet, doch war sein Zustand meist sehr schlecht. Eine Straße wurde

ZIEL	RICHTUNG	FARBE		Std.
PAYERBACH über STOJERHÖHE	←		dann	1½
" " QUELLENHOF	←		dann	1½
" " SOMMERHÖHE	←		dann	1¾
ABZWEIGUNG KLAMM-SCHOTTWIEN				1¾
" KÜB				2
" EICHBERG			dann	3
" GLOGGNITZ				3½
REICHENAU über LANGEN RAIN	→			1¾
" über STOJERHÖHE WEINZETTEL	↗		dann	1½
" über CIEFINGFELD-FARBERBRÜCKE	↗		dann	1½
EDLACH KÜRZESTER WEG	→			1
" über SCHONERGRABEN-DÖRFL	→		dann	1½
BREITENSTEIN BAHNHOF	→		dann	¾
" über ORTHOF	→			1
" " SOMMERHÖHE	→		dann	1
ORTHOF	→			½
PREIN über ORTHOF	→		dann	1¼
ABZWEIGUNG PREINER GSCHEID				2

1728 durch Kaiser Karl VI. angelegt und 1841 unter Kaiser Ferdinand I. erheblich verbessert. Bis zum Bau der Semmeringbahn 1848–1854 verband die Straße auch die Eisenbahn-Endpunkte Gloggnitz und Mürzzuschlag.

Seine Hochblüte erlebte der Semmering – nunmehr als inszenierte Landschaft mit Villen und Hotels – infolge der schnellen Erreichbarkeit von Wien aus in der Ära von der Jahrhundertwende bis zum Zweiten Weltkrieg. Als Sommerfrische war er Ziel des Geldadels, der Aufschwung des Wintersports brachte vermehrtes Publikum und eine zweite Saison. –

Heute ist dieser Glanz etwas verblichen, dennoch zählt die Semmeringlandschaft – eine Autostunde von Wien – zu den beliebtesten Ausflugszielen: → *Sonnwendstein*, → *Hirschenkogel*, → *Pinkenkogel*, → *Eselstein*.

Semmeringbahn

Die Bahnstrecke zwischen Gloggnitz und Mürzzuschlag wurde am 17. Juli 1854 eröffnet. Sie war die erste Gebirgsbahn Europas mit bislang für unmöglich gehaltenen Steigungen von 1:40 und Kurvenradien von 190 Metern. – Erbauer der zweigleisigen Trasse, die Gloggnitz auf 457 m

Höhe verläßt und im Scheiteltunnel 898 m erreicht, war Karl Ritter von Ghega (1802–1860). Allein die Nordstrecke dieses revolutionären Unternehmens hat 22 Millionen Golddukaten gekostet, die teilweise zweistöckigen Viadukte (der über die Kalte Rinne ist 46 m hoch und 184 m lang) verleihen dem Bauwerk ein »römisches« Gepräge. – Die Lokomotiven, für die es noch keinerlei Vorbilder gab, wurden im Zug eines Wettbewerbes konstruiert, den der Münchener Techniker J. Maffei mit seiner »Bavaria« gewann. Sollte das Projekt eines Basistunnels verwirklicht werden, käme dem einstigen Wunderwerk nur mehr der Rang eines nostalgischen Eisenbahnmuseums zu: Die heutige Fahrzeit von 1 St. wäre dann auf 15 Min. verkürzt!

Sonnwendstein, 1523 m ○ ✳

Einer der schönsten Aussichtsberge Niederösterreichs, an schönen Tagen infolge des Sessellifts jedoch überlaufen. Auf dem Gipfel eine weithin sichtbare Rundfunk- und Fernseh-Relaisstation. Bedeutender Rundblick: vom Wiener Becken über Neusiedler See zur Buckligen Welt, sehr schön Raxalpe und Schneeberg, Schneealpe, Veitsch und Hochschwab.
Sessellift von Maria Schutz, Straße vom Semmering.
Auf dem Gipfel das → *Pollereshaus.* Mehrere nette Rundwanderungen über den Hirschenkogel bzw. Kummerbauerstadel zurück nach Maria Schutz.
Schönes *Skigebiet,* das aber häufig unter Schneemangel leidet. »Erzkogelabfahrt« (Piste II) – Familienfahrt nach Maria Schutz, 700 HM, Piste I (Nordabfahrt) nur selten gute Schneelage. Unterhalb des Erzkogels der Dürrkogel-Schlepplift. – Netter Skiausflug: über den Erzkogel, 1504 m, weiter über den baumfreien Rücken zum Sattel südöstlich des Hirschenkogels und über dessen Abfahrtspisten zum Semmering. 500 HM, 1 St.

Speckbacherhütte, 1093 m

Auf dem → *Kreuzberg.* Sie liegt kurioserweise um 9 m höher als der »Gipfel«. Privates Schutzhaus der Al-

pinen Gesellschaft »Speckbacher«, ganzjährig bewirtschaftet.
Zufahrt: aus der Prein oder von Breitenstein über Orthof.
Zugang: von Orthof (Straße) ½ St.; von Breitenstein ¾ St. – Wanderung über den Kreuzbergkamm bis Gloggnitz 3–3½ St.
Weitere Möglichkeiten siehe → *Kreuzberg.*

Spital am Semmering, 778 m

Der Name geht auf ein 1160 gegründetes Hospiz an der Paßstraße zurück, das dem Stift Neuberg gehörte. – Der Ort zählt mit Mürzzuschlag zu den Keimzellen des alpinen Skilaufes (1. Stuhleck-Besteigung 1891) und ist seither einer der beliebtesten Wintersportplätze im Wiener Bereich (rund 100 Straßenkilometer von Wien), besonders seit der Lifterschließung des Stuhlecks.
Ausgangspunkt für → *Kampalpe,* → *Drahte Kogel* und → *Stuhleck.*

Stanglalpe, 1490 m ○ ✳

Höhenzug der Fischbacher Alpen zwischen Waldheimat und Stanzer Tal, 10 Min. vom höchsten Punkt entfernt die → *Wittmaier-Hütte,* östlich des Gipfels das → *Waldheimat-Schutzhaus.*

Steyersberg, Steyersberger Schwaig

Die *Burg Steyersberg* ist eine Grenzfeste an einer im Mittelalter bedeutsamen Straßenverbindung von Neunkirchen ins Pittental. Ein romanischer Bergfried bildet den ältesten Teil, im 16. und 17. Jh. wurde die Burg zu einem terrassenförmig ins Gelände gefügten Renaissanceschloß mit Bastionen und Wehrtürmen erweitert.
Die *Steyersberger Schwaig, 1367 m,* hingegen liegt weitab: nördlich des Arabichl am Kamm Hochwechsel – Kampstein. Privater Alpengasthof, im Sommer bewirtschaftet. Arabichl-Skilift.
Zufahrt: von Kirchberg am Wechsel durch die Molz.
Zugang: von Kirchberg über den Saurücken 3 St. (rot bez.); von Trattenbach 2 St. (blau bez.); von Ottertal 3 St. (grün bez.); vom Feistritzsattel 1½ St.

Gipfel: Arabichl, 1595 m, 40 Min.; Umschußriegel, 1720 m, 1¼ St.; Hochwechsel, 1743 m, 2 St.; Kampstein, 1467 m, 2¼ St.

Straßegg, 1163 m

Alpengasthof am gleichnamigen Sattel zwischen Breitenau und Birkfeld in den Fischbacher Alpen. Ganzjährig bewirtschaftet, 13 Schlafplätze. Telefon (0 31 71) 260.
Zufahrt: aus dem Murtal und aus dem Feistritztal. Postbushaltestelle.
Übergang: zum Schanzsattel 3–4 St.; nach Stanz über Hochschlag und Aibel 3½ St.; zum Eiwegsattel 3–3½ St.; zum Rennfeld 6–7 St.
Gipfel: Hochschlag, 1580 m, 1½ St.; Aibel, 1394 m, 2½ St.

Stuhleck, 1782 m ○ ✳

Die höchste Erhebung der Fischbacher Alpen, eine massige, im oberen Bereich kahle Kuppe. Auf dem Gipfel das → *Alois-Günther-Haus* (Wegzeiten s. d.).
Obgleich als »Lift- und Autogipfel« leicht erreichbar, ist das Stuhleck bei Sturm und Nebel nicht zu unterschätzen – trotz reichlicher Markierungen. Weitreichender Gipfelblick vom Wienerwald über Neusiedler See bis zu den Karawanken im Süden, den östlichen Tauern, Gesäuse und Toten Gebirge im Westen; in der näheren Umgebung erscheinen besonders instruktiv Veitsch, Schneealpe und Rax.
Das Stuhleck, das im Sommer Gelegenheit zu ausgedehnten Kammwanderungen bietet, war einer der ersten *Skigipfel* der Alpen: am 13. 2. 1891 wurde es von Max Kleinoscheg aus Graz sowie Toni Schruf und Walter Wenderich aus Mürzzuschlag erstmals mit Skiern bestiegen. Nach und nach kannte man 12 verschiedene Abfahrten, von denen aber heute, nachdem die »Schokoladenseite« zum Liftgebiet wurde, praktisch nur drei befahren werden:
nach Spital – oberstes Viertel vielfach abgewehte Hänge, dann Pisten (1000 HM, ca. 5 km Länge); *zum Pfaffensattel* – meist im Bereich der Straße, leicht (400 HM); *nach Rettenegg* – über den Westkamm bis P. 1675 (Wegtafel), dann über weite Hänge

mit kurzen Waldpassagen zum Zwieselbauer und durch den folgenden Graben nach Rettenegg (900 HM, südseitig, frühzeitig Firn, Rückkehr mit Taxibus zum Pfaffensattel, von dort 1¼ St. Aufstieg zum Gipfel).

Teichalpe, 1178 m ○ ❄
Wandergebiet im nördlichen Grazer Bergland, mit kleinem See. Von Frohnleiten über Rechberg sowie von Traföß bei Mixnitz durch die Breitenau mit dem Auto erreichbar und entsprechend stark besucht (im Winter auch Liftbetrieb und Langlaufloipen). Mehrere ganzjährig geöffnete Gasthöfe (Angerwirt, Holzmeister, Pierer, Teichwirt).
Zugang: zu Fuß durch die Bärenschützklamm (von Mixnitz 4 St.).
Übergang: zum »Guten Hirten« 1½ St.; nach Schüsserlbrunn (Steirischer Jokl) 1¾ St.; weiter zum Zirbisegger insgesamt 2¾ St.; zur Tyrnauer Hütte 1½ St.
Gipfel: Hochlantsch, 1722 m, 1¾ St.; Heulantsch, 1490 m, 1 St.; Rote Wand, 1505 m, 2½ St.

Teufelstein, 1498 m ○ △
Höchster Punkt des Abschnittes der Fischbacher Alpen zwischen Waldheimat und Stanglalpe. Einer Landschaft wie den deutschen Mittelgebirgen entragen mächtig aufgetürmte Gneisblöcke, die mit Hilfe zweier Eisenklammern erklettert werden können (Höhe ca. 5 m).
Aufstieg: vom Schanz-Wirtshaus 1 St., meist im Zuge einer Kammüberschreitung; von der Stanglalm 2 St.

Türkensturz, 610 m ○ ▲
Das gelblichrote, gut 120 m hohe Kalkriff über Gleißenfeld im Pittental wirkt etwas fremdartig inmitten seiner sanfthügeligen Nachbarschaft. Im Jahr 1532 soll eine Schar erbitterter Bauern einen Trupp Türken, welcher die Bevölkerung durch Plünderungen und Brandlegungen terrorisiert hatte, über diese Felswand hinuntergeworfen haben. – 1862 ließ Fürst Johann von Liechtenstein hier eine künstliche Ruine errichten (auch im Wienerwald gehen einige dieser romantischen Gebilde auf sein Konto).

Durch die steile Felsmauer führt einer der kühnsten und luftigsten versicherten Steige der Wiener Hausberge, der → *Pittentalersteig.* Mehrere Kletterrouten (Türkensturzkante, Direkte Türkensturzwand) sind nicht nur sehr schwierig (um V), sondern überdies brüchig und gefährlich und werden kaum begangen.
Aufstieg: vom Schloß Seebenstein 1 St.; von Gleißenfeld durch den Sollgraben 50 Min.

Waldheimat-Schutzhaus, 1470 m
Auf der → *Stanglalpe* in den Fischbacher Alpen. – Ganzjährig bewirtschaftet, 62 Schlafplätze. Funkverbindung mit Gh. Gesselbauer in Stanz, Telefon (0 38 65) 82 05.
Zufahrt (im Sommer) von Wartberg, Mitterdorf oder Stanz (Mautstraße) bis nahe zum Haus.
Zugang: vom Hiasbauer 1¼ St.; von Stanz 2½ St.; von Mitterdorf oder Wartberg je 2¾ St.; von Krieglach oder Kindberg 3½ St.
Übergang: zum Wittmaier-Haus 20 Min.; zum Schanzsattel 2 St.; zum Alpl 2½ St.; über Sonnbergalpe und Suppenberg nach Kindberg 3 St.
Gipfel: Stanglalpe, 1490 m, ¼ St.; Teufelstein, 1498 m, 2 St.

Wartenstein, Schloß, 759 m
Das über den sanften Hügeln um Gloggnitz aufragende Schloß bildet einen ernsten Kontrast in der Landschaft. Ursprünglich eine Wehrburg, im 12. Jh. unter Hermann von Wartinsberg errichtet, wurde sie 1529 von den Türken zerstört. Einen Neubau aus dem Jahr 1645 vernichteten 1809 die Franzosen. Die unter Fürst Liechtenstein restaurierten Gebäudeteile wurden während der Kriegshandlungen 1945 stark beschädigt und nunmehr neuerlich aufgebaut.

Weinweg ○ ❄
Ursprünglich ein alter Handelsweg (besser: Pfad) von Neunkirchen über Altendorf, die Rams, Schlagl, Fröschnitz- und Pfaffensattel nach Rettenegg. Heute vielfach (Forst-)Straßen, ab Ramssattel bezeichnet. Diese Kammwanderung kann einerseits bis

zum Stuhleck, andererseits nach Süden über den Feistritzsattel bis zum Hochwechsel fortgesetzt werden. Eine schöne *Skiwanderung* mit Langlaufskiern ist das Teilstück Kummerbauerstadel–Feistritzsattel (3–4 St.).

Wetterkoglerhaus, 1743 m

Auf dem Gipfel des *Hochwechsel* wurde schon 1899 von der Alpinen Gesellschaft »Wetterkogler« eine kleine Schutzhütte errichtet, die jedoch 1915 abbrannte. Der heutige Bau ist Eigentum des Österreichischen Alpenvereins. 55 Schlafplätze, offener Winterraum. Bewirtschaftet von Mai bis Ende Oktober.

Zufahrt (im Sommer) auf Mautstraße von Mönichwald oder Waldbach bis zum Haus.

Zugang: von Mönichkirchen 3½ St.; von Glashütte 2½ St.; vom Feistritzsattel 2½ St.; von Mariensee 2½ St.; von Mönichwald oder Waldbach 3½–4 St.

Übergang: zur Marienseer Schwaig ¾ St.; zum Hallerhaus 2 St.; zum Alois-Günther-Haus 5–6 St.

Wittmaier-Hütte, 1460 m

Auf der → *Stanglalpe* in den Fischbacher Alpen. Selbstversorgerhütte des Österreichischen Alpenvereins, an Wochenenden beaufsichtigt. 30 Schlafplätze, Winterraum.

Zugang: von Stanz 2½ St.; von Mitterdorf oder Wartberg je 3 St.; von Kindberg 4 St.

Übergang: zum Waldheimat-Schutzhaus 20 Min.; zum Schanzsattel 2½ St.; zum Alpl 3 St.

Zirbisegger, 1007 m

Alpengasthof am Nordabfall des → *Hochlantsch.* Ganzjährig bewirtschaftet. – Telefon (0 38 66) 22 60. – Skigebiet, Schlepplifte, Langlaufloipe.

Zufahrt aus dem Murtal von Traföß in die Breitenau bis zum Haus.

Übergang: nach Schüsserlbrunn (Steirischer Jokl) 1 St.; zum »Guten Hirten« 1½ St.; zur Teichalpe über Breitalmkreuz 2¼ St., über Zechnerhube 2½ St.; nach Mixnitz über die Bärenschützklamm oder den Prügelweg 3½–4 St.

Gipfel: Hochlantsch, 1722 m, 2 St. (über den schwierigen Naturfreundesteig 2–2½ St.).

Randgebiete östlich der Mur

Umgrenzung: Bruck an der Mur – Mürz bis Mürzzuschlag – Semmering – Schottwien – Gloggnitz – Neunkirchen – Steinfeld – Wiener Becken – Bruck an der Leitha – Neusiedler See – Ungarische Tiefebene – Mur bis Einmündung der Mürz

(Zusätzlich wird in diesem Werk das Gebiet zwischen Mürztal und der Prein einbezogen.)

Wegmarkierung: 700/900

Touren konkret

1. Kreuzberg-Überschreitung

Gemütlicher Wanderbummel. Meist innerhalb der Waldregion, jedoch immer wieder schöne Ausblicke auf Schneeberg, Rax und die Semmeringlandschaft. Die Semmeringbahn erleichtert den Aufstieg; verkürzte Variante ab Klamm.

Wegverlauf: Breitenstein, 870 m – *Speckbacherhütte, 1093 m* – Kreuzberg, 1084 m – Klamm (2½ St., rund

7 km) oder weiter auf der Kammhöhe bis Gloggnitz.

4 St., 13 km. – Frühjahr bis Spätherbst, eventuell auch als Hochwintertour mit Langlaufskiern.

2. Vom Semmering zum Preiner Gscheid

Unschwierige Wanderung auf meist bewaldeten Kämmen; vielfach aber auch Almgelände mit schönen Ausblicken (Kampalpe!) auf Raxmassiv und Fischbacher Alpen.

Wegverlauf: Semmering, 985 m – Pinkenkogel – Kampalpe – *Drahte Kogel, 1565 m* – Tattermannskreuz – Sitzbühel – Preiner Gscheid, 1070 m. 5–6 St., rund 16 km. – Frühjahr bis Spätherbst, eventuell Skitour.

3. Luckete Wand und Falkenstein

Hübscher Halbtagsausflug in der Semmeringlandschaft mit originellen Felsbildungen als Aufputz und reizvollen Ansichten der Rax- und Schneeberg-Südseite.

Wegverlauf: Gh. Orthof, 925 m – Falkenstein (Geißkirchl) – *Luckete Wand, 1128 m* – Hohlwang – Orthof. 2½–3 St. – Frühjahr bis Spätherbst.

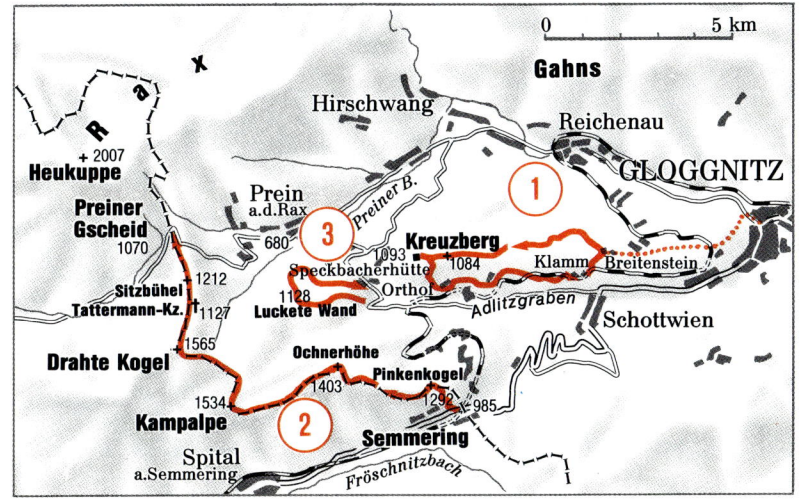

4. Seebenstein und Türkensturz

Rundwanderung in der Buckligen Welt, teilweise durch Bauernland auf wenig befahrenen Straßenstücken.

Wegverlauf: Pitten, 376 m – Weißjakkel – Seebenstein – *Türkensturz, 610 m* – Weingart – Stanghof – Leiding – Pitten.

4½–5½ St., 19 km. – Streckenweise unmarkiert. – Ganzjährig außer bei Schneelage.

5. Ramssattel und Hermannshöhle

Kleine Rundwanderung für kurze Tage oder unsichere Witterung.

Wegverlauf: Kirchberg am Wechsel, 581 m – Kirchgrabenweg – Kreithberg – *Eselsberg, 900 m* – Ramssattel – Hermannshöhle – Kirchberg (zuletzt Straße).

2½–3 St. (ohne Höhlenbesichtigung). – Ganzjährig außer bei Schneelage; Höhle zugänglich von Ende März bis Anfang November.

6. Vom Wechsel zum Semmering

Großzügige Zweitageswanderung. Vielfach in der Waldregion, in Kammlagen weitreichende Fernsicht. Unschwierig, doch bei Nebel und stürmischer Witterung nicht zu unterschätzen. Sessellift Mönichkirchen – Schwaig als Aufstiegshilfe, Nächtigung am Wetterkoglerhaus.

Wegverlauf: Mönichkirchen, 967 m bzw. Mönichkirchner Schwaig, 1174 m – Haller-Haus – Steinerne Stiege – Niederwechsel – *Hochwechsel, 1743 m* (Wetterkoglerhaus) – Feistritzsattel – Alpkogelhütte (unbewirtschaftet) – Erzkogel – Hirschenkogel – Semmering, 985 m.

4 St. (mit Liftbenützung ¾ St. kürzer) zum Wetterkoglerhaus, Wetterkog-

lerhaus – Semmering 6–7 St., insgesamt rund 30 km. – Spätfrühjahr bis Spätherbst.

Für PKW-Fahrer nicht geeignet!

Anschluß an Route 7: Feistritzsattel – Pfaffensattel – Stuhleck (Alois-Günther-Haus) 2½–3 St.

7. Vom Stuhleck zur Waldheimat

Kammüberschreitung des Ostteils der Fischbacher Alpen. Stuhlecklifte als Aufstiegshilfe, trotzdem anstrengende Tagestour.

Auch für PKW-Fahrer: Das Auto bleibt in Spital/Semmering, Rückkehr mit der Bahn von Langenwang.

Wegverlauf: (Spital/Semmering) Friedrichshütte 1310 m – *Stuhleck, 1782 m* (Alois-Günther-Haus) – Pretulalpe – Steinriegel – Hauereckhütte – Wetterkreuz – Ruine Althohenwang – Langenwang, 637 m.

7–8 St., ca.24 km. – Spätfrühjahr bis Spätherbst.

Anschluß an Route 8: Hauereck – Bruggraber-Gh. 1¼ St.

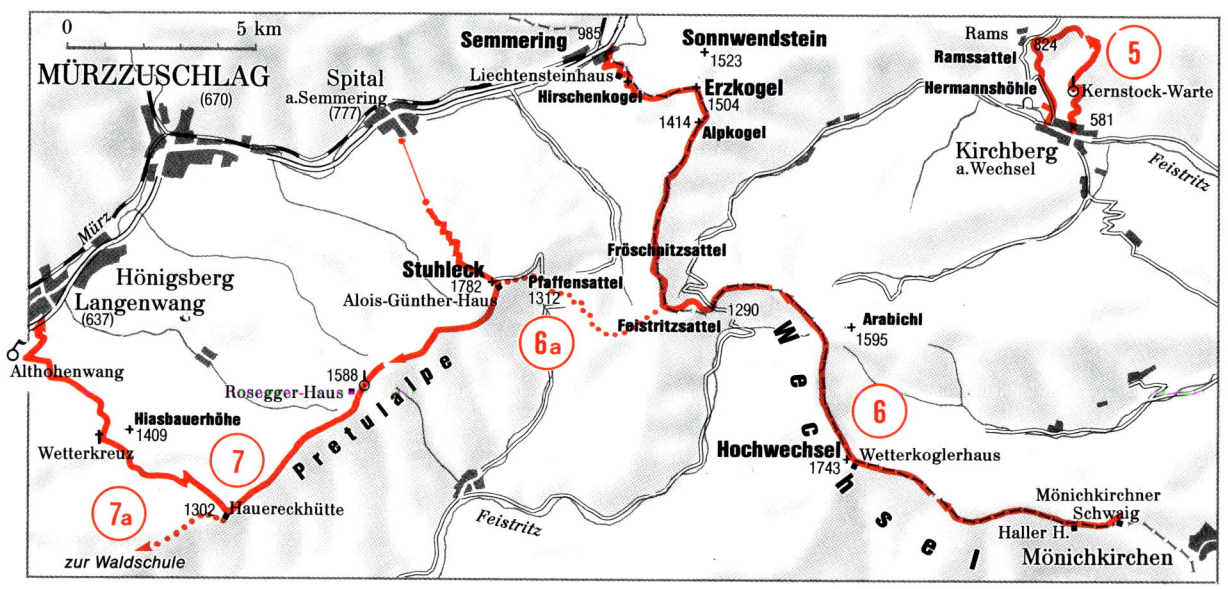

8. Von der Waldheimat nach Kindberg

Kammüberschreitung des Westteils der Fischbacher Alpen. Großteils innerhalb der Waldregion, vielfach auf Forststraßen. Auch für PKW-Fahrer: Das Auto bleibt in Krieglach, Bus zum Gh. Bruggraber, Rückkchr von Kindberg mit der Bahn.

Wegverlauf: Bruggraber, ca. 950 m – Waldschule – Rosegger-Geburtshaus – Lentkreuz – *Teufelstein, 1498 m* – Waldheimat-Schutzhaus – Stanglalpe, 1490 m – Fuchsegg – Suppenberg – Kindberg, 565 m.

6–7 St., 23 km. – Frühjahr bis Spätherbst.

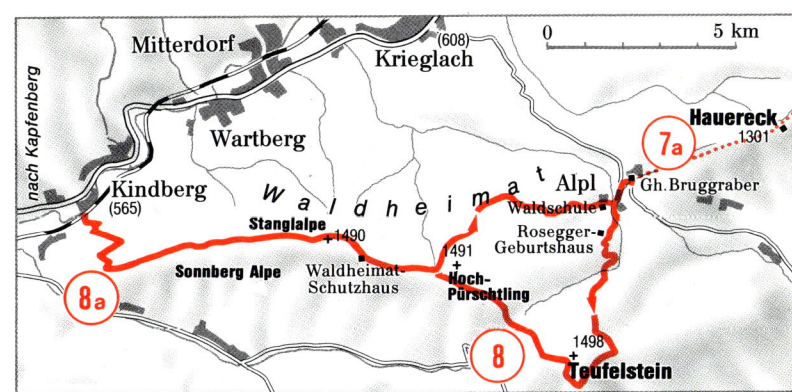

9. Auf das Rennfeld

Dieser letzte Ausläufer der Fischbacher Alpen ist ein »Hausberg« vorwiegend für die Bergfreunde aus dem Raum Kapfenberg, von der Pischkalm (Autozufahrt) ein Spaziergang von 1½ St. Unsere Rundwanderung erreicht auf längerem Weg das Rennfeld von der »Maschekseite«.

Wegverlauf: Pernegg, ca. 500 m (Gabraun) – 72-Reihen-Steig – *Rennfeld, 1630 m* – Buchecksattel – Eggersattel – Gabraun.

6–7 St. – Frühjahr bis Spätherbst.

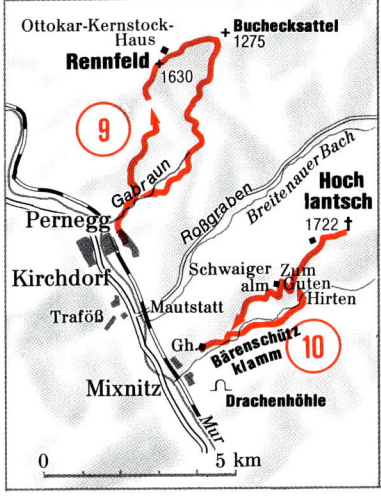

10. Bärenschützklamm und Hochlantsch

Eine der schönsten Klammen Österreichs und ein reizvoller Aussichtsgipfel erlauben eine prächtige Kombination zu einer starken Tagestour: der Klammbesuch allein ist jedoch schon lohnend.

Wegverlauf: Mixnitz (Zufahrt bis Gh. Sarklet) – Bärenschützklamm – Gh. Zum Guten Hirten, 1209 m – Schüsserlbrunn – Hochlantsch, 1722 m – zurück bis zum »Guten Hirten« – Schwaigeralm – Mixnitz.

Ca. 7 St., ohne Hochlantsch 4–4½ St. – Frühjahr (beste Wasserführung!) bis Herbst.

Mürzsteger Alpen

Der große Zug der Kalkalpen ist vom Salzburgischen an in Form von Plateaugebirgen ausgeprägt (nur die wild aufgetürmten Ennstaler Alpen machen da eine Ausnahme), die nach Osten zu allmählich immer niedriger und bescheidener werden. In diesem Teilbereich bilden Veitsch- und Schneealpe das Kernstück, zwei langgezogene, flache Kalkschollen, die schon äußerlich ihre nahe Verwandtschaft nicht verleugnen können. Aus größerer Entfernung, etwa von den Aussichtspunkten der Fischbacher Alpen, offenbart sich ihre fast spiegelbildliche Zwillingsgestalt: zwei auf südseitig abbrechende Felsflanken aufgesetzte Hochplateaus über einem dichtgefalteten Mantel waldiger Vorberge. Liegt der höchste Punkt der Veitschalpe im Westen, so ist das Schneealpenmassiv im Osten am höchsten aufgetürmt, und auch die von Gräben und Tobeln eingeschnittenen Nordseiten mit ihren felsigen Steilflanken ähneln einander auf verblüffende Weise. Im Norden werden diese Berge flankiert von ihren kleineren Geschwistern Toniongruppe, Student und Wildalpe, den nordöstlichen Abschluß der Mürzsteger Alpen bildet der Göller-Gippel-Obersberg-Zug, der indessen mit seiner ausgeprägten Kammform einen andersartigen Bergtypus verkörpert.

Der Reiz dieses Gebirges – höchster Punkt ist die Hoch-Veitsch, 1981 m – liegt im engen Wechsel von Waldgründen, Almen, krummholzbewehrten Felsmauern und tundrenartigen Hochplateaus, in der knappen Überschneidung von sanften und kantigen Linien, in der Verflechtung von Vor- und Hochalpen. Der schöne Dachsteinkalk, der die berühmten Kletterwände des Gesäuses oder des Hochschwab bildet, ist hier nur fragmentarisch in Form vereinzelter Felsmauern zu finden. Vielfach bis in die Gipfelflur aufgewölbt finden wir den mürben Wettersteindolomit – kein Klettergerüst, dafür jedoch idealer Blumengrund. Die reichhaltige Flora macht diese Berge besonders im Spätfrühjahr besuchenswert. Hier ist das Reich des Almwanderers, Naturgenießers und – wenn er es nur richtig anpackt – auch des Freundes einsamer Winkel. Die Gesamtüberschreitungen von Veitsch- oder Schneealpe sowie des Göller-Gippel-Kammes sind die großen Ziele für erfahrene, ausdauernde Bergwanderer. Abwechslungsreiche, unschwierige Wege bei schönem Wetter, jedoch absolut nicht zu unterschätzen, wenn Nebel, Sturm und Kälte oberhalb der Baumgrenze binnen kurzem aus einem Familienwanderberg ein menschenfeindliches Hochgebirge machen – dies kann gar nicht oft genug wiederholt werden!

Die Schneealpe nimmt unter diesen Bergen wegen ihrer Vielfalt einen besonderen Rang ein. Durch den Naßkamm ist der ansonsten isolierte Stock mit der Raxalpe verbunden. Gegen Osten zur größten Mächtigkeit aufgewölbt, überhöht der 1903 m hohe Windberg das Tal um volle 1200 m. Die Durchschnittshöhe des Plateaus liegt bei 1800 m, jene der Mittelgebirgslandschaft des Westteils um rund 400 m niedriger. Dieses Ansteigen nach Osten in Verbindung mit der exponierten Lage als erstes hohes Massiv gegen West und Nordwest bewirkt eine beachtliche Niederschlagsmenge – größer als etwa auf der benachbarten Rax. Schneealpe – diese Bezeichnung gaben die Einheimischen ursprünglich nur der einem verlandeten See ähnlichen Hochmulde östlich des Windberges, an dessen Abhängen sich bis in den Herbst hinein Schneefelder halten. Im alpinistischen Sprachgebrauch hat sie sich später auf den gesamten Gebirgsstock ausgedehnt.

Seit der Freigabe der Mautstraße von Kapellen zum Kohlebnerstand auf rund 1450 m Seehöhe ist die Besteigung des Windberges zu einem besseren Halbtagsausflug geworden. Die zahlreichen stillen, bisweilen sogar unvermutet imposanten Winkel dieses Gebirgsstocks lassen sich freilich so »auf die Schnelle« nicht kennenlernen. Ein besonderes Merkmal der Schneealpe sind ihre Gräben – unten meist unscheinbar im Wald beginnend, droben aber oft mit hochalpinem Pomp auf das Plateau ausmündend, jeder von ihnen ein unverwechselbarer Charakter. Ein landschaftliches Juwel, das im östlichen Alpenraum kein Gegenstück hat, birgt der Westteil des Massivs: das Naßköhr, einen fast vollständig von einem Bergkranz eingefaßten Kessel mit uraltem Mischwaldbestand und Hochmoorflächen mit glitzernden Bachmäandern.

Nicht allein das Fehlen machtvoller Felsformationen oder bedeutender Gipfelhöhen hat die Schneealpenregion und die angrenzenden Gebiete von der Alpinhistorie weitgehend ausgespart: sie waren bis in unser Jahrhundert in erster Linie Jagdreviere, zum Teil Hofjagdgebiet der Habsburger. In unwahrscheinlicher Dichte wurde hier Jagdwild gemästet. Im Höllgraben sollen am winterlichen Futterstadel an die tausend Hirsche gezählt worden sein, dreihundert im Naßköhr und allein an der Altenberger Seite tausend Gemsen! Da ist wohl klar, daß die Anwesenheit von »Touristen« höchst ungern gesehen und der Bau alpiner Unterkünfte überhaupt unterbunden wurde. Kaiser Franz Joseph I. ließ sich über dem Höllgraben ein Jagdschlößchen errichten (er verbrachte dort seine Flitterwochen mit Kaiserin Elisabeth), und vom »Kaisersitz« im Kleinbodengraben hat er 1893 seine tausendste Gemse geschossen. Beim Besuch des russischen Zaren Nikolaus im Jahre 1903 dienten das Mürzsteger Jagdschloß und die Schneealpengräben als Kulisse für hohe Politik, denn der Herrscher aller Reußen nahm als eifriger Ballermann selbstverständlich an den Großjagden

teil. Die Schießstände der allerhöchsten Herren hatte man sicherheitshalber Rücken an Rücken aufgestellt . . .
Nach den beiden Weltkriegen wurde der Wildbestand durch exzessives Wildern stark dezimiert, hat sich aber mittlerweile auf das übliche Maß eingependelt. Auf der Hochfläche wurden schon vor Jahrzehnten Murmeltiere eingebürgert, die sich dort augenscheinlich äußerst wohl fühlen, und wer Glück hat, kann außer dem bereits wieder zahlreichen Gamswild auch den seltenen Steinadler bewundern, der in den Felsmauern der Nordseite horstet. Ein imponierender Anblick, wenn er ohne einen einzigen Flügelschlag bis zur Rax hinübergleitet . . .
Anders als die eher kompakte, ringsum frei stehende Schneealpe läßt sich die Hoch-Veitsch vor allem im Westen und Osten, teilweise auch im Süden erst einmal ausgiebig durch ein Gefolge von Wald- und Almbergen ankündigen, ehe sie sich als Gipfel des Gebirges (1981 m) zu erkennen gibt. Nur von Nordwesten, mit dem vorgeschobenen Bug der mächtigen Bärentaler Wand vor dem markanten Wildkamm, wirkt der Gipfel unmittelbar auf den Beschauer. Rund 30 Kilometer Luftlinie beträgt die Längenausdehnung von Mürzzuschlag bis zum Seeberg, die Einschnürung des Veitschbachtörls sowie der Rotsohlsattel bilden die Grenzmarken des hochalpinen Abschnitts. Haupteintrittsort ist das Dorf Veitsch an der Südseite, als Bergbauort schon lange von Bedeutung. Von hier führt eine Straße hinauf zur Brunnalm auf 1150 m Höhe, wo der gebräuchlichste Gipfelanstieg (über das Graf-Meran-Haus) beginnt. Landschaftlich noch abwechslungsreicher ist der Weg vom Niederalpl durch das Bärental, länger ist der Aufstieg von Mürzsteg über den Senkstein und das Plateau. Ein Reich für sich bilden die zahlreichen Wald- und Wander»mugel« im Umland der Veitsch, die teilweise recht ansehnliche selbstständige Ziele darstellen.
Ein Jahresniederschlag von 1400 bis 1600 mm und in der Hochregion eine geschlossene Schneedecke von 100 bis 150 Tagen jährlich würden das Gebiet zu einer Superskiregion machen, stünden dem nicht die steilen Randabstürze mit ihren vielfach recht engen Grabenabfahrten entgegen, die sich nicht für einen Pistenbetrieb ausbauen lassen, ohne das halbe Gebirge abzutragen. Überdies wurde die Lift-Euphorie vergangener Tage von der harten Realität sinkender Fahrgastzahlen etwas gedämpft. So sind nur drei Gebiete für den Pistenskilauf von Bedeutung: die Brunnalm an der Veitsch-Südseite, der Schneemagnet Niederalpl und das Kernhofer Gscheid an der Göller-Nordseite. Verstärkt setzt man auf den sanften Langlauf, und eine alte Tradition als Skitourengebiet erfährt neue Impulse. Allerdings hat sich dabei ein entscheidender Wandel in der Beliebtheitsskala vollzogen. War etwa die Hinteralm mit ihren sachten Hängen vor zwei Jahrzehnten noch ein Skifahrer-Mekka, mit brechend vollen Hütten zu Weihnachten und Ostern, so läßt man sie heute gerade noch als Skiwander- und Langlaufgebiet gelten. Mit steigendem Fahrkönnen und wesentlich verbesserter Ausrüstung verteilen sich nun die Tourengeher auf die Gräben und Flanken, die nahezu allesamt befahrbar sind. Alpine Erfahrung, sichere Einschätzung der Schneeverhältnisse und dementsprechende Tourenwahl sollten selbstverständlich sein – die grasbewachsenen Steilflanken vieler Gräben können zu tückischen Lawinenbahnen werden! An der Schneealpe werden Lohm-, Blarer- und Karlgraben gern gefahren, Alpl-, Lachalpengraben und Taborsattel stellen interessante Hochwintermöglichkeiten im Bereich des Hinteralmplateaus dar; die Gräben im Bereich des Steinalpls bedingen einen langen Talzugang.
– Die Veitsch wartet mit drei Klasseabfahrten auf: Schallergraben, Bärental und Rodel, außerdem sind praktisch alle Gipfel zwischen Tonion und Sonnleitstein mehr oder weniger skitauglich, wobei der Göller einen besonderen Rang beanspruchen darf. Der nordseitige Göller- und der südseitige Eisgraben zählen zu den beliebtesten und lohnendsten Voralpen-Skitouren. Was sich von seinem felsigen Nachbarn, dem Gippel, nicht gerade behaupten läßt. Der ist als Skitour sowieso ein Krampf, und auch im Sommer hebt sich seine Besteigung ein wenig über die üblichen Voralpenwanderberge hinaus.
Der ganze Kamm bis zum Obersberg war übrigens noch um die Jahrhundertwende absolutes jagdliches Sperrgebiet, aus dem die Jäger jeden Wanderer vertrieben, und noch um 1960 mußte für eine Besteigung des Gippel auf dem normalen Weg eine Genehmigung der Hoyos-Sprinzenstein'schen Forstverwaltung eingeholt werden! Derlei feudales Brauchtum ist zwar ausgeräumt, doch bedient man sich heute subtilerer Mittel, um das Gesetz von der Wegefreiheit zu durchlöchern: »befristete Sperren«, taktische Errichtung von Wildfütterungen an touristischen Einzugswegen, mutwillige Anzeigen und – am wirksamsten – Unterwanderung der Naturschutzgremien.
Forst, Jagd und Tourismus bieten eben schon traditionell genügend Stoff für Interessenkollisionen, deren Aufhebung noch viel gegenseitiges Verständnis und Rücksichtnahme bedürfen wird.

Mürzsteger Alpen
von A–Z

Alpenvereinshaus Hinteralm, 1450 m

Sektion Wiener Lehrer. Ganzjährig (außer Mitte September bis Mitte Oktober) bewirtschaftet, 60 Schlafplätze. *Zugang:* von Krampen (Tirolerwirt) 3 St.; von Scheiterboden durch den Alplgraben 2 St.; von Frein über den Hochriegel 2½ St. *Übergang:* zum Schneealpenhaus 3½–4 St. *Gipfel:* Spielkogel, 1599 m, 40 Min; Hoch-Waxeneck, 1647 m, 1½ St.; Windberg, 1903 m, 3–3½ St.

Alplgraben ○ ☀

Er zieht vom Westrand der Schneealpe nach Scheiterboden hinunter und vermittelt den kürzesten Aufstieg zur → *Hinteralm* (ca. 2 St., rot bez., durch Straßenbau ständig Veränderungen). Lohnende Skiabfahrt (600 HM), besonders bei viel Neuschnee.

Ameisbühel, 1828 m ○ ☀

Leicht ersteigbarer Rasengipfel im Nordosten der Schneealpe, von der gleichnamigen Alm in 20 Min. (unbezeichnet) zu erreichen. Schöner Einblick in die nördlichen Täler der Schneealpe, auf den Sonnleitstein und in die Kahlmäuer der Rax. *Aufstieg:* von Hinternaßwald über die Karlalm oder durch das Reißtal und über den Naßkamm je 3–3½ St.; vom Schneealpenhaus 1¼ St.; über den Grenzriegel 3½–4 St. *Ameisbühelalm* siehe → *Lurgbauerhütte.*

Bärental ○ ☀

Graben an der Westseite der → *Hoch-Veitsch,* zwischen dieser (Bärentaler Wände) und dem Wildkamm. Landschaftlich sehr schön, vom Niederalpl her über die Sohlenalm bester Veitsch-Aufstieg von Norden her (2½–3 St., erst blau, dann rot bez.). Im Winter hervorragende *Skitour* mit Ausgangspunkt Aschbach. *Zufahrt:* durch den Rotsohlgraben bis zum Gehöft Teibenbacher. *Aufstieg:* durch das Bärental bis zur Gingatzwiese, von dort noch ½ St.

zum Gipfel. – Im unteren Teil unbezeichnet, je nach Ausgangspunkt 2½–3½ St., Abfahrt 800–900 HM, mäßig steil.

Blarergraben ○ ☀

Steiler, aus dem → *Lohmgraben* an der Ostseite der Schneealpe abzweigender Graben, der in unmittelbarer Nähe des Schneealpenhauses auf die Hochfläche mündet. *Aufstieg* 3 St. aus dem Altenbergertal (Lurgbauer), rot bez. Rassige *Skiabfahrt,* im oberen Teil sehr schöne, steile Karwannen, unten die unangenehme Steilstelle und verwachsenes Gelände. Abfahrt 950 HM; ostseitig, nur bei sicheren Verhältnissen!

Brunnalm, 1154 m ○ ☀

Am Südabfall der → *Veitschalpe,* Zufahrt durch den Brunnbauergraben (15 km vom Bhf. Mitterdorf-Veitsch). Skigebiet mit 3 Schleppliften. Ausgangspunkt für Skitouren im Bereich der Hoch-Veitsch: → *Goaßsteigen,* → *Schallergraben.* *Übergang:* zum Graf-Meran-Haus 1½–2 St.

Dirtlerschlucht ○ ☀

Einsamer Graben an der Nordseite der Schneealpe. Der Name Schlucht ist für das unten auähnliche Tal zwischen Mitterbergschneide und Burgwand nicht sehr glücklich gewählt. *Aufstieg:* Ein Jagdsteig führt durch das von der Baumtalstraße rechts abzweigende Tal über die *Burgalm, 1572 m* (2 St. vom Taleingang) auf die Hochfläche und weiter zu den *Rinnhoferhütten* oder zur *Ameisbühelalm* (je etwa 1½ St.), insgesamt 3½–4 St. vom Gh. Leitner. Die Dirtlerschlucht ist auch eine interessante *Skitour* (800 HM vom Plateau, Einfahrt meist abgeweht, weiter unten eventuell Lawinengefahr), jedoch mit dem Pferdefuß des langen, nahezu ebenen Zugangs vom Gh. Leitner zum Steinalpl: 4 km.

Donnerswand, 1799 m ○ ☀

Östlicher Eckpunkt des Waxeneckkammes auf der Schneealpe. Der latschenbewachsene, mit dem Kleinen Waxeneck zusammenhängende

Bergrücken stürzt zum Kleinbodengraben mit einer gut 200 m hohen Wand ab – eindrucksvoll, aber brüchig. Der Erstdurchsteiger Albin Roessel (1920) hat kaum Nachfolger gefunden. *Aufstieg:* von der Großbodenalm ¾–1 St. (unbez.); vom Taborsattel über das Kleine Waxeneck, meist auf dem Verbindungskamm 1–1½ St. Auch als *Skiberg* im Zuge einer Rundtour oder Überschreitung empfehlenswert (Südhang, 300 HM).

Fallenstein ○ ☀

Einerseits *Ortschaft* (Talboden etwa 770 m) an der Straße Mariazell–Seeberg (nahe Gußwerk), Ausgangspunkt für → *Schöneben,* → *Sauwand* und → *Tonion.* Andererseits *Gipfel,* 1536 m, zwischen Schöneben und Dürriegel, dem Tonion östlich vorgelagert. *Aufstieg:* vom Höhenreith-Sattel, 1169 m, über einen Jagdsteig, zuletzt weglos über den Westkamm (unbez. 1½ St.); von der Dürriegelhütte, 1353 m (1¼ St. von Schöneben), den Südhang des Geistersteins querend und über einen freien Kamm weglos zum Gipfel mit schönem Ausblick. – Diese Route empfiehlt sich auch als *Skitour,* sehr steile Abfahrt (ostseitig) zum Schwaboden.

Farfel, 1563 m ● ☀

Wandbildung an der südöstlichen Ecke des Schneealpenplateaus. Steiler Aufstieg von Neuberg (blau bez., 3¼ St., Schwindelfreiheit erforderlich). Für sichere Steilhangfahrer bieten sich von der Farfel zwei »verschollene« Abfahrten an: vom Beginn des Waldes nach rechts in den Lichtenbach-(Lechner-)Graben oder unterhalb nach rechts zu einem Steilhang in den Aschachergraben.

Frein, 864 m

Kleines Dorf in einer Talweitung des obersten Mürztales bei der Einmündung des Freinbaches, von relativ hohen Waldbergen umgeben. Bis 1883 war die Holzfällersiedlung von Mürzsteg her durch den klammartigen Talabschnitt beim »Toten Weib« (Wasserfall) nur auf Holzstegen erreichbar, erst dann wurde eine enge Straße in den Fels gesprengt.

*Gippel, Göller (rechts) und Hochschwab
vom Obersberg*

Ausgangspunkt für → *Hinteralm*
(über Hochriegel oder Schuster-
wald), Kleiner und Großer → *Proles*,
→ *Wildalpe* und Hoher → *Student*.
Übergang: über die Schöneben
(1099 m, 2½ St.) zum Fallenstein bei
Gußwerk 3½ St.

Gippel, 1669 m ● ❄

Als einer der markantesten Voralpenberge beherrscht er den Talboden
von St. Ägyd am Neuwalde. Fast 3 km
lang ist der teilweise schrofig aufgelöste, bis zu 200 m hohe Felsbau mit
der anschließenden Gippelmauer
(Schwarzauer Gippel, 1605 m), der
sich über steilen Waldgräben erhebt.
Der Name könnte von »Giebel« herrühren – mit ein wenig Phantasie
kann man den dachgiebelartigen
Gipfelaufbau ausnehmen. Umfassender Rundblick, der nur im Westen
durch den Göller beeinträchtigt
wird.

Aufstieg: von Norden aus dem Wei-
ßenbachtal bei St. Ägyd (4,5 km Fahrstraße bis zum Gehöft Zögernitz).
Von hier über den teilweise steilen
»*Treibsteig*« zu den Felsen, die an
der schwächsten Stelle, beim *Gippel-
türl* (Felsenge mit Almgatter), an die
Südseite durchschritten werden.
Über den teilweise schneidenartigen
Ostkamm zum höchsten Punkt (rot
bez., 3 St., nicht bei Schneelage oder
Vereisung!); über den *Waldhüttsattel,
1266 m,* und die *Hofalm, 1546 m*
(von Kernhof oder vom Lahnsattel je
2 St.), und weiter teils über den
Kamm, teils in seiner Südflanke (Ma-
jewski-Steig) zum Gipfel (rot bez.,
vom Sattel 2½–3 St.).
Der Gippel ist auch ein Skiziel (die
Betonung liegt auf »auch«). Der einzige Skizugang führt von der Südseite durch den recht verwachsenen
Gippelgraben, der über eine Forststraße, die unterhalb des Preintaler
Gscheidls beginnt, erreicht wird
(vom Gh. Triebl 1½ St., vom Lahnsattel 2 St.). Durch den Graben und den
Gipfelkamm querend 2–3 St.

Glatzeter Kogel, 1594 m ● ❄

Felsige Erhebung in Fortsetzung des
Sonnleitstein-Kammes, der mit beachtlichen Wänden in den Grasgra-
ben abbricht. Besteigung am günstigsten vom Sonnleitstein über den Verbindungskamm (¾ St.) Abstieg weglos zum Kaisersteig.
Skimöglichkeiten von der Nordseite,
jedoch überaus lange Zugänge.

Goaßsteigen ● ❄

Unbezeichneter, steiler Aufstieg von
Süden (Brunnalm) auf das Plateau
der *Veitschalpe*. Im Aufstieg kaum
begangen, bekannt jedoch als steile
Frühjahrsabfahrt.
Zugang: am besten vom → *Graf-Meran-Haus* ostwärts bis zum quer eingeschnittenen, schwach ausgeprägten *Scheibengraben*. Abfahrt sehr
steil, 400 HM; nicht einfach zu finden.

Göller, 1766 m ○ ❄

Wuchtiger, beherrschender Voralpengipfel zwischen Keertal und
Lahnsattel mit weitreichender Rundsicht vom Schneeberg bis zu den

Gesäusebergen. Bis ins späte Frühjahr bildet seine weißleuchtende Südflanke einen auffälligen Blickfang. Er ist ein Ziel für jede Jahreszeit, besonders schön im Spätherbst sowie im Frühjahr als Skiberg.

Aufstieg: vom Gscheid, 963 m, über den Gsenger, die östliche Begrenzung des Göller-(Andre-)Grabens, rot bez., 2–2½ St. (auch bester Winteraufstieg); von Kernhof über den Waldhüttsattel, 1266 m, die Göllerhütte, 1442 m, und den Kleinen Göller, 1673 m, rot bez., 3½–4 St.; vom Lahnsattel über eine Forststraße und den westl. Begrenzungsrücken der Eisgrube zum Terzer Göller, 1729 m, 2–2½ St., unbezeichnet, praktisch nur Skiaufstieg.

Als *Skiberg* ist der Göller sehr vielseitig. Schon ab Hochwinter ist der *Göllergraben* befahrbar (800 HM, steile Einfahrt, Lawinengefahr vom linken Hang möglich. Standardabfahrt). Die Nordabfahrten durch den *Wurzboden* oder den *Schindlergraben* sollte man zuvor im Aufstieg begehen (bis zum Ahornhof fast 1000 HM). – Eine absolute Spitzenabfahrt führt nach Süden, durch die *Eisgrube* zum Lahnsattel (700 HM, oben sehr steil, nur bei sicheren Schneeverhältnissen!). Vorschlag für Feinschmecker: Aufstieg vom Gscheid, Abfahrt durch den steilen Teil der Eisgrube, Aufstieg am linken Begrenzungsrücken und durch den Göllergraben zum Fahrzeug zurück.

Göllerhütte, 1442 m

An der Ostseite des Göller nahe der Waldgrenze. Touristenverein »Die Naturfreunde«. 60 Schlafplätze; bewirtschaftet an Wochenenden von Ostern bis 20. September und vom 15. Oktober bis 15. November.
Zugang: vom Lahnsattel (Donaudörfel) über den Waldhüttsattel (Forststraße, rot bez., 1½ St.); von Kernhof über den Waldhüttsattel (rot bez., 2½ St.).
Gipfel: Göller, 1766 m, 1½ St.; Gippel, 1669 m, 3–3½ St.

Göriacher Alm, 1492 m

Almdorf und privates Gasthaus am Westrand des Veitschalpenstockes. Ab Mai Wochenendbewirtschaftung,

von Juni bis Oktober durchgehend bewirtschaftet. 23 Schlafplätze.
Zugang: vom Seebergsattel (Seebergalm) durchs Lappental 1 St.
Übergang: zum Graf-Meran-Haus 3–3½ St.
Gipfel: Hochanger, 1683 m, ¾ St. (blau bez.); Hörsterkogel, 1609 m, 1¼ St.; Turntaler Kogel, 1610 m, 1½–2 St.

Graf-Meran-Haus, 1836 m

Am südlichen Abfall des Veitschalpenplateaus. Das 1880 errichtete winzige Hüttlein wurde 1927 vom Österreichischen Touristenklub erworben und mehrere Male erweitert. Ganzjährig bewirtschaftet, 42 Schlafplätze.
Zugang: vom Lahnboden 1 St.; von der Brunnalm 1¾ St.; vom Radhof über die Schalleralm 2¾–3 St.
Übergang: zum Niederalpl 2½ St.; zur Veitschalmhütte 2 St.; zur Göriacher Alm 3 St.; nach Neuberg 5 St.; zur Seebergalm 4 St.
Gipfel: Hoch-Veitsch, 1981 m, 25 Min.

Grenzriegel ●

Vom Sattel zwischen Mürz- und Naßtal (Ameiswiese) zur Schneealpe (Ameisbühel) ziehender, vielfach unbewaldeter Kamm. Landschaftlich schöner, einsamer Aufstieg mit interessanten Einblicken in die Nordlandschaft der Schneealpe.
Aufstieg: von der Ameiswiese, 1330 m, (von Steinalpl oder von Hinternaßwald jeweils 1½–2 St.) in südlicher Richtung auf eine Waldkuppe, nach einer Wiesenmulde ist der Kamm nicht mehr zu verfehlen und wird fast durchwegs verfolgt (ein felsiger Aufschwung wird westlich umgangen). Von der Ameiswiese zur Ameisbühelalm (Lurgbauerhütte) 2–2½ St., unbezeichnet.

Halltal, ca. 810 m

Streusiedlung am obersten Lauf der Salza, zwischen Terz und Walster in einem weiten, sonnigen Talboden. Der Name geht auf eine 1025 urkundlich erwähnte Salzquelle zurück, die vermutlich schon in vorrömischer Zeit Siedler in dieses abgeschiedene Tal brachte. *Ausgangspunkt* für → *Wildalpe,* Hoher → *Student* und → *Sauwand.*

Hinteralm, ca. 1400 m ○ ❋

Almdorf im Westteil des Schneealpenplateaus, von den Gipfeln Hochalpl, Roßkogel und Hochwaxeneck umgeben. Außer dem ganzjährig bewirtschafteten → *Alpenvereinshaus Hinteralm* (Zugänge u. Gipfel s. d.) mehrere private Unterkünfte und Selbstversorgerhütten (Neuberger Skihütte, Mürzzuschlager Hütte der »Naturfreunde« und andere).

Reizvolles, unschwieriges Wandergebiet; früher auch ein beliebtes, heute zu Unrecht etwas vernachlässigtes Skirevier. Mehrere hübsche kleine *Skigipfel* (Roßkogel, 1524 m, Spielkogel, 1599 m, Hoch-Waxeneck, 1647 m) lassen sich mit etwas Phantasie zu schönen Rundtouren kombinieren; empfehlenswert vor allem im Hochwinter. Auch für geübte Langläufer lohnend.

Hochanger, 1683 m ○ ❋

Waldberg mit weiter, freier Gipfelfläche im Westen des Veitschalpenmassivs, zwischen Seebergstraße (Seegraben) und Brücklergraben. Schöner, völlig unschwieriger Wanderberg mit instruktivem Blick zum Hochschwab.
Aufstieg: von der Göriacher Alm (durchs Lappental 1 St.) über den Nordrücken, blau bez., ¾ St.; von Turnau über die Ostereralm, 1560 m, blau bez., 2½ St.

Ansprechender *Skiberg,* ausgezeichnetes Schlechtwetterziel, mehrere Abfahrtsmöglichkeiten münden ins Lappental: über den Nordhang zur Göriacher Alm, durch das nordwestlich gelegene »Kanonenrohr« und die Waldabfahrt nach Westen, um das Karlkögerl herum. Jeweils 530 HM.

Hocheck ○

Ein *Hocheck, 1417 m,* in der Nähe des Veitschbachtörls, bestimmt einen deutlichen Wegknick bei der langen Veitsch-Überschreitung (der Gipfel wird westlich umgangen).
Ein weiteres *Hocheck* (Himmelreichkogel), *1325 m,* bildet den östlichen Eckpunkt im Kamm zur Zeberer Alpe. An seiner Ostseite die *Hocheckhütte, 1059 m,* der »Naturfreunde« (Selbstversorger).
Zugang: von St. Lorenzen im Mürztal 1½ St.

Übergang: zum Poguschsattel 1½ St.; über Zeberer Alpe, 1487 m (2½ St.) nach Kapfenberg 5 St.

Hoch-Veitsch, 1981m
Höchste Erhebung der → *Veitschalpe.*

Hoch-Waxeneck, 1647 m ○ ❄
Baumfreier Gipfel am Nordrand des Schneealpenmassivs, seltsamerweise niedriger als das *Kleine Waxeneck,* 1682 m, das sich jenseits des trennenden Taborsattels erhebt. Lohnender Aussichtsberg mit schönem Blick auf das Hinteralmplateau sowie zum Göller.
Aufstieg: von der Hinteralm am Rand der Klobenwände zur Waxeneck-(Jagd-)Hütte (rot bez., ca. 50 Min.), dann unbezeichnet über den Westkamm zum Gipfel 1¼–1½ St.; vom Taborsattel weglos über den steilen Südhang ½ St.
Hübsche *Skiabfahrt* ins Naßköhr und vom Taborsattel Richtung Steinalpl (unten leider sehr eng und verwachsen); direkt nach Norden steil und schwierig zu finden.

Hofalm, 1546 m ○ ❄
Zwischen Göller und Gippel im Kammverlauf eingesenktes Almgebiet, das gegen Norden steil abbricht. Lockere Bewaldung und sanfte Wiesenrücken machen es zu einem reizenden, unschwierigen Wanderziel, das sich je nach Laune leicht mit einer Göller- oder Gippelbesteigung erweitern läßt. Der höchste Punkt ist der *Schnalzstein, 1546 m.*
Aufstieg: vom Lahnsattel (Donaudörfl) auf 6 km langem Güterweg zum Waldhüttsattel und über den markierten Weg zum Gippel (führt unterhalb am höchsten Punkt vorbei, 1½–2 St.); von Kernhof über den Waldhüttsattel (rot bez., 2–2½ St.).
Als *Skiziel* hat die Hofalm zwei konträre Seiten: von Süden (Donaudörfl) ist sie eine unschwierige Skiwanderung, ein richtiges Bummel- und Ausweichziel, nach Norden führt eine steile und anspruchsvolle Abfahrt (über die »Tanne«) in den Gippelgraben. Aufstieg von Kernhof über den Waldhüttsattel (letztes Stück sowie Einfahrt unter Umständen lawinengefährdet!), Abfahrt ab Mitte am besten entlang der Forststraße, bei reichlicher Schneelage auch in der Grabensohle. 850 HM.

Höllgraben ●
Er schneidet von Westen in das Schneealpenmassiv (zwischen Hinteralpe und Lachalpe) ein. Von Scheiterboden zieht mit minimaler Steigung zwischen den Felsen der Höllwand und des Reiserkoppen eine Forststraße in den geräumigen Talhintergrund, eines der wildreichsten Reviere der Steiermark (ca. 1 St.). Aus dem Talschluß führt ein Jagdsteig steil, erst dem rechten Grabenrand folgend, dann, nach der »Teufelsbadstube«, durch die schwächste Stelle der Felsumrahmung in ein Hochtal und zum Kreuzungspunkt der markierten Forststraße am Haselboden (Rand des Naßköhrs).
Aufstieg: 2–2½ St., unmarkiert. Landschaftlich sehr schön, günstig in Verbindung mit dem → *Alplgraben* als Abstieg.

Hundskopfhütte, 998 m
Nahe dem Gipfel des *Hundskopf* (Mehlstübelberg) im Süden der Veitschalpe. Touristenverein »Naturfreunde«, 28 Schlafplätze, von Ostern bis Ende Oktober an Wochenenden bewirtschaftet.
Zufahrt: von Wartberg durch den Scheibsgraben bis Gh. Zöchling.
Zugang: vom Gh. Zöchling ½ St.; vom Bhf. Wartberg 1½ St.; vom Bhf. Mitterdorf-Veitsch über Lutschaun 2 St.
Übergang: zum Pretalsattel 2 St., weiter zur Rotsohlalm 5 St.; zum Graf-Meran-Haus, 6 St.
Gipfel: Hochreiterkogel, 1114 m, ½ St.; Troiseck, 1466 m, 2½–3 St.

Kaarlhütte, 1310 m
Unterhalb des *Kreuzschober* in den östlichen Ausläufern des Veitschalpenmassivs. Selbstversorgerhütte des Österreichischen Alpenvereins, an Wochenenden beaufsichtigt, im Sommer Almgasthaus.

Zufahrt: von Hönigsberg bis zur Hütte.

Zugang: von Mürzzuschlag über Hans im Stein oder Stürzerkogel 1½–2 St.; von Langenwang 2½ St.

Übergang: zur Lammeralm und zur Malleistenalm jeweils 1¾ St.; zur Hocheckalm 2¾ St.; zum Veitschbachtörl 3¼ St.

Gipfel: Kreuzschober, 1410 m, 20 Min.; Roßkogel, 1479 m, 1¼ St.; Hocheck, 1417 m, 3 St.

Kaisersteig ○

Verbindung von Naßwald, unter den Hängen des Sonnleitstein über die Ameiswiese, 1330 m, ins Steinalpl (Tal der Kalten Mürz). Fast durchwegs Forststraßen, deren Bau vor allem an der Naßwalder Seite von schweren Verwüstungen begleitet ist.

Aufstieg: von Hinternaßwald wie von Steinalpl (¾ St. vom Gh. Leitner) jeweils 1½–2 St. zur Ameiswiese (Anschluß zum → *Grenzriegel* oder zum → *Sonnleitstein*).

Mit dem Kaisersteig nicht zu verwechseln der *Kaiser-Reitsteig,* der, einst als Reitweg angelegt, den Nordabfall des Hinteralm-Stockes in sacht ansteigender Querung bis zur »Roßwiese« überwindet. Beginn der Forststraße beim Jagdhaus im Steinalpl (½ St. vom Gh. Leitner); Abzweigung in den Taborsattel weglos möglich. Vom Tal (Neuwald) auf die Hinteralm 3–3½ St., unbezeichnet, nur bei guter Sicht.

Karlgraben ○ ✳

Wie auf die Rax führt auch auf das Schneealpenplateau ein Karlgraben. Er nimmt seinen Beginn kurz vor *Krampen* (Wegtafel), führt im Talboden vorerst auf einer Straße, dann durch steilen Wald an der rechten Grabenflanke aufwärts und mit Querung der steilen Flanke in den flacheren oberen Grabengrund, um unweit des *Karleck, 1768 m,* auf die Hochfläche zu münden.

Aufstieg: 3 St., zur Rinnhoferhütte weitere 20 Min., rot bezeichnet.

Eine der schönsten *Skiabfahrten* der Schneealpe, nur sollte der untere Teil noch genügend Schneelage aufweisen. Die Querung kann lawinengefährdet sein! – Abfahrtshöhe 1000 HM.

Kleinbodengraben ○ ✳

Einsamer, urtümlicher Graben mit alpiner Szenerie im Norden des Schneealpenstockes. Nach dem schluchtartigen Beginn wird der Graben etwas weiter, bleibt aber immer recht scharf eingeschnitten unter den Felsen der Donnerswand und der Salzwände mit dem Gamskirchl. Vom flachen Talschluß (»Melkboden«) führt der Steig über steile Schrofenhänge und durch Latschengassen in die Einsenkung zwischen Windberg und Schusterstuhl (1875 m).

Aufstieg: vom Steinalpl 3 St., grün bez. – Auf den Windberg noch 10 Min., zum Schneealpenhaus ca. 40 Min. Schöne Kombination mit Abstieg durch Baumtal oder Dirtlerschlucht für trittsichere, erfahrene Bergwanderer.

Als *Skitour* ist der Kleinbodengraben möglich, jedoch schwierig, teilweise lawinengefährdet und eher von landschaftlichem Reiz.

Königskogel, Großer, 1574 m, Kleiner, 1552 m ○ ✳

Almberge zwischen Tonion und Proles, die zum Scheiterboden mit dem steilen, unwegsamen Gelände der »Vierundzwanzig Gräben« absinken. Die schon 1332 urkundlich erwähnte *Königsalm* wird noch heute befahren. Auf beide Gipfel führt kein markierter Weg, sie sind von diesem jedoch mühelos zu erreichen.

Aufstieg: von Schöneben zur Falbersbachalm, von dort auf einer Forststraße zur Dürriegelhütte und weiter zur Königsalm. Oberhalb beginnt auf einem Rücken ein Steig, der zum Gipfel führt (2–2½ St., teilweise unbezeichnet). – Von Dobrein durch den Buchalpen- oder den Gschwandgraben erst auf Forststraßen, dann auf Jagdsteigen, zuletzt weglos über die freien Hänge zum Gipfel (jeweils 2½ St., unbezeichnet).

Als *Skiberge* sind die Königskogel im oberen Teil rundum reizvoll und vor allem für den Hochwinter prädestiniert. Buchalpen- und Gschwandgraben lassen sich zu einer hübschen Rundtour kombinieren (700 HM Abfahrt). Eine schwierige und ausgefallene Skitour, die ein wenig das Material beansprucht, ist die felsige »Gansterschwelle« bei Scheiterboden.

Krampen, 752 m

Kleiner Ort im Mürztal, wichtiger Ausgangspunkt für Aufstiege auf Veitsch- und Schneealpe. Durch die felsige Enge des »Inneren Krampengrabens« führt eine Straße in den Talkessel »Im Tirol«, wo die alte Jagdstraße zur Hinteralm (Abzweigung in den Lachalpengraben) ihren Ausgang nimmt (Krampen – Hinteralm 3–3½ St.). Mit dem »Äußeren Krampengraben« beginnt der großartige → *Karlgraben,* und am anderen Ufer der Mürz führt der blau bezeichnete Weg durch den Zenzengraben zum Veitschbachtörl (2½ St.).

Lachalpe, 1590 m ○ ✳

Der → *Hinteralm* südlich vorgelagertes Almplateau mit steilen, zum Teil felsigen Randabstürzen. Das Hüttendorf läßt sich vom Eisernen Törl in ¾ St. erreichen, gute Sichtverhältnisse sind in dem wenig markante Anhaltspunkte bietenden Gelände der »Schnittlerwiesen« notwendig. – Vor allem als *Skiziel* lohnend: Abfahrt durch den Lachalpengraben. Oben sehr schön und besonders bei reichlichem Pulverschnee lohnend, unten leider zunehmend verwachsen. 500 HM bis zur Jagdstraße.

Aufstieg: vom »Tirol« 2–2½ St. Schön ist auch die Abfahrt über *Blahstein* und Falkensteineralm.

Lahnberg, 1594 m ○ ✳

Die Berge des Preintales zwischen Gippel und Schneealpe, meist bis in die Gipfelregion bewaldet, ohne markierte Wege und recht umständlich zu erreichen, werden von ihren – wenigen – Liebhabern vor allem im Winter besucht. Der Lahnberg ist ein solcher Geheimtip.

Zufahrt: von Schwarzau im Gebirge zum Gh. Triebl.

Aufstieg: nach links zieht eine Forststraße hoch hinauf, bis man über freie Hänge und Schläge den flacher werdenden, zuletzt überwächteten Rücken zum höchsten Punkt emporsteigt. Nicht markiert, 2½ St., Abfahrt entweder am Anstiegsweg oder durch den Lahngraben, 800 HM.

Lahnsattel, 1015 m

Paßhöhe und Streusiedlung (ca. 940 m) zwischen Göller und Wildalpe. Die ehemalige Holzknechtkolonie wurde gegen Ende des 18. Jahrhunderts durch protestantische Waldarbeiter aus der Dachsteinregion besiedelt, das unmittelbar benachbarte *Donaudörfl* mit katholischen Holzfällern aus dem niederösterreichischen Donautal. – Zusammen dezimierten sie durch ausgedehnte Kahlschläge den Wald und sogar die Latschenbestände an der Göller-Südseite, so daß die in dessen »Eisgrube« abgehenden Schneemassen seit 1844 zu einer Bedrohung für Dorf und Straße (Wallfahrtsweg!) wurden und bisher 26 Todesopfer forderten. – Wer einmal die mehrere Meter hoch von Lawinen ausgefräste Sohle des Eisgrabens gesehen hat, wird die Schneeverhältnisse bei der Einfahrt eingehend prüfen . . .

Lappental   ○ ❋
Als fast ebenes Trogtal schneidet es fast zwei Kilometer vom Seeberg ins Veitschmassiv ein, mit Laubwald, merkwürdigen Felstürmen und einem ebensolchen Namen (der nichts mit dem nordischen Volksstamm zu tun hat: das Tal hieß früher »In der Lapein«). Das Lappental vermittelt – erst im letzten Stück steiler – den Aufstieg zur Göriacher Alm (von der Seebergalm 1 St.).

Lohmgraben   ○ ❋
Westlich des → *Ameisbühels* ist das Schneealpenmassiv durch den *Reichenschallgraben* und den *Almgraben* bis auf wenige Meter eingeschnürt. Der nach Süden ziehende, oben vielfach gekrümmte Almgraben mündet unten in den flacheren, weiten Lohmgraben, dessen Name im allgemeinen Gebrauch den des Nachbarn überlagert hat.
Aufstieg: Landschaftlich sehr schön von Altenberg (Zufahrt bis zum Lurgbauer); rot bez., 2½–3 St. zur Ameisbühelalm.
Als *Skiabfahrt* ist der Lohmgraben große Klasse, jedoch nur bei ganz sicheren Verhältnissen: die mächtigen, rasigen Plattenfluchten der Hasensteinwand (ostseitig!) bedrohen

mit Lawinenabgängen den engen Grabengrund im Mittelteil! – Abfahrt 900 HM.

Lurgbauerhütte, 1764 m
Private Almwirtschaft auf der *Ameisbühelalm* im Ostteil des Schneealpenplateaus. 30 Schlafplätze, bewirtschaftet von Mitte Juni bis Spätherbst.
Zugang: vom Ende der Schneealpenstraße 2 St.; durch den Lohmgraben 3 St.; von Hinternaßwald 3 St.
Übergang: zum Schneealpenhaus 1 St.; zu den Hinteralmhütten weitere 3–3½ St.
Gipfel: Ameisbühel, 1828 m, 20 Min., weglos; Windberg, 1903 m, 1¾ St.

Mitterbergschneid   ●
Der felsige Gratzug im Norden der Schneealpe trennt Kleinbodengraben und Dirtlerschlucht. Der obere Gratrücken ist vom Plateau aus unschwierig zu erreichen, die tiefer liegenden Salzwände und der Mitterbergwald zählen zu den einsamsten Gegenden der Schneealpe. Höchste Erhebung ist der *Schusterstuhl, 1875 m,* von der Hochfläche her als harmloser Rasenbuckel, gleichwohl aber herrlicher Aussichtspunkt leicht zu erreichen (vom Schneealpenhaus ¾–1 St.). Endpunkt der eigentlichen »Schneide« ist die *Kleine Mitterbergwand, 1863 m* (über den firstartigen

Kamm, dann entlang der Schutthalde und von Norden auf den Gipfel ½ St.), über den nach Norden absinkenden Hängen erhebt sich der Felsbau des *Gamskirchls, 1751 m.*

Mürz

Als Stille Mürz unter dem Preintaler Gscheidl und als Kalte Mürz im Baumtal entspringen die beiden Quellbäche der Mürz, vereinigen sich beim Neuwald und fließen dann als klares, grünes Gebirgswasser zwischen Veitsch- und Schneealpe dahin. Von Mürzzuschlag an bis Bruck allerdings bestimmt Industrieabwasser die Gewässerqualität. – Zwischen Frein und Neuberg ist die Mürz für den Wildwasserfahrer interessant, sie bietet Schwierigkeiten bis III+ und die wildromantische Schluchtstrecke des »Toten Weibes« als landschaftliches Glanzlicht.

Mürzsteg, 782 m

Erholungsdorf am Zusammenfluß von Mürz und Dobreinbach. Wurde im 13. Jh. über den Niederalpl her besiedelt, bald aber dem Einflußbereich des Stiftes Neuberg angegliedert (Eisenindustrie im 18. Jh.). 1869 ließ Kaiser Franz Joseph I. das Jagdschloß errichten, das seit 1945 dem österreichischen Bundespräsidenten zur Verfügung steht.
Ausgangspunkt vor allem für den winterlichen Liftbetrieb am → *Niederalpl;* Aufstieg auf die → *Veitschalpe* über den Senkstein (blau bez., 5 St.), → *Königskogel* und → *Tonion* aus der Dobrein.

Naßköhr, ca. 1250 m ○

Das von einem Bergrund schüsselförmig umgebene Naßköhr (= Kar) ist eines der landschaftlichen Glanzstücke des Schneealpenmassivs. 61 ha Hochmoore mit bis zu 5 m hohen Torfschichten, mit hundertjährigen Fichtenbeständen, mächtigen Rotbuchen und seltener Flora machen dieses kesselartige Hochtal zu einem naturkundlichen Raritätenkabinett. Die mäandrierenden Bachläufe werden beim Jagdhaus im »Durchfall« von durchlässigen Gesteinsschichten verschluckt und treten »Im Tirol« als Wasserfall wieder zutage. Eine (markierte) Forststraße durchquert das Naßköhr vom Haselboden bis zum Taborsattel, eine

zweite (ebenfalls markiert) beginnt nahe dem Eisernen Törl und vereinigt sich mit der ersten beim Jagdhaus.
Eine *Rundwanderung* von der Hinteralm entlang der Klobenwände, über Waxeneckhütte und Taborsattel und durchs Naßköhr zurück nimmt rund 3 St. in Anspruch. Der Kombination mit Gipfelbesteigungen sind keine Grenzen gesetzt; sehr lohnend ist der Abstecher zum ehemaligen kaiserlichen Jagdhaus auf der Salzwand (½ Std. hin und zurück von der Abzweigung beim Salzgraben).

Neuberg an der Mürz, 730 m

Der Hauptort des oberen Mürztals verdankt seine Bedeutung dem 1327 gegründeten Zisterzienserkloster »Novo monte«. Von hier aus wurden die Urwälder des Mürztales erschlossen, der Besitz des Klosters erstreckte sich bis zum Schneeberg (Klosterwappen!), und der 1692 gegründeten Neuberger Eisenindustrie waren alle Hämmer und Schmieden des Tales angegliedert.
Sehenswert das in seiner mittelalterlichen Substanz erhaltene Kloster (1327–1786): die ehemalige Stiftskirche Mariä Himmelfahrt mit mächtiger, dreischiffiger gotischer Halle, hellen Maßwerkfenstern und vergoldetem frühbarockem Hochaltar. Der Dachstuhl des Walmdaches ist eine besondere Merkwürdigkeit: aus 1060 Kubikmetern Lärchenholz ohne einen einzigen Eisennagel zusammengefügt, ist er die größte noch vollständig erhaltene Holzkonstruktion des Mittelalters in Österreich.
Ausgangspunkt: für Wanderungen auf die Schneealpe (→ *Farfel,* → *Karlgraben*) sowie auf die → *Veitschalpe* (Veitschbachtörl, Hocheck).

Neuwald

Der »Neuwald«, das Tal der Kalten Mürz und das Gebiet des Preintaler Gscheidls und Lahnsattels, wurde einst von Norden her von der Herrschaft Hohenberg (St. Ägyd am Neuwalde) erschlossen und bildet eine Grenze zum Stiftsbesitz Neuberg im Süden.
Vom ursprünglich 3600 ha großen Neuwald ist am südlichen Fuß der Hofalm noch ein 21 ha großer Urwaldbestand mit Stämmen von 50 m

Höhe und 1½ m Durchmesser erhalten. Über das → *Preintaler Gscheidl* führt der alte → *Zellersteig* als Übergang ins Preintal. – Im Tal der Kalten Mürz ist das *Gh. Leitner, 926 m* (auf den Karten als Digruber geführt), der einzige Stützpunkt für Touren an der Nordseite des Schneealpenmassivs.

Niederalpl, 1223 m ○ ❋

Streusiedlung (923 m) und Paßhöhe der Verbindung Mürzsteg – Aschbachtal – Mariazell. Die Straßenverbindung hatte einst größere Bedeutung, da die einfachen Übergänge über Freingraben und Lahnsattel durch die Mürzschlucht bei Frein nicht erreichbar waren. Schon im 16. Jh. gingen Erztransporte von Gollrad ins Mürztal, die Straße durch den Schluchtabschnitt bei Frein (1883) zog dann den Verkehr über die niedrigeren Lahnsattel. – Lange Zeit war das Niederalpl den ganzen Winter über gesperrt, nach Errichtung von Liftanlagen in Paßhöhe und Straßenausbau wurden 1975 diese Saisonsperren aufgehoben. Sehr schneesicheres Skigebiet.
Ausgangspunkt für → *Wildkamm* und → *Hoch-Veitsch* über Gsohlalm, → *Wetterin* und → *Tonion.*

Obersberg, 1467 m ○ ❋

Der östliche Eckpunkt des vom Göller über den Gippel weiterziehenden Bergkammes zwischen Traisen- und Preintal erhebt sich, nahezu bis zum Gipfel bewaldet, über Schwarzau im Gebirge. Die steilen Waldflanken werden nur an der Südseite durch das kleine Plateau der *Obersbergalm* unterbrochen. Wenige Meter unterhalb des Gipfels die → *Waldfreundehütte.*
Aufstieg: Der Berg wird in den allermeisten Fällen über den Ostkamm von Schwarzau aus bestiegen (2½ St.); seine Fernsicht ist für einen Voralpengipfel sehr umfassend. Lohnend ist vor allem die Fortsetzung der Kammwanderung über *Mistelbauerkogel* und *Preineckkogel* bis zum Preinecksattel (1200 m, 2½ St.), von dem Abstiege nach St. Ägyd oder

Abfahrt durch den Veitschalpengraben

ins Preintal (Gh. Triebl, 1 St.) möglich sind. Auch als *Skiberg* ist er seit langem bekannt. Die *Hirschbachrinne*, südostseitig auf sanften Wiesen fußend, ist ein herrliches Hochwinterziel – leider ist die Rinne im unteren Teil recht verwachsen (Aufstieg 2½ St., 800 HM). Die Ostrinne, vielfach von Forststraßen gekreuzt, kann bei der Einfahrt lawinengefährdet sein, Spezialisten finden auch an der sehr steilen Nordflanke Abfahrtsmöglichkeiten, die sie aber tunlichst zuvor im Aufstieg begehen sollten.

Perschhorn, 1613 m ○ ✳

Trotz des kühnen Namens ein Waldberg, der durch die Almsenke des Ochsenbodens mit der Gippelmauer verbunden ist. Im Sommer kein besonders aufregendes Ziel, ist er als *Skiberg* durchaus besuchenswert.
Aufstieg: entweder vom Lahnsattel (Donaudörfl) über Zellersteig und Gippelgraben, oder aus dem Preintal (Gh. Triebl) bis fast zum Preintaler Gscheidl und durch eine steile Schneise – zuletzt in einer Rechtsschleife – zum Gipfel. Aufstieg 2½–3 St., Abfahrt 690 bzw. 850 HM (Gh. Triebl, kürzerer Zugang, lohnender).

Pogusch, Gh., 1059 m

Almwirtshaus am Poguschsattel, der Verbindung vom Stollingergraben (St. Marein im Mürztal) in den Stübminggraben, in den Waldbergen westlich von Aflenz. Ganzjährig bewirtschaftet, 6 Betten; Telefon (03863) 23 73. – Bushaltestelle. *Übergänge:* zur Troiseckalm 2½ St., nach Parschlug 4 St., oder Kapfenberg 5 St.

Preintal,
Preintaler Gscheidl, 1134 m

Nicht zu verwechseln mit dem gleichnamigen Tal an der Rax-Südseite! Der Talboden liegt an der Südseite des Kammes Obersberg – Gippelmauer, der Preinbach mündet bei Naßwald in den Naßbach und nach weiteren zwei Kilometern in die Schwarza. Der »Raxkönig« Georg Hubmer (1755–1833) machte sich diesen Umstand zunutze, um den enormen Holzreichtum des »Neuwaldes« nicht in das Mürz-Mur-System, sondern entgegengesetzt in die

Schwarza flößen zu können. Dazu erbaute er – ohne Ingenieurwissen – zwischen 1822 und 1827 einen 430 m langen Schwemmtunnel unter dem »Gscheidl«, damals »Schwemmberg« genannt. Heute ist nur noch der Eingang des verstürzten Stollens zu sehen.
Über das *Gscheidl* führt der → *Zellersteig* (Forststraße, blau bez.) ins Tal der Stillen Mürz und zum Lahnsattel, nur ein markierter Weg führt über den Preinecksattel nach St. Ägyd bzw. über den langen Westkamm auf den Obersberg; Lahnberg, Schwarzauer Gippel und Perschhorn sind unmarkiert. Stützpunkt ist das Gh. Triebl.

Proles, Großer, 1565 m,
Kleiner, 1579 m ○ ✳

Die beiden Gipfel über der Frein – der Große Proles ist niedriger als der Kleine! – drängen mit ihren felsigen Ausläufern nahe an das Schneealpenmassiv heran und bilden die Schluchtstrecke der Mürz. Der Name kündet von alter slawischer Besiedelung: prolazz = Durchgang, enger Weg (im Gebiet der nördlichen Zeller Staritzen gibt es übrigens ebenfalls einen Kleinen und Großen Proles). Beide Berge sind altes Jagdrevier und blieben ohne markierte Wege, sind aber einfach zu ersteigen (die von weitem sich recht großartig gebende, 150 m hohe Proleswand erweist sich aus der Nähe als übles Bruchgelände).
Aufstieg: von Frein durch den Hammergraben, 2½ St., unmarkiert. Erst auf Forststraßen, dann auf Steigspuren durch Wald und über Almflächen, zuletzt entlang des Gipfelfirstes zum Großen Proles. – Der Kleine Proles ist der höchste Punkt und wird nach einem kleinen Abstieg ins Prolestörl erreicht (½ St.). Von Schöneben über die Königsalm 2½ St.; von Gschwand durch den Taschlgraben 1¼ St., zum Rücken der »Krautgärten« auf markierten Wegen, von hier ½–¾ St., unbez., auf die Gipfel.
Als *Skiberg* ist vor allem der Große Proles durch den Hammergraben zu empfehlen (700 HM, Nordabfahrt), der Übergang zum Kleinen Proles über die Törlleiten ist ziemlich lawinengefährdet, auf diesen Gipfel besser durch das Taschl.

Rauschkogel, 1720 m ○ ✳

Kahler, steilflankiger Berg (kalkalpine Deckscholle auf den weichen Schichten der Grauwackenzone) südlich der Hoch-Veitsch mit herrlicher Aussicht, besonders gegen Westen. Der markierte Weg von der Turnauer Alm in den oberen Stübminggraben quert weitab des Gipfels die Ostflanke, dieser selbst wird unmarkiert über den steilen Nordkamm erreicht (von der Turnauer Alm 1½ St.).
Der Südabfall ist die *Skiseite* des Rauschkogels, der schon eine alte Wintertradition aufweist. Die beliebteste Skiroute (Hochwinter!) führt durch den Reischinggraben über die Gehöfte Fladl, Krenn und die Krennalm und östlich über den freien Gipfelrücken. 2½–3 St., 900 HM.
Auch die Abfahrt über die Rauschalm und die Feichtinghöhe wird öfter ausgeführt.

Rinnhoferhütte, 1733 m

Almwirtschaft auf einem Plateau am Fuß des → *Windbergs*, inmitten eines Almdorfes. Bewirtschaftet von Mitte Juni bis Ende September; 20 Schlafplätze.
Zugang: vom Kohlebnerstand (Ende der Schneealpenstraße) 1½ St.; vom Schneealpenhaus ¼ St.; von Neuberg über die Farfel 2¾ St.
Übergang: zur Lurgbauerhütte 1 St.; zu den Hinteralmhütten 3 St.
Gipfel: Windberg, 1903 m, ½ St.

Rodel ● ✳

Unter dieser Bezeichnung ist der *Veitschalpengraben* den Tourenskifahrern ein Begriff. Im Sommer hat der vom Veitschplateau zwischen *Wildkamm, 1874 m,* und *Hohem Muckenriegel, 1835 m,* nach Niederalpl ziehende Graben kein sehr großes Publikum. Als Skitour ist die Rodel vom Gelände her abwechslungsreich (Forststraße – steiler Graben – flacher Graben – Plateauwanderung zum Gipfel), wegen einer felsigen Unterbrechungsstelle, die eine leichte Kletterei erfordert, jedoch nur für bergtüchtige, hochalpin erfahrene Tourenläufer geeignet.
Aufstieg: Wenige Minuten oberhalb des Gh. Gamsjäger zweigt von der Straße aufs Niederalpl links eine

Schneealpe. Der Kleinbodengraben

Forststraße ab, die in den Graben leitet. Der mittlere Teil (unterhalb der Unterbrechungsstelle) kann lawinengefährdet sein! – Aufstiegszeit 3–3½ St., (unbez. bis zum Plateau); Abfahrt 1050 HM, teilweise steil.

Roßkogel ○ ☀

Ein Roßkogel (1524 m) erhebt sich als reizender, unschwieriger Skimugel vom Nordrand des Hinteralmplateaus (¾ St., von den Hinteralmhütten, unbez. – schöner Anblick des Göller); ein weiterer Roßkogel (1479 m), ein Waldberg im östlichen Kamm des Veitschalpenmassivs, läßt sich von der Kaarlhütte in 1¼ St. (rot bez.) erreichen.

Rotsohlsattel, 1429 m

Der lange Rotsohlgraben zieht von Aschbach gegen das Veitschalpenmassiv (2½ St.), der Sattel ist als Übergang aus der Veitsch (Schallergraben) nach Mariazell altbekannt.

Der Name dürfte von dem rötlichen, erzhaltigen Gestein abgeleitet sein. *Zugang:* vom Sattel mit seiner Nikolokapelle über Rotsohlschneid und Teufelssteig auf die Hoch-Veitsch 1½–2 St.; über Rotsohlalm (Ausschank), Turnauer und Göriacher Alm in reizvollem Wald- und Almgelände zum Seeberg 3 St.

St. Ägyd am Neuwalde, 588 m

Markt und Sommerfrische im oberen Traisental; schon im 12. Jh. erwähntes Rodungsgebiet der Hohenberger im ausgedehnten »Neuwald« später Eisenverarbeitung (Feilen, Säbelklingen).
Ausgangspunkt: für → *Göller,* → *Gippel,* → *Obersberg,* Traisenberg. – Skibetrieb am Gscheid (mehrere Schlepplifte, sehr schneesicher), Langlaufloipe.

Sauwand, 1420 m ○ ☀

Steiler, von Felsstufen durchsetzter Waldkegel am Südrand des Mariazeller Beckens, der sich beherrschend über Gußwerk erhebt. Die Gipfelschau wird dominiert von Tonion, Hochschwab und Veitschalpe. – Östlich des Gipfels befindet sich die (private) *Alpenrosehütte.*
Aufstieg: von Gußwerk über den Kogelbauer 3 St. (rot bez., mühsam); von Fallenstein 2–2½ St. (rot bez.); von Mooshuben 1½ St. (rot bez., kürzester Aufstieg, Zufahrt vom Halltal). Die Sauwand wurde einst von Zdarsky als *Skiberg* sehr geschätzt, heute wird sie nur von Spezialisten besucht. Die »günstigste« Abfahrt ist die sehr steile, schwierige und enge (5–10 m breite) Zdarskyrinne (500 HM, zuletzt rechts über Wiesen zum »Poller«).

Schallergraben ☀

Der Graben zieht vom Radwirt in der *Veitsch* zum Gipfel, der gelb bezeichnete Weg über das → *Graf-Meran-Haus* benützt die rechte Grabenflanke bzw. dessen rechten Begrenzungsrücken. Als Skiabfahrt ist vor allem der obere Teil (Schallerrinne) sehr beliebt und stellt die günstigste Abfahrt vom Gipfel dar.

Aufstieg: von der Brunnalm, 1154 m, über das Graf-Meran-Haus 2½ St. Abfahrt vom Gipfel direkt nach Süden (trotz Südlage häufig sehr hart!), nach einem flacheren Stück beim Meran-Haus zwei Möglichkeiten zu den Brunnalmliften hinab. 820 HM.

Schneealpe

Plateauberg mit rund 100 km² Grundfläche und einer Hochfläche von 35 km². Der zentrale Teil des Hochplateaus erreicht seine höchsten Punkte mit → *Windberg, 1903 m,* Schönhaltereck, 1860 m, und Ameisbühel, 1828 m, daran schließt sich im Westen das Hochmoor des → *Naßköhrs* und das Plateau von → *Hinteralm* und → *Lachalpe.* Obgleich von ähnlichem geologischen Bau wie die benachbarte Raxalpe, fehlen Kletterwände (mit festem Fels) nahezu vollständig, sie dienen nur als pittoreske Umrahmung zahlreicher tief in das Massiv einschneidender Gräben (→ *Karlgraben,* → *Lohmgraben,* → *Kleinbodengraben etc.*). – Die Schneealpe ist ein Berg für den Wanderer und Tourenskifahrer, für den Blumen- und Naturfreund und für die wandernde Familie. Dennoch ist sie nicht zu unterschätzen: bei Sturm und Nebel hat auch dieser »Familienberg« bis in die jüngste Zeit Todesopfer gefordert.

Schneealpenhaus, 1782 m

Die Hütte des Österreichischen Alpenvereins (Sektion Gebirgsverein) auf dem *Schauerkogel* am Plateaurand südöstlich des Windbergs wurde 1925 eröffnet. Bewirtschaftet vom 1. April bis Mitte November, zu den Weihnachts- und Semesterferien sowie im März an den Wochenenden. 48 Schlafplätze.
Zugang: vom Kohlebnerstand am Ende der Schneealpenstraße (Mautstraße) 1¼ St.; von Altenberg durch den Lohm- und Blarergraben 2½–3 St.; von Neuberg über die Farfel 3¼ St.; von Krampen durch den Karlgraben 3½ St.
Übergang: zur Rinnhoferhütte 20 Min; zur Lurgbauerhütte 1 St.; zu den Hinteralmhütten 3½ St.; zum Habsburghaus über Naßkamm und Gamseckgsteig 5–6 St.
Gipfel: Windberg, 1903 m, ¾ St.;

Ameisbühel, 1828 m, 1¼ St.; Mitterbergschneid, 1863 m, 1¼ St. (unbez.)

Schöneben, Gh., 1099 m

Gasthaus an einem ehemals bedeutenden Wallfahrerweg nach Mariazell, im obersten Ende des Freingrabens, zwischen Tonion und Student.
Zufahrt vom Gh. Fallenstein, 3 km südöstlich von Gußwerk. *Zugang:* von Fallenstein 1½ St. (Straße); von Mooshuben (gelb bez.) 1–1½ St.
Übergang: zum Niederalpl 2½ St.; zum Freinsattel 2 St.; nach Frein im Mürztal 2½ St.; zur Tonionhütte 2½ St.
Gipfel: Tonion, 1699 m, 2–2½ St.; Hoher Student, 1539 m, über den Buchalpenboden (sehr steil, unmarkiert) 1½–2 St., oder über den Freinsattel 3–3½ St.; Großer Königskogel, 1574 m, 2–2½ St. (Gipfelaufstieg unmarkiert); Großer Proles, 1565 m, 2½–3 St. (Gipfelaufstieg unmarkiert).

Sonnleitstein, 1639 m ○

Der höchste Gipfel des nördlich der Schneealpe verlaufenden Bergkammes, ringsum dicht bewaldet, doch mit einem felsigen Gipfelaufbau, ist eine hervorragende Aussichtswarte mit schönen Ansichten der Schneeberg- und Rax-Westseite sowie interessanten Einblicken in die Nordseite der Schneealpe.
Aufstieg: von Hinternaßwald über den »Kaisersteig« und das Forsthaus (neue Forststraße) 2½ St.; über den »Franz-Jonas-Steig« 2¼ St. (als Aufstieg vorzuziehen); vom Steinalpl über die Ameiswiese 3–3½ St.
Der kurze Gipfelaufbau erfordert ein wenig Trittsicherheit, sonst völlig unschwierig. – Eine Durchkletterung der Nordwand (immerhin drei verschiedene Routen) zählt wohl zu den größten alpinistischen Raritäten! Lohnend ist der – unmarkierte – Übergang zum → *Glatzeten Kogel.*

Student, Hoher, 1539 m ○ ✳

Ein ringsum dicht bewaldetes, mit steilen, teilweise felsigen Flanken umgürtetes Bergmassiv, das eine freie, weite Hochfläche trägt – ein Berg, der mehr hält als er verspricht. Das Plateau ist für seinen Blumenreichtum unter Eingeweihten bekannt! – Der Name kommt aus dem

Slawischen (studena = die Kalte, eigentlich müßte es *die* Studen(t) heißen).
Aufstieg: vom Halltal durch den Haselgraben, rot bez., 2–2½ St.; vom Freinsattel (von Halltal 1 St., von Gschwand, 5 km westlich von Frein, ¾ St.) erst 3,5 km Forststraße, dann rot bez., 2 St.; von Schöneben über den Buchalpenboden, unbezeichnet, teilweise sehr steil, 1½–2 St.
Als *Skitour* empfiehlt sich die Abfahrt über das Kampltörl und den Haselgraben nach Halltal, wobei man sich am Schlag vor dem Törl am obersten Waldrand halten sollte. 720 HM.

Tirol, ca. 840 m

»Im Tirol« heißt der Talkessel am Südabfall des Schneealpenmassivs, der von Lachalpe, Jausensteinwand und Schönhaltereck umrahmt wird, sowie auch die winzige Ansiedlung, 2 km nördlich von Krampen.
»*Zum luschtigen Tiroler*« heißt das Almgasthaus in diesem Talschluß. 22 Betten, ganzjährig geöffnet, Mittwoch Ruhetag. Telefon (0 38 57) 82 90. Zufahrt von Krampen im Mürztal 2 km.
Übergang: zu den Hinteralmhütten 2½ St.; zum Schneealpenhaus 4½–5 St.
Gipfel: Lachalpe, 1590 m, 2–2½ St.; Hoch-Waxeneck, 1647 m, 3 St.; Windberg, 1903 m, 4–4½ St.

Tonion, 1699 m ○ ✳

Langgestreckter, massiger Hochflächenberg, der nördlich und südlich mit schroff zerrissenen Felsfluchten abfällt. Die oder der Tonion? Als Donjon (franz.) wird in der alten Festungsarchitektur ein Wehr- und Auslugturm bezeichnet (keltisch don, dun = Feste, Berg) – möglicherweise steht der Name damit in Zusammenhang.
Zentral zwischen Veitsch, Schneealpe und Hochschwab gelegen, bietet der Tonion eine sehr umfassende Rundsicht, die über das Gesäuse bis zu den Niederen und Hohen Tauern reicht. Besonders empfehlenswert ist eine Besteigung im Frühsommer wegen des Blumenreichtums beziehungsweise an klaren Herbsttagen.
Als *Skiziel* ist der Tonion durchaus lohnend, jedoch eher im Sinne einer

Tonion von der Königsalm

winterlichen Gipfelbesteigung. Am besten über die Tonionhütte (steil!) oder von Schöneben über Buchalpenkreuz, jedoch wegen des unübersichtlichen Geländes nur bei sicherem Wetter. Dasselbe gilt für die Route vom Niederalpl (Liftbenützung) – mehrere Gegenanstiege. Darüber hinaus ist der Tonion ein hochinteressantes Revier für Höhlenforscher. Bisher sind 21 Höhlen – durchwegs sehr schwierig zu befahrende Schachthöhlen – erfaßt. Im »Fledermausschacht« wurde eine Tiefe von 446 m erreicht!

Aufstieg: von Schöneben über den Herrenboden, rot bez., 2½ St. (bester Anstieg für Motorisierte); von Fallenstein über die Tonialm, rot bez. 3 St.; von Niederalpl (Paßhöhe) über die Weißalpe 2–2½ St.; von Niederalpl (Ort) durch den Aschauergraben und über den Herrenboden 3–3½ St.; durch den Lieglergraben, den Toniongraben und über die To-

nionböden zum Ochsenboden, teilweise unbezeichnet, landschaftlich sehr schön, 4 St.

Tonionhütte, 1429 m

Selbstversorgerhütte der »Naturfreunde« auf der Tonionalm, nordwestlich des Gipfels. Geöffnet an Wochenenden und Feiertagen von Pfingsten bis Mitte September. 25 Schlafplätze. – Auskünfte und Schlüssel bei Helmut Ganser, 8632 Gußwerk, Salzahammer 150 e, Telefon (0 38 82) 34 4 25.

Zugang: von Fallenstein 2 St., von Schöneben über Toniongipfel 3 St; vom Niederalpl über Toniongipfel 2½–3 St.

Troiseck, 1466 m ○ ☀

Waldberg zwischen Stübminggraben und Mürztal. Die einst freie Gipfelkuppe bietet keine Aussicht mehr, von den Wetterkreuzen in Richtung Pretalsattel schöner Blick auf Hochschwab und Veitschalpe. Auch als *Skiberg* ein nettes Ziel.

Die *Troiseckalm, 1266 m,* an der Süd-

seite des Berges ist eine im Sommer bewirtschaftete Jausenstation (keine Nächtigung).

Aufstieg: von der Troiseckalm ¾ St.; vom Pretalsattel 1½ St.; von Kindberg 3¼ St.

Zufahrt: von Turnau aus dem Stübminggraben in den Maurergraben abzweigend (6 km) bis zur Troiseckalm.

Turnau, 780 m

Reizvolle Sommerfrische am breiten Ausgang des Stübminggrabens (zum Gemeindegebiet zählen auch die Katastralgemeinden Au, Seewiesen, Thal, Stübming und Göriach). Der Name könnte sowohl deutschen (Zusammensetzung von Turn = Turm, und Au) als auch slawischen (Trnova = Gestrüpp) Ursprungs sein.

Sehenswert: die Pfarrkirche mit Christophorus-Fresko aus dem Jahre 1525, spätgotischem Portal und Rokoko-Hochaltar.

Ausgangspunkt zahlreicher lokaler Wanderwege sowie für → *Hoch-Veitsch* über Turnauer Alm, →

Rauschkogel, → Troiseck, → Hochanger. 3 Schlepplifte, Langlaufloipe.

Turnauer Alm, 1385 m
Almgasthof im Westteil des Veitschalpenmassivs. Bewirtschaftet von Ostern bis Anfang November, 36 Schlafplätze.
Zufahrt: von Turnau durch den Stübminggraben bis zum Haus.
Zugang: von Stübming 1½ St.
Übergang: zur Göriacheralm 1 St.; zur Seebergalm 2 St.; zur Rotsohlalm ¾ St.; zum Graf-Meran-Haus 2 St.
Gipfel: Turntalerkogel, 1610 m, ½ St.; Rauschkogel, 1720 m, 1½ St. (teilweise unbezeichnet); Hoch-Veitsch, 1981 m, 2½ St.

Veitsch, 669 m
Alter Bergbauort im gleichnamigen Tal. Seit alters her wurde hier Eisenerz abgebaut, um 1880 wurden durch den Koblenzer Carl Spaeter die wirtschaftlich bedeutenden Magnesitvorkommen entdeckt (das feuerfeste Material ist heute bei der Eisenerzverarbeitung unentbehrlich).
Ausgangspunkt für die Veitschalpe auf zahlreichen Anstiegen, Wintersport (Schlepplifte) auf der Brunnalm.

Veitschalpe
Die klotzig über ihren gleichförmigen, bewaldeten Vorbergen aufragende Veitschalpe ist ein Hochflächenberg wie die Nachbarn Schneealpe und Hochschwab. Ihr Plateau ist jedoch wesentlich kleiner: in der Länge 6 km und an der breitesten Stelle 2 km messend, sinkt es von Westen (höchster Punkt: *Hoch-Veitsch, 1981 m*) nach Osten auf rund 1400 m Höhe ab. Nach Süden und besonders nach Norden brechen schroffe, von steilen Gräben durchrissene Felsflanken ab – dennoch können Kletterer das Gebiet getrost vergessen: der Fels ist durchwegs brüchig und rasendurchsetzt. Um so mehr bietet die Veitschalpe dem Wanderer und dem Tourenskifahrer.
Der landschaftlich schönste *Aufstieg* auf die Hoch-Veitsch führt vom Niederalpl über die Sohlenalm und den oberen Teil des Bärentales, das längste Unternehmen ist die zweitägige Gesamtüberschreitung von Mürzzu-

schlag bis zum Seebergsattel (rund 35 km), eine »Extremwanderung« ist die Überschreitung des → Wildkammes. Der Skitourenfahrer kann wählen zwischen → Bärental, → Schallerrinne, → Goaßsteign, natürlich der berühmten → »Rodel« und der anspruchsvollen Gesamtüberschreitung.

Veitschalmhütte, 1451 m
Auf der Kleinveitschalm am östlichen Sockel des Veitschplateaus (Grundbauernhütte). Bewirtschaftet von Pfingsten bis Ende Oktober an Wochenenden, während der Sommerferien durchgehend. 22 Schlafplätze.
Zufahrt: von Veitsch durch das Kleinveitschtal und den Kaiblinggraben bis in die Nähe des Jagdhauses Waldbauer.
Zugang: vom Schranken vor dem Jagdhaus Waldbauer 1¼ St.; von Mürzsteg über Senkstein (blau bez.) 2½ St.; von Neuberg über das Veitschbachtörl 3½–4 St.
Übergang: zum Graf-Meran-Haus 2 St.; zum Niederalpl 4 St.; zur Seebergalm 6 St.
Gipfel: Hoch-Veitsch, 1981 m, 2 St.

Waldfreundehütte, 1464 m
Am Gipfel des → Obersbergs bei Schwarzau im Gebirge. Alpine Gesellschaft »Waldfreunde«. 80 Schlafplätze. Bewirtschaftet von Ostern bis Ende Oktober (Auskunft Gemeinde Schwarzau im Gebirge). Offener Winterraum.
Aufstieg: von Schwarzau im Gebirge 2½ St.; von St. Ägyd über Preinecksattel und Preineckkogel 3½–4 St.

Waldhüttsattel, 1266 m   ○
Wichtiger Wegkreuzungspunkt zwischen Göller und Hofalm bzw. Mürztal und Kernhof.
Zugang: von Kernhof (rot bez. 2–2½ St., oben steil); vom Lahnsattel (Donaudörfl) entweder auf rot bez. Weg oder auf 6 km langem Güterweg 1½ St.
Übergang: zur Hofalm bzw. deren höchstem Punkt (Schnalzstein, 1546 m) ¾ St.; zum Gippel 2½ St.; zum Göller über die Göllerhütte 2–2½ St.

Wetterin, 1530 m   ○ ❄
Südlichster Ausläufer der Tioniongruppe; ein sanftgewelltes Almplateau, das mit steilen Waldhängen gegen Aschbach sowie gegen den Jagerbauerngraben abfällt.
Aufstieg: vom Niederalpl (Paßhöhe) 1–1½ St. – Lohnend wegen der prachtvollen Aussicht auf Veitsch-Nordseite, Tionion und Hochschwabgruppe.
Auch im Winter von der Schlepplift-Bergstation einen Abstecher wert (für Leute, die einen Skitag nicht nur nach der vermeintlich ökonomischsten Nutzung ihrer Tageskarte beurteilen).
Das *Wetterl* (ca. 1352 m) hingegen ist ein enger Sattel zwischen Wetterin und Weißalpe, der gleichzeitig einen *Übergang* von Niederalpl (Ort) in den Lieglergraben und zum Fallenstein vermittelt (3 St.).

Wildalpe, 1523 m   ○ ❄
Langgestreckter, massiger Bergrücken zwischen Halltal und dem Freingraben, mit recht steilen Waldflanken, die von sanftem Almgelände überhöht werden. Aufstiege durchwegs unmarkiert auf Forststraßen, ein wenig eintönig, jedoch belohnt durch schöne Ausblicke in der höheren Region (besonders gewaltig wirkt im Winter und Frühjahr die Südflanke des Göller). Große Rundtour mit Einbeziehung des → Student.
Aufstieg: über den Ostkamm und die Niederalm (sehr lohnend und aussichtsreich) von Terz, Kaltwagl oder Frein auf Forststraßen jeweils 2–2½ St.; von Halltal über den Freinsattel (1½ St.) und einen unmarkierten Almweg insgesamt 2½ St.; vom Lahnsattel durch das Schustertal und über die Niederalm 2½ St.
Die Wildalpe ist ein wunderhübscher *Skigipfel* für den Hochwinter. Guten Pulverschnee bietet die Nordabfahrt zum Lahnsattel (Schustertal, 500 HM), sehr schön auch vom Gipfel direkt nach Frein (650 HM), wobei der untere, waldige Teil gut verschneit sein sollte (südseitig!).

Veitschalpenplateau gegen die Höhenzüge der Fischbacher Alpen

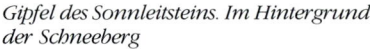

Zeberer Alpe, 1487 m ○ ❋

Einsamer Höhenzug zwischen Mürztal und Hochschwab (auch Zöberer Alpe/Höhe). Bewaldet und mit freier Gipfelkuppe, ist sie der typische Aussichtsberg, von dem höhere Gipfel zur Geltung kommen (herrlicher Hochschwabblick). Vor hundert Jahren gab es hier bis auf 1100 m Höhe noch Bauernhöfe!

Aufstieg: von Parschlug 2¼ St.; von der Hocheck-Hütte über das Hocheck 2½ St. Auch als Skitour zu empfehlen.

Zellersteig ○

Dieser Weg (heute Forststraße) vom *Preintaler Gscheidl* zum → *Lahnsattel* ist Teil einer alten Wallfahrerroute nach Mariazell. Er führt entlang des Südfußes von Hofalm und Gippel durch dichten Waldbestand (aus dem einst der »Raxkönig« Hubmer das Holz durch einen Tunnel in die Schwarza flößte).

Aufstieg: vom Lahnsattel aufs Gscheidl etwa 2 St., blau bez. – Unmarkierte Abzweigung in den Gippelgraben.

Wildkamm, Großer, 1874 m, Kleiner, 1757 m ●

Die felsige Schneide, scharf, teilweise latschenbewachsen, ist durch die kleine *Gingatzwiese* (ca. 1740 m) mit dem Veitschplateau verbunden. Besonders eindrucksvoll erheben sich die steilen Flanken über dem Veitschalpengraben (der → *Rodel*) und bilden eine machtvolle Kulisse für diese schöne Abfahrt. Eine Besteigung oder Überschreitung des Wildkammes (unmarkiert, teilweise Latschen- und Schrofenkletterei) ist ein Unternehmen nur für sehr geübte und trittsichere Bergsteiger, im Winter (Frühjahr) ist die Wildkamm-Überschreitung ein ernsthaftes Unternehmen, einem hochalpinen Wächtengrat gleichwertig.

Aufstieg: am kürzesten von der Gingatzwiese, über den schmalen Schrofengrat zum Großen Wildkamm ½ St. – Überschreitung über den Kleinen Wildkamm und die Sohlenalm (1–1½ St.) absteigend zum Niederalpl insgesamt 1½–2 St. – In umgekehrter Richtung ab Sohlenalm etwas

mühsam (teilweise steile Latschengassen), aber recht gut zu finden. Im Sommer wie auch im Winter sehr lohnend in Verbindung mit dem Veitschalpengraben, der »Rodel« (rund 6 St.)

Windberg, 1903 m ○ ❋

Höchste Erhebung der Schneealpe (Gipfelkreuz) mit hervorragendem Rundblick, der bis zum Wienerwald und Waldviertel, den Steiner Alpen, dem Gesäuse und dem Dachstein reicht; im Osten dominiert die Rax mit ihren Kahlmäuern.

Der ganzjährig gern aufgesuchte Gipfel macht seinem Namen Ehre: 20 cm lange Stümpfe reichen als Wintermarkierung, so abgefegt ist die Gipfelflur! Daher nur bei guten Sichtverhältnissen Rundtouren und Überschreitungen unternehmen!

Aufstieg: vom Schneealpenhaus ¾ St; von der Rinnhoferhütte ½ St.; vom Parkplatz Kohlebnerstand (Ende der Schneealpenstraße) 2 St. (schnellste Möglichkeit vom Tal aus). – Von den Hinteralmhütten 3–3½ St.

Mürzsteger Alpen

Umgrenzung: Mariazell – Halltal – Terz – Knollenhals – Kernhof – St. Ägyd am Neuwalde – Seebach – Wassertal – Trauchbach – Tiefentalerbach – Schwarza bis Singerin – Naßbach – Naßkamm – Altenbergtal – Kapellen – Mürz bis Kapfenberg – Thörlbach – Stübmingbach – Seegraben – Seebergsattel – Wegscheid – Gußwerk – Salza – Mariazell

Wegmarkierung: 400

Touren konkret

1. Obersberg und Preineckkogel

Lange Rundwanderung von Schwarzau im Gebirge. Im Kammbereich immer wieder schöne Ausblicke auf Schneeberg und Schneealpe. Durch Nächtigung auf der Waldfreundehütte läßt sich die an sich recht anstrengende Tagestour in zwei Etappen teilen.

Wegverlauf: Schwarzau im Gebirge, 617 m – *Waldfreundehütte* (Obersberggipfel), *1464 m* (1467 m) – Preineckkogel – Preinecksattel – Gh. Triebl – Eckbauer (Straße) – Schwarzau.

8 St. – Frühsommer bis Spätherbst.

2. Göller-Überschreitung

Mit Busbenützung von Kernhof zum Gscheid eine schöne, nicht zu anstrengende Rundtour. Für besonders ausdauernde Bergwanderer bietet sich die Möglichkeit, nach Nächtigung auf der Göllerhütte die Überschreitung des gesamten Kammes bis zum Obersberg (die Gippelmauer wird südseitig umgangen, unmarkiertes Teilstück) fortzusetzen. Für PKW-Fahrer nicht geeignet.

Wegverlauf: (Kernhof) – Bus zum Gscheid, 963 m – Gsenger – *Göller, 1766 m* – Kleiner Göller – Göllerhütte – Waldhüttsattel – Kernhof, 690 m.

4½–5 St. – Spätfrühjahr bis Spätherbst.

Gesamtüberschreitung: Göllerhütte – Gippel, 1669 m – Preinecksattel 4–4½ St. – Preinecksattel – Obersberg 2½ St., Obersberg – Schwarzau 1½ St., insgesamt 8–9 St.!

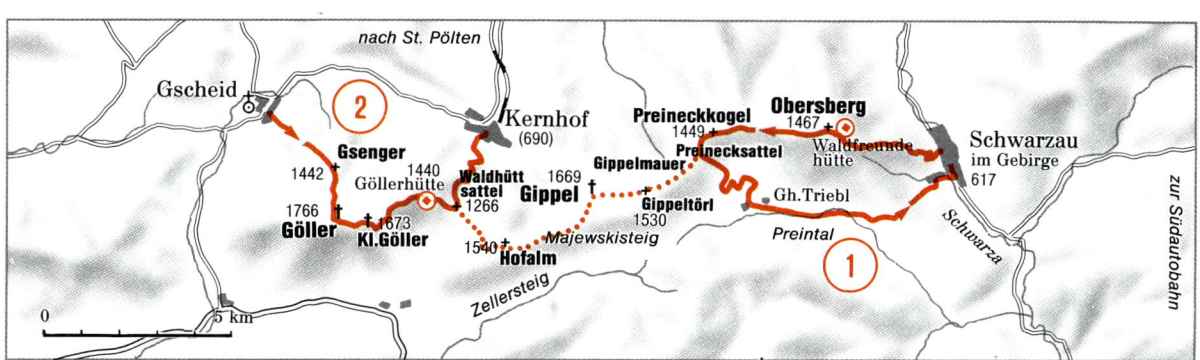

3. Sonnleitstein

Schöner Aussichtsgipfel inmitten eines einsamen Bergrundes, ein ideales Ziel für kurze Herbsttage.

Wegverlauf: Hinternaßwald, 711 m – Franz-Jonas-Steig – *Sonnleitstein, 1639 m* – Forsthaus (gelb bez.) – ehem. Kaisersteig – Hinternaßwald.

4 St. – Spätfrühjahr bis Spätherbst.

4. Schneealpe/Ostteil

Dieser Rundweg führt auf die höchste Erhebung des Massivs und vermittelt interessante Nahblicke des hohen Südostteils der Schneealpe sowie – besonders nachmittags – eine eindrucksvolle Sicht auf die Kahlmäuer der Rax.

Wegverlauf: (Altenberg) Lurgbauer, ca. 800 m – Lohmgraben – Blarergraben – Schneealpenhaus – *Windberg, 1903 m* – Rinnhoferhütte – Kampl-Weg Nr. 447 – Auf der Öd – Weg Nr. 444 – Lurgbauer.

6½–7½ St. – Frühsommer bis Spätherbst.

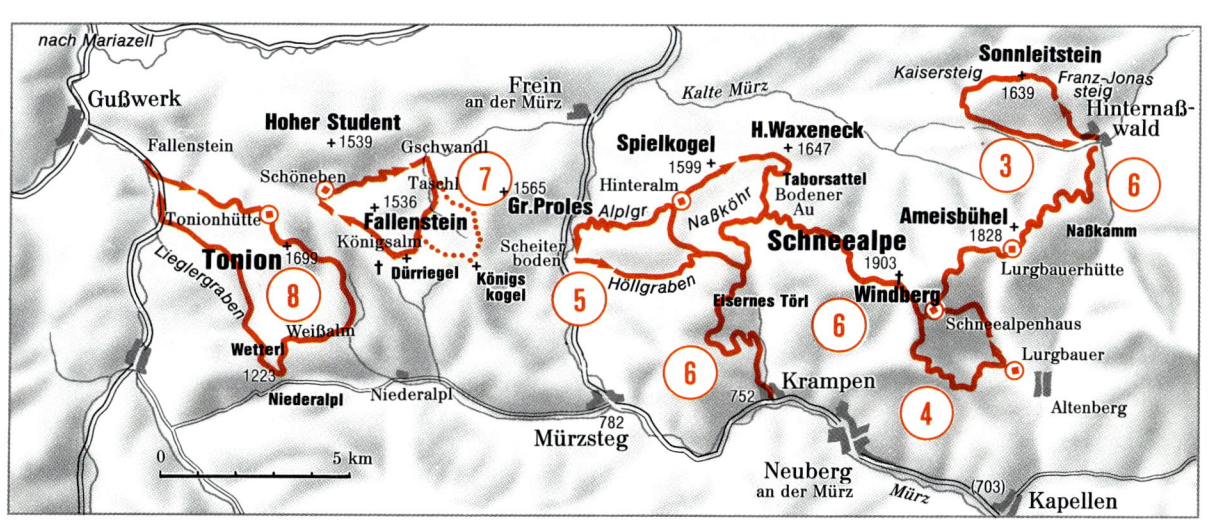

5. Schneealpe/Westteil

Rundtour im niedrigeren Westteil des Massivs, meist innerhalb der Waldregion. Sehr empfehlenswert die längere Variante mit Durchwanderung des Naßköhrs (eventuell Nächtigung auf der Hinteralm).
Wegverlauf: Scheiterboden, 816 m – Höllgraben (unmarkiert, Forststraße und Jagdsteig) – *Hinteralm, 1450 m* – Alplgraben – Scheiterboden (4 St.); Naßköhr-Runde vom Austieg des Höllgrabens: Durchfall-Jagdhaus – Taborsattel – Waxeneckhüttlein – *Spielkogel, 1599 m* – Hinteralm (3 St.).
Spätfrühjahr bis Spätherbst.

6. Schneealpen-Überschreitung

Großzügige Zweitageswanderung (Nächtigung im Schneealpenhaus), die alle landschaftlichen Charakteristika dieses Gebirges einschließt. Nicht für PKW-Fahrer!
Wegverlauf: Hinternaßwald, 711 m – Karlalm – Lurgbauerhütte (Ameisbühelalm) – Schneealpenhaus – Rinnhoferhütten – *Windberg, 1903 m* – Großbodenalm – Bodner Au – Taborsattel – Hinteralm – Eisernes Törl – Krampen, 752 m.
9–10 St. – Frühsommer bis Herbst. Bei Nebel große Vorsicht geboten!

7. Proles und Königskogel

Reizvolle Rundtour in der Almregion, die Gipfelanstiege sind unbezeichnet, jedoch problemlos zu finden. – Günstig vor allem für PKW-Fahrer: Zufahrt bis Gh. Schöneben!
Wegverlauf: Schöneben, 1099 m – Höhenreithsattel – Gschwandl – Taschl – *Kleiner Proles, 1579 m* – *Großer Königskogel, 1574 m* – Königsalm – Dürriegel – Schöneben.
4½–6 St. (je nach Wegverlauf) – Spätfrühjahr bis Spätherbst.

8. Tonion

Ein mächtiger Voralpengipfel wird auf abwechslungsreichen Wegen bestiegen bzw. umwandert.
Wegverlauf: Fallenstein, 780 m – Tonionhütte – *Tonion, 1699 m* – Herrenboden – Weißalm – Wetterl – Lieglergraben – Fallenstein.
6–7 St. – Frühsommer bis Herbst.

9. Veitschalpe/Nordseite

Von der landschaftlich eindrucksvollsten Seite auf den höchsten Punkt des Gebirges. Prächtige Rundtour mit Busbenützung von Mürzsteg aufs Niederalpl.
Wegverlauf: Niederalpl, 1223 m – Sohlenalm – Bärental – *Hoch-Veitsch, 1981 m* – Graf-Meran-Haus – Ebenhütte – Senkstein – Mürzsteg, 782 m.
7 St. – Frühsommer bis Herbst. Vorsicht bei Nebel auf dem Plateau!

10. Veitschalpe/Südseite

Die klassische Veitsch-Besteigung wird durch einen Schnörkel in der Wegführung abwechslungsreicher. – Günstig für PKW-Fahrer: Zufahrt bis zur Brunnalm.
Wegverlauf: Brunnalm, 1154 m – Schalleralm – Teufelssteig – *Hoch-Veitsch, 1981 m* – Graf-Meran-Haus – Brunnalm.
4½–5 St. – Frühsommer bis Spätherbst.

11. Veitschalpe/ Gesamtüberschreitung

Großzügige Zweitagestour mit einer sehr langen Etappe am ersten Tag. Innerhalb der Waldregion vielfach auf Forststraßen; landschaftlicher Höhepunkt ist der zentrale Abschnitt mit weitreichender Sicht vom Plateau und vom Gipfel. Bei Schlechtwetter an vielen Punkten Abbruch der Tour möglich.
Wegverlauf: 1. Tag: Mürzzuschlag, 670 m – Stürzer – Kaarlhütte – Roßkogel – Malleisten-Alm – Nikolauskreuz – Hocheck-Alm – Veitschbachtörl, 1406 m – Karolus-Kreuz – *Veitschalmhütten, 1451 m.*
7–8 St., 21 km.
2. Tag: Veitschalmhütten – Ramkogel – Vorkogel – *Hoch-Veitsch, 1981 m* – Teufelssteig – Rotsohlalm – Turnauer Alm – Göriacher Alm – Lappental – Seebergalm, 1147 m.
6 St., ca. 18 km.

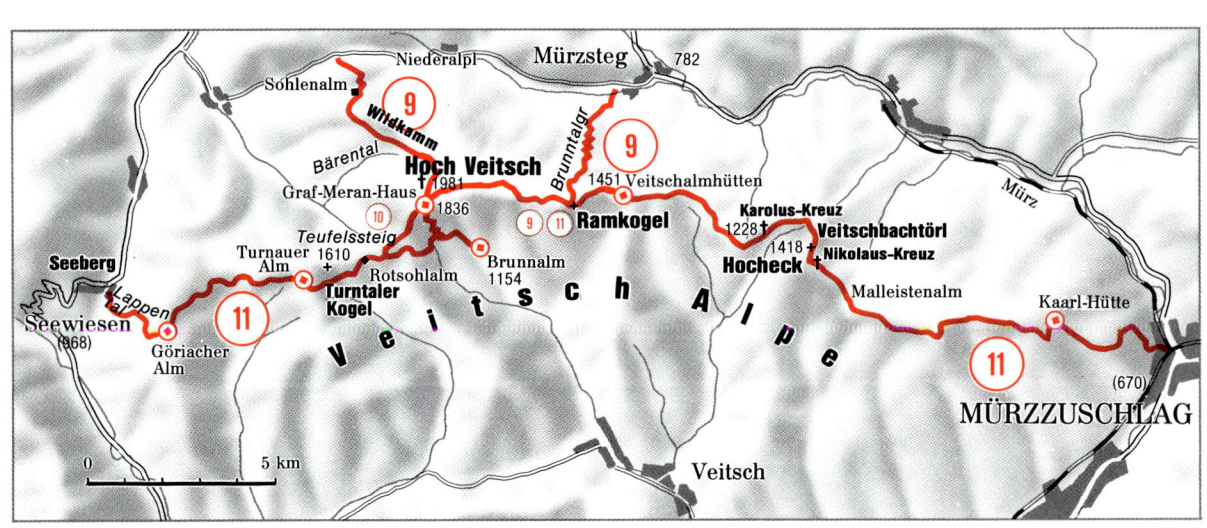

Hochschwab-Gruppe

Natürlich ist der Hochschwab eindeutig das »Steirische Gebirg«, doch schon seit jeher ein erklärter Liebling der Wiener. Bloß hat er es ihnen punkto Verbindung immer recht schwer gemacht. Mit öffentlichen Verkehrsmitteln von Wien aus mußte und muß man noch heute schon drei Tage Zeit haben – erst die Motorisierung hat den »Schwaben« den Wienern näher gebracht. Er ist das universellste Gebirge in ihrem näheren Radius: er vereinigt sanfte Almwiesen und blanke Felswände in engster Nachbarschaft, er ist so hoch und so weitläufig, daß er das Erlebnis des Ödlandes wirksam werden läßt, und die Palette seiner Möglichkeiten reicht vom Familienbummel bis zur Achthundertmeterwand in weltferner Abgeschiedenheit; zudem bietet er dem Skifahrer das gesamte Spektrum von der gepflegten Piste bis zur rasanten Steilabfahrt.

Über rund 40 km erstreckt sich das Massiv vom Seebergpaß im Osten bis zum Präbichl, seine waldigen Westausläufer stehen den Gesäusebergen unmittelbar gegenüber. Mitsamt allen Vorbergen bedeckt er eine fast ebenso große Fläche wie der Bodensee. Geologisch gesehen ist er ein nach Westen absinkendes, langgestrecktes Plateaugebirge aus Triaskalken, in den obersten Schichten meist Dachsteinkalk, als Riffkalk ausgebildet. Im Norden begrenzt ihn markant die Mariazeller Bruchlinie – aber kann ein Bergfreund eine Landschaft so nüchtern beschreiben? Für ihn sind diese Auffaltungen der Erdrinde mit einem eigenen Leben erfüllt, er sieht sich über die wellige Hochfläche wandern, auf Skiern die Kare hinunterschwingen ...

Wer nicht nur »einmal schnell auf den Schwabengipfel« will, kann hier eine Fülle von privaten Entdeckungen machen. Etwa die Seen des Hochschwab, angefangen vom dunklen, geheimnisvollen Leopoldsteiner See (in dem der Wassermann gefangen wurde, dem die Steirer ihren Erzberg verdanken), über den berühmten Grünen See von Tragöß, den Sackwiesensee, der trotz seiner Höhe manchmal sogar Badetemperaturen annimmt, bis zum vergessenen, blaugrünen Auge des Teufelssees; oder die zahlreichen Höhlen, deren bekannteste, die Frauenmauerhöhle bei Eisenerz, schon in alter Zeit Stoff für Sagen von verborgenen Schätzen lieferte. Einen echten Schatz nehmen die zahllosen Dolinen, Höhlen und Schächte tatsächlich auf: das kostbare Wasser. So rar es auf der Südseite oder auf der Hochfläche ist, so reichlich quillt es aus der Nordseite des Berges und speist die Zweite Wiener Hochquellenleitung – schon aus diesem Grund sind die Wiener mit dem Hochschwab verbunden.

Am Anfang war das Eisen – mit ihm tritt die Region um den Hochschwab in die Geschichte ein. Der Erzberg im Westen sowie die – allerdings weit bescheideneren – Lagerstätten bei Gollrad an der Ostseite lockten die ersten Siedler in die unwirtlichen Täler am Rand des Massivs. Zum Verhütten des Erzes wurde Holzkohle benötigt, und Wälder gab es ja damals im Überfluß. Im 6. Jahrhundert siedelten Slawen in diesem Gebiet, Namen wie Dullwitz, Pribitz und Staritzen künden noch von ihnen. Dann kamen die deutschsprachigen Siedler der Stifte Seckau und Admont, Alm- und Weidewirtschaft wurden in immer höhere Lagen vorgeschoben, und lange bevor es Bergsteiger gab, waren der Hochschwab und seine unschwierigen Trabanten schon von Jägern bestiegen worden. Bereits 1528 wurde »... das Jembs am Seestain« (= Leopoldsteiner See) als »treflicher lustjaid« erwähnt, und noch heute findet sich am Hochschwab der größte Gemsenbestand der Alpen. Wenn man den reichen Sagenschatz der Gegend aufmerksam liest, drängt sich der Schluß auf, daß es Anno dazumal recht locker zugegangen sein muß: Teufel und Sennerin, Pfarrer, Köchin, Ritter und Mönch waren gleichermaßen eifrig in jenem Zeitvertreib, der vor der Erfindung des Fernsehens der verbreitetste gewesen sein dürfte. Ein fanatischer Priester namens Melchior Lang, der in Tragöß mit drakonischen Maßnahmen seine strengen Moralbegriffe durchsetzen wollte, wurde eines Tages in seiner Kirche ermordet. So rauh war damals der »steirische Brauch«! Heute erzählt man allenfalls von Wirtshausraufereien, und Bannflüche und Hinrichtungen, wie sie ehedem in der Gemeinde Tragöß verhängt wurden, sind ebenfalls abgekommen. Höchstens Strafmandate gibt's – wegen Schnellfahrens!

Noch vor siebzig, achtzig Jahren war der Hochschwab eines der entlegensten und am wenigsten bekannten Gebirge der Alpen, bedingt einerseits durch seine Lage abseits der großen Verkehrswege, andererseits als strenggehütetes Jagdrevier. Erzherzog Johann erwarb 1818 den Brandhof an der Seebergstraße und ließ ihn zu einem Jagdschloß umbauen (er selbst bestieg als tüchtiger Bergsteiger oftmals den Hochschwabgipfel), und die früher oft totalen Sperren ganzer Gebiete aus Jagdrücksichten hatten ein gewisses gespanntes Verhältnis zwischen Jägern und Bergsteigern zur Folge. Manchmal aber erwiesen sie sich auf lange Sicht als nützlich – wenn sie die häufig irrwitzigen »Erschließungspläne« übereifriger Tourismusspekulanten vereitelten. – Die alpinistische Erschließung des Hochschwab setzte erst ein, als die schwierigsten Dolomitengipfel bereits erstiegen waren, als man sich in den Westalpen schon an die Monte-Rosa-Ostwand und den Biancograt herangewagt hatte. 1893 erst – in dem Jahr, in dem der gewaltige Peutereygrat des Montblanc erstiegen wurde, gelang Karl Doménigg mit dem jungen Führer Markus Pierer ein Aufstieg durch die Hochschwab-Südwand. Bis dahin galt eine Ersteigung der Eisenerzer Griesmauer als das größte »sportliche« Bergunternehmen des Gebietes. Um die Jahrhundertwende war es die Grazer »Gilde vom groben Kletterschuh«, Glanvell, Saar, Stopper und andere, der beachtliche Anstiege in den Wänden der Trawies oder der Fölz gelangen. Mancher Kletterer von heute mußte sich schon in ihren Routen das etwas herablassende Lächeln über »die Alten« abschminken. In den dreißiger Jahren war der Grazer Raimund Schinko die dominierende Persönlichkeit – seine Stangenwand-Südost und vor allem seine Routen in der Fölz sind sicher richtige Klassiker geblieben. Nach dem Zweiten Weltkrieg begann man die Nordseite des Schwaben zu entdecken. Der Große Heuschober, einem respektablen Dolomitenturm gleich, wurde 1948 überhaupt das erste Mal bestiegen! Und als die alpine Welt ringsum mit lauter Bohrhaken vernagelt schien, wurde die auf dem Präsentierteller daliegende Hochschwab-Südwand erst auf einem halben Dutzend herrlicher Linien in klassischer Freikletterei durchstiegen, die schon ein halbes Jahrhundert zuvor möglich gewesen wäre. Mehr als 600 Routen sind es mittlerweile geworden, vom 50-Meter-Würzelchen in den Edelspitzen bis zur 600 m hohen Westwand des Großen Griesssteins und den noch höheren Wänden in den Ringen. Von den mehr als 100 selbständigen Erhebungen sind nur ganz wenige einzig durch Kletterei erreichbar: der Große Beilstein und der kühne Festlbeilstein, der Feistringstein (neuerdings versichert) sowie die markanten Türme: der Feistringturm, der stumpfe Weittalturm, der Fowiesturm und der unglaublichste von allen – die Felssäule des Hofertalturms, dessen Anblick beim Passieren der Hofertalscharte wohl jedem den Atem stocken läßt.

Der Hochschwab ist vor allem ein unwahrscheinlich vielfältiges Wanderland. Wenngleich auch zuweilen beträchtliche Höhendifferenzen bewältigt werden müssen – die Horizontale ist seine große Linie, die Hochflächen und Almplateaus sein Grundcharakter. Eine Hochschwabüberschreitung ist zu jeder Jahreszeit ein lohnendes Unternehmen – wer's in zwei Tagen errennt, hat aber sicher kein größeres Erlebnis als jener, der sich mindestens drei oder auch mehr Tage Zeit nimmt, um sich noch einige Abstecher leisten zu können! Und Wochen könnte man umherstreifen, um einmal die schönsten der zahlreichen Gräben und Täler kennenzulernen.

An versicherten Steigen gibt es im Hochschwabgebiet nur ganz wenige. Der bekannteste ist das schon marmorglatt polierte G'hackte, das die Südabstürze an der schwachsten Stelle überlistet, dann gibt es noch die beiden Steige auf den Pfaffenstein (Südwandsteig und Markussteig) und die neue Steiganlage auf den Großen Feistringstein von der Mitteralm-Hochfläche her. Hin und wieder trifft man auch auf einzelne Trittstifte wie etwa am Nordanstieg zum Großen Beilstein oder an manchen heimlichen Jagdsteigen. Diese, in ihren frühesten Stadien den Gemsenwechseln folgenden, bloß ein wenig nachgebesserten und teilweise durch abenteuerliches Gelände führenden Steige lassen eine Hochachtung vor den Jägern früherer Generationen aufkommen, die sich noch nicht vierradgetrieben zur pompösen Jagd»hütte« emporkutschieren lassen konnten.

So notierte der sechsundsiebzigjährige Erzherzog Johann: »4. Oktober 1858. Nebel am halben Berg, am Brandhof schön. Um 7 Uhr ritten wir über die Alpe [Leitenalm], Graualpe, Krautgarten, Steinerne Hüttel, Niederscharte [1898 m] bis zum Einstieg in die Böse Mauer. Welch ein Anblick! Hell der Himmel ober uns, hell das Land nach Österreich, in den Thälern Nebel, nach Süden und Osten ein dichtes Nebelmeer, aus welchem wie Inseln die Bergspitzen hervorblickten und der Nebel wie ein Wasserfall nach Norden über die Wasserscheide sich hinüberlegte – herrlich –. Wir stiegen über den zugerichteten Steig auf die lange Schütt . . . Jagd . . . Dann hinab in die Tiefe des Tulbitzthales, wo wir alle zusammenkamen, und nach Hause, von der Kohlstadt über Seewiesen Fahren, am Brandhof um 6 Uhr. Ich nahm Abschied von der Bösen Mauer. Dieser Weg, welchen ich öfter gemacht, ist nichts mehr für mich, dazu gehören jüngere biegsamere Füße.«

Der Hochschwab war einer der ersten Alpengipfel, die mit Skiern erstiegen wurden. Am 9. März 1895 brach der Mürzzuschlager Hotelier und Skipionier Toni Schruf mit dem Aflenzer Forstadjunkten Linhart vom Bodenbauer auf und erreichte über die Häuselalm (wo Linhart zurückblieb) den Hochschwabgipfel. Der Plateaucharakter kam dem bescheidenen Können der damaligen Zeit sehr entgegen, immerhin aber wurde wenige Jahre später bereits das Rauchtal als schöne Abfahrtsmöglichkeit empfohlen. Heute haben sich an den beiden Endpunkten des Massivs die Aflenzer Bürgeralpe und der Präbichl mit dem Polster als gut ausgebaute und beliebte Liftgebiete etabliert, und dazwischen bietet sich eine Unzahl von Skitourenmöglichkeiten jeglichen Charakters. Die klassische Längsüberschreitung wird günstig von West nach Ost ausgeführt (Vorteil: hochgelegener Ausgangspunkt Polsterlift, Abschluß: die schöne Dullwitzabfahrt), eine Anzahl herrlicher Halbtagstouren im Bereich der Sonnschienhütte, und im Frühjahr sind die südseitigen Firnabfahrten wie Rauchtal, Schönbergkar, Karlschütt oder Bruchtal ein Begriff. Die Krönung der Hochschwabskitouren aber birgt ausgerechnet die abweisend wirkende Nordseite. Wer noch vor fünfzehn Jahren mit Skiern auf dem Autodach im Salzatal unterwegs war, wurde als Wundertier bestaunt. Heute haben Lang-Eibl-Schlucht auf den Griesstein, Ringkamp-Nordflanke oder Gschöderer Kar längst ihre Sterne in der Führerliteratur, und die Bergrettung hält schon Übungen im unzugänglichen Weittal ab, um auch für solche schwierigen Bergungen gewappnet zu sein.

An dieser ernsten, hohen, immer fast bedrohlich wirkenden Flanke präsentiert sich der Hochschwab als urtümlich gebliebenes Gebirge, wozu auch der Quellschutz beiträgt. Nur zwei markierte Aufstiege führen von der ganzen Talstrecke der Salza zwischen Weichselboden und Palfau zur Höhe, und die satten 1500 Höhenmeter, die jede Besteigung erfordert, sind ein handfestes Kriterium. Diese »erdabgewandte Seite« des Schwaben ist ein Reich für Kenner und Spezialisten, denen es mit ihrem Hochschwab wie mit Edgar Wallace ergeht: Es ist unmöglich, von ihm nicht gefesselt zu sein!

Hochschwabgipfel über dem Plateau der Karlalpe

Hochschwab-Gruppe von A–Z

Aflenz, 765 m

Sommerfrische und Wintersportort, in einem weiten, sonnigen Tal am Ostrand des Hochschwab gelegen; zahlreiche Gasthöfe und Pensionen. *Sehenswert:* die Pfarrkirche aus dem 15 Jh., mit gotischen Holzplastiken (lebensgroßes Kruzifix), der spätgotische Karner sowie der mächtige Renaissancebau der St. Lambrechter Propstei (dient heute teilweise als Heimatmuseum: ganzjährig geöffnet, mittwochs 14–16 Uhr, sonntags 10–12 Uhr).

Ausgangspunkt für zahlreiche kleine Spaziergänge und Wanderungen sowie für → *Aflenzer Bürgeralpe,* → *Mitteralpe* und Touren im Bereich der → *Fölz.*

Aflenzer Bürgeralpe, 1550 m ○ ☀

Almhochfläche mit einem richtigen Hüttendorf, dem Mitteralpenplateau südlich vorgelagert. Sessellift von Aflenz (ganzjährig mit Ausnahme der Jagdzeit vom 15. 9.–15. 10.), im Sommer auch Mautstraße.

Unterkünfte: Alpengasthof Pertl, Gasthof Gollner; ganzjährig geöffnet. Naturfreundehaus Bürgeralm, bewirtschaftet vom 1. Mai bis Mitte Oktober, vom 1. Dezember bis Ostern. 150 Schlafplätze, Telefon (0 38 61) 24 55.

Aufstieg: über die Mautstraße 2½ St.; durch den Jauringgraben (großteils Fahrweg) 2½ St. Günstiger, hochgelegener Ausgangspunkt für Plateauwanderungen.

Übergang: zur Fölzalm 3 St.; zur Voisthalerhütte 3½ St.; zum Schiestlhaus 5½ St.

Schönes *Skigebiet* mit 5 Liften (bis 1810 m, → *Schönleiten*). *Skitouren:* Plateauüberschreitungen mit Fortsetzung bis zum Hochschwab oder Abfahrten in den Feistringtobel oder die Fölz.

Aflenzer Staritzen ● ☀

Hochfläche zwischen Seewiesen und Ringkamp, die ins Seetal mit steilen, teilweise schrofig aufgelösten Felsflanken abbricht. Der Name geht wahrscheinlich auf die slawische Wurzel stari (= alt) zurück. Höchste Erhebungen: *Staritzen-Ostgipfel, 1810 m, Westgipfel (Mieserkogel), 1855 m, Severinkogel, 2038 m.*

Aufstieg: von Seewiesen bzw. vom Seebergsattel über die Seeleiten (grün bez., 2–2½ St., steil); von Gollrad oder vom Brandhof über Mischenriegel und Leitneralm (gelb bez., 2½–3 St.); vom Ramertal über den Kastenriegel (1½ St.) und über die Graualm (erst rot, dann gelb bez., insgesamt 3½ St.). Kurz vor dem Mieserkogel Vereinigung zum Staritzen-Höhenweg, der von hier bis zum Schiestlhaus 3½–4 St. erfordert. Vorsicht bei Nebel! Keine Unterkunft, das »Steinerne Hüttel« der Karte ist nur eine Felsbildung!

Die genannten Aufstiege bilden z. T. auch lohnende *Skitouren.* Der Höhenweg ist vorwiegend landschaftlich interessant, reizvoller sind die Abfahrten über die Graualm und den Bachbauergraben nach Gollrad (Nordhang des Staritzen-Ostgipfels), 900 HM, sowie die Abfahrt über die Leiteralm und eine Forststraße zum → *Brandhof* (nur bei sicheren Verhältnissen) 800 HM; besonders schön das steile, schneesichere (nur die Einfahrt ist meist abgeweht) *Bruchtal* nach Seewiesen (950 HM).

Antengraben ○ ●
Von Gschöder fast eben nordwärts ziehender Graben mit kesselartigem Talschluß (1 St.). Hier nehmen einige unbezeichnete *Aufstiege* ihren Ausgang: links führt ein steiler Jagdsteig ins Weittal (2 St.), rechts zieht eine Forststraße in Kehren empor. Von ihr zweigt der Steig auf die Riegerin, 1939 m, über die Viererscharte ab (schwer zu finden, insgesamt 5 St.); über Schüttbaueralm, Hochalpenhöhe, 1833 m, zum bezeichneten Hochschwabweg und auf ihm zur Häuselalm und zum Bodenbauer 5–6 St. (nur bei klaren Wetter!).

Beilstein, Großer, 2012 m ▲
Einer der wenigen Hochschwabgipfel, die von allen Seiten schwierig zu ersteigen sind. Von Osten gesehen erhebt sich der Gipfelaufbau wie ein glatter Reptilienkopf über der großen Grasterrasse im zweiten Drittel der Wandhöhe. Leichtester *Aufstieg*: von Norden (*Beilsteinsattel,* am besten erreichbar vom Bodenbauer über die Salzleiten in 3–3½ St., Abzweigung vor der Trawiesalm, knapp vor dem Rauchtalsteig). Vom Beilsteinsattel II–, 30 Min. ziemlich steil, einige Trittstifte.
Durch die steile Ostwand führen einige der schönsten Hochschwabklettereien: die Ostkante (IV und IV+), Ostwandkamin (IV und IV+) Diagonale (V+), »Zwischen Kamin und Kante« (V) und der Weg der Jugend, VI A2. Bis zur großen Terrasse jeweils 150–200 HM. – Die Westwand weist ebenfalls einige schöne Durchstiege im Bereich IV und V auf. Der Beilstein hat im westlichsten Hochschwab einen 1393 m hohen Namensvetter, der mit einer interessanten Eishöhle aufwarten kann (Zugang von Gams bei Hieflau durch

den Gamsgraben, eine Forststraße bis zur Bischofbaueralm und weiter im Hochmoos. Dann rechts zur Eishöhle).
Die Namensgebung aller Beil-, Peil- und Pillsteine kommt aus dem Althochdeutschen. bíl = bellen, das ist der Platz, wo die Jagdhunde das in die Enge (Felswand!) getriebene Wild verbellten.

Bodenbauer, Gh., 884 m
Privater Gasthof im Talschluß des Buchberger Tales. Von Ostern bis Spätherbst geöffnet. Telefon (0 38 61) 25 96.
Zufahrt: von Thörl über St. Ilgen 13 km, Postbus.
Übergang: zur Häuselalm 1¾ St., weiter zur Sonnschienalm insgesamt 3 St.; über die Trawiesalm (1 St.), das G'hackte und den Hochschwabgipfel zum Schiestlhaus 4½–5 St.; nach Tragöß über Josertal und Scheideck 3 St.
Gipfel: Zinken, 1926 m, über Häuselalm 3 St.; Großer Beilstein, 2012 m, über die Salzleiten (unmarkiert, letztes Stück Kletterei, –II!) 3½–4 St.; Stangenwand, 2157 m, durchs Rauchtal 4 St.; Großer Festlbeilstein, 1848 m (Ostgrat II!), 4 St.; Hochschwab, 2277 m, 4–4½ St.

Brandhof, 1080 m
Das Gut an der Seebergstraße, in die Herrschaften Aflenz und Mariazell geteilt, wurde 1818 für Erzherzog Johann um 2560 Gulden ersteigert und zu einem Jagdschloß umgestaltet. Heute ist ein Teil der Räume zu einem Jagdmuseum und einer Sammlung alter Handwerkskunst umfunktioniert (Besichtigung täglich 8.30–14.30 Uhr, außer Montag und Donnerstag).
Beim Brandhof, heute Aufenthaltsort der Nachkommen des Erzherzogs, der Grafen Meran, nimmt der Weg auf die → *Aflenzer Staritzen* »über die Kastellen« seinen Ausgang (2½ St., gelb bez.).

Brandstein, Großer, 2003 m ○ ▲ ❋
Klotziger Gipfel westlich der Schaufelwand mit rasiger Westabdachung und weit vorgezogenem Ostgrat. Nach Norden und vor allem Süden bricht er mit steilen Wänden ab.

Aufstieg: vom Fowiestörl, 1544 m, (von der Sonnschienalm 2 St.) 1½ St., rot bez., unschwierig über die Westseite. Von den Kletterrouten wird nur der Ostgrat häufiger begangen (III, 1½–2 St. vom Einstieg, meist festes Gestein).
Der *Kleine Brandstein, 1800 m,* dem Großen nördlich vorgelagert, ist sicher einer der einsamsten Hochschwabberge.
Als *Skiberg* hätte der Brandstein einen lohnenden Gipfelhang sowie ein recht steiles Stück zur Brandwiese hinunter aufzuweisen, ist aber mit seinen langen Zugangswegen über das Plateau eher ein Ziel für Sammler und Spezialisten.

Bruck an der Mur, 491 m
Am Zusammenfluß von Mürz und Mur gelegen, finden sich schon aus prähistorischer Zeit Spuren von Besiedelung auf dem Boden dieser Stadt, die zu den bedeutendsten der Steiermark zählt (Stadtrecht seit 1277). Heute ist Bruck vor allem Industriestadt (Eisen, teilweise auch Papier) und Verkehrsknotenpunkt.
Sehenswert: der Hauptplatz mit dem spätgotischen Kornmesserhaus (1495–1505) und dem schmiedeeisernen Brunnen (1626), die Stadtpfarrkirche Mariä Geburt (romanisch-gotisch, mit spätgotischer geschmiedeter Sakristeitür) sowie die ehemalige Minoritenkirche, eine gotische Bettelordenskirche mit wertvollen Wandfresken.
Ausgangspunkt: für das Tal von Tragöß; Wanderungen auf Hochanger, 1304 m (2½–3 St.); Madereck, 1051 m (1½ St.); Rennfeld, 1630 m (3½ St., ab Gh. Leichtfried 2 St.).

Brunntal ○
Rund 4 km langer, breiter Talboden, der aus dem Salzatal südwärts ins Hochschwabmassiv einschneidet. Am Taleingang der reizvolle, schilfumstandene *Brunnsee.*
Keine bezeichneten Wege, Ausgangspunkt für die → *Riegerin* sowie die → *Lang-Eibel-Schlucht* mit Weiterweg auf Griesstein, Polster oder Ebenstein (je rund 5 St.).
Unmarkierter *Übergang* über den Polstersattel zur Sonnschienalm 6–6½ St.

Blick vom Reidelsteinkamm auf Großen Beilstein (links), Rauchtal und Stangenwand

Doménigg, Karl
* 2. 6. 1867, † 2. 6. 1950
Der im Gebiet der Julischen Alpen geborene Doménigg studierte in Graz und kam durch bergbegeisterte Studienkollegen zum Hochschwab. Dort löste er mit dem jungen Markus Pierer das damalige »Große Problem« eines Durchstiegs durch die Südwand (12. 7. 1893). Von seinen weiteren Neutouren am Hochschwab ist noch sein Weg durch die Nordwand der Karlmauer beliebt geworden. Seine größten bergsteigerischen Erfolge, die seinen Sinn für einfache, logische Routenführung unter Beweis stellten, sind die Durchsteigung der Hochstadel-Nordwand in den Lienzer Dolomiten (1905 mit Glatter und König) sowie die Triglav-Nordwand (1906 mit König und Reinl), zwei der höchsten Ostalpenwände.

Dullwitz ○ ❃
Die *Untere* und *Obere Dullwitz* (der Name kommt aus dem Slawischen: dull = Senke, Grund) sind gewissermaßen die Hauptstraße des Hochschwab: die Untere Dullwitz zieht von der Florlhütte über den Höllboden und die Steilstufe des Voisthaler Gassls hinauf zur freieren, weiten Oberen Dullwitz, die bis an die Schwelle des Trawiessattels reicht.

Ebenstein, 2123 m ○ ▲ ❃
Einer der charakteristischsten und höchsten Hochschwabberge, an seinem abgeflachten Gipfelaufbau auch aus großer Entfernung leicht kenntlich. Nach Süden eher sanft absinkend, finden sich an seiner Nord- und Westseite schöne, leider vernachlässigte Kletterziele. Ein feiner *Skiberg* ist er auch, und vor allem natürlich *der* Hausberg der → *Sonnschienhütte* mit weitreichender Aussicht.
Aufstieg: von der Sonnschienhütte 1½–2 St., blau bez., unschwierig (auch Skiaufstieg). Von den Kletter-

wegen wären zu nennen der hübsche Nordgrat (–III, guter Fels, 2 St.) und die Westwand, vor allem der Ertlweg (IV) und der Lechnerweg (IV+), je 2–3 St.

Edelbodenalm, 1344 m
Wunderschöner Almboden am Hochschwab-Nordabfall, über den auch der einzige markierte Weg an dieser Bergseite hinaufzieht. Die Alm (2 St. von Weichselboden) ist im Sommer zeitweise einfach bewirtschaftet.
Hübsche *Rundtour:* Aufstieg von Weichselboden über die Forststraße auf die Edelbodenalm, Abstieg (steil) über den Miessattel (1190 m) in die Vordere Höll, zusammen rund 3½ St.

Edelspitzen, 1867–1883 m ▲
Fünf ausgeprägte Gratzacken am Plateaurand der → *Karlalpe* oberhalb der → *Voisthalerhütte*. Sie sind beliebte Ziele mit Klettergartencharakter und meist einfachen Normalwegen. Der Fels ist leider nicht immer ganz fest, vor allem auf den mittelschwierigen Anstiegen. Das schönste

Gestein gibt es am westlichsten Edelspitz, 1870 m. Eine beliebte, wenig schwierige Kletterei ist die Überschreitung aller fünf Edelspitzen in West-Ost-Richtung (II, 1–1½ St.).

Eisenerzer Höhe, 1549 m ○
Der uralte Übergang von Eisenerz nach Wildalpen benützt die Trasse einer ehemaligen Römerstraße; ein landschaftlich abwechslungsreicher und empfehlenswerter Weg.
Aufstieg: durchgehend rot bezeichnet; von Hinterwildalpen 2–2½ St.; vom Leopoldsteiner See 3½–4 St. Von der Eisenerzer Höhe läßt sich in 2½ St. die → *Kalte Mauer* ersteigen.

Eismauer, 2194 m ○ ▲
Ein typischer Hochschwabberg mit einer völlig unschwierigen Südseite (hier steht das → *Schiestlhaus,* von dem in wenigen Minuten der höchste Punkt erreicht ist) und als Gegensatz dazu einer steilen, fast 1 km breiten Felswand, die ins *Gschöderer Kar* abbricht.
Die bis zu 300 m hohen Kletterrou-

ten bewegen sich meist in den Schwierigkeitsgraden IV und V, als lohnend und etwas weniger schwierig ist der Gortatewiczweg (III+) einzustufen.
Zugang: zu den Einstiegen am besten vom Schiestlhaus absteigend; von Weichselboden über die Edelbodenalm landschaftlich ganz hervorragend, jedoch ungleich länger (3½–4 St.).

Erzherzog Johann
* 20. 1. 1782, † 11. 5. 1859
Der Bruder Kaiser Franz` I., aufgeklärt erzogen, universell gebildet, mit einem Hang zur Naturwissenschaft und zum Hochgebirge, beging 1809 einen entscheidenden Fehler: er unterstützte die Volkserhebung der Tiroler unter Andreas Hofer gegen die verbündeten Franzosen und Bayern – obwohl Tirol von der »hohen Politik« bereits aufgegeben war. Zwei Jahrzehnte durfte er auf Befehl des kaiserlichen Bruders Tirol nicht betreten – und fand in der Steiermark ein ähnliches Wirkungsfeld. Er wur-

de quasi Entwicklungshelfer, war Radmeister (Hochofenbesitzer) in Vordernberg, erwarb den Brandhof, war Jäger und Bergsteiger, der einige für die damalige Zeit beachtliche Besteigungen ausführte (1. Ersteigung der Hochwildstelle, 2746 m, 2. Ersteigung des Hochgolling, Besteigung des Ankogel, Versuch der ersten Besteigung des Großvenediger etc.). Seine Hochzeit mit der Ausseer Postmeisterstochter Anna Plochl läßt diesen volkstümlichsten der Habsburger fast als Erfindung eines Groschenromanciers erscheinen. Vom Brandhof aus erstieg er oftmals den Hochschwab, mit dessen Landschaft er überaus verbunden war. Er wurde mit Recht bis in unsere Zeit zur steirischen Kultfigur – trotz des Erzherzog-Johann-Jodlers.

Feistringstein, Großer, 1840 m,
Kleiner, 1710 m △ ▲
Die beiden von Seewiesen aus auffallenden Felsberge sind Randgipfel des → *Mitteralpenplateaus,* mit dem sie als Grat verbunden sind. Ihre Ersteigung ist auf keinem Weg leicht. Am günstigsten von der Windgrube (Sessellift oder Mautstraße) zum Zlakensattel und bei einer Wegtafel zur östlichen Ecke des Plateaus (2–2½ St. von der Windgrube). Nun in leichter Kletterei (I) in die Scharte hinunter und durch einen Kamin (Drahtseil) und eine Rinne zum Großen Feistringstein (ca. 60 m Felshöhe, nur für erfahrene Bergsteiger). Sehr reizvoll ist auch die Überschreitung der beiden Gipfel: von Seewiesen auf den Kleinen Feistringstein (I, 3 St.) und über den Ostgrat auf den Großen Feistringstein, (II, 1 St.). – Der *Feistringturm,* zwischen Großem Feistringstein und Plateau, ist eine zusätzliche Spielerei für gute Kletterer (1 Seillänge, IV). – Der *Feistringtobel,* eine sehr schöne Skiabfahrt, führt vom → *Zlaken* ins Baumertal und den langen Feistringgraben hinaus nach Dörflach (Zugang von der Windgrube 1 St.).

Festlbeilstein, Großer, 1848 m, Kleiner, 1815 m ▲

Einer der rassigsten Hochschwabgipfel, nur auf langen und mühsamen Zugängen erreichbar, selbst der leichteste Anstieg erfordert Kletterei (Ostgrat des Großen Festlbeilsteins: II, 1½ St.). Die beliebteste Tour ist die Überschreitung Kleiner Festl-Westkante IV+ und Großer Festl-Westkante V (oder Nordwand/Greenitz III). Am Großen Festl genießt der Schinkoweg in der Südwand großen Respekt als knifflige Freikletterei (–VI), am Kleinen Festl ist es die Nordwand mit ihren großteils technischen Routen, dem Lukanweg V+ A2, und der Diagonale VI A2.

Der *Zugang* zum Bergfuß ist jedenfalls lang: zu den Nordwandrouten besser von der Trawiesalm (1–1½ St., I), zu den anderen Anstiegen über den Reidelsteinkamm 2–2½ St.

Fledermausgrat ▲

Der Südwestgrat der *Vordernberger Griesmauer, 2009 m,* zählt zu den schönsten Standardtouren im Hochschwabgebiet mit allen Vorzügen einer Genußkletterei: bequemer Zustieg (vom Polsterlift am Präbichl absteigend!), schöne, abwechslungsreiche Kletterei (III–) in meist gutem Fels (1½–2 St.) und ein gutartiger, landschaftlich schöner Abstieg als Draufgabe. Entsprechend ist auch die Beliebtheit dieser Kletterei, deren düsterer Name von einem Firnfeld an der Ostseite herrühren soll, das mit einiger Phantasie einer Fledermaus ähnelt.

Fleischer-Biwakschachtel, 2153 m

Am 12. April 1903 erfror der Obmann der »Voisthaler«, Ferdinand Fleischer – einer der damals besten Hochschwabkenner – mit zwei Gefährten nahe dem Ausstieg des »G'hackten« im Schneesturm. An dieser Stelle wurde eine gemauerte Unterstandshütte errichtet, die, nunmehr durch eine moderne Biwakschachtel ersetzt, Platz für 10–12 Personen bietet (unbewirtschafteter Unterstand, kein Wasser, keine Heizmöglichkeit). – Sie unterstreicht die Mahnung, die Wetterlaunen des Hochschwab ernst zu nehmen.

Übergang: zum Hochschwabgipfel 20 Min.; zum Schiestlhaus über den Gipfel ¾ St.; über die Schwabenleiten (bei Sturm günstiger) ½ St.

Floning, 1583 m ○ ✳

Vorberg des Hochschwab zwischen Thörler- und Lammingtal mit instruktivem Blick auf das Hauptmassiv. Der breite, großteils bewaldete Bergrücken mit seiner großen Gipfelwiese wird vor allem von Kapfenberger und Brucker Wanderern besucht. Am östlichen Ausläufer, der Rettenwand, die *Rettenwandhöhle* (Schauhöhle, Führungen von ca. 45 Min. Dauer an Sonn- und Feiertagen von 9–17 Uhr, von Frühjahr bis Herbst; Zugang von der Straße Kapfenberg–Thörl).

Aufstieg: von Kapfenberg–Redfeld 3½ St.; durch den Rettengraben über das Gehöft Prantner 2½–3 St.

Auch als *Skiwanderung* möglich.

Florlhütte, 1284 m

Private Hütte auf der Unteren Dullwitzalm. Bewirtschaftet von Anfang Juli bis September, sonst an Wochenenden. Keine Nächtigung!

Zugang: von Seewiesen 1½ St.

Übergang: zur Voisthalerhütte 1½ St.; zur Fölzalm 2 St.; zum Schiestlhaus 3–3½ St.

Fölzalm, 1484 m ○

An einem der Schwaben-Hauptwege gelegen und als Kletterrevier ein Begriff. Zwei Hütten: *Grasserhütte* und *Herzerhütte.* Bewirtschaftet von April bis in den Spätherbst, jeweils etwa 16 Schlafplätze.

Zugang: von Aflenz 3 St.; vom Parkplatz im Fölzgraben 2 St; im unteren Teil entweder durch die Fölzklamm oder über Schwabenbartl.

Übergang: zur Voisthalerhütte 1 St.; zum Schiestlhaus 3 St. (weiter zum Hochschwabgipfel 20 Min.).

Gipfel: Fölzstein, 1946 m, 1½ St.; Karlhochkogel, 2096 m, 2 St; sowie Routen im Bereich Mitteralpenturm, Schartenspitze, Winkelkogel etc.

Fölzstein, 1946 m ○ ● ▲

Der kanzelartig aus dem Plateau der → *Karlalpe* vorspringende Fölzstein bietet aus dem Fölzgraben einen imponierenden Anblick. – Er läßt sich von der Fölzalm unschwierig ersteigen und ist ein großartiger Aussichtsbalkon. Trotz seines forschen Aussehens ist er mit seinen Kletterrouten nie zu einer ähnlichen Beliebtheit gekommen wie seine Nachbarschaft – das Gestein ist nicht immer zuverlässig.

Aufstieg: Normalweg von der Fölzalm über die Windscharte (unbezeichneter Steig, erst links, bald nach rechts haltend) 1½ St.; aus dem Fölzgraben über das *Zerbeneck* (unbezeichnet, teilweise mühsam, landschaftlich sehr schön) 3½–4 St. (Abzweigung des Weges beim E-Werk im Fölzgraben).

Fowies ○

Schönes Hochtal im westlichen Teil des Massivs, unter den Wänden des Kollmannstocks und des Brandsteins (in älteren Werken auch Fobis oder Fobes genannt). Der schlanke *Fowiesturm, 1810 m,* zählt zu den am seltensten betretenen Erhebungen des Gebietes. Seine Ersteigung ist nicht übermäßig schwierig (–II, ¼ St. von der Scharte am Halterstock), doch die Zugänge sind von allen Seiten lang. Am besten in Verbindung mit einer Klettertour am Brandstein.

Aufstieg: vom Leopoldsteiner See bis zur Sonnschienalm 5½–6 St.

Frauenmauer, 1828 m ○ ● ▲

Frei stehender Berg im Westen des Massivs über dem Neuwaldeggsattel mit steilen Süd- und Westwänden (der Einstiegsüberhang der Südwestwand war die erste Hakenkletterei am Hochschwab, 1932).

Aufstieg: über den steilen Kamm vom Bärenlochsattel, I, ½–¾ St. (hierher von der Leobnerhütte über den Neuwaldeggsattel, 1575 m, 1¾ St.; von der Sonnschienalm 2–2½ St.). Hauptanziehungspunkt dieses Berges ist allerdings nicht der Gipfel, sondern die *Frauenmauerhöhle,* die einen Durchgang von der Neuwaldalm zur Gsollalmseite ermöglicht. Durchgang ¾–1 St., warme Kleidung, ausrei-

chende Beleuchtung und vor allem Reservebeleuchtung unerläßlich! In den Sommermonaten steht ein geprüfter Höhlenführer zur Verfügung, dem man sich anvertrauen sollte. Das erstmals 1605 entdeckte Höhlensystem hängt mit dem benachbarten Langstein-Höhlensystem zusammen und umfaßt derzeit eine erforschte Gesamtlänge von fast 13 km!

Zugang: vom Polster-Sessellift 1 St.; von der Leobner Hütte 1½ St.

Gams bei Hieflau, 538 m

Hübsche Sommerfrische im Westen des Hochschwab. Sehenswert die → *Kraushöhle. Ausgangspunkt* für vielfach unbezeichnete Wanderungen im nordwestlichen Hochschwabmassiv (Stangl, Steinwand, Buchberg etc.), *Übergang* über den Goßsattel nach Hinterwildalpen 4 St. (rot bez.).

G'hackte, Das ○ △

Teilweise versicherter Steig durch die schwächste Stelle der Hochschwab-Südwand. Der auf einem alten Jagdsteig beruhende Steig wurde schon um die Jahrhundertwende mit in den Fels gehauenen Tritten, Klammern und Drahtseilen ausgerüstet. Seine Begehung erfordert lediglich etwas Trittsicherheit, Vorsicht jedoch im Frühsommer wegen steiler Schneefelder.

Aufstieg: vom Gh. Bodenbauer bis zum Hochschwabgipfel 4–4½ St.; einer der meistbegangenen Hochschwabwege. Rot bez., Felshöhe 150 m.

Graf-Meran-Steig ○ ✳

Der klassische, meistbegangene Aufstieg zum *Hochschwabgipfel* aus der Dullwitz wurde nach dem Sohn Erzherzog Johanns, dem Grundherrn weiter Gebiete des Hochschwab, benannt. Der unschwierige, teilweise relativ steile Steig ist im Winter auch Teil der Dullwitzabfahrt. Von der Voisthalerhütte zum Schiestlhaus rund 1¾ St. (auf den Gipfel weitere 20 Min.).

Graserwand, Vordere, 1994 m, Hintere, 2057 m ○ ✳

Selten besuchte Rasengipfel mit teilweise sehr steilen Gras- und Schro-

fenflanken nördlich der → *Sonnschienalm.* Auf unmarkierten Steigen unschwierig zu erreichen. (In der Karte als Vorderer und Hinterer Polster bezeichnet!)

Aufstieg: am besten von der Sonnschienalm erst absteigend ins Filzmoos und durch eine westlich ansteigende Schlucht in eine Mulde und zum Polstersattel (2000 m), zuletzt nach rechts über einen Rasenkamm zum Gipfel der Hinteren Graserwand (unbez., rund 2 St.). Vor allem als *Skitour* sehr lohnend.

Griesmauer ○ ▲

Langgestrecktes, schroffes Gratmassiv im Gebiet des → *Präbichl.* Früher wegen der – relativ – schwierigen Ersteigbarkeit das begehrteste Ziel des Hochschwabgebietes, sind die drei Erhebungen *Vordernberger Griesmauer, 2009 m, TAC-Spitze, 2014 m,* (Techniker-Alpenclub-Spitze) und *Eisenerzer Griesmauer, 2034 m,* bis heute gern besuchte Gipfelziele, wobei die Eisenerzer Griesmauer infolge ihres brüchigen Gesteins ein wenig im Abseits steht. Die Vordernberger Griesmauer ist auf dem Normalweg unschwierig (vom Hirschegg-Sattel 1–1½ St.) und kann ebenso wie die TAC-Spitze (oberster Teil I, Drahtseil, 1½ St. vom Hirschegg-Sattel) sogar größtenteils mit Skiern bestiegen werden.

Beliebteste Kletterei ist der Südwestgrat der Vordernberger Griesmauer, der → *Fledermausgrat* (II, –III), sehr schön auch in Verbindung mit den Unteren Grattürmen (–IV, insgesamt etwa 2½–3 St.). Eine großzügige Grattour ergibt die Gesamtüberschreitung des Griesmauerzuges (4½–5 St.) über TAC-Spitze weiter zur Eisenerzer Griesmauer.

Griesstein, Großer, 2023 m ● ▲ ✳

Gewaltiger Felsklotz im Norden des Massivs. Einst einer der einsamsten Berge in diesem Gebiet, ist er durch die Entdeckung der → *Lang-Eibl-Schlucht* als Skiabfahrt förmlich zum Modeziel geworden. Seine Erstei-

Der Große Griesstein aus dem Brunntal

gung ist auf allen Wegen mühsam, jedoch lohnend. Prachtvolle Aussicht nach Westen und Norden sowie interessante Tiefblicke in die Wildnis des → *Schafwaldes.*
Aufstieg: von der Sonnschienhütte über den Polstersattel 3–4 St.; aus dem Salzatal durch das Brunntal und die Lang-Eibl-Schlucht 4–5 St.; von Wildalpen über den Kreuzpfäder und den *Kleinen Griesstein, 1857 m,* 4–5 St.; alle Wege unbezeichnet. Der Gipfel, der hufeisenförmig eine riesige Rasenmulde umschließt, bricht nach Osten und besonders nach Westen mit mächtigen Wandbildungen ab. Die 700 m hohe Westwand ist eine der größten Hochschwabwände – der Bergname allein jedoch spricht schon für die Felsqualität. Die Anstiege sind wohl gewaltig und großzügig, jedoch fast durchwegs brüchig und gefährlich (Schwierigkeiten zwischen IV und V).

Grüner See, 776 m

Bei Tragöß liegt dieses Juwel der Hochschwablandschaft, das zu den beliebtesten (und entsprechend stark besuchten) Ausflugszielen am Fuß des Gebirges zählt. Die Farbe dieses bemerkenswerten Sees schwankt zwar je nach Tages- und Jahreszeit, liegt aber meist bei einem fast unglaublichen Smaragdgrün.
Zugang: von Tragöß-Oberort ½ St., zahlreiche Wander- und Spazierwege um den See und in seiner Umgebung.

Gschirrmauerkampl, 1990 m ○ ▲

Der »Kampl« selbst ist eine eher unbedeutende Erhebung am Nordrand des → *Mitteralpenplateaus,* die sich vom Weg Aflenzer Bürgeralpe – Fölzsattel weglos in ¼ St. (Abzweigung zwischen Halterhütte und Hofertalscharte) ersteigen läßt. Eventuell in Verbindung mit dem → *Feistringstein.* – Durch die Nordabstürze der Gschirrmauer führen mehrere Kletterrouten, teilweise sehr lohnend, mit Felshöhen bis 300 m, die aber kaum begangen werden.

Gschöder, 650 m

Weiler im Salzatal, keine Nächtigungsmöglichkeiten. *Ausgangspunkt* für Touren im Bereich des Antengra-

bens (→ *Riegerin,* → *Turm,* → *Weittal,* → *Hochgang*) sowie für den unmarkierten Übergang Antengraben – Hochalm – Häuselalm – Gh. Bodenbauer (5–6 St.).

Hackenalm, -törl, 1291 m ○

Alm im östlichen Hochschwabgebiet nahe Seewiesen unter den Feistringsteinen. Auf der Alm die *Enzianhütte, 1070 m,* privates Almgasthaus, an Wochenenden und Feiertagen ganzjährig geöffnet, während der Sommermonate durchgehend bewirtschaftet. Keine Nächtigung!
Zugang: von Seewiesen ½ St., von der Schottergrube beim Dürrsee ½ St.
Übergang: zur Oischingalm 2 St., durch den Feistringgraben nach Jauring 3 St., über das Hackentörl und das Baumertal unmarkiert zum Verbindungsweg Windgrube – Fölzsattel – Voisthalerhütte (2–2½ St.).
Gipfel: Oisching, 1699 m, 2–2½ St., Kleiner Feistringstein, 1710 m, 2–2½ St. (unmarkiert, sehr steil, leichte Kletterei, I).

Handlalmhaus, ca. 1250 m

Unweit der Paßhöhe Präbichl, Touristenverein »Die Naturfreunde«. Ganzjährig bewirtschaftet, 20 Betten. Telefon (0 38 48) 23 82.
Zufahrt: vom Präbichl bis zum Haus.
Übergang: zur Leobner Hütte 1 St.; zur Frauenmauerhöhle 2½–3 St.; zur Sonnschienhütte 5 St.
Gipfel: Vordernberger Griesmauer, 2009 m, bzw. TAC-Spitze, 2014 m, jeweils 2½ St.; Hochturm, 2081 m, 2½ St.; Eisenerzer Reichenstein, 2165 m, 2½–3 St.

Häuselalmhütte, 1526 m

Privates Schutzhaus in der Nähe des → *Sackwiesensees.* Bewirtschaftet von Ostern bis Ende Oktober, 40 Schlafplätze.
Zugang: vom Gh. Bodenbauer 1¾ St.; von Tragöß über Klammboden 3 St.
Übergang: zum Sackwiesensee 20 Min.; zur Sonnschienhütte 1 St.; zum Schiestlhaus 3¼ St.
Gipfel: Buchbergkogel, 1705 m (unmarkiert) ½ St.; Ebenstein, 2123 m, 3 St.; Stangenwand, 2139 m, über den Rauchtalsattel (letztes Stück zum Gipfel unbezeichnet) 2½ St.; Hochschwab, 2277 m, 3 St.

Heuschober, 1550 m ▲

Der versteckte, kühn geformte Felsturm in der Nordflanke des Höllkamp ist der entlegenste und am schwierigsten zu besteigende Gipfel des Hochschwabgebietes (Zugang II, Ostkante – leichtester Anstieg – –IV). Ein Berg, den wenige Hochschwabkenner gesehen und noch weniger bestiegen haben. Erstbesteigung erst 1948 (!), seither durchschnittlich alle zwei Jahre eine Erkletterung! Seine Gipfelhöhe wird auf allen Karten anders angegeben: auf der AV-Karte mit 1880 m, was viel zu hoch wäre, auf der ÖK 1:50.000 mit 1320 m, was sehr niedrig ist; im Hochschwabführer mit 1500 m, laut Aneroidmessung eines Kenners 1550 m. Übererschlossene Alpen?

Hinterwildalpen, 780 m

Kleines Dorf in einem stillen Bergkessel an der Hochschwab-Nordseite, von Wildalpen 3 km.
Übergang: über den Goßsattel nach Gams 4 St.; über die Eisenerzer Höhe zum Leopoldsteiner See 5 St.; über die Winterhöhe ins Schwabeltal und nach Lainbach 5 St.
Gipfel: Kalte Mauer, 1926 m, über Eisenerzer Höhe 4–4½ St.; Großer Geiger, 1723 m (unmarkiert, teilweise weglos) 4–5 St., nur mit genauer Karte und bei klarem Wetter!

Hochblaser, 1771 m ○ ● ❄

Kulminationspunkt der Seemauer über dem Leopoldsteiner See mit schönen Einblicken in die Struktur des westlichen Hochschwabmassivs. Zwei *Aufstiege* vom Leopoldsteiner See: steil, etwas ausgesetzt und Schwindelfreiheit erfordernd der Anstieg über die Seemauer (blau bez., 2½–3 St.), oder durch die Seeau und über die Haselwilzingalm, 1346 m, 4 St.
Als *Skitour* (unmarkiert, für Kenner des Gebietes) wird der Gipfel auch vom Schwabeltal über Wintersattel, Hochschüsser, 1510 m, und Schloßwilzingalm, 1450 m, angegangen (5–6 St.); sonst Skiaufstieg über die Haselwilzingalm.

Hochgang, 1945 m ○ ▲

Selten erstiegene Rasenkuppe nördlich des Rauchtalsattels mit interes-

santen Blicken ins wilde → *Weittal*. Von der Hochfläche (Rauchtalsattel) in ¾–1 St. zu erreichen, aus dem obersten Weittal 15 Min. – Nach Norden bricht eine 400 m hohe Wand ab (Pruschaweg II, –III, Krajncweg –IV).

Hochquellen-Wasserleitung, Zweite Wiener

Als das Wasser aus dem Schneeberg-Rax-Gebiet um die Jahrhundertwende für die Versorgung Wiens nicht mehr ausreichte, ging man an den Bau einer zweiten Wasserleitung, welche die reichen Quellen im Norden des Hochschwabgebiets nützte. Ein enormes Bauvorhaben, welches nach zehnjähriger Bauzeit 1910 beendet war und die phantastische Summe von mehr als 100 Millionen Kronen kostete – aber den Wienern bis heute das wohl beste Trinkwasser aller Großstädte schenkt. Durchschnittlich 4200 Liter pro Sekunde strömen aus der Kläfferquelle, der mächtigsten von allen (Schreierquelle 340 l/sec, Brunngrabenquellen 300 l/sec, Siebenseequelle 600 l/sec, Pfannbauernquelle 300 l/sec); zwei Tage benötigt das Wasser, um die 180 km vom Salzatal durch die Göstlinger Alpen und ganz Niederösterreich nach Wien zu fließen (Gesamtgefälle 360 m). Trinkwasser wird weltweit zur Mangelware – um so mehr muß jeder einzelne um den Wasserschutz im Gebiet des Hochschwab und der Zeller Staritzen bemüht sein.

Hochschwab-Gruppe/Kurzporträt

Der Name gilt sowohl dem Hauptgipfel (2277 m) wie dem gesamten, rund 40 km langen Plateaugebirge von rund 560 km² Ausdehnung. Charakteristisches Bild sind weite Alm- oder Karsthochflächen mit steilen Randabstürzen und touristisch interessanten Randbergen. Vom Gelände her ein ideales Wandergebiet, jedoch bei Schlechtwetter in der Höhenlage absolut gefährlich. Über 100 Gipfel, zahlreiche Kletterrouten, von kurzen

Übungsklettereien bis zur 700-m-Wand; die schönsten Kletterziele finden sich in der Trawies, der Fölz und im Bereich Dullwitz – Hochschwab-Südwand. Vielfältiges Skitourengebiet mit lohnenden Einzelzielen, großzügig und teilweise recht anspruchsvoll die Variationen der Ski-Überschreitung.

Empfehlenswerte und beliebte Anstiege bis III: Hochschwab-Südwand, Doménigg II+, Baumgartner III–; Stangenwand-Südwand II+, Schaufelwand-Ostgrat III–, Brandstein-Ostgrat, III–, Vorderberger Griesmauer-Fledermausgrat III–, Winkelkogel-Westgrat III Schartenspitz-Südgrat III+.

Im Bereich IV und V: Hochschwab-Südwand, Knabl-, Grazer, Mixnitzerweg IV und IV+, Kleiner Schwaben, Himmelsleiter V–; Stangenwand SW-Wand IV+, Beilstein-Ostkante IV, Festlbeilsteine, Westkanten bis V, Schartenspitze N-Wand (Schinko) IV+, Westkante (Direkt) IV+ A1, Schartenspitz-SW-Wand V+ A1, Winkelkogel-NW-Pfeiler V– A0.

Hochschwab, 2277 m ○ ▲ ❊

Die höchste Erhebung des Massivs vereinigt alle seine Charakteristika: einfache Ersteigbarkeit, gleichzeitig herrliche Kletterwand und darüber hinaus lohnendes Skiziel. Der die Hochflächen überragende Buckel prunkt mit einer plattigen Südwand, im Norden erhebt er sich mit steilen, schrofigen Hängen über einer unübersichtlichen Dolinenlandschaft.

Aufstieg: von Seewiesen über Voisthalerhütte, Graf-Meran-Steig und Schiestlhaus 4½–5 St., unschwierig, leichtester Weg, auch Skiaufstieg, 1300 HM; vom Gh. Bodenbauer über die Trawiesalm und das G'hackte 4–4½ St., teilweise Versicherungen (Vorsicht im Frühsommer), Trittsicherheit erforderlich, 1390 HM; von Weichselboden über die Edelbodenalm und Weihbrunnkesselscharte 5–5½ St., 1600 HM (die Nordabfahrt durchs Gschödererkar über die Edelbodenalm nach Weichselboden ist eine der großzügigsten in diesem Alpenbereich); von der Sonnschienhütte über die Häuselalm und die

Hochfläche 4 St., unschwierig, lange Plateauwanderung (nur bei klarem Wetter unternehmen).

Eine Hochschwabbesteigung als Tagestour erfordert vom Tal aus mit Abstieg insgesamt 8–10 St.

Die *Klettertouren* durch die Südwand (300 m) sind fast durchwegs empfehlenswert: im unteren Schwierigkeitsbereich Doméniggweg (II, eine Stelle –III) sowie Baumgartnerweg (III). Im IV. und oberen IV. Grad bewegen sich Mixnitzer-, Grazer-, Knablweg sowie die Himmelsleiter (+IV). Die feine Unterscheidung, daß einige Routen auf den *Kleinen Schwaben, 2248 m,* führen, ist heute praktisch bedeutungslos.

Hochturm, 2081 m ○ ▲ ☀

Höchste Erhebung des → *Trenchtling*-Stockes. Nach Norden stürzt er mit 200 m hohen Wänden ab (Nordkante und Nordwestwand, jeweils IV+, sind schöne Kletterfahrten, werden aber recht selten unternommen), sonst ist der Gipfel leicht ersteigbar.

Aufstieg: vom Präbichl über die Leobner Hütte 2½–3 St.; vom Hieselegg 2½–3 St.

Als *Skiberg* bietet der Hochturm eine schöne Südabfahrt (Aufstieg durch den Rötzgraben und über den baumlosen Gipfelhang), 1000 HM, nicht nach Neuschneefällen!

Hofertalturm, 1883 m ▲

Eine der bizarrsten Felsgestalten des Hochschwab ist diese schlanke Säule, die auf dem Übergang vom Mitteralpenplateau zum Fölzsattel beim Hofertalsattel plötzlich sichtbar wird. Leichtester Anstieg: Ostkante, IV+, Abseilfahrt über die Südwand. Technisch schwierigster aller Hochschwabtürme.

Hohe Weichsel, 2006 m ○ ▲ ☀

Markanter Rasengipfel im Zug der → *Aflenzer Staritzen,* vom markierten Staritzen-Höhenweg in ½ St. (unbezeichnet, mäßig steile Rasenhänge) zu erreichen (vom Seebergpaß 3½ St.). Die 800 m hohe, gegliederte Westwand zum Unteren Ring ist eine der höchsten Wandbildungen des Hochschwab, der lange Dippelwend-

grat (IV+) trennt Hintere Höll und Roßhöll.

Letztere ist eine hervorragend schöne *Frühjahrsskifahrt,* hat aber den Makel eines umständlichen Zuganges (vom Weichselboden erst durch Vordere und Hintere Höll – oder durchs Ramertal über den Kastenriegel – jeweils insgesamt 4½–5 St.).

Höll, Vordere, Hintere und Roßhöll ○ ☀

Die drei Höllen – Vordere, Hintere und Roßhöll – sind trotz ihres abschreckenden Namens schöne, eindrucksvolle Täler an der Hochschwab-Nordseite. *Ausgangspunkt* Weichselboden: zum Jagdhaus am Ende der Vorderen Höll und über den Seesteinsattel in die Hintere Höll 2 St. Um den Fuß des Dippelwendgrates in die Roßhöll und auf die Hohe Weichsel weitere 3 St. Nette *Rundtour* für kurze Tage: vom Jagdhaus nach rechts ziemlich steil zum Miessattel, 1190 m, weiter zur Edelbodenalm, 1344 m, und über die Forststraße zurück nach Weichselboden (zusammen rund 3½ St.).

Höllkamp, 1952 m ● ▲

Mächtiger, gratartiger Berg östlich des → *Ringkamp,* der zum Oberen Ring mit fast 800 m hohen Wänden abstürzt. Nach Nordwesten steile Schrofen- und Rasenhänge, im Nordosten ragt aus seinen Ausläufern der → *Heuschober.* – Selten erstiegen, mehrere lange, anspruchsvolle Kletterrouten (Ostkante –IV, Südwand und Südsporn III+).

Höllmauer, 1949 m ▲

Als Gipfelziel nur eine unbedeutende Rasenkuppe im Zug der → *Aflenzer Staritzen,* als Kletterwände aber genießen die rund 400 m hohen Wände über der Unteren Dullwitz einen guten Ruf. Allerdings nur für Könner: Schwierigkeiten ab IV, sehr schön sind der klassische Kasparekpfeiler (–V) und der Hauseggerpfeiler (–V).

Hundswand ▲

Jeder Wanderer, der vom Gh. Bodenbauer Richtung Hochschwab wandert, stößt auf die enorm steile, gut 150 m hohe Hundswand: dort wo

sich der Trawiesweg nach rechts wendet. Anfang der siebziger Jahre erschlossen Grazer Kletterer einige extreme, infolge der niedrigen und südseitigen Lage jedoch nahezu ganzjährig begehbare Anstiege (Westliche Hundswand VI– A1, Bodenbauerweg VI– A1, A2, Adlerriß VI A2, A3).

Jassing

Talboden und Graben zwischen Sonnschienplateau und Griesmauerzug. Der Name deutet auf slawische Besiedelung (jasno = hell, aber auch Esche). Aus der von Tragöß erreichbaren Jassing führt der Weg über die Russenstraße auf die Sonnschienalm (3–3½ St.) sowie der Übergang über den Neuwaldeggsattel nach Eisenerz (4½ St.).

Josersee, 1228 m

Der vom → *Bodenbauer* nach Westen zum Scheideck ziehende Weg führt durchs *Josertal.* Bei der Heinzleralm zweigt nach rechts eine Forststraße ab und leitet zum Josersee, dem kleinsten und bescheidensten der Hochschwabseen, schilfumstanden und von unbestimmbarer Farbe (vom Gh. Bodenbauer 1 St.).

Kalte Mauer, 1926 m ● ▲

Weit nach Westen vorgeschobener, mit einem turmartig abgesetzten Grat zum → *Schwabeltal* absinkender Berg im westlichen Teil des Hochschwab. Selten bestiegen, weil von allen Seiten nur langwierig zu erreichen: Von der → *Eisenerzer Höhe* 2½–3 St. (rot bez.), von Eisenerz über die Haselwilzingalm 4 St. (blau bez.), vom → *Hochblaser* 1¼–1½ St. – Der eigentliche scharfe Gipfelgrat ist fast waagrecht, aber ziemlich luftig (I). Durch die Wände führen einige recht schöne Kletterrouten, die infolge der Abgeschiedenheit nur selten besucht werden. Das großzügigste Unternehmen ist sicher der gesamte Westgrat (unterer Teil bis IV+, oberer Teil III–).

Kapfenberg, 501 m

Mit Bruck an der Mur das bedeutendste Siedlungs- und Wirtschaftszentrum im Bereich des Hochschwabgebiets. Gegründet Ende des 12. Jahrhunderts durch die Herren von Stubenberg in geschützter Lage im Bo-

Edelspitzen und Karlmauer in der Oberen Dullwitz

gen der Mürz zu Füßen der gleichnamigen Burg. Seit dem 15. Jh. durch seine Lage an einem wichtigen Verkehrsweg und durch die Eisenwirtschaft bedeutsam. Hochblüte um die Mitte des 19. Jh., bis heute ist der Stahl dominierender Faktor.
Sehenswert: Burg Oberkapfenberg (Burghotel), spätgotische Pfarrkirche St. Oswald mit Rokokoeinrichtung.
Ausgangspunkt für das gesamte südliche Hochschwabgebiet.
Gipfel: → Floning, → Rennfeld, → Zeberer Alpe (siehe auch Abschnitt Mürzsteger Alpen).

Karlalpe, -hochkogel ○ ▲ ✳
Das Plateau der Karlalpe ist der Hochschwab-Südseite unmittelbar vorgelagert, der *Karlhochkogel, 2096 m,* eine flache Rasenkuppe, seine höchste Erhebung. Ringmauer, Karlmauer und Fölzstein sind kanzelartige, mit beachtlichen Wänden ab-

brechende Randerhebungen, im Westen ist der Festlbeilstein durch einen Grat mit der Hochfläche verbunden. Der Karlhochkogel bietet eine herrliche südseitige *Skiabfahrt.*
Aufstieg über Karlschütt und Karlgraben (Zugang bei den Schottergruben vor dem Gh. Bodenbauer) 3½–4 St., Abfahrt auf derselben Strecke. Bei sicherer Schneelage auch im Hochwinter, 1200 HM.

Karlmauer, 1938 m ○ ▲
Randerhebung der Karlalpe, die mit rund 120 m hohen Nordwänden gegen die Obere Dullwitz abbricht. Durch diese führen zahlreiche Routen mit Klettergartencharakter – noch dazu leicht erreichbar von der → Voisthalerhütte und daher entsprechend beliebt. Auf unmarkiertem steilem Steig ist der Gipfel von der Hütte (unterhalb der Wände rechts aufwärts) in ½–¾ St. erreichbar. Von den Kletterein für Normalverbraucher sind am empfehlenswertesten der Doméniggweg (II+) und der Nordostkamin (III, eine Stelle –IV).

Kastenriegel, 1094 m ○
Zwischen den Massiven der Zeller und der Aflenzer Staritzen. Über ihn führt der landschaftlich außerordentliche schöne *Übergang* von Wegscheid durch das Ramertal (Straße, jedoch Fahrverbot, 1½ St., auf dem Kastenriegel Bildstock) und hinunter durch die Höll nach Weichselboden (zusammen 3–4 St.).
Aufstieg: vom Kastenriegel über die Graualm (1500 m) auf die Aflenzer Staritzen 2 St.

Klamm, 920 m
Felsdurchbruch zwischen Meßnerin und Pribitz, nördlich von Tragöß, anschließend wunderschöner, parkartiger Talkessel, der *Klammboden,* aus dessen steilem Abschluß je ein Weg zur Sonnschienalm (rot bez., 3 St.) oder zur Häuselalm (grün bez., ebenfalls 3 St. von Tragöß) führt. Am Beginn des Klammbodens zweigt der Übergang über das Scheideck, 1216 m, zum Gh. Bodenbauer ab (rot bez., 3–3½ St.).

Kollmannstock, 1764 m ● ▲

Ein Dornröschengipfel im Westteil des Massivs: statt von einer Rosenhecke mit einem dichten Latschendschungel umgeben und entsprechend selten erstiegen. Dabei würden die Kletterrouten durch die pralle, 300 m hohe Südwand für Könner sehr anziehend wirken. Kein »Normalweg«, am kürzesten von den Fowies-Halterhütten weglos und mühsam durch Latschen 1½ St.

Kraushöhle

Schauhöhle unweit von → *Gams bei Hieflau,* Zufahrt bis zur Nothklamm, dann kurzer Steig. Die Höhle, seit 1838 bekannt, wurde ab 1881 durch Franz Kraus (der 1879 in Wien den ersten höhlenkundlichen Fachverein der Welt gründete) systematisch erforscht. Besondere Eigenart der stellenweise großräumigen Höhle sind außer Sinter- und Tropfsteinbildungen die Gipskristalle an Decken und Seitenwänden.

Führungen von Mitte April bis 1. November täglich zwischen 7 und 17 Uhr. Dauer: etwa 45 Min.

Kreuzpfäder, 1194 m

Flacher Wiesensattel mit Kreuz, ehemals Kreuzungspunkt von Jagdsteigen aus dem Brunntal bzw. Wildalpen mit dem Weg in den Sackwald; heute Forststraße.

Zugang: von Wildalpen 1½ St., gelb bez. Weiter zur Sonnschienhütte über den Schafhalssattel 3–3½ St.; auf den Großen Griesstein, 2023 m (unbezeichnet und teilweise weglos), 2½–3½ St.

Lamingeck, 1959 m, Laminggraben

Der *Laminggraben* zieht aus der *Jassing* in die Einsenkung zwischen Griesmauer und Trenchtlingmassiv, den *Lamingsattel, 1677 m* (von Tragöß 3–3½ St.; von der Leobner Hütte ½ St.). Das *Lamingeck* ist ein selten betretener Vorgipfel des Hochturms.

Lang-Eibl-Schlucht ● ❄

Vom *Fenstertrog* – der Mulde zwischen Großem Griesstein und Ebenstein – zieht eine breite, schluchtartige Rinne ins hinterste Brunntal hinunter. Der Name ist ungeklärten Ursprunges, da kaum ein Herr Lang und

ein Herr Eibl als »Erstbegeher« dieser von Jägern seit alters her begangenen Rinne aktenkundig sein dürften. Vermutlich eine kartographische Verwechslung mit dem Langalpl an der Nordseite des Kleinen Griessteins mit zusätzlicher Verballhornung durch »behmische« Landvermesser. Sie vermittelt jedenfalls eine der schönsten und rassigsten Frühjahrsabfahrten des Hochschwabgebietes und ist nur nach Neuschneefällen aus der Griesstein-Ostwand her lawinenbedroht.

Aufstieg: vom Brunntal bis zum Fenstertrog 4 St. Weiter auf den Großen Griesstein, 2023 m, 1 St.; auf den Hinteren Polster, 2057 m (skifahrerisch fast lohnender), 1 St., Abfahrt teilweise steil, 1500 HM.

Vor 15 Jahren faktisch noch unbekannt, zeigt der erste flache Rastplatz am Rand des Fenstertrogs heute bereits alle Attribute eines gutsortierten Müllhaufens . . .

Leoben, 532 m

Eine der bedeutendsten Städte der Obersteiermark, seit der Jungsteinzeit besiedelt. Verkehrsgünstig an der Einmündung des Vordernberger Tales in das Murtal gelegen, ist der Ort vor allem durch das Eisen des Erzberges zu wirtschaftlicher Bedeutung gelangt (schon im Mittelalter Stapelplatz für das »Leubener Eisen«, seit 1904 Montanistische Hochschule).

Sehenswert: der Hauptplatz mit dem Alten Rathaus und schönen Bürgerhäusern, die Stadtpfarrkirche (17. Jh.), die gotische Pfarrkirche Mariä Himmelfahrt, der Mautturm (Schwammerlturm); Stift Göß (Benediktinerinnenstift, um 1000 als ältestes Stift der Steiermark gegründet – wertvolle Kunstschätze).

Leobner Hütte, 1582 m

Ursprünglich ein Bergwerksgebäude; 1925 von der Alpenvereinssektion Leoben gepachtet und als Schutzhütte adaptiert. Ganzjährig bewirtschaftet, außer Mitte September bis Mitte Oktober sowie Februar. 29 Schlafplätze, Telefon (0 38 42) 81 8 56.

Zugang: von Präbichl 1½ St. (zwei Aufstiege: Knappensteig oder Handlgraben).

Übergang: zur Sonnschienhütte 4 St.; nach Tragöß über den Lamingsattel 3 St.; zur Frauenmauerhöhle 1½ St.

Gipfel: Polster, 1910 m, ¾ St.; Vordernberger Griesmauer, 2009 m, und TAC-Spitze, 2014 m, je 1½ St.; Hochturm, 2081 m, 1½ St. – weiter über den gesamten Trenchtlingstock bis zum Hieselegg insgesamt 3½–4 St.

Leobner Mauer, 1868 m ○ ● ▲

Die westlichste Erhebung des Trenchtlingstockes bildet gegen Westen eine in Schutthänge mit einzelnen Türmen aufgelöste Felsflanke – ein Übungsgebiet für die einheimischen Kletterer.

Aufstieg: von der Leobner Hütte unschwierig in 1–1¼ St. auf den Gipfel (unbez.). Landschaftlich sehr schön ist der (unbez.) *Übergang* auf der Kammhöhe über Zirbenkogel, 1735 m, Rotschütt, 1660 m, und Himmelkogel, 1636 m, nach Vordernberg. 3–4 St.

Leopoldsteiner See, 628 m

Der größte der Hochschwabseen und auch der tiefste: 84 m (manche Angaben nennen sogar 158 m). Ein Badesee mit frischen Temperaturen, am Ostufer ein Campingplatz (Zufahrt vorbei am Schloß Leopoldstein).

Zugang: von Eisenerz über die Prossen ¾–1 St. Im Leopoldsteiner See wurde nach der Sage jener Wassermann gefangen, der für seine Freilassung schließlich »Eisen auf immerdar« bot – den Erzberg. *Ausgangspunkt* für → *Hochblaser,* → *Pfaffenstein* und → *Fowiestal.*

Meßnerin, 1835 m ○ ▲ ❄

Massiger Gipfel nördlich von Tragöß, der zum Klammboden mit einer gewaltigen Westwand (markantes Felsenfenster) abbricht. Nur ein einziger bezeichneter Weg führt auf diesen relativ einsamen Berg (blau bez., unschwierig).

Aufstieg: von Tragöß-Oberort 2½–3 St.; vom Gh. Lengger im Haringgraben (PKW-Zufahrt) 2 St. Zwei unbezeichnete Aufstiege führen vom Bodenbauer durch den Fuchsgraben bzw. von Tragöß über Haringbauer und links am Hahnkogel vorbei zur Pillsteineralm, 1500 m, und von hier gemeinsam in Kammnähe nach Westen zum Gipfel (jeweils 3½–4 St.).

Auch als Kletterberg ist die Meßnerin keineswegs überlaufen. Der großzügige Westgrat (III und IV) weist meist brüchigen Fels auf, die gut 500 m hohe Westwand – in klassischen Zeiten sehr begehrt – ist ebenfalls keine Modewand: Prodingerweg von 1896 III, verwachsen und gefährlich, Lechnerweg IV+, Direkte Westwand V+, VI– A1. Den besten Fels gibt es an der aus dem NW-Grat ragenden *Berglandspitze* (Westpfeiler IV A1).

Die drei eingangs genannten Aufstiege sind z. T. auch als *Skitouren* möglich, sehr steil ist die Abfahrt nach Norden ins Josertal, extrem steil das Stiegental.

Mitteralpe ○ ✳ ▲

Das dreieckige Plateau der Mitteralpe stürzt nach Norden mit der *Gschirrmauer* ins Seetal, nach Westen mit Großem und Kleinem → *Winkelkogel*, → *Schartenspitze* und *Mitteralpenturm* in die Fölz, gegen Südosten mit den → *Feistringsteinen* ins Baumertal sowie mit stark gegliederten Wänden in den Endriegelgraben ab. Durch den → *Zlakensattel, 1743 m,* ist es mit der Windgrube verbunden. Höchste Erhebung: *Gschirrmauerkampl, 1990 m.*

Ein bezeichneter *Übergang* führt von der Aflenzer Bürgeralpe (Sessellift) über das Plateau zum Fölzsattel und von hier entweder zur Voisthalerhütte oder zur Fölzalm. Bürgeralm – Schönleitenhaus – Zlakensattel – Fölzsattel 3–3½ St. Zu den Hütten je ½ St. Bei Nebel trotz Markierungen nicht unternehmen! – Auch großartiger *Ski-Übergang,* die Abfahrt durch das steile Hofertal ist jedoch häufig lawinengefährdet!

Mitteralpenturm, 1707 m ▲

Frei stehender Gipfel an der Südwestecke des Mitteralpenplateaus, mit dem er durch einen Grat (I+, praktisch nur im Abstieg begangen) verbunden ist. Ein reiner Kletterberg, allerdings ist der Fels nicht ganz so

fest wie bei seinen Nachbarn Schartenspitze und Winkelkogel. Die beliebtesten Touren sind Alte Westwand (Wolfweg) II, eine Stelle –III, sowie die Westkante III, eine Stelle –IV. Abstieg entweder über den Wolfweg oder – zuerst zum Gipfel des Kleinen Winkelkogel aufsteigend – Abseilfahrt durch dessen Nordschlucht.

Neuwaldeggsattel, 1575 m ○

Wichtiger Wegkreuzungspunkt im westlichen Hochschwabgebiet. Über den Sattel führt einerseits der Übergang vom Präbichl zur Sonnschienhütte (zwei Möglichkeiten: über Dr. Kotek-Steig oder – länger – über die Pfaffing), anderseits der Übergang von Eisenerz durch den Gsollgraben in die Jassing und nach Tragöß (5–6 St.). Darüber hinaus ist der Sattel *Ausgangspunkt* für den Besuch der → *Frauenmauerhöhle.*

Zugang: vom Polster-Sessellift 1 St.; von der Leobner Hütte 1½ St.; von der Gsollkehre (Busstation) 2 St.; von Tragöß-Oberort 4 St.

Oisching, 1699 m ○ ✳

Höchster Punkt des bewaldeten Höhenzugs zwischen Seewiesen und Graßnitz. Auf den Gipfel selbst kein markierter Weg, jedoch von Süden unschwierig über die Oischingalm erreichbar.

Aufstieg: von Seewiesen über die Hackenalm (Enzianhütte), das Hackentörl und die Oischingalm 2½ St. (bis auf das Gipfelstück rot bez.). Diese Route ist auch eine hübsche *Skitour* (720 HM).

Eine lohnende Wanderung ist die Überschreitung des gesamten Kamms über die → *Schießlingalm, 1484 m,* bis Graßnitz (von Seewiesen insgesamt 5½–6 St.).

Pfaffenstein, 1871 m ● △ ▲

Der Hausberg von Eisenerz erhebt sich mit steilen Südwänden hoch über die Bergwerksstadt. Die Namensgebung erklärt die Sage so: Einst hatte der Teufel einen Mönch, der sich nicht gerade durch mönchischen Lebenswandel hervortat, in seine Klauen bekommen und flog mit ihm Richtung Hochschwab. Da entfiel ihm der Mönch, und wo er zu Boden gestürzt war, wuchs er im Todeskampf zu riesenhafter Größe – mit einiger Phantasie kann man im Pfaffenstein eine liegende Menschengestalt erkennen.

Vom Gipfelkreuz (auf dem Westgipfel, 1867 m) schöner Blick ins westliche Hochschwabmassiv, auf die Eisenerzer Alpen und vor allem faszinierender Tiefblick auf Eisenerz mit dem Erzberg. Alle Wege auf den Pfaffenstein sind relativ lang, steil und erfordern Trittsicherheit.

Aufstieg: vom Leopoldsteiner See oder von Eisenerz über das »Urlaubskreuz« (jeweils ½–¾ St.) und die Pfaffenalm 3 St.; über den Markussteig (versichert), das letzte Stück gemeinsam mit dem vorgenannten Anstieg, 2½–3 St.; über den Südwandsteig (Schrabachersteig, versichert, I), der etwas schwieriger als der Markussteig ist, 2½–3 St.

Zahlreiche Kletterrouten sind mehr oder weniger Privatrevier der Eisenerzer, gern begangen wird der hübsche Westgrat (II, teilweise versichert).

Polster, 1910 m ○ ☀

Rasenberg über dem Präbichl. Sessellift (ganzjährig), der ein schönes, schneesicheres Skigebiet erschließt. Günstiger Ausgangspunkt für → *Griesmauer* und → *Frauenmauer*.

Im Bereich der *Sonnschienalm* gibt es den *Vorderen* (1994 m) und den *Hinteren Polster* (2057 m), zwei Rasengipfel mit lohnenden Skiabfahrten (rund 2 St. ab Sonnschien, unmarkiert, siehe → *Graserwand*).

Präbichl, 1232 m

Paßhöhe und Skigebiet im westlichen Hochschwabgebiet. *Ausgangspunkt* für → *Griesmauer*, → *Frauenmauer*, → *Trenchtling* und → *Sonnschienalm*. Siehe auch Abschnitt Ennstaler Alpen.

Pribitz, 1579 m ○ ▲ ☀

Dem Sonnschienplateau südlich vorgelagert, stürzt die Pribitz mit einer mächtigen, in zahlreiche Pfeiler, Türme und Runsen gegliederten Wand gegen Tragöß ab.

Aufstieg: kein markierter Weg, doch

ist der Gipfel von der Sonnschienalm auf einem Fahrweg über die Pribitzalm, 1329 m, in 1½ St. zu erreichen. Herrlicher Tiefblick auf den Grünen See (auch schöne *Skiwanderung* – eventuell mit Langlaufskiern). Ein unbezeichneter Aufstieg zweigt vom Klammweg ab und führt über die »Pribitzreihen« und die Pribitzalm zum Gipfel (von Tragöß 2½–3 St.). Der gewaltige, 400 m hohe Felspfeiler im Südwesten der Pribitzwand wurde schon erklettert (A2–A3, VI), der Name »Mehlofenwand« sagt wohl genug über die Beschaffenheit des Gesteins.

Ramertal

Führt von Wegscheid zum → *Kastenriegel,* zwischen den Massiven der Aflenzer und der Zeller Staritzen (1½ St.; Straße, jedoch allgem. Fahrverbot). *Übergang:* nach Weichselboden durch die Höll insgesamt 3½–4 St. Nach rechts zweigt von der Kastenriegelstraße der Übergang über den Pretalsattel, 980 m, ins Salzatal ab (1½–2 St.).

Rauchtal ● ☀

Landschaftlich großartiges Steilkar zwischen *Großem Beilstein* und *Stangenwand,* bester Zugang zu den Kletterrouten an diesen Gipfeln, auch prächtige *Firnabfahrt* (südseitig!). Wenige Minuten vor der → *Trawiesalm* zweigt der Steig links (Steinmann) ab und leitet an der rechten Flanke des Tales aufwärts, bis nach einer Engstelle das Kar breit und übersichtlich wird. Auf der Hochfläche trifft der Steig schließlich auf den Höhenweg vom Hochschwab zur Häuselalm. Von der Trawiesalm 2–3 St., im oberen Teil sehr mühsam. Im Winter bzw. Frühjahr empfiehlt sich zusätzlich die Besteigung des *Hochwart, 2210 m,* Abfahrt fast 1400 HM, von der Trawiesalm dann am besten über das Bachbett zur Jagdhütte queren, von der ein Jagdsteig in 10 Min. eine Forststraße erreicht, die bis zum Gh. Bodenbauer befahren werden kann.

Riegerin, 1939 m ●

Dem Hochschwab nördlich vorgelagerter massiger Gipfel zwischen Brunntal und Antengraben, mit der

Hochfläche durch einen Grat, welchem der → *Turm* entragt, verbunden. Besteigung von allen Seiten äußerst mühsam, keine markierten Wege. Der Besuch wird aus Gründen der Jagd nicht gern gesehen.

Bester *Aufstieg* aus dem Brunntal: steiler Jagdsteig, im oberen Teil auch weglos; nur für sehr Geübte. 4½–5½ St. aus dem Salzatal.

Ring, Unterer und Oberer ● ▲

Die großartigste Landschaft des Hochschwab sind die »Ringe« an der Nordseite, zwei schräg übereinander versetzte, fast kraterartige Felskessel. Die Wände des Unteren weisen eine Höhe von 800 m, die des Oberen Ringes von 500 m auf. Der Besuch der Ringe wird aus Gründen der Jagd nicht gern gesehen, die Durchsteigung ist nur für Kletterer möglich (auch die leichteste Möglichkeit, die Wasserfallschlucht, ist bereits Kletterei, I+, sehr mühsam). Am einfachsten ist der Anblick von Teilen des Staritzen-Höhenweges zu genießen, vor allem von den Gipfeln von Hoher Weichsel, Severinkogel und Ringkarwand.

Die Kletterrouten in den Ringen sind einsam, schwierig und abgelegen und gehören zu den ganz großen, ernsten Hochschwabtouren.

Ringkamp, 2153 m ● ▲ ☀

Frei stehender, schneidenartiger Gipfel im Zug der → *Aflenzer Staritzen,* der nach Osten in den Oberen Ring und nach Norden ins Schneekar mit jeweils 500 m hohen Wänden abbricht.

Aufstieg: am leichtesten über den unschwierigen Westkamm (von der Weihbrunnkesselscharte ½ St.); der mäßig steile Südostkamm – vom Sattel zwischen Ringkamp und Hutkogel – ist nur unwesentlich schwieriger (I, ½ St.).

Schöne *Rundtour* von der Voisthalerhütte: Rotgangboden – Weihbrunnkesselscharte – Gipfel 2½ St., Abstieg über den Südostkamm und das Kühreichkar zur Hütte, insgesamt 4–4½ St.

Die Nordostwand (VI A2) zählt zu den großen Hochschwabklettereien, die Nordwand (Schneekarmauer)

hält für den kletternden Normalverbraucher schöne Durchstiege im III. und IV. Grad bereit – mit längeren Zustiegen. Der Abstieg nach Norden, zum Edelboden, erfolgt über die Rinnen der Ringkampleiten – im Frühjahr eine großartige *Skitour:* Von der Edelbodenalm läßt sich die breite, durchwegs rund 30° steile Flanke gut übersehen. Im späten Frühjahr oft günstiger Aufstieg zwischen den beiden Rinnen. Aufstieg von der Prescenyklause 5–5½ St., Abfahrt 1500 HM. Niemals bei Neuschnee oder starker Erwärmung!

Ringmauer, 2051 m ○ ▲

Dieser schöne Gipfel steht nicht – wie sein Name vermuten läßt – mit den »Ringen« in Zusammenhang, er erhebt sich in der Oberen → *Dullwitz.* Von der Karlhochfläche ist er über Almwiesen völlig unschwierig erreichbar, den Kletterern schärferer Richtung bietet er die ausnehmend schöne Ostkante (V) und zwei rassige Nordwanddurchstiege (VI und A2).

Roßhöll

siehe → *Höll*

Russenstraße

Der bequemste Weg zur → *Sonnschienalm* ist diese aus der → *Jassing* in zahlreichen Kehren auf das Almplateau führende Straße, die Ende des Ersten Weltkriegs von kriegsgefangenen Russen angelegt wurde.

Sackwiesensee, 1414 m

Der höchste Hochschwabsee (dennoch relativ warm und im Hochsommer zum Baden geeignet), nahe der Häuselalm bei der Sackwiesenalm. Von der Häuselalm 20 Min., von der Sonnschienhütte ¾ St.

Salza

Der Fluß prägt das Gesicht der Hochschwab-Nordlandschaft und bildet gleichzeitig eine logische Grenze. Sein grünes, glasklares Wasser diente

früher dem Holztransport – bis in die frühen fünfziger Jahre fuhren noch Flöße auf der Salza, die *Prescenyklause* ist ein Relikt dieser Art des Holztransportes. Hier soll ein Kraftwerk gebaut werden. Bislang ist die Salza eine der letzten längeren, unverbauten Wildwasserstrecken Österreichs und erfreut sich enormen Zuspruchs. Zentrum des Kajaksportes ist *Wildalpen.* Die Strecke Prescenyklause – Brunntal gilt als Wanderwasser, ab Brunntal dann Schwierigkeit II und III; landschaftlich außerordentlich schön sind die Konglomeratschluchten gegen Beginn des Rückstaus an der Mündung in die Enns.

Schafwald ●

Die Landschaft des von Griesstein, Schaufelwald und Brandstein hufeisenförmig umstandenen Schafwaldes ist ein unübersichtliches, 12 km² großes Gewirr von baum- und latschenbestandenen Hügeln, Gräben, Dolinen und geologischen Einsturztrichtern, deren größter fast 2 km² mißt und an die 500 m tief ist. Ein Labyrinth, in dem sich so mancher verlaufen hat, der die Brandstein-Umfahrung oder den Zugang zum Teufelssee suchte. Das Seltenheim-Jagdhaus heißt angeblich deshalb so, weil die Jäger in diesem Gelände »selten heim«fanden.

Schartenspitze, 1758 m ▲
In den ersten Hochschwabführern als »unbedeutender Zacken« abgetan, ist sie seit den dreißiger Jahren eines der beliebtesten Kletterziele des Hochschwab. Die verwegen und irgendwie schief in den Himmel ragende Westkante (IV, –V A1) war 1932 das erste Meisterstück der Seilschaft → *Schinko*-Bischofberger, die in der Folge »abräumten«. Heute ziehen rund 20 Routen – meist hoher Schwierigkeit – durch Nord- und Südwand dieser »aufreizenden Plattenscholle«, fast durchwegs schön und empfehlenswert (nur Schinkos Südwand ist brüchig und gefährlich). Der *Normalweg* (und Abstieg) über die Untere Scharte ist II, für Kletterer, die es nicht ganz streng lieben, bietet sich der Südgrat (III+) an – in Verbindung mit dem Winkelkogel-Westgrat eine Kletterfahrt mit großzügiger Linie. Der Klassiker schlechthin ist Schinkos Nordwand (IV und IV+, Wandhöhe rund 200 m).

Schaufelwand, 2012 m ▲
Wahrscheinlich hieß sie früher – richtiger – recht simpel »Schafelwand«, aber die Bergsteiger haben eine »Schaufelwand« draus gemacht. Eine Gratschneide zwischen Ebenstein und Brandstein, mit mehreren feinen, nicht sehr langen Anstiegen. Lang sind dagegen die Zustiege: zum Schafhalssattel, dem Beginn des Normalweges, geht man von der Sonnschienalm 1½ St., von Wildalpen 4–4½ St.! Der *Normalweg* (Westgrat), ein recht scharfer, teilweise etwas brüchiger Grat, erfordert schon Klettervermögen (I+, 1½ St.), meistbegangene Kletterei ist der schöne, steile Ostgrat (III). Zwei steile Durchstiege (V+ und VI–) gibt es in der Südwand, einen extremen (Lindnerweg, V A1) und einen zahmeren (Goedel-Steiner, III–) Anstieg weist die rund 220 m hohe Nordwand auf – etwas für Einsamkeitssucher.

Schießling, 1667 m ○ ❋
Gewissermaßen ein Bruder des benachbarten → *Oisching*, ist auch er ein richtiger »Einheimischenberg«, vor allem seit eine Mautstraße von Graßnitz zur *Schießlingalm, 1484 m,* führt. Von der Alm ist die Gipfelkuppe (die ÖK 1:50.000 vertauscht sie mit der Fürstkuppe, 1612 m) in ½ St. zu ersteigen. Nettes Skigelände.

Schiestlhaus, 2153 m
Unterhalb des Hochschwabgipfels steht diese Hütte des Österreichischen Touristenklubs, benannt nach einem ehemaligen Vereinspräsidenten. Bewirtschaftet Mitte April bis Mitte November, dazwischen fallweise an Wochenenden. 134 Schlafplätze, Funkverbindung mit Wildalpen (Wasserwerk der Stadt Wien, 03636/202).
Zugang: von Seewiesen 4½–5 St.; von der Voisthalerhütte 1¾ St.; vom Gh. Bodenbauer über das G'hackte 5 St.; von Weichselboden über die Edelbodenalm 5 St.; von der Aflenzer Bürgeralpe 5½ St.; über den Staritzen-Höhenweg von Gollrad oder Brandhof 6½ St.; vom Seeberg 5½ St.
Übergang: zur Häuselalm 2¾ St.; zur Sonnschienalm 4 St.; zum Präbichl 8–9 St.
Gipfel: Hochschwab, 2277 m, 20 Min.; Stangenwand, 2157 m, 1¼ St.; Ringkamp, 2153 m, 1¼ St.

Schinko, Raimund
*** 25. 6. 1907, † 1944**
Als eine der markantesten Persönlichkeiten der Kletterszene der dreißiger Jahre löste der Grazer Finanzbeamte vorwiegend mit seinem Partner Adolf Bischofberger innerhalb weniger Monate die damals »letzten« Felsprobleme der Fölz: Winkelkogelpfeiler, Pfeiler-Nordverschneidung, Schartenspitzkante, -Nordwand und -Südwand. Am Hochschwab, im Gesäuse und im Dachsteingebiet setzte Schinko – der damals schon Klettergürtel und Trittleitern benützte, eine getrennte Bewertung von freier und künstlicher Kletterei forderte und sicher bereits an den VII. Grad herankam – Maßstäbe mit Routen, die mehr als drei Jahrzehnte Meßlatte der Spitzenkönner blieben: die Stangenwand-Südostwand, die Roßkuppen-Dachl-Verschneidung und die Torstein-Südverschneidung.

Schönleiten
Die Schönleiten ist das sanft abgedachte Plateau in Fortsetzung der → *Windgrube,* das dem Steilabfall des Endriegels aufgesetzt ist.
Das *Schönleitenhaus, 1810 m,* ist zugleich Bergstation des Lifts von der Aflenzer Bürgeralpe. *Zugang:* zur Voisthalerhütte 2½–3 St.

Schwabeltal
Das 10 km lange, von Lainbach ins westliche Hochschwabmassiv ziehende Schwabeltal ist eines der am wenigsten besuchten Hochschwabtäler, auf unmarkierten Steigen noch für private »Entdeckungen« gut. Ein alter *Übergang* führt von Hinterwildalpen über die Pumperl-Hochalm und die Winterhöhe, 1404 m (2 St. von Hinterwildalpen) über die Kaiseralm und den Seppwirtgraben ins Schwabeltal und talaus (beim Gasthaus mit dem schönen Namen »Auf der Wahrheit« vorbei) nach Lainbach (5 St.). Im Frühjahr läßt sich auch der → *Hochblaser* über Wintersattel, Hochschüsser und Schloßwilzingalm mit Skiern ersteigen (6 St).

Schwabenbartl, 814 m
Privates Gasthaus am Ende des Fölzgrabens. Ganzjährig geöffnet, 20 Schlafplätze. Zufahrt bis zum Haus.
Zugang: von Aflenz 1½ St.
Übergang: zur Fölzalm 1¾ St.; zur Voisthalerhütte 2¾ St.
Gipfel: Fölzstein, 1950 m, 3–3½ St.

Seebergpaß, 1253 m
Sattelhöhe der Straßenverbindung Kapfenberg – Aflenz – Mariazell. Sehr schneesicheres Gebiet, Liftbetrieb (3 Schlepplifte).
Die *Seebergalm, 1147 m,* ist ein privates Gasthaus, ganzjährig geöffnet, 2–3 Betten. Der Almgasthof *Seeberg-Paßhöhe* ist ebenfalls ganzjährig geöffnet, 11 Betten; Telefon (0 38 63) 22 51 13.
Der Seebergpaß ist *Ausgangspunkt* für → *Aflenzer Staritzen*-Ostgipfel, 1810 m (2 St.); → *Hohe Weichsel,* 2006 m, 3½ St.; über den Staritzen-Höhenweg zum Schiestlhaus 5½ St.

Seemauer, 1600 m ●
Schon im ausklingenden Mittelalter war das Gebiet am → *Leopoldsteiner See* um die Seemauer als wildreich bekannt. Und so alt ist vermutlich der steile, urtümliche (Jagd-)Steig, der schnell an Höhe gewinnt und über den Senkkogel zum → *Hochblaser*

Auf dem Ostgrat der Schaufelwand

leitet. Vom Seeabfluß des Leopoldsteiner Sees von rechts nach links durch den westlichen Teil der Seemauer, blau bez., teilweise ziemlich ausgesetzt (nur für Geübte!) 2½–3 St.

Seewiesen, 968 m

Bergdorf am Fuß des Seebergpasses, das »steirische Heiligenblut«, schon im Jahr 1335 urkundlich erwähnt. Sehenswerte Kirche aus dem 14. Jh. Seine Lage am Ausgang des in Richtung Hochschwab führenden, flachen Seetales macht es zu einem der Haupteintrittsorte ins Hochschwabgebiet: → *Aflenzer Staritzen* über die Seeleiten, → *Hohe Weichsel*, → *Hochschwab*, → *Oisching* und → *Schießling*.
Ausgangspunkt: für Florlhütte (1½ St.), Voisthalerhütte (3 St.) und Schiestlhaus (4½–5 St.) sowie Hakkenalm (Enzianhütte, ½–¾ St.).

Sieben Seen

Von der magischen Zahl der kleinen Seen oberhalb von → *Wildalpen* (auf dem Weg zum Kreuzpfäder) ist nur mehr einer übriggeblieben – der *Hartlsee, 800 m*. Die anderen sechs wurden beim Bau der Zweiten Hochquellenleitung in das Quellnetz abgeleitet. Der dunkelgrüne, wenig auffallende See ist von Wildalpen in ¾ St. erreichbar.

Sonnschienhütte, 1523 m

Eine der größten Hochschwabhütten auf der gleichnamigen Alm; von der Alpinen Gesellschaft »Voisthaler« 1913/14 erbaut, heute Österreichischer Alpenverein. Bewirtschaftet von Anfang März bis Mitte September und von Mitte Oktober bis 6. Jänner. 100 Schlafplätze, Funkverbindung zur Hütte über Kaufhaus Putzi, Tragöß, Telefon (0 38 68) 217.
Zufahrt: bis in die Jassing möglich (wenig Parkmöglichkeiten).
Zugang: über die Russenstraße von der Jassing 2 St.; vom Grünen See 2½ St.; von Tragöß-Oberort 3 St.; von Tragöß durch die Klamm 2½ St.; von Wildalpen 4½–5 St.; vom Leopoldsteiner See durch den Hinterseegraben und das Fowiestal 5½–6 St.

Übergang: zur Häuselalm 1 St.; zum Bodenbauer 2½–3 St.; zum Schiestlhaus 4–4½ St.; zum Präbichl 4½ St.
Gipfel: Großer Ebenstein, 2123 m, 2 St.; Hinterer Polster, 2057 m, 2 St. (unmarkiert); Großer Griesstein, 2023 m, 3–3½ St.; Schaufelwand, 2012 m, 2½–3 St. (vom Schafhalssattel leichte Kletterei, I+); Hochschwab, 2277 m, 4 St.
Das Gebiet der Sonnschien eignet sich auch vorzüglich für *Skitouren*. Lange Skiwanderungen in zauberhaftem, leicht kupiertem Almgelände führen bis zur Pfaffing- und Sonnsteinalm (3 St., kleine Gipfeltouren +1 St.). Prächtige *Skiberge* sind Ebenstein, Polster bzw. Graserwand (je rund 2 St., 600–700 HM).

Stangenwand (Hauptgipfel 2157 m, Nebengipfel 2139 m) ○ ▲

Ein typischer Hochschwabberg: von der Hochfläche zwei Rasenkuppen, von Süden gesehen ein prachtvoller Felsbau von burgähnlicher Architektur, vom Gh. Bodenbauer aus überhaupt erdentrückt wirkend. Durch die rund 300 m hohen Wände führen einige der schönsten und bedeutendsten Kletterwege des Hochschwab.
Aufstieg: von der Hochfläche (Rauchtalsattel, 2110 m, entweder vom G'hackten oder von der Häuselalm) ist der Gipfel in 15–20 Min. unschwierig (weglos, Vorsicht bei Nebel!) erreichbar, durch das → *Rauchtal* von der Trawiesalm 2–3 St., mühsam, aber landschaftlich großartig; besser als Abstieg. – Auch rassige Frühjahrsskitour. Kletterrouten für Normalverbraucher sind die Südwand (II+) und die Westkamine (III+). Südwestwand (IV+) und Stanglpfeiler (IV+) sind schon etwas härter, durch die Westwand führen zwei unwahrscheinliche technische Routen (VI A2), das As ist aber zweifellos die Südostwand (VI).

Stangl, 1592 m ○ ❄

Das pultartige, nach Süden flach abgedachte Stangl bricht nach Norden, gegen das Salzatal, mit abrupten Wänden ab. Der Aufstieg von der Südseite führt durch Wälder und über Almgelände, der Gipfelblick aufs nahe Hochkar ist verblüffend,

gegen Süden erstrecken sich die zum Teil felsdurchsetzten Waldberge eines gänzlich »anderen«, einsamen Hochschwab.
Zufahrt: von Gams durch den Gamsgraben.
Aufstieg: bei P. 662 der Österreichischen Karte beginnt links eine Forststraße (nach einigen Kehren Abzweigung nach links!), die zur *Köpplalm, 1148 m*, führt; dann bald nach rechts über einen freien Rücken zum Waldalm-Jagdhaus, schließlich immer nördlich haltend zum Gipfel; 2½–3 St., unbez.

TAC-Spitze
siehe → *Griesmauer*

Teufelssee, 1070 m ●
Der einsamste der Hochschwabseen in romantischer Lage. Seine Ufer – der Wasserspiegel schwankt bedeutend – sind völlig vegetationslos. Zugang vom → *Kreuzpfäder* über einen bewaldeten Rücken, am Seltenheim-Jagdhaus vorbei, und dann auf fast unkenntlichen Steigspuren durch Latschen und Wald, 1½ St. Der Weg ist teuflisch: wie in einer Aalreuse trabt der Wanderer zum See – der Rückweg allerdings ist dann noch viel weniger zu finden und endet meist mit einer Latschenschlacht.

Thörl, 638 m
Ursprünglich eine mittelalterliche Straßensperre. Der bis heute unveränderte Torturm aus dem 14. Jh. gab dem Ort seinen Namen – bis heute muß auch der gesamte Verkehr durch diesen Turm. Seit 1370 ist hier die Eisenindustrie heimisch – erst als Waffenschmieden, heute als Kabel-, Draht- und Kettenerzeugung. In Thörl zweigt die Straße ins St. Ilgener Tal (Gh. Bodenbauer) ab.
Sehenswert: das Thörler Schloß, die vom Stift St. Lambrecht in drei Bauperioden errichtete Straßensperre (15.–18. Jh.), mit barocker Barbarakapelle und altem Torturm, sowie die Ruine Schachenstein.
Mehrere (unbezeichnete) Wanderungen und *Übergänge* in den Hochschwab-Vorbergen (genaue Karte 1:50.000 erforderlich) sowie *Zebereralm – Hocheck* (siehe Abschnitt Mürzsteger Alpen).

Tragöß, 793 m

Fremdenverkehrs- und Erholungsort, einer der schönstgelegenen des Hochschwabgebietes, bekannt vor allem durch den → *Grünen See.*

Sehenswert: Pfarrkirche, ursprünglich romanisch (12. Jh.), später mit gotischen Zubauten versehen, spätgotischer Pfarrhof.

Über eine große Zahl von Spaziergängen und kleinen Wanderungen gibt eine Orientierungstafel Auskunft (der Grüne See ist von Tragöß-Oberort in ½ St., zu erreichen).

Übergang: durch den Haringgraben übers Grubeck, 1188 m, nach St. Ilgen 3 St.; durch die Klamm und übers Scheideck, 1217 m, zum Gh. Bodenbauer 2½–3 St.; über die Jassing und den Lamingsattel, 1677 m, zum Präbichl 4½–5½ St.; zur Sonnschienhütte über die Klamm 3 St., über die Russenstraße 3½ St.

Ausgangspunkt: für → *Meßnerin,* → *Pribitz.*

Trawiesalm, 1234 m ○ ❋

Das Trawiestal vermittelt an der Südseite von Beilstein und Stangenwand den Zustieg vom → *Gh. Bodenbauer* zum *G'hackten* und weiter zum Hochschwabgipfel. Die *Trawiesalm* ist ein wichtiger Ausgangspunkt und Abzweiger für Rauchtal-, Stangenwand- und Beilstein-Aspiranten: ca. 400 m vor der (verfallenen) Alm zweigt links der Steig ins Rauchtal ab; von der Alm geht es nach rechts zu den Nordanstiegen des Festlbeilsteins. Der Skitourist kann sich die unangenehmen Stellen der Abfahrt ersparen, wenn er über den Bach zu einem Jagdhaus quert, von dem eine Forststraße bis zum Gh. Bodenbauer führt.

Trenchtling ○ ●

Langgestrecktes Bergmassiv zwischen Tragösser und Vordernberger Tal. Nordseite bewaldet, steil, zum Teil respektable Wandbildungen. Die Südseite ist weniger schroff, der stellenweise hochflächenartig breite Bergrücken dacht hier weniger steil ab. Höchste Erhebung ist der → *Hochturm, 2081 m,* gefolgt von der *Großwand, 1983 m,* und dem → *Lamingeck, 1959 m.* Die Überschreitung des gesamten Trenchtlingstockes vom *Hiaslegg, 1154 m* (Autozufahrt) bis zum Präbichl ist die sicher lohnendste Wanderung (5–6 St.) – für Autofahrer leider als Zusatz die Denksportaufgabe: »Wie komme ich wieder zu meinem Fahrzeug?«

Turm, 1661 m ▲

Dieser steile, von allen Seiten schwierige Felsbau ragt aus dem Verbindungsgrat zwischen Riegerin und Schwabenhochfläche. Er war schon in der Frühzeit des Alpinismus eine Herausforderung: der sportliche Markgraf Pallavicini erkletterte ihn 1881 mit dem Dachsteinführer Anhäusler und dem Jäger Heißl zum ersten Mal (von der nördlichen Turmscharte, II+, meist brüchig und nicht besonders empfehlenswert). Der beste *Normalaufstieg* ist der von der südlichen Turmscharte (1555 m): II, zwei Stellen III, nur der Gipfelgrat brüchig; im Abstieg Abseilen. Wer den 2–3stündigen Zustieg auf sich nimmt, findet außer dem Normalweg ein halbes Dutzend schöner Kletterrouten vom IV. Grad aufwärts.

Voisthalerhütte, 1654 m

Die kleine alpine Gesellschaft »Voisthaler« hat mit ihren kaum 50 Mitgliedern den größten Teil der Erschließungs- und Markierungsarbeit am Hochschwab geleistet und auch noch Sonnschien- und Voisthalerhütte (1898) erbaut. Heute Österreichischer Alpenverein; 98 Schlafplätze, bewirtschaftet von Anfang März bis Anfang November sowie vom 20. Dezember bis 6. Jänner. Funkverbindung mit Gh. Pölzl in Seewiesen, Telefon (0 38 63) 22 51 15.

Zugang: von Seewiesen 3 St.; von der Bürgeralm 3½ St.; vom Parkplatz in der Fölz 3 St.

Übergang: zum Schiestlhaus 1¾ St.; zum Bodenbauer über Trawiessattel 3½ St.; zur Häuselalm 4½ St.; zur Sonnschienhütte 5½ St,; zur Fölzalm 1 St.

Gipfel: Hochschwab, 2277 m, 2–2½ St.; Hutkogel, 2035 m, 1 St.; Wetterkogel, 2055 m, 1 St.; Ringkamp, 2153 m, 1½ St.; Karlhochkogel, 2096 m, 1¼ St.; Fölzstein, 1946 m, 1½ St.

Weichselboden, 677 m

Kleines Dorf im Salzatal. Beschränkte Nächtigungsmöglichkeit. *Ausgangspunkt* für → *Höll,* → *Hochschwab* über Edelboden und Gschöderer Kar, → *Zeller* und → *Aflenzer Staritzen* sowie Klettertouren im Gebiet der → *Ringe.*

Weittal ● ❄

Abgeschiedenes, steiles Hochtal, das zwischen Zermerleiten (Weittalkogel, Punkt 2048) und → *Hochgang, 1945 m,* hinabzieht. Deren flankierende Wände bieten schöne, einsame Kletterrouten, das Weittal selbst – sein oberer Teil – ist eine sehr steile und ernste Frühjahrsskitour (ca. 700 HM), bei der zwei Felsstufen (–II) überwunden werden müssen. Im Sommer auf steilem Schuttsteiglein äußerst mühsam, besser im Abstieg.
Zugang sehr mühsam durch den Kanlergraben oder über einen im hintersten Antengraben beginnenden Jagdsteig (durch Windwürfe jetzt ebenfalls erschwert), je 2 St., bis sich im flachen Auslauf des Weittales beide Zugänge vereinigen, Aufstieg bis zur Hochfläche insgesamt 4½–5 St.
Der *Weittalturm, 2010 m,* einer der abgeschiedensten Hochschwabberge, ist von der Scharte zur Hochfläche in etwa 10 Min. (II–) zu ersteigen, ins Weittal bricht eine ansehnliche Plattenwand ab.

Wildalpen, 607 m

Reizvolle Streusiedlung im Salzatal, für Bergsteiger, Wanderer und Wildwasserfahrer gleichermaßen bedeutsam. Die einstmals beliebte, dann ein wenig ins Abseits geratene Sommerfrische gewinnt vor allem bei den Kanuten immer höheren Anwert (Campingplatz am Salzaufer, Wildwasserschule der »Naturfreunde«).
Ausgangspunkt für kleinere Ausflüge (Hartlsee, Holzäpfeltal etc.) sowie für Touren im Bereich des nördlich/westlichen Hochschwabs. Eine 5 km

lange Fahrstraße bildet die Verbindung nach → *Hinterwildalpen.*
Zugang: zur Sonnschienhütte mit ihrem Tourengebiet 4½–5 St.

Windgrube, 1810 m

Sie ist paradoxerweise keine Einsenkung, sondern der höchste Punkt der → *Aflenzer Bürgeralpe* mit Liftstation und dem → *Schönleitenhaus.*

Winkelkogel, Großer, 1960 m, Kleiner, 1918 m ▲

Randerhebungen des → *Mitteralpenplateaus* mit steilen Felsabstürzen zur Fölzalm. Zählen zu den beliebtesten Hochschwab-Kletterzielen. Die Routen durch die Westwand des Großen Winkelkogels werden eher selten begangen, der Kleine Winkelkogel in Verbindung mit der vorgelagerten → *Schartenspitze* bietet Kletterern jeglicher Schattierung Anstiege in meist ausgezeichnetem Fels. Im mittleren Schwierigkeitsbereich dominiert unangefochten der Westgrat (III, direkte – schönere – Variante III+), für höhere Ansprüche empfehlen sich der Nordwestpfeiler (V–), die Nordverschneidung (teilweise V+) und die teilweise technischen Routen in der Pfeiler-Nordwand.
Der Abstieg erfolgt üblicherweise durch die Nordschlucht (II, zwei Abseilstellen je 15 m, fixe Ringhaken). Vom Großen Winkelkogel steigt man durch die Ertlschlucht (I, ¾ St.) ohne Abseilen ab (im Aufstieg mühsam und kaum begangen, Hinweispfeil auf der Hochfläche).

Zagelkogel, 2254 m ●

Kegelförmiger Rasengipfel nordöstlich der Stangenwand – die zweithöchste Erhebung des Hochschwab –, von der Hochfläche unschwierig zu erreichen, jedoch sehr selten betreten. Ein schöner, aber mühsamer *Aufstieg* führt durch das Bogenkar, links der Wetzsteinhöhle unter den Labenbecher und links entlang seiner Wände zum Gipfel, 2½–3 St. von der Trawiesalm.

Zeller Staritzen, 1566 m, Zeller Zinken, 1619 m ○ ● ❄

Die geschlossene, allseits mit steilen Fels- und Waldhängen abbrechende

Almhochfläche ist nur durch den → *Kastenriegel* mit dem Hochschwabmassiv verbunden. Auf diesen Stock führt kein einziger markierter Weg, was auf Jagd- und vor allem Quellschutzrücksichten zurückzuführen ist. Von den Randerhebungen schöner Blick auf die östliche Hochschwab-Nordlandschaft.
Aufstieg: vom *Pretalsattel* erst auf schwer kenntlichem Steig durch Wald, später links haltend auf die Hochfläche und auf Fahrweg zur Vorderen und Hinteren Alm. Von hier erst westlich, dann nördlich zum Zinken (3 St.); durch das *Türntal* auf Fahrweg zur Kuhalm, 1440 m, (2 St., weiter auf den Zinken, 1619 m, ¾ St.; auf den Staritzen, 1566 m, 1 St.). – Dies ist auch eine unschwierige, landschaftlich schöne Skiwanderung. Über den *Rotriegel* führt von Weichselboden ein steiler, teilweise sehr ausgesetzter Steig auf die Hochfläche (absolute Trittsicherheit erforderlich, 2–2½ St.).

Zinken, 1926 m ○ ▲

Vom Gh. Bodenbauer gesehen ist seine Südwand das prägnanteste Schaustück über dem Buchberger Tal. Von der Hochfläche (Hirschgrube) ist er dagegen unschwierig in 10–15 Min. vom markierten Weg zu erreichen (vom Gh. Bodenbauer über die Häuselalm 3 St.).
Die Kletterrouten durch die glatte Südwand (Südkamin IV+, Südverschneidung V+ und Südostkante IV, V+) erfreuen sich keines großen Zuspruchs.

Zlaken, 1738 m ○ ❄

Der Sattel mit dem seltsamen Namen bildet im Verbindungskamm von der Schönleiten zum Mitteralpenplateau auch die Trennung von Endriegelgraben und Baumertal (1 St. von der Windgrube). Vom Sattel zieht der *Feistringtobel* zur Baumeralm (prächtige, rasante *Skiabfahrt*), anschließend durch den 7 km langen Feistringgraben nach Jauring. Auch als Fußwanderung lohnend (3½ St.).
Der *Zlakenkogel, 1920 m,* ist eine Rasenkuppe mit Randabstürzen in den Endriegelgraben, vom bezeichneten Weg in wenigen Minuten erreichbar.

Die Salza bei Wildalpen

Hochschwab-Gruppe

Umgrenzung: Großreifling – Salza – Gußwerk – Wegscheid – Seebergsattel – Seegraben – Stübmingbach – Thörlbach bis Einmündung Mürz – Mürz bis Einmündung Mur – Mur bis Leoben – Vordernbergerbach – Präbichl – Erzbach – Hieflau – Enns bis Großreifling

Wegmarkierung: 800

Touren konkret

1. Von der Aflenzer Bürgeralpe auf den Hochschwabgipfel

Eine landschaftlich hochinteressante, unschwierige Wanderung mit Lift als Aufstiegshilfe – jedoch nur bei sicheren Wetterverhältnissen zu unternehmen! Als Zweitagestour bequem, als Tagesleistung recht anstrengend.

Wegverlauf: Aflenz – Schönleitenhaus (Sessellift) 1800 m. Über Zlakensattel, 1738 m – Mitteralpe, ca. 1950 m – Fölzsattel, 1626 m, zur Voisthalerhütte, 1654 m – 3 St. Weiter über das Schiestlhaus zum Gipfel 2 St., rot bez. – Abstieg über den Fölzsattel – Fölzalm – Fölzgraben (3½ St.), durch diesen auf Fahrstraße zurück nach Aflenz 1½ St.

10 St. – Frühsommer bis Spätherbst.

2. Hochschwab von Norden

Der Hochschwab-Aufstieg mit der größten Höhendifferenz (1600 m!), einsam und besonders im oberen Teil sehr eindrucksvoll.

Wegverlauf: Unterhalb der Prescenyklause über die Salzabrücke (ca. 660 m), Forststraße zur Edelbodenalm, 1344 m, 2 St. – Samstatt – Weihbrunnkesselscharte – Schiestlhaus zum Gipfel.

Insgesamt 5–5½ St.

Mit Nächtigung im Schiestlhaus läßt sich eine großartige *Rundtour* ausführen: Über den Staritzen-Höhenweg, Abstieg zum Kastenriegel und durch Hintere und Vordere Höll nach Weichselboden, 677 m.

Insgesamt 5–6 St. vom Schiestlhaus. Nur bei besten Sichtverhältnissen! – Frühsommer bis Spätherbst.

3. Hochschwab-Überschreitung von Ost nach West

Die große klassische Wanderung ist auf dieser Streckenführung mit dem Nord-Süd-Weitwanderweg identisch. Die Etappenzeiten legen eine Dreitagestour nahe, wer mit eigenem Fahrzeug unterwegs ist (am besten in Bruck stehenlassen), sollte auf jeden Fall mit drei Tagen rechnen.

Wegverlauf: Seewiesen, 968 m – Voisthalerhütte, 1654 m, 3 St. – Schiestlhaus, 2153 m, 1¾ St. Weiter über Hochschwabgipfel, 2277 m, und Häuslalm zur Sonnschienhütte, 1523 m, 4 St. – Sonnschienhütte – Neuwaldeggsattel, 1570 m – Hirscheggsattel, 1699 m – Leobner Hütte, 1582 m – Präbichl, 1232 m.

4–5 St. – Frühsommer bis Spätherbst, Sonnschienhütte vom 15. 9.–15. 10. geschlossen!

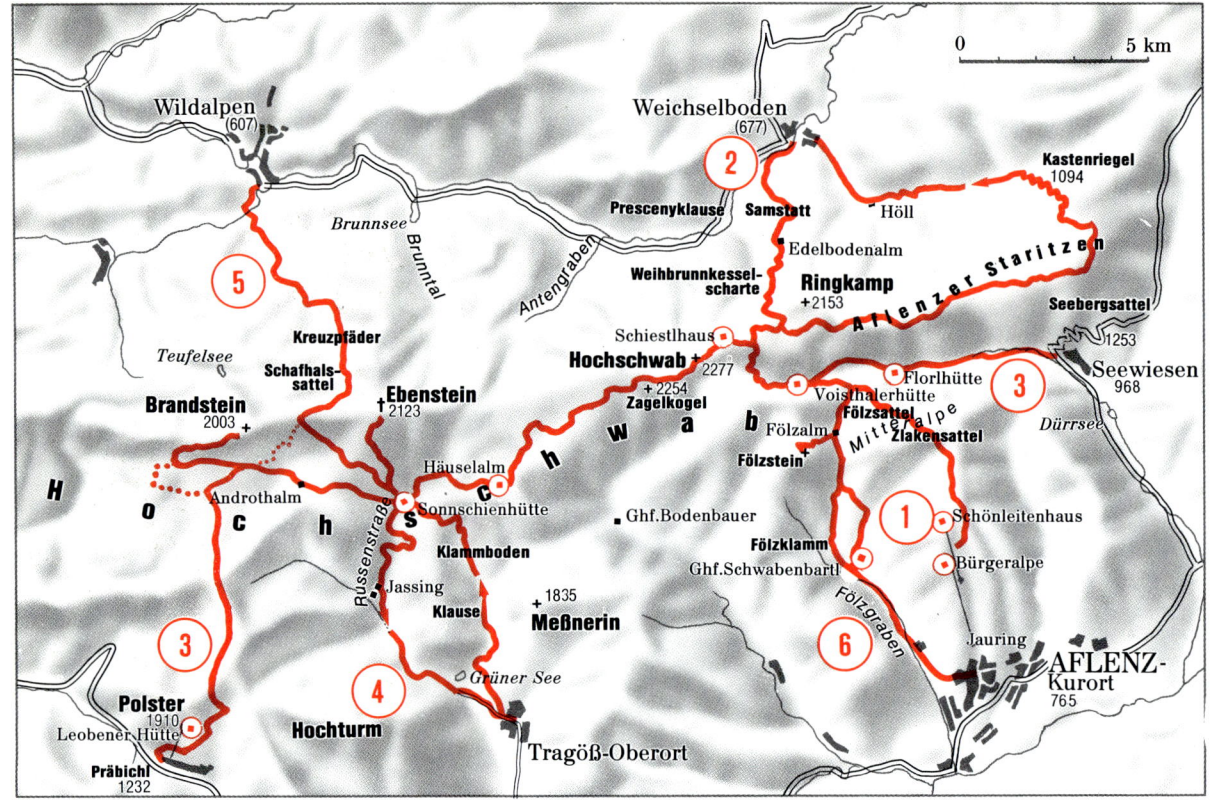

4. Sonnschien-Tour von Tragöß aus

Zweitageswanderung in der Wald- und Almregion mit Gipfelbesteigung, Auf- und Abstieg auf verschiedenen Wegen. Gemütliche Familienwanderung.

Wegverlauf: Tragöß, 793 m – Klause, Klamm und Klammboden – Sonnschienplateau – Sonnschienhütte, 1523 m. 3 St., gelb bez. Von der Hütte auf den Ebenstein, 2123 m, blau bez., 2 St. – Abstieg über die Russenstraße in die Jassing, 884 m, mit kleiner Gegensteigung am Grünen See vorbei nach Tragöß 2½ St. – Erst rot, dann blau, zuletzt Fahrstraße.

7½ St. – Frühsommer bis Spätherbst, Hütte vom 15. 9.–15. 10 geschlossen. Mit Aufstieg über Russenstraße auch als Skitour.

5. Sonnschien-Tour ab Wildalpen

Zweitageswanderung in der Wald- und Almregion mit Gipfelbesteigung, unschwierig, aber relativ lang.

Wegverlauf: Wildalpen, 607 m – Kreuzpfäder, 1194 m – Schafhalssattel, 1557 m – Spitzboden – »Zumach« – Sonnschienhütte, 1523 m, 4½–5 St., gelb bez.

Von der Hütte über die Androthalm, 1556 m, auf den Brandstein, 2003 m, 3 St., erst rot, dann gelb bez. – Rückweg nicht mehr über die Sonnschienhütte, sondern von der Brandwiese unter den Wänden unbezeichnet direkt zum Schafhalssattel. Von dort in 2½–3 St. nach Wildalpen.
Frühsommer bis Spätherbst.

6. Auf den Fölzstein

Ein hervorragender Aussichtsberg, auf unschwierigem Steig gut zu erreichen.

Wegverlauf: Parkplatz im Fölzgraben, ca. 800 m – Fölzklamm – Schlagalm, 940 m – Fölzalm, 1484 m, gelb, später rot bez. – Von der Grasserhütte auf unbezeichnetem Steig erst links ansteigen, bei einer Weggabelung nach *rechts* halten, hinauf in die Windscharte, 1940 m, und in ¼ St. fast eben nach links zum Gipfel, 1950 m. Hinreißender Anblick der Felswände von Winkelkogel, Schartenspitze und Mitteralpenturm. 1½ St. von der Fölz-

alm. Auf dem Rückweg empfiehlt sich die Variante über den Fölzriegel zum Schwabenbartl.
Frühsommer bis Spätherbst.

7. Vordernberger Griesmauer

Bequeme Gipfeltour mit Lifthilfe vom Präbichl. Gipfelaufstieg unbezeichnet, etwas mühsam, ein wenig Übung erforderlich. Herrlicher Rundblick über Hochschwabmassiv, Eisenerzer Alpen und Gesäuseberge.

Wegverlauf: Sessellift-Bergstation am Polster, 1910 m, in 20 Min., abwärts zum Hirscheggsattel, 1699 m. Über Geröllsteiglein links der Wände hinauf in die Einschartung zwischen Griesmauer (rechts) und der höheren, etwas schwierigeren TAC-Spitze (links); vom Sattel 1¼ St. Im Abstieg bummelt man an der gemütlichen Leobner Hütte, 1582 m, vorbei, hinunter zur Präbichl-Paßhöhe (von der Hütte 1 St.).
Frühsommer bis Spätherbst.

8. Pfaffenstein, über Schrabacher-steig und Markussteig

Die beiden Anstiege zählen zu den wenigen versicherten Steigen des Hochschwabgebietes. Beide sind gut gesichert, erfordern aber einige Erfahrung und Trittsicherheit. Der Schrabacher-(Südwand-)Steig ist etwas anspruchsvoller und ausgesetzter und eignet sich daher besser als Aufstieg.

Wegverlauf: Von Eisenerz/Augasse, ca. 800 m zur Wegteilung »In der Au:« rechts zum Schrabachersteig, rot bez., 2½ St., auf den Pfaffenstein-Westgipfel, 1865 m (der etwas höhere Hauptgipfel wird selten betreten).

– Abstieg über den Markussteig erst nach Norden, dann in einer Schleife, den Hauptkamm querend, nach Eisenerz zurück, 2–2½ St., rot bez. Sommer/Herbst; keinesfalls bei Schneelage. (Vorsicht auf harte Altschneereste an der Nordseite!)

9. Hochblaser

Dieser wenig besuchte Gipfel über dem Leopoldsteiner See war schon im Mittelalter als wildreiches Jagdgebiet bekannt. – Zwei Aufstiege führen auf den schönen Aussichtsberg: der leichtere vom Ostufer des Sees, 628 m, zum Jagdhaus in der Seeau (¾ St.), über die Buchenalm und den »Goaßstall« zur einsamen Haselwilzingalm, 1346 m, und über freies Gelände unschwierig zum Gipfel (insgesamt 4 St., blau bez.). Der zweite Weg führt vom Westufer des Sees auf teilweise sehr ausgesetztem, unversichertem Steig durch die Seemauer (nur für schwindelfreie und trittsichere Bergsteiger) und anschließend unschwierig erst durch Wald, dann über Krummholz und Almgelände. 3½ St., blau bez.

Mit Abstieg über die Haselwilzingalm eine anspruchsvolle Bergtour. Sommer/Herbst; keinesfalls bei Schneelage!

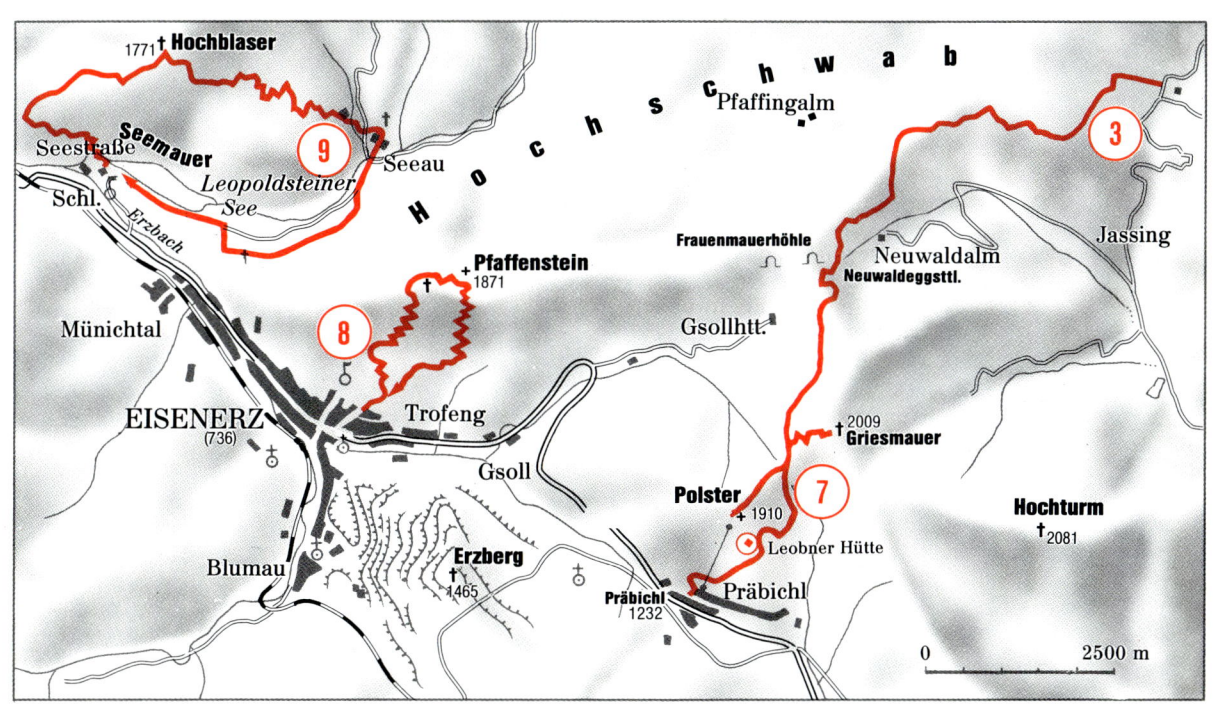

Türnitzer und Ybbstaler Alpen

Hier finden wir die Voralpen in ihrer vielfältigsten und reichhaltigsten Ausformung. Von der Blickebene der Westautobahn beginnen sie sich gegen Süden – ganz bescheiden als gewelltes Ackerland erst – zu allmählich immer höher werdenden Formen zu erheben, von den wiesen- und weidedurchflochtenen Flyschkämmen des Pielach-, Traisen-, Erlauf- und Ybbstales über ein Gewoge kegeliger Waldberge (zum Teil bis hoch hinauf landwirtschaftlich genutzt – in Niederösterreich gibt es die meisten Bergbauern der Republik) bis zu den mächtigen Kalkriffen von Ötscher, Dürrenstein, Hochkar und Gamsstein an der Salzafurche. Höchste Erhebung ist der Hochstadel, 1919 m, im Kräuterinmassiv, dem Hochschwab scheinbar auf Steinwurfnähe gegenüber.

Ein besonderer Reiz des ganzen Gebiets ist die gegenseitige Durchdringung von Natur- und Kulturlandschaft. Zwei Kraftfelder vor allem überlagern sich in dieser Region: die Ausstrahlung von Mariazell als sakraler und spiritueller Mittelpunkt sowie die Wirtschaftsmacht des Eisens, die seit dem Mittelalter die Täler beherrschte und deren Sog Kunst und Kultur folgten.

Seit dem 16. Jh. ist die Bezeichnung »Eisenwurzen« gebräuchlich. Ausgehend vom Erzberg, der wie ein kosmisches Geschoß inmitten einer rauhen und schwer zugänglichen Landschaft steckt, zog das Eisen während seiner langwierigen Reise nach den Ebenen des Nordens und den großen Städten auf fast magische Weise mit jeder Station größeren Reichtum an. Am wenigsten noch für die Häuer, die es in mühevoller, gefährlicher Arbeit aus dem Berg holten, ein wenig mehr schon für die kleinen Hammerherren, die es in einem abseitigen, waldreichen, meist düster-feuchten Bachgraben zu Roheisenstäben verwandelten, noch mehr für die kleinen Fabrikanten und Sensenschmiede am Unterlauf der Flüsse und schließlich das große Geld für die Handelsherren. Eine Fahrt ins Gebirge offenbart dem aufmerksamen Betrachter genau die Abstufungen dieser Wohlstandspyramide: die stattlichen Bürger- und Gewerkenhäuser der wohlhabenden Märkte und Städte wie Scheibbs, Gresten, Waidhofen, Hollenstein oder Weyer als Ausdruck eines gesunden Selbstbewußtseins; die oftmals recht abgelegenen Hammerwerke und Fabriksgebäude (heute schon zu historischen Ehren gelangt) bis zu den einschichtigen, im Winter abgeschnittenen Waldarbeitersiedlungen, die den Energieträger Holz und die Holzkohle beizustellen hatten. Allenthalben finden sich hier noch Zeugnisse einer Bürger- und Handwerkerkultur, die zum Teil schon endgültig versunken ist.

Lebendig geblieben, wenn auch in leicht gewandelter Form, ist die Anziehungskraft der Magna Mater Austriae – Mariazell ist nach wie vor der berühmteste Wallfahrtsort Österreichs. Einst war eine Wallfahrt neben dem Ausdruck der Gläubigkeit für viele Menschen der einzige Urlaub in ihrem bescheidenen Dasein. Als sich der kleine Peter Rosegger mit seinem Vater auf den Weg zum Gnadenort machte (eine »starke Tagreise« bloß veranschlagte man damals dafür!), da hatte er ein Bild von unbeschreiblicher Herrlichkeit vor Augen, und als die beiden erstmals die glänzende Turmspitze über den Bäumen erblickten, sagte der Vater mit einem dicken Knödel der Rührung im Hals: »Das ist der zellerische Turm!« – Aus allen Himmelsrichtungen liefen die Wallfahrtswege zusammen, und wem sie noch zu wenig beschwerlich schienen, der tat sich Kiesel oder getrocknete Erbsen in die Schuhe oder schleppte Steine bergan, um die Bußkraft zu erhöhen. Diese althergebrachten Routen sind – so sie nicht als Straßen für den Fußwanderer nahezu unbenützbar wurden – zum Teil als Weitwanderwege neu markiert worden und erfreuen sich steigender Beliebtheit. Erstaunliche Parallelen finden sich zwischen den früheren Wallfahrern und den Pilgern einer neuen Körper- und Fitneßreligion – bis hin zur masochistischen Komponente in Form des schweren Rucksackes . . .

Für »großen Alpinismus« ist die Gegend nicht geschaffen. Hier wird auf die Berge gestiegen, um sich am Rundblick zu erfreuen, um sich in der Hütte eine ordentliche Bratwurst schmecken zu lassen, und im übrigen nach dem Abstieg das Gefühl zu genießen, einen Tag seines Lebens genützt zu haben! Die Hütten – meist auf dem Gipfel gebaut – sind ein wesentliches Element in dieser Bergregion. Jeder Bühel, der einigermaßen auf sich hält, trägt eine Hütte, deren Besuch Selbstzweck oder angenehmer Nebeneffekt sein kann: Gaisbühel, Kaiserkogel, Grüntalkogel, Hohenstein, Eisenstein, Türnitzer Höger, Tirolerkogel, Gemeindealpe und Hochkar – das ganze Spektrum vom Berggasthaus bis zum Wolkenheim. Freilich, wer unbedingt will, kann auch an diesen Bergen, den höheren zumal, ein durchaus ernstes Hochgebirgserlebnis finden, wenn er sich ihnen zu unwirtlicher Jahreszeit oder aus möglichst abgelegenen Winkeln nähert, sich über die brüchige und feuchte Ötschernordwand hinaufzittern oder im Hochwinter den Rauhen Kamm begehen, oder sich gar an die Endlosüberschreitung vom Hochkar zum Dürrenstein wagen.

Der Winter ist überhaupt die Jahreszeit, die diesen Bergen einen respektablen bis großartigen Anstrich verleiht. Die meisten unter ihnen sind in irgendeiner Weise skitauglich, viele sogar ausgesprochene Gustostücke für Tourengeher. Die Türnitzer Alpen mit ihren geringeren Gipfelhöhen eignen sich vorzüglich für den Hochwinter, den man schnell ausnützen muß, und im Spätwinter gilt es dann den Großen des Gebietes, die sich an Abfahrtshöhe (nicht zu vergessen freilich auch Aufstiegszeit) mit manchem renommierten Skidreitausender messen können: Dürrenstein, Kräuterin, Hochtürnach, Voralpe, Gamsstein, die Steilrinnen des Ötscher … Den Pistenfan erwarten mehrere schneesichere, gelände- und verkehrsgünstige Skiplätze: Türnitz-Annaberg, Mariazell-Gemeindealpe, Lackenhof-Ötscher sowie das Hochkar, diese früheste und letzte Insel aller Schneesucher.

Von den zahllosen Gipfeln dieses Gebiets hat vor allem der Ötscher verstanden, etwas aus sich zu machen. Er ist nicht einmal der höchste – die Kräuterin ist um 26 m höher, der massive Dürrenstein bloß um 15 m niedriger –, aber sie und alle anderen verstehen eben nicht, sich zu präsentieren! Wie er sich über das Hügelgewirr des Alpenvorlandes erhebt, bis ins späte Frühjahr weißleuchtend und mindestens tausend Meter höher wirkend – ein Herr unter diesen Bergen, von welcher Seite man ihn immer betrachtet! Schon im 9. Jh. wird in alten Urkunden ein einzelner Berg »Othza«, später »Othzan« und »Oethschan« genannt, seit dem 17. Jh. findet sich die Bezeichnung »Ottscher« und »Oettscher«. Die scheinbar unendlichen dichten Wälder, die sich zwischen ihm und den Siedlungen der Ebene dehnten, verstärkten noch den Eindruck des Geheimnisvollen und Unnahbaren. Man wußte von »Wetterlöchern«, von einem unterirdischen See – die Verbindung zu Dämonen und dunklen Mächten war bald hergestellt, das abergläubische Volk bevölkerte den Berg mit Wetterhexen, Teufeln, Venedigermandln und anderen boshaften Geistern. Die Venedigermandln, so hieß es, sollten säckeweise Schätze aus dem Berg schleppen! Kaiser Rudolf II., der eine Schwäche für die Alchimie hatte, ließ 1591 eine Expedition ausrüsten, die untersuchen sollte, »… was es für eine Gelegenheit mit dem Etscherberg habe, und insbesonderheit, was für stein, oder anderes seyn möchte, so die wällischen von diesem berg in kräxen hinweg, und aus dem land tragen sollten«. Sogar einen Goldschmied wollte man mitschicken – doch der hätte außer interessanten Sinterbildungen nichts zu untersuchen gehabt. Diese Expedition vollbrachte – ohne alpine Erfahrung, nur mit spärlich leuchtenden Kienspänen ausgerüstet – eine bewundernswerte Leistung: Sie erkundete den größten Teil der heute bekannten Hallen und Gänge des Geldlochs und gelangte sogar über die »Gasnerwand« (benannt nach dem Erstbesteiger, dem Diener des Priors von Gaming) in das letzte der Gewölbe. Schätze wurden, wie man sich unschwer

vorstellen kann, keine gefunden. Doch die Faszination der Höhlen blieb. Im Jahr 1747 fand die zweite historisch bekannte Expedition statt, deren Teilnehmer jedoch angstschlotternd bereits am Eingangsportal kehrtmachten, als ihnen ein Schwarm Bergdohlen krächzend entgegenkam. Faszination bis heute: Das Taubenloch galt durch Jahrhunderte als uninteressanter Blinddarm des Ötschers. 1980 entdeckte eine Expedition unter Pater Jeremia Eisenbauer dort das größte Höhlensystem Niederösterreichs! – Die Höhlenwelt ist jedoch nur ein Steinchen im vielfältigen Mosaik des Ötscherlandes, welches erst in seiner Gesamtheit so recht zur Wirkung kommt. Das größte Schaustück des Gebirges wurde vom Wasser geformt: das Schluchtensystem von Ötschergräben und Tormäuern. Der felsige Gipfelkamm des Ötscher mit Verlängerung über den Kleinen Ötscher bildet, nach Süden umbiegend und über die Feldwiese zur Gemeindealpe ziehend, ein riesiges, nach Osten offenes Hufeisen. In dieses ist der tiefe Cañon der Ötschergräben eingeschnitten, an die sich der nach Norden gekrümmte Schluchtbogen der Tormäuer anschließt – insgesamt 24 km unverbauter Bach- und Schluchtlandschaft, eine seltene Kostbarkeit, die nunmehr unter Naturschutz steht (um ein Haar wäre sie den Kilowattjägern zum Opfer gefallen!). Bis zu 400 Meter hohe Dolomitmauern, in Türme und Zacken gespalten und von Seitenschluchten durchrissen, scheinen über dem Beschauer zusammenzuschlagen, und in hellgrünen Gumpen stehen im glasklaren Wasser die Forellen unbeweglich über versunkenen Getränkedosen …

Der Nordabfall des Ötscher ist seine Skiseite. Ungewöhnlich reiche Niederschläge schaffen hier schneesichere Abfahrten und Loipen, aus dem einsamen Holzfällerdorf Lackenhof ist ein belebter Wintersportort geworden.

»… das Wunderlichste, so man von ihm [dem Ötscher] zu erzählen pflegt, ist, daß alle diejenigen Teufflen, so aus denen Besessenen ausgetrieben werden, auf diesem Berg ihren Aufenthalt nehmen müssen. – Man setzt hinzu, daß sie offt Legionen weis auf dem Berg herumritten …«

So erfüllt sich der Aberglaube vergangener Jahrhunderte auf unerwartete Weise. Nur sind es eben statt exorzierter Teufel luft- und sonnenhungrige Städter, die sich vom Sessellift zum Ötscherhaus hinauftragen lassen, um sich sodann die Pisten hinabzustürzen. Und wenn sie, wie es zuzeiten vorkommt, »Legionen weis« auftreten oder die Pisten vereist sind, mag so mancher diesen ganzen Winterzauber durchaus als »teufflisch« empfinden.

Türnitzer und Ybbstaler Alpen von A–Z

Alpel, 1405 m ○ ❋
Die höchste Erhebung des bewaldeten → *Bauernboden* (Oisberges). Von der *Annahütte* (PKW-Zufahrt) führt eine Forststraße in östlicher Richtung auf den breiten Wiesenrükken, der zum höchsten Punkt mit seiner prachtvollen Fernsicht bringt, die leider gegen Osten zunehmend verwächst. Von der Hütte ¾ St., unbezeichnet, unschwierig.

Altenmarkt bei St. Gallen, 467 m
Der schon in sehr früher Zeit bedeutende Markt (am Schnittpunkt zweier Römerstraßen) liegt in waldreicher Umgebung an einer Ennsschleife, eine richtige Sommerfrische. *Sehenswert:* Pfarrkirche (dem Schutzpatron der Flößer, St. Nikolaus, geweiht), schöne Bürgerhäuser, am nördlichen Ortsausgang Wegkapelle zwischen zwei mächtigen Lindenbäumen.
Ausgangspunkt für Tanzboden (→ *Voralpe*), Übergänge über Gamssteinhals und Frenzsattel, sowie Wanderungen in den oberösterreichischen Voralpen (Bodenwies etc.). – 2 Schlepplifte.

Amstettner Hütte, 1005 m
Auf der *Forsteralm* oberhalb von Oberland. Österreichischer Alpenverein, Sektion Amstetten. Ganzjährig an Wochenenden bewirtschaftet, 58 Schlafplätze. Skigebiet (4 Schlepplifte).
Zufahrt: von Oberland bis 20 Min. unterhalb der Hütte (Holzplatz-Kasertal).
Aufstieg: von Oberland 1½ St.; von Gaflenz 2 St.
Übergang: zum Gh. Hochseeberg ¾ St.
Gipfel: Hirschkogel, 1078 m, ½ St., unbezeichnet; Wetterkogel, 1115 m, vom Hirschkogel über den Verbindungskamm, ½ St., unbezeichnet.

Annaberg, 976 m
Sommerfrische und Skigebiet (13 Schlepplifte, Langlaufloipen) an der sattelartigen Wasserscheide zwischen Erlauf und Traisen.
An der Wallfahrerstraße nach Maria-

zell – damals ein elender Saumweg – wurden unter Abt Gebhard von Lilienfeld bereits 1217 ein Wirtschaftshof und eine Kapelle errichtet. Das noch immer recht geschlossene Ensemble des Ortsbildes bestimmt von weitem der charakteristische Giebelreiter des Kirchturms (»welsche Haube«).
Sehenswert: die gotische Kirche mit Kreuzrippengewölbe und barockem Hochaltar.
Ausgangspunkt für → *Tirolerkogel* und → *Hennesteck*.

Annaberger Haus, 1377 m
Auf dem Gipfel des → *Tirolerkogels*. Österreichischer Alpenverein, Sektion Gebirgsverein. Die 1976 abgebrannte Hütte wurde wiederaufgebaut und ist derzeit (1986) bereits provisorisch bewirtschaftet. Auskunft (0222) 42 26 57.
Aufstieg: von Annaberg über den Almweg, rot bez.; 1½ St. von Türnitz durch das Dachsental, grün und rot bez., ab Reiftal 2 St.; von Ulreichsberg (oder Annaberg) über die Ebenbauer Alm und den Lindkogel, teilweise unbezeichnet, doch leicht zu finden, 2–2½ St.
Übergang: zum Eibel über die Karnerhofspitze, blau bez., 2–2½ St.

Bärenlacken, 948 m ○
Ein breiter Waldsattel (Forststraßen- und Wegkreuzung) an der Nordseite des Ötscher. Hier kreuzen sich der Übergang von Lackenhof nach Trübenbach sowie der Zustieg von der Nestelbergsäge zum Rauhen Kamm.
Zugang: von Lackenhof (kaum benützt) 1½ St. (unmarkiert); von der Nestelbergsäge ½ St., rot bez.; von Trübenbach 1 St. (Forststraße oder rot bez. Waldweg).
In den ausgedehnten, bis vor wenigen Jahrzehnten teilweise sehr unzugänglichen Waldgebieten der Ybbstaler Alpen stößt man häufig auf Ortsnamen, die mit Bären in Verbindung stehen: Bärenbachsattel und Bärenbachsteg an der Südseite der Kräuterin, Bärengang in den Tormäuern sowie Bärenrißsattel und -kogel am Übergang vom Rothwald ins oberste Ybbstal. 1842 wurde bei Neuhaus der letzte Bär des Ötscherlandes erlegt.

Bauernboden, 1405 m ○ ❋
Auch Oisberg genannt, ein langgezogener, bewaldeter Rücken, der von der Ybbs in einer großen Schleife umflossen wird.
Die teilweise freien Gipfelkuppen bieten schöne Blicke auf das Alpenvorland bis zum Waldviertel einerseits und im Westen bis zum Gesäuse und Sengsengebirge.
Höchste Erhebung ist das → *Alpel, 1405 m,* zweithöchste der *Schneekogel, 1373 m.* Am einfachsten zu erreichen von der Annahütte (Zufahrt durch den Krenngraben), auch von Opponitz führt ein Aufstieg zur Annahütte.
Als *Skiberg* ist der Bauernboden kein rasantes Ziel, jedoch etwas für Naturgenießer. Die Kammwanderung ist außerordentlich schön und einsam, die Abfahrt entlang der Straße überwindet – relativ flach – immerhin rund 800 HM.

Bergbauernalm
siehe → *Lackneralmhütte*

Büchleralpe (Bichleralpe), 1378 m ○ ❋
Waldgipfel südöstlich des Josefsberger Alpls, steil, mit Felskanzeln und einer freien Gipfelfläche. Ein sehr schöner, leicht erreichbarer Aussichtsberg in zentraler Lage, trotzdem recht selten besucht.
Aufstieg: von Josefsberg über den Nordwesthang 1¼ St., rot, dann grün bez.; von Friedenstein über den Ameiskogel 2¼ St., teils auf Jagdsteigen, teils weglos; nur für versierte »Waldläufer«.
Als *Skiziel* ist die Büchleralpe eher von touristischem Interesse. Keine Abfahrt nach Josefsberg, aber sehr schön vom → *Sabel* her. – Eine steile Abfahrt (nur bei sehr günstigen Schneeverhältnissen wegen der Südlage) führt über den Gipfelkamm nach SO ins Fadental. 300 HM.

Bürgeralpe (Mariazeller), 1270 m ○ ❋
Nach allen Seiten gleichmäßig abfallende, vielfach bewaldete Bergkuppe nordöstlich von Mariazell, ursprüng-

Legsteinalm auf dem Dürrenstein

lich als Wiese (»Großhöhe«) benützt. Auf dem höchsten Punkt steht die 25 m hohe Erzherzog-Johann-Warte, die 1911 vom Österreichischen Touristenklub erbaut wurde. Sehr schöner Rundblick auf die meisten bedeutenden Voralpengipfel (Rax, Schneealpe, Göller, Student, Tonion und Veitsch) sowie auf die nördlichen Gipfel und Kare des Hochschwab. Kabinenseilbahn (360 HM) von Mariazell, neben der Bergstation das ganzjährige bewirtschaftete Hotel Bürgeralpe (1247 m).

Aufstieg: von Mariazell 1¼ St., rot bez. (bei Seilbahnauffahrt: Abstieg ¾ St.); über das Schertlerkreuz aus dem Rechengraben 1¼ St., erst grün, dann rot bez. (lohnend der Besuch der Hohlensteinhöhle. – Licht mitnehmen!).

Übergang: zum Habertheuer-Sattel, 1015 m, ½ St., weiter nach St. Sebastian 1 St., oder in die Walster 1 St.

Als *Skigebiet* hat die Bürgeralpe Tradition: Bald nach der Jahrhundertwende entdeckten die Skipioniere Zdarsky und Bilgeri das Gelände für ihre Skikurse, außer der Standseilbahn gibt es 3 Schlepplifte, das Gelände ist flach bis mäßig steil und vorzüglich für Anfänger und Familien geeignet.

Dürradmer, 808 m
Kleine Siedlung in einem Talkessel am Ostfuß der Kräutern. Gh. Ortner, Nächtigung nur im Sommer möglich. Zufahrt von Greith im Salzatal 8 km.

Ausgangspunkt für *Hochstadel* und andere Erhebungen im → *Kräuterinmassiv.*

Übergang nach Rothmoos 1 St., nach Rothwald 3 St. (die Markierung in der F&B-Karte existiert nicht!).

Dürrenstein, 1878 m ● ❋
Der verzweigte, allseits mit steilen Fels- oder Waldflanken abbrechende Stock des Dürrenstein ist einer der mächtigsten Berge Niederösterreichs. Die Zustiege sind ausnahmslos lang und teilweise mühsam, der Südabfall – schwer zugänglich – trägt im Rothwald den letzten Urwald Mitteleuropas. Die Hochfläche ist mit ihren unübersichtlichen Karstformen einerseits ein morphologisches Sammlerkabinett, andererseits bei Schlechtwetter und schlechter Sicht ein gefährliches Labyrinth. Das Berginnere bietet ein reiches Betätigungsfeld für Höhlenforscher, die Lechnerweidhöhle war mit einer Tiefe von 427 m und 4,1 km vermessener Ganglänge das größte Höhlensystem Niederösterreichs – bis zur »Neuentdeckung« des Taubenloches am Ötscher. Die Gipfelschau ist sehr umfassend und wird nur durch jene vom Ötscher übertroffen: alle bedeutenden Voralpengipfel, Hochschwab und Gesäuse liegen aufgeschlüsselt vor dem Beschauer.

Aufstieg: von der → *Ybbstaler Hütte* 2 St., rot bez.; von Lunz durch das Seetal und über die Herrenalm 4½ St.; von Lunz durch den Daglesgraben und über die Herrenalm 4 St.; vom Tremmelsattel, 1190 m, über den Verbindungskamm mit dem Hochkar 4 St., unbezeichnet und anstrengend.

Als *Skiziel* ist der Dürrenstein altbekannt, er ist von Liften bisher verschont geblieben, doch hat jede der Abfahrten einen »Pferdefuß«. Das Gipfelstück ist meist abgeweht und eisig; die 3-Seen-Abfahrt (1250 HM) hat ein sehr unangenehmes Steilstück zum Obersee, die Abfahrt über die Ybbstaler Hütte (1300 HM) ebenfalls eine lästige Steilpassage bei der Querung des Lechnergrabens. Die Südabfahrten (Büllenbach, Eisenstadtrinne und -leiten, Bärengraben und Ätztal) sind größtenteils sehr steil, eng, schwierig und schwer zugänglich. Nette Halbtagstouren von 300 HM ergeben sich im Bereich der Ybbstaler Hütte *(Hierzeck, 1445 m, Notten, 1640 m, Hühnerkogel, 1651 m, und Roßeck, 1661 m).* Insgesamt: kein Skiberg für jedermann!

Eibel, 1002 m ○ ❋
Der Hausberg über Türnitz, ein breiter Bergkogel mit weiten Wiesen und schöner Aussicht. Mit seinen Liftanlagen (Doppelsessellift bis 5 Min. unterhalb des Gipfels) ist das Eibel (vermutlich ein mundartlich verschliffenes »Alpel«) eines der beliebtesten Voralpen-Skigebiete.

Die Rundsicht reicht über die Umrahmung des Türnitzer Talkessels mit Eisenstein, Höger und Traisenberg zum Schneeberg, der Reisalpe, Göller und Gippel.

Die 450 Aufstiegsmeter werden in den allermeisten Fällen mit dem Lift bewältigt, zu Fuß sind rund 1½ St. veranschlagt.

Eine der schönsten Voralpenwanderungen erreicht das Eibel vom → *Tirolerkogel* her (2–2½ St.). Als *Skiziel* mit verhältnismäßig sicherer Schneelage (Auskunft Bergbahn: 02769/245) bietet das Eibel ca. 2 km lange Abfahrten (Fliegerwiese und Trassenabfahrt) in verschiedenen Kombinationen mit den 5 Schleppliften.

Eisenstein, 1185 m ○ ❋
Waldberg mit auffällig flachem Wiesenfirst nördlich von Türnitz, der nach Norden mit einer steilen, geschlossenen Waldflanke abfällt. Sehr schöne Rundsicht bis zu den Hochalpen, dominierend der Ötscher mit steiler Kegelgestalt.

Auf dem Gipfel die → *Julius-Seitner-Hütte;* Wegzeiten s. d.

Als *Skitour* ist der Eisenstein vom Knedelhof durch den Mühlgraben geländemäßig recht ansprechend (Aufstieg 2 St., 600 HM), wegen der Südrichtung jedoch bald ausapernd und daher ein ausgesprochenes Hochwinter- oder Schlechtwetterunternehmen. Das gleiche gilt auch für die – eher touristisch interessante – Abfahrt über das Loicheck nach Schwarzenbach (Aufstieg 3–4 St., 670 HM).

Erlauf
Der Hauptfluß des Ötschergebiets entspringt im hintersten Winkel des Steinbachgrabens am Südhang der Gemeindealpe, durchfließt den *Erlaufsee* und den *Erlauf-Stausee,* ehe er den rund 20 km langen Cañon der Hinteren und Vorderen Tormäuer mit seinen grünen Wassern zu einer der schönsten Flußlandschaften Ostösterreichs macht. An seinem Ufer liegen die alten Märkte Scheibbs und Wieselburg, bei Pöchlarn mündet er in die Donau.

Für Wildwasserfahrer interessant ist die technisch anspruchsvolle Schluchtstrecke ab Erlaufboden, respektive ab Toreckklamm bis zum Kienberger Wehr, III–IV.

Auf dem Gipfel des Dürrenstein

Erlaufboden, -klause, -see
Erlaufboden, 540 m, ist eine Häusergruppe im Tal der Großen Erlauf zwischen Vorderen und Hinteren Tormäuern und ein günstiger Ausgangspunkt für einen Besuch besonders der letzteren; Zufahrt von Annaberg – Reith.

An die *Erlaufklause* erinnert nur noch ein Stationsname der Mariazeller Bahn. Mit drei übereinanderliegenden Ablaßtoren war sie einst eine der größten Klausen (Holztriftanlagen) Niederösterreichs, heute ist sie im 2500 m langen Erlauf-Stausee (Fassungsvermögen 2 Millionen Kubikmeter) versunken.

Der *Erlaufsee* schließlich, zwischen Mariazell und Mitterbach, ist 1500 m lang und 35 m tief.

Fachwerk, 560 m
Forstarbeitersiedlung an der Mündung des Lassingbaches in die Salza.

Von 1860 bis 1896 sperrte ein gewaltiger, 234 m langer und 4,3 m hoher Holzrechen die Lassing, in die das Holz aus den umliegenden Tälern geschwemmt wurde, ehe man es auf der Salza zu Flößen zusammenbaute oder an Ort und Stelle in Kohlenmeilern zu Holzkohle verarbeitete.
Ausgangspunkt für → *Hochkar* (3 St., steil) sowie für Straßenwanderung nach → *Neuhaus* (wenig befahrene Sandstraßen durch Waldgebiet, sehr schön die Schluchtstrecke der »Schloif«), unmarkiert, 5–6 St.

Falkenschlucht ○ △
Die wildromantische Schluchtlandschaft des Retzbaches nahe Türnitz zwischen → *Tirolerkogel* und → *Traisenberg.* Die Steiganlage durch die stellenweise klammartige Schlucht wurde 1903 vom Niederösterreichischen Gebirgsverein erbaut und sollte zusätzlich die kürzeste Verbindung zum → *Ulreichsberg,* einen zweiten Zugang nach Mariazell, herstellen.

Zufahrt: von Türnitz 5 km bis zum »Eisernen Tor« (530 m, Schranken). Nach 1–1½ St. Wanderung führt die Forststraße links außen vorbei, der bezeichnete Steig leitet durch die Klamm zum oberen Ende, 800 m, ½ St.
Übergang: nach Ulreichsberg 1 St. (vom Schranken 2½–3 St.).

Feldwiesalm, 1312 m ○ ❄
Weitläufiger Almboden mit Halterhütte (in den Sommermonaten Ausschank, eventuell Nächtigung) im Zug der → *Gemeindealpe.* Großartiges Langlaufgelände (ungespurt).
Zugang: vom Ötscherhaus 2½ St., rot bez.; vom Erlaufsee über Erlaufursprung 3 St.; vom Zellerrain über Taschelbach 2 St.
Übergang: zur Gemeindealpe über Eisernen Herrgott 1½ St. Lohnender als der Fahrweg ist der Aufstieg zur *Breimauer, 1489 m,* von der der Kamm durchwegs verfolgt wird.

Frankenfels, 465 m

Sommerfrische in einer Talweitung des Nattersbaches. Mehrere Gasthöfe und Pensionen, Schlepplifte in Ortsnähe. Der urkundlich 1083 erstmals erwähnte Ort ist eng mit der Geschichte der Weißenburg und der Rabensteiner verbunden.

Sehenswert: Ruine Weißenburg, im 13. Jh. erbaut, seit dem 17. Jh. verfallen (1 St. vom Ort), sowie die → *Nixhöhle,* eine ausgebaute Schauhöhle (¾ St. vom Ort).

Wanderungen und Übergänge vielfach über baumfreie, aussichtsreiche Höhenzüge: über den Frankenfelserberg, 941 m, zum Schlagerboden 3½ St., unmarkiert, weiter über Schindelegg und den Weitwanderweg bis Scheibbs, insgesamt 6 St.; durchs Rettenbachtal und über Taschelgrabenrotte nach Schwarzenbach 2½ St., blau bez.

Friesling, 1339 m   ○ ✳

Langgestreckter Wald- und Almberg zwischen Großprolling und Schwarzois. Ein einsamer Gipfel (kein markierter Weg) mit umfassendem Rundblick vom Alpenvorland bis zu den Gesäusebergen.

Aufstiege: von Maria Seesal über den Almbauer (Zufahrt bis Fuchslehen), zuletzt unmarkiert auf Forststraßen und Steigspuren 2½–3 St.; aus dem Ybbstal (Großbreitental) über »Jörgl« und von der »Forsthöhe« links über Schläge und Wiesen zum höchsten Punkt, 2–2½ St.

Die Frieslingbesteigung über den Almbauer ist eine reizvolle *Hochwinterskitour* (Aufstieg 2½–3 St., 800 HM, relativ große Horizontaldistanz, leicht).

Gaming, 430 m

Sommerfrische an der Erlauftal-Bundesstraße zwischen Scheibbs und Lunz. Diese flächenmäßig zweitgrößte niederösterreichische Gemeinde umfaßt nahezu das gesamte Ötscherland.

Sehenswert: die Kartause, die in Erfüllung eines Gelübdes des Habsburgerherzogs Albrecht II. im Jahr 1330 gegründet wurde; die spätgotische Klosterkirche sowie das Kloster.

Ausgangspunkt für *Zürner, Gföhleralm,* → *Tormäuer.*

Gamsstein, 1774 m   ● ✳

Zwischen Salzatal und Seeau verläuft die langgestreckte, schmale Schneide des Gamssteins, der infolge seiner zentralen Lage zwischen Gesäusebergen, Hochschwab und Voralpe ein Aussichtsgipfel ersten Ranges ist. Die Schneide fällt nach Norden mit steilen Schrofenflanken und Latschenhängen ab, die Südabdachung ist etwas sanfter. Im Osten verläuft sie in das Almgebiet des Scheibenberges. Das Skigebiet Scheibenalm, dessen Errichtung eine weitgehende Zerstörung der Natur zur Folge hatte, ist nach kurzer Betriebszeit in Konkurs gegangen, die Lifte sind wieder demontiert worden.

Aufstieg: von Hollenstein (Zufahrt über die Scheibenbergstraße) 2½ St., rot bez.; von Palfau über den Hühnerriegel (steil) 3 St., rot bez.; von Palfau über die Moaralm (weniger steil) 3½ St., blau bez.; vom Gamssteinhals über den Blaserkogel 3–3½ St., unbezeichnet.

Der Hühnerriegel vermittelt auch eine rasante *Skiabfahrt:* Aufstieg 3–3½ St., 1200 HM; von der Lackneralmhütte am besten gleich gerade aufwärts zu einem freien Schlag und weiter am Sommerweg. Am besten im Hochwinter, oben eventuell Schneebrettgefahr. Der Aufstieg von der Scheibenalm ist wegen der langen Gratüberschreitung (mächtige Wächten!) skitechnisch weniger lohnend.

Geisenberg, 1177 m   ○ ✳

Weitgedehnter, wenig markanter Waldberg mit großer Gipfelblöße, zwischen Puchenstuben und Schwarzenbach an der Pielach. Ohne markierte Wege, ist er etwas für im Wegsuchen geübte Wanderer – und auch für Liebhaber einsamer Skitouren.

Aufstieg: von Puchenstuben (bzw. Nattersbachtal, Haus Tannenmann) über eine Forststraße und den steilen Südwesthang 2½ St. (vom Tannenmann 1¼ St.), Übergang nach Schwarzenbach 2 St.; von Schwarzenbach (bzw. Finzenebengegend, Haus Kowald) 2 St.

Dies sind auch die *Skiaufstiege,* wobei man vom Kowald nur bis zum Wiesenrücken der Schneeriß auf-

steigt, die sozusagen den »Skigipfel« bildet (600 HM, leicht, sehr lohnend). Der Zugang von Wastl am Wald über den Hühnerkogel (1½ St.) ist wohl interessant, jedoch verkehrsmäßig ungünstig.

Geldloch
siehe → *Ötscherhöhlen*

Gemeindealpe, 1626 m   ○ ✳

Der regelmäßig geformte Bergkegel zwischen Ötschergräben und Erlaufsee ist aus der Ferne gut an seinen Gipfelbauwerken (Sendeanlage, relativ klein daneben das → *Terzerhaus* und die Liftstation) zu erkennen. Der Gipfel geht im Westen in das Plateau der → *Feldwiesalm* über, die damit eine Verbindung zum Ötscher bildet. Von Mitterbach führt ein Sessellift auf den Gipfel. Der Rundblick ist sehr umfassend und gleicht jenem vom Ötscher, nur kommt noch die instruktivere Schau auf das Mariazeller Becken hinzu.

Aufstieg: von Mitterbach über das Bodenbauereck 2½ St., rot bez., teilweise ziemlich steil (dieser Hauptaufstiegsweg wird jedoch wegen des Sessellifts nur noch wenig benützt); vom Erlaufsee 2¼ St., rot bez. (landschaftlich schöner und weniger steil; vom Gh. Illek in den Ötschergräben 2 St., rot bez., steil.

Die Gemeindealpe ist ein schneesicheres *Skigebiet,* das Gelände ist jedoch nichts für Anfänger! Die Pisten beginnen steil, schmale, wegartige Querungen im unteren Teil erfordern ebenfalls bereits sichere Fahrer. Die *Tourenabfahrten* nach Süden weisen nur selten eine gute Schneelage auf; eine steile, lohnende Abfahrt führt über den Westkamm zum Eisernen Herrgott und über den Sommerriedel (nordwestlich der Markierung) hinunter zum Gh. Illek (700 HM, über die Ötscherstraße 10 km nach Mitterbach).

Göstling an der Ybbs, 532 m

Markt und Sommerfrische im oberen Ybbstal, einer der bedeutendsten Orte der Eisenwurzen. In letzter Zeit auch aufstrebender Wintersportort.

Sehenswert: die Pfarrkirche mit spätgotischen und barocken Bauteilen

und Gemälden von Martin Johann Schmidt, schöne barocke Bürgerhäuser. Eine besondere Sehenswürdigkeit ist die Narzissenblüte im Mai.
Ausgangspunkt für → *Hochkar*, → *Dürrenstein*, → *Königsberg*, Hochreit, Übergang über den → *Tremml* ins Salzatal. – Schlepplifte im Steinbachtal.

Gresten, 406 m

Marktgemeinde in einer weiten Talmulde der Kleinen Erlauf, Sommerfrische in ruhiger Lage, von hügeligen Waldbergen umrahmt. Schon 1292 wird Groesten (Grostain, Grosten) urkundlich als Markt erwähnt, Münzfunde deuten auf römische Handelseinflüsse im 3. Jh. n. Chr.
Sehenswert: spätgotische Pfarrkirche (1482), Schloß Stiebar aus dem 16. Jh., schöne Ensembles alter Bürgerhäuser, etwa am Oberen Markt.
Ausgangspunkt für Voralpenwanderungen und Übergänge (nach Gaming, Scheibbs, Randegg, Ybbsitz). Der *Grestener Hochkogel, 821 m,* ist ein langgestreckter Sandsteinrücken mit prächtigem Blick über das Alpenvorland, der Übergang über das Richtereck zum Sonntagberg (4 St.) ist im Sommer und Winter (Langlaufskier!) lohnend.

Grüntalkogelhütte, 850 m

Auf dem gleichnamigen Voralpenberg nördlich von Texing. Österreichischer Alpenverein; 20 Schlafplätze. Bewirtschaftet von 1. Mai bis Ende Oktober.
Zugang: von St. Gotthard bei Texing 1 St.
Übergang: nach Frankenfels 3½ St.; nach Kilb 4 St. (die Hütte liegt am Voralpen-Weitwanderweg).

Gscheid, Gscheidsattel

Diese Bezeichnung für einen Übergang finden wir hier an mehreren Punkten: Das *Kernhofer Gscheid, 970 m* (Bundesstraße), bildet die Wasserscheide zwischen Salza und Traisen (Bergkirchlein »Maria am Gscheid«, Skilifte, schöner Anblick des Göller).
Das *Annaberger Gscheid, 1020 m,* ein schöner Wiesensattel, liegt zwischen Scheiblingberg und Ahornberg (1¼ St. von Annaberg) und vermittelt einen Übergang nach Ulreichsberg (1¼ St.).
Das *Schwarzenbacher Gscheid (Gscheidsattel), 841 m,* bildet die Wasserscheide zwischen Schwarzenbach und Türnitz (Traisen- und Pielachtal; vom Sattel unmarkierter Übergang über Loicheck nach Loicheckgegend, 3–4 St.). Auch der Sattel zwischen *Eisenstein und Hohenstein* (867 m) heißt Gscheid. Zwischen *Ybbsitz und Bodingbach* vermittelt die Waldwiese des *Gscheid, 844 m,* den kürzesten Übergang von Ybbsitz nach Lunz, der früher von Mariazell-Wallfahrern sehr geschätzt wurde.

Gschwendthütte, 1072 m

Auf dem *Hohenberger Gschwendt,* zwischen Stadelberg und Linsberg. Touristenverein »Naturfreunde«, ganzjährig an Wochenenden sowie in den Weihnachts- und Semesterferien bewirtschaftet. 64 Schlafplätze. Auskunft und Anmeldung: Telefon (0 27 67) 380.
Zufahrt von Hohenberg durch das Steinpartzal bis ½ St. unterhalb der Hütte. Skigebiet (siehe → *Hohenberger Gschwendt*).
Übergang: zur Türnitzer Hütte 1½ St., rot bez.; zur Zdarsky-Hütte 1½ St., rot bez.
Gipfel: Paulmauer, 1247 m, 40 Min.; Stadelberg, 1226 m, ½ St., unbez.

Gstettner Alm, ca. 1300 m ○

Auf dem Dürrenstein. Beim Aufstieg durch den Lechnergraben passiert man die weite Almwiese mit der fast 100 m tiefen Doline des Grünloches. Hier – und auch in anderen Karsthohlformen – tritt oft die Bildung von Kaltluftseen mit einer starken Inversion (Temperaturumkehr) auf. In klaren winterlichen Strahlungsnächten wurden im Zuge von Messungen der Biologischen Station Lunz Temperaturen bis –50° C gemessen, im Februar 1932 sogar der mitteleuropäische Rekordwert von –52,6° C!

Gußwerk, 746 m

Gemeinde an der Salza, Endpunkt der Mariazeller Schmalspurbahn, in einem weiten Talkessel. Schon der Name weist auf Eisenindustrie hin: Seit 1742 bestand ein bedeutendes Gußwerk, 1857 waren drei Hochöfen, eine Kanonengießerei und zahlreiche kleinere Eisenwerke in Betrieb. Heute nur noch Holzverarbeitung.

Ausgangspunkt für → *Zellerhüte*, → *Sauwand*, → *Tonion* und → *Zeller Staritzen* (siehe Abschnitte Mürzsteger Alpen und Hochschwab).

Heiligenstein, 776 m

St. Sebald am heiligen Stein bei Gaflenz ist ein Beispiel für die Übernahme uralter Kultstätten durch das Christentum. Eine Opferkultstätte an einer Waldquelle ist zum »Sebaldbrunnen« geworden, im 11. Jh. bestand eine Einsiedlerklause des hl. Sebald, im 15. Jh. wurde im Wald die spätgotische Sebaldikirche erbaut.

Im Sommer ist an Wochenenden eine Jausenstation geöffnet.

Zugang: von Oberwinkl ½ St.; von Gaflenz 1 St.; von Weyer 1¾ St. (schöne Höhenwanderung).

Hennesteck, 1334 m ○ ❄

Breiter Bergrücken nördlich von Annaberg mit ausgezeichnetem Panorama: Ötscher, Tirolerkogel und Sulzbergguppe, im Hintergrund Hochschwab und Gesäuseberge. Am Südhang befindet sich das beliebte Skigebiet der Reidllifte.

Aufstieg: von Annaberg über das Weiße Kreuz 2½ St., rot bez.; von Annaberg über den Hennesthof 2 St., erst gelb, dann rot bez.

Lohnend ist der *Übergang* nach Wastl am Wald (1½ St.) und Rückkehr mit Postbus.

Als *Skiziel* wird vor allem der Liftzirkus der Reidllifte besucht, von der Bergstation des Reidllifts III erreicht man in ½ St. (sehr steil) den Gipfel. Eine nette Tourenabfahrt leitet nach Westen zum Sattel »Auf dem Eck« und auf Forststraßen (teils recht flach) zur Nazbauernalm und den Lassingtalwiesen (500 HM, Bus zurück nach Annaberg). – Herrliche Langlauftour von Wastl am Wald.

Hochberneckhaus, 916 m

Am Südabhang des *Klauswaldes* (höchster Punkt: *Turmkogel, 1130 m*) auf einer großen Wiesenfläche oberhalb der Tormäuer. Privates Berggasthaus, ganzjährig bewirtschaftet. 150 m weiter südlich steht eine hölzerne Aussichtswarte auf einem Hügel (großartiger Anblick des Ötscher, Blick in die Tormäuerschlucht).

Zufahrt: von St. Anton a. d. Jeßnitz 7 km bis zum Haus.

Zugang: von Winterbach auf Forststraßen über die Schneide des Klauswaldes 2–2½ St. (unmarkiert); vom Trefflingtalhaus 1¼ St., blau bez. (vom Trefflingfall 2 St.).

Kleines *Skigebiet* (2 Schlepplifte) an der flachen bis mäßig steilen Lehne des Klauswaldes.

Hochkar, 1808 m ○ ❄

Der teilweise schmale, wellige Bergkamm erhebt sich recht steil über dem Salza- und Lassingtal im Süden, nach Norden sinkt er erst mit breiten Karen, schließlich aber ebenfalls mit steilen Waldmauern in die Göstling-Palfauer Talfurche ab. Vom östlich gelegenen *Ringkogel* zieht der Kamm rund 7 km zum Hauptgipfel, 1808 m, von dem er noch weitere 5 km mit überaus steilen, kaum je betretenen Waldbergen nach Westen gegen die Mündung des Mendlingbaches in die Salza reicht. Mit einem schmalen, teilweise steil abfallenden Waldkamm ist er mit dem Dürrenstein verbunden. – Die große Mulde des »Schutzhüttenbodens« an der Nordseite wurde durch eine breite, 9 km lange Mautstraße sowie durch Hotel- und Gaststättenbauten vor allem als *Skigebiet* erschlossen (mit rund 2000 mm Niederschlag pro Jahr das schneesicherste in Niederösterreich). Auskunft: Tel. (0 74 84) 252. – Keine geeignete Abfahrt ins Tal!

Der Ausblick ist noch großartiger als vom Ötscher, praktisch alle bedeutenden Voralpengipfel, die aufgeschlüsselte Hochschwab-Nordseite, Gesäuseberge, Dachstein und Totes Gebirge sind zu sehen, an klaren Tagen sogar die Hohen Tauern.

Aufstieg: Der Weg von Lassing über den Schottenschlag wird seit Erbauung der Straße kaum mehr begangen; vom Schutzhüttenboden zum

Hochkargipfel 1 St. (vielfach Lifttrasse), rot bez.; von Fachwerk auf den Hochkargipfel 3 St., rot bez., steil und mühsam.

Die großartigste Wanderung (allerdings auch von großartiger Länge: 8–10 St.!) führt vom Hochkargipfel (oder Schutzhüttenboden) über Ringkogel und → *Tremmel* auf den Dürrenstein (größtenteils unbezeichnet). Im *Winter* ist diese Überschreitung – weniger von skitechnischem als von alpinistischem Interesse – eine der großzügigsten und ernstesten Unternehmungen in Niederösterreichs Bergen.

Hochkar-Hütten

Hochkar-Schutzhaus, 1460 m (Österreichischer Touristenklub), am Ende der Mautstraße. Ganzjährig bewirtschaftet, 80 Schlafplätze. Telefon (0 74 84) 72 03.

Privates Gasthaus unmittelbar daneben (ganzjährig bewirtschaftet, Nächtigungsmöglichkeit).

Geischlägerhaus, 1780 m, am Hochkar-Vorgipfel. Ganzjährig bewirtschaftet, Nächtigungsmöglichkeit. – Mit dem Sessellift vom Schutzhüttenboden erreichbar, Fußaufstieg 1 St., rot bez.

Hochkarschacht

Eine der größten Schauhöhlen Niederösterreichs, durch die Schaffung eines künstlichen Eingangs problemlos zu begehen (früher nur über einen 70 m hohen Schacht mit Drahtseilleitern zugänglich).

Mehrere große Hallen sind durch enge Gangsysteme miteinander verbunden, Perlsinterbildungen, besonderes Schaustück die »Tropfsteinorgel«. An Wochenenden und Feiertagen von Mai bis Oktober geöffnet. Auskünfte Telefon (0 74 84) 72 14 oder 72 00.

Zugang: vom Ende der Mautstraße etwa 10 Min.

Hochstadel, 1919 m

Höchste Erhebung der → *Kräuterin*.

Übergang vom Gaisbühel zum Kaiserkogel

Hochtürnach, 1770 m ● ❄

Ein urtümlicher, zum Salzatal mit schroffen Felsklippen abfallender Berg, einsam und ohne markierte Wege (der Name leitet sich von Türneln = Türmen ab). Vom Gipfel bietet sich ein ausgezeichneter Einblick in die Hochschwab-Nordlandschaft und eine flugzeuggleiche Schau in die Tiefe des Salzatales.

Die *Aufstiege* sind unmarkiert, teilweise weglos und mühsam: von Rotmoos über den Türnsee (1230 m, 1½ St.) und die Mitterhalt 3 St.; vom Bärenbachsteg (Salzabrücke) zum Bärenbachsattel (1296 m, 2¼ St.), über die Farner Wiese und die Mitterhalt 3½ St. (etwas weniger steil).

Der Hochtürnach wird von Spezialisten als *Skigipfel* geschätzt, auch wenn er rundum gar nicht danach aussieht. Aufstieg auf dem Anstiegsweg, dem Waldgürtel oberhalb des Türnsees wird östlich ausgewichen, 1080 HM. Bei besten Schneeverhältnissen fahren Steilhangkönner das extrem steile »Kirchendach« vom Gipfel direkt zum Türnsee ab.

Hohenberger Gschwendt, ca. 1220 m ○ ❄

Eine breite, von lockerem Wald durchsetzte Wiesenmulde zwischen Stadelberg und Linsberg. Der Name rührt von der früher gebräuchlichen Brandrodung (schwenden) her. – Beliebtes Ausflugsziel, da die → *Gschwendthütte* leicht zu erreichen ist (Straße durch das Steinparztal bis ½ St. unterhalb der Hütte; Taxibus).

Die Gschwendtmulde – sonnig und überaus schneesicher – ist auch ein reizendes *Skigebiet*, nettes Übungsgelände mit kleinem Schlepplift (150 HM). Die Talabfahrt, schmal und steil, empfiehlt sich nur für Geübte. Keinesfalls versäumen sollte man eine Besteigung des *Stadelbergs, 1226 m,* mit seiner schönen Aussicht gegen Süden und Osten: Schneeberg, Obersberg, Handlesberg, Gippel und Göller (Aufstieg ½ St. von der Liftstation).

Hohenstein, 1195 m ○

Von diesem bewaldeten Berg, auf dessen Gipfel das Otto-Kandler-Haus steht, strahlen sternförmig fünf Waldkämme aus, die zum Teil recht lange Aufstiege vermitteln. Etwas nördlich des Gipfels bietet sich von einer Felskanzel ein schöner Ausblick, der bis zum Toten Gebirge reicht.

Die zahlreichen Aufstiege folgen einem einfachen Prinzip: kürzer, jedoch einförmig durch die Gräben; länger, dafür aussichts- und abwechslungsreicher über die Kämme. Sie drängen förmlich nach einer Kombination mit dem sehr ähnlichen → *Eisenstein,* wobei vor allem der »Jubiläumsweg« von Gipfel zu Gipfel hervorzuheben wäre (3 St., rot bez.). *Aufstieg* siehe → *Otto-Kandler-Haus.* Als Skiberg ist der Hohenstein infolge seiner dichten Bewaldung ungeeignet.

Hollenstein an der Ybbs, 450 m

Inmitten eines hier verbreiterten Talbodens der Ybbs gelegene Sommerfrische, neuerdings auch Wintersportplatz (Skilifte am Königsberg). Der Name dürfte auf die Konglomerataushöhlungen der *Schaumauer* zurückgehen (Naturdenkmal, lohnender Spaziergang von ½ St.). Bis ins 19. Jh. bedeutende Eisenverarbeitung(»Hammerbach«,»Stahlgraben«), heute vor allem Holzwirtschaft.

Sehenswert: Pfarrkirche mit vielen kunsthistorisch interessanten Details aus mehreren Jahrhunderten; hübscher Hauptplatz; Reste von Hammerwerken.

Ausgangspunkt für → *Gamsstein, Stumpfmauer,* → *Voralpe,* → *Königsberg,* → *Bauernboden.*

Holzäpfeltal ○

Dieses Tal, das von Wildalpen beginnend parallel zum Kräuterinmassiv nordostwärts zieht, bietet ein erschreckendes Musterbeispiel, wie viele Alpentäler nach dem Tod des Waldes aussehen werden: Durch schonungslose Kahlschläge an den Hängen der Kräuterin kam es zu ausgedehnten Verkarstungserscheinungen. Mit jedem Unwetter werden enorme Geröllmassen ins Tal geschwemmt, trotz eines Schutzdammes, der »Christerbauernsperre«, wird der Talboden eines Tages im Schutt ertrinken. Ein Lokalaugenschein sollte Pflicht sein für alle Abwiegler und Wegdiskutierer des Waldsterbens sein!

Übergang: nach Rothwald auf Forststraßen und Steigspuren (4 St., unmarkiert, nur für geeichte Pfadsucher).

Illek, Gh., 888 m

Privates Berggasthaus oberhalb der Ötschergräben an der Nordabdachung der → *Gemeindealpe* (auf einigen Karten als »Stöckl« eingetragen). Im Sommer bewirtschaftet; Nächtigungsmöglichkeit.

Zufahrt: von Mitterbach auf der Ötscherstraße (9 km).

Zugang: vom Bahnhof Erlaufklause 2 St.; aus den Ötschergräben ½ St.

Übergang: zum Eisernen Herrgott 1¾ St.; zum Terzerhaus 2½ St.

Josef-Franz-Hütte, 849 m

Auf der *Gaisbühelhöhe* bei → *Rabenstein an der Pielach.* Der langgezogene Bergrücken bietet eine prachtvolle Aussicht auf das Alpenvorland im Süden und über das Donautal bis zum Waldviertel. Die Hütte gehört dem Touristenverein »Naturfreunde«. 20 Schlafplätze, bewirtschaftet an Wochenenden (ab Samstag 14 Uhr) und Feiertagen; letzte Juliwoche geschlossen.

Aufstieg: von Tradigist 1 St.; von Gaiseben (Paßhöhe zwischen Traisen- und Pielachtal) 1 St., rot bez.; von Rabenstein an der Pielach 1½ St., rot bez.

Übergang: auf den Kaiserkogel über Gaiseben 2½ St., rot bez.

Hübsches *Skitourengebiet* mit mäßig steilen Abfahrten.

Josefsberg, 1012 m

In der Paßmulde zwischen *Alpl, 1239 m,* und *Bärenkogel* liegt dieses höchste Kirchdorf Niederösterreichs, einst als Herberge auf dem Wallfahrtsweg nach Mariazell errichtet. – Herrlicher Ötscherblick.

Schneesicheres *Skigebiet* am Nordwesthang des Alpls; 4 Schlepplifte, bis 220 HM.

Übergang: nach Annaberg über den Sabel 2¼ St., rot bez.

Gipfel: Büchleralpe, 1378 m, 1¼ St., erst rot, dann grün bez.; Großer Sulzberg, 1400 m, 2 St., erst rot bez., dann unmarkiert.

Julius-Seitner-Hütte, 1185 m

Auf dem Gipfel des → *Eisenstein* über Türnitz steht diese Hütte des Österreichischen Alpenvereins (Sektion Gebirgsverein). 35 Schlafplätze, bewirtschaftet an Wochenenden vom 1. Mai bis 31. Oktober, fallweise auch im Winter beaufsichtigt.

Aufstieg: vom Knedlhof (Autozufahrt) 1½ St., rot bez. (von Türnitz 2½–3 St.); von Schwarzenbach an der Pielach über den Westkamm 2 St., rot bez.; von Türnitz durch den Sulzbachgraben und über den Hochgraser 2½ St., blau bez.

Übergang: über den »Jubiläumsweg« auf dem Kamm zum Hohenstein 3½ St.

Kaiserkogelhütte, 716 m

Auf dem gleichnamigen sanften Bergrücken über dem Eschenauer Tal, mit schönem Voralpenblick. Die Hütte des Österreichischen Touristenklubs ist ganzjährig bewirtschaftet (Montag Ruhetag, Dezember bis März nur an Wochenenden). 25 Schlafplätze. Telefon (0 27 46) 625.

Zugang: von Eschenau 1½ St. (Straße bis 20 Min. vor der Hütte); von Rabenstein an der Pielach 2 St.; von Rotheau 2 St.

Übergang: zur Josef-Franz-Hütte auf dem Gaisbühel 2 St.; zum Otto-Kandler-Haus über den Hohenstein 4½ St. Nettes *Skitourengebiet,* auch mit Langlaufskiern für geübte Läufer lohnend.

Kirchberg an der Pielach, 375 m

In einem weiten, sonnigen Becken liegt dieser bedeutende Ort des Pielachtals am Fuß der ersten Voralpenhöhenzüge, umrahmt von einer hügeligen, freundlichen Bergbauernlandschaft.

Sehenswert: das Schloß Kirchberg (16. und 17. Jh.), spätgotische Pfarrkirche auf dem »Kirchenberg« (schon 1135 wird der Ort urkundlich als »Chirchberg« erwähnt).

Ausgangspunkt für → *Hohenstein,* Pichlberg und zahlreiche lohnende lokale Rundwanderungen.

Königsberg, 1452 m ○ ✳

Der langgezogene (9 km) Waldberg mit vielfach freiem Almwiesenrücken erstreckt sich südöstlich von Hollenstein, gegenüber dem ähnlichen Oisberg (Bauernboden). Auf dem Gipfelkamm, dessen Überschreitung sommers und winters ein lohnendes Unternehmen ist (schöne Ausblicke auf Gamsstein, Voralpe, bis zu den Gesäusebergen), befinden sich die *Kitzhütte* und die Almhäuser *Siebenhütten.* Die höchsten Erhebungen sind *Schwarzkogel, 1452 m,* und *Turnhöhe, 1439 m.* Südöstlich des Schwarzkogels (östlich einer Hirschsuhle) findet man an einer Felswand prähistorische Felsritzzeichnungen.

Die Überschreitung des Königsbergkammes von Hollenstein nach Göstling erfordert rund 6 St., durchwegs bezeichnet, teilweise auf Güterwegen (leicht und beliebt).

Im *Winter* wird das Gebiet der Königsberglifte am schneesicheren Nordabhang des Bergkammes gern besucht (2½ km Zufahrt von Hollenstein; 5 Lifte, gesamt 300 HM; Pisten im oberen Teil steil, unten flach bis mäßig steil). Auch die Kammüberschreitung ist eine landschaftlich reizvolle Skitour (vom Gh. Hochschlag über Kitzhütte, Schwarzkogel und Siebenhütten nach Göstling).

Kräuterin, 1919 m ○ ● ✳

Der nahezu 10 km lange, teilweise recht schroff abfallende Bergkamm zwischen Salzatal und Hochkar-Dürrenstein-Kamm hat seinen Namen nicht von irgendwelchen Kräutern, sondern vom Althochdeutschen reuten (= roden). Die höchsten Erhebungen sind der *Hochstadel, 1919 m,* dem man mit einiger Phantasie eine stadelähnliche Gestalt andichten könnte, der mit ihm durch einen schrofigen Grat verbundene *Kleine Hochstadel, 1837 m,* und der kecke Felsbau des *Fadenkamp, 1804 m.* Gegen Südosten dacht das Kräuterinmassiv mit sanftem Almgelände ab (hier führt der übliche Aufstieg gipfelwärts), unmittelbar und jäh nach Süden ziehen *Großes* und *Kleines Kar* hinab; sehr steil, in zahlreiche unzugängliche Gräben und Rinnen zerschrundet (brüchiger Dolomit!) ist der Nordabfall.

Aufstieg: von Dürradmer über Nappenbachklause und Halterhütte 3–3½ St., rot bez., Forststraßen und weite Almwiesen – meistbegangener Aufstieg; von Rotmoos über die Kreuzwiese und die »Hochgruben« 3–3½ St., rot bez., abwechslungsreicher als von Dürradmer; aus dem Holzäpfeltal führt ein steiler Jagdsteig in den Hochstadelgraben und über Buchsattel an der Friedrichshütte (Jagdhütte) vorbei zum Hochstadel (unmarkiert, etwas Kletterfertigkeit und absolute Trittsicherheit erforderlich; nur für sehr Geübte!).

Als *Skiberg* ist der Hochstadel auf dem Dürradmer-Anstieg eine richtige Anfängertour – allerdings eine recht lange. Steil ist nur die Gipfelrinne. 1100 HM. – Großartige Frühjahrsabfahrten bietet die Südseite: Vom Hochstadel ins Bärenbachtal 1300 HM! Im Mittelteil jedoch lawinengefährdet! Nach der Gipfelrinne in den Sattel zwischen Hochstadel und Tannstein, dann nördlich der Brunnmauer ins Kleine Kar, schließlich ins Große Kar und zuletzt zur Bärenbachstraße.

Sehr steil und nur bei besten Verhältnissen zu befahren ist das Große Kar (Aufstieg wie Abfahrt, zum Gipfel des Hochstadel teilweise verwächteter Grat!).

Kräuterin-Halterhütte, 1394 m

Auf einer reizenden Almfläche (der einzigen Großwiese des Kräuteringebiets) unter dem Fadenkamp gelegene private Almhütte. Im Sommer einfach bewirtschaftet, Nächtigung möglich.

Zugang: von Dürradmer auf Forststraße (Zufahrt gesperrt) 1¾ St.
Gipfel: Hochstadel, 1919 m, 1½–2 St., rot bez.

Lackenhof, 810 m

Die ehemalige Holzfällerkolonie am Nordfuß des Ötscher ist während der letzten Jahre zu einem vielfrequentierten Wintersportdorf geworden. Der Name geht auf einen Meierhof des Kartäuserklosters Gaming im 15. Jh. zurück. Die »schwarze Lacke« war der Fischteich dieses Betriebs.

Die schneesichere Lage (1915 mm Niederschlag pro Jahr) am Ötscherabhang ist mit ein Grund für den Aufschwung als Skiort. – Sessellift zum Ötscherhaus, Schlepplifte am Kleinen Ötscher, schöne Langlaufloipe.

Ausgangspunkt für → *Ötscher,* Übergänge in die → *Tormäuer,* die → *Ötschergräben* und zur → *Gemeindealpe.*

Lackneralmhütte, ca. 1020 m

Auch Bergbauernalm genannt. Am Südabhang des → *Gamsstein* oberhalb von Palfau, Touristenverein »Naturfreunde«. Selbstversorgerhütte, vom 15. Mai bis 15. September an Wochenenden bewirtschaftet. 30 Schlafplätze.

Zugang: von Palfau 1¼ St. (Zufahrt bis zum »Bergbauern« möglich, von dort 45 Min.).
Gipfel: Gamsstein, 1774 m, über den Hühnerriegel 2 St.
Übergang: über den Gamssteingipfel und die Moaralm in die Obere Palfau 4½–5 St.; über den Gamssteingipfel und die Scheibenalm nach Hollenstein 5½–6 St.

Lassing

Die Bezeichnung kommt in diesem Gebiet mehrmals vor und deutet auf ursprünglich slawische Besiedelung (= Rodung).

Lassing, 684 m, ist ein kleiner Ort am Nordfuß des Hochkars, hier beginnt die rund 9 km lange Hochkar-Alpenstraße (Steigung 12%).

Ein *Lassingbach* entspringt südlich von Annaberg in der Sulzberg-Gruppe und mündet mit dem *Lassingfall* in das Tormäuer-Erlauf-System.

Ein weiterer *Lassingbach* entwässert die Südostseite des Dürrenstein und den Rothwald und mündet bei Fachwerk in die Salza (bei hoher Wasserführung großartige Wildwasserstrecke, Schwierigkeiten bis IV+).

Lunz am See, 600 m

Markt und Sommerfrische im oberen Ybbstal am Fuß des → *Dürrenstein.*
Sehenswert: Pfarrkirche (um 1500), schöne Bürgerhäuser, darunter das sgraffitogeschmückte Haus des Gewerken Johann Franz Amon, des Besitzers der Lunzer Hammerwerke;

die Biologische Station am Lunzer See sowie die Töpperbrücke in Kasten mit überlebensgroßen schwarzen Gußeisenfiguren.

Der *Lunzer See* (Untersee) ist 1600 m lang und 34 m tief, der *Mittersee* ist unscheinbar und seicht, der *Obersee* (1114 m) ist ein landschaftliches Kleinod, 300 m lang und 15 m tief, von Mooren umgeben.

Ausgangspunkt für → *Dürrenstein* durch das Seetal oder durch den Lechnergraben. *Skigebiet am Maißzinken, 1075 m:* nette, mäßig steile Abfahrtsmöglichkeiten in sonniger Lage (nicht sehr schneesicher).

Mariazell, 868 m

Bedeutendste Wallfahrtsstätte Mitteleuropas, vielbesuchte Sommerfrische und Wintersportort, kulturelles und wirtschaftliches Zentrum des oberen Erlauf-, Mürz- und Salzatales.
Sehenswert: Wallfahrtskirche Mariä Geburt, um 1157 gegründet, mit gotischen und barocken Bauelementen und bemerkenswerter Innenraumausstattung. Geistliches Haus 18. Jh.; gotische St. Michaels-Kapelle; Heiligenbrunn-Kapelle 18. Jh.; Heimatmuseum (Wiener Straße 35).

Ausgangspunkt für vielfältige Spaziergänge und Wanderungen: zum → *Erlaufsee* (1 St.), nach → *Mitterbach* (1½ St.), auf die → *Bürgeralpe,* in die → *Walster* (im Winter Wildfütterung) sowie für → *Sauwand* (Abschnitt Mürzsteger Alpen) und → *Zellerhüte.*

Wintersport: Liftgebiet → *Bürgeralpe,* im weiteren Sinn auch → *Gemeindealpe,* Langlaufloipen in Halltal, Mooshuben und St. Sebastian.

Mariazeller Bahn

1896 bis 1906 wurde die 92 km lange Schmalspurstrecke von St. Pölten über Mariazell nach Gußwerk erbaut – eine für damalige Verhältnisse grandiose Leistung der Ingenieurkunst, die der Semmeringbahn kaum nachstand. Die Eröffnung der Bahnlinie am 2. Mai 1907 brachte den Wallfahrerstrom auf dem alten Weg fast schlagartig zum Versiegen – hingegen zählte man auf der im Eröffnungsjahr sofort überlasteten Bahn mehr als eine halbe Million (!) Passagiere.

1908/09 wurde das Kraftwerk Wienerbruck errichtet, 1911 wurde die Bahn elektrifiziert – die E-Loks aus den Jahren 1911–1914 versehen heute, etwas modernisiert, noch immer den Dienst. Der Gebirgsteil der Strecke (etwa ab Kirchberg), landschaftlich besonders reizvoll, ist für sich einen Ausflug wert, als Stück Eisenbahnnostalgie, als Familienausflug, und nicht zuletzt für Wanderer, die per Bahn von Tormäuern, Ötscher oder Gemeindealpe zum Ausgangspunkt zurückkehren können.

Mariazeller Wallfahrtswege

Seit der Gründung im Jahr 1157 haben sich ungezählte Menschen zu Fuß nach Mariazell aufgemacht – einfache Leute, aber auch Fürsten und Könige. Teilweise dauerten diese Wallfahrten mehrere Wochen, größtenteils auf schlechten Saumwegen, mit schmuddeligen Herbergen oder dem freien Himmel als Nachtquartier. Die Hauptroute von Wien führte über Lilienfeld, Türnitz, Annaberg und Josefsberg, die von Graz über die Höhen der Fischbacher Alpen ins Mürztal, durch das Veitschtal, über Rotsohlsattel und Gußwerk. Der ungarische König Ludwig I. und dessen Frau (1380), Kaiserin Eleonore (1641), Kaiserin Maria Theresia und andere gekrönte Häupter haben diese beschwerliche Reise auf sich genommen. Bis zu 150.000 Wallfahrer jährlich waren nach Mariazell unterwegs.

Von den zahlreichen ehemaligen Wallfahrtswegen wurde ein landschaftlich besonders interessanter als »Erzherzog-Johann-Weg« markiert: von Mariazell über Koglbauer – Mooshuben – Schöneben – Buchalpenkreuz (Tonionbesteigung) – Dobrein – Mürzsteg, 7–8 St., Rückfahrt mit Postbus. Für Geübte auch mit Langlaufskiern (jährlich als »Erzherzog-Johann-Lauf« veranstaltet).

Mitterbach, 800 m

Sommerfrische und Wintersportort am Fuß der Gemeindealpe. Ehemals Holzknechtsiedlung (zu Maria Theresias Zeiten siedelten sich hier zahlreiche protestantische Holzarbeiter aus dem Salzburgischen an).

Ausgangspunkt für → *Gemeindealpe* (Sessellift), Spaziergänge und Wanderungen zum → *Erlaufsee* (¾ St.), zur → *Erlaufklause* (¾ St.) und weiter in die → *Ötschergräben* oder → *Tormäuer.*

Skigebiet Gemeindealpe, in Ortsnähe Übungswiesen mit 3 Schleppliften.

Neuhaus, 998 m

Unter dem → *Zellerrain,* eines der höchstgelegenen Dörfer Niederösterreichs, mit sehr rauhem Klima: Jahresmittel 3° C, alte Schneemeßmarken am Gasthof verzeichnen Schneehöhen bis über 4 Meter! 1842 wurde in diesem Gebiet der letzte Bär erlegt.

1735 wurde von der Kartause Gaming ein Meierhof samt Kapelle erbaut. Später wurde der Meierhof zum Gasthof, so daß als Kuriosum »...Gotteshaus und Gasthaus einen gemeinschaftlichen Eingang hatten«.

1854/56 wurde daraufhin ein neugotisches Kirchlein erbaut.

Ausgangspunkt für einsame (unmarkierte) Wanderungen: auf den *Mösern* ¾ St.; über die *Falthöhe (Valtlhöhe), 1100 m,* und den Rainriedel nach Dürradmer (meist Forststraßen), 3½–4 St.; über die Falthöhe auf den *Großen Zellerhut,* 3½ St.; über den *Bärenrißsattel, 1069 m,* nach Fachwerk (durchwegs Forststraßen), 5–6 St.

Nixhöhle

Rund 1 km südwestlich von Frankenfels im Wiesberg liegt eine der größten Naturhöhlen Niederösterreichs: mit 500 m Ganglänge, 75 m Höhenunterschied und interessanten Sinter- und Bergmilchbildungen (= Nix) wurde sie schon 1926 zur Schauhöhle ausgebaut.

Zugänglich von Ostern bis 26. Oktober täglich, an Sonn- und Feiertagen nachmittags. Auskünfte: Telefon (0 27 25) 245.

Ois

Die Ois – Ybbs – entspringt an der Nordseite des Großen Zellerhuts in einem schwer zugänglichen Waldgebiet als »Weiße Ois« und durchfließt in ihrem obersten Lauf eine Dolomitlandschaft ähnlich den Ötschergräben. Die *Oisklause* ist eine verfallene Schwemmklause zur Holzbringung – bis 1930 wurde auf diese Weise das Wasser gestaut und die Stämme hinuntergeschwemmt.

Die *Schwarze Ois*« kommt aus den Waldbergen nördlich von Ybbsitz, als »Kleine Ybbs« vereint sie sich vier Kilometer unterhalb von Ybbsitz mit ihrer großen Schwester.

Oisberg

siehe → *Bauernboden*

Opponitz, 422 m

Reizvoll in einem Seitental der Ybbs gelegene Gemeinde, schon 1227 erstmals urkundlich erwähnt. Besondere wirtschaftliche Bedeutung hatte der Ort während der Hochblüte der Eisenverarbeitung, von der einige schöne Bürgerhäuser und ehemalige Hammerschmieden künden.

Ötscher, 1893 m   ○ ● ▲ ✳

Der höchste und markanteste Gipfel der Ybbstaler Alpen. Infolge seiner allseits steil abfallenden, die Umgebung beträchtlich überhöhenden Flanken ist er eine weithin sichtbare Orientierungsmarke aller Voralpenausblicke, seinerseits wieder durch eine umfassende Fernsicht berühmt. Nach Norden reicht der Blick über weite Teile Niederösterreichs bis zum Böhmerwald, im Osten erkennt man Schneeberg, Rax, Schneealpe, im Süden den langen Zug des Hochschwab, die Niederen Tauern und den Lugauer. Südwestlich dominiert der Dürrenstein, dahinter sieht man die Gesäuseberge und die Hohen Tauern (nicht aber der Großglockner!). Voralpe und Hallermauern (dahinter Dachstein), Prielgruppe, Sengsengebirge und Traunstein vervollständigen das Panorama im Westen. Seine leichte Erreichbarkeit (Sessellift von Lackenhof bis zum Schutzhaus) macht den Ötscher sommers und winters zu einem der meistbesuchten Gipfel der Region. Darüber

hinaus aber bildet die landschaftliche Vielfalt seiner engeren Umgebung zahlreiche Anziehungspunkte: die Wald- und Almlandschaft der → *Gemeindealpe,* das großartige Cañonsystem von → *Tormäuern* und → *Ötschergräben* sowie die einst sagenumwobene Innenwelt des Berges, die → *Ötscherhöhlen.*

Aufstieg: von Lackenhof zum Ötscher-Schutzhaus (2 St., oder mittels Sessellift) von hier in 1½ St. zum Gipfel (rot bez., unschwierig, im Abstieg etwas mühsam); von der Nestelbergsäge über den → *Rauhen Kamm,* 3½–4 St., Kletterfertigkeit notwendig (I).

Die *Ötscher-Nordwand* ist ein Ziel nur für sehr versierte Kletterer, die brüchiges Gelände nicht scheuen (die Schwierigkeiten, im AV-Führer »Ybbstaler Alpen« mit II und einer Stelle III angegeben, liegen an der Schlüsselstelle bei –IV!). Wandhöhe rund 350 m.

Als *Skiberg* ist der Ötscher altbekannt. Die schattseitige (Pisten-)Abfahrt ist teilweise ziemlich steil und oftmals eisig (600 HM). Die alte Abfahrt (von der Hütte lange Linksquerung und hinunter zum Riffelboden) ist nur bei reichlicher Schneelage zu empfehlen; schöne, aber ebenfalls steile Pisten bietet der *Kleine Ötscher, 1552 m.* Das Stück vom Gipfel bis zum Ötscher-Schutzhaus bildet keine lohnende Abfahrt (meist abgeweht), dagegen finden Steilhangfahrer bei Firn einige exzellente Möglichkeiten an den Rinnen der Nordseite: *Fürstenplan* (Einfahrt beim Weißen Mäuerl, teilweise überaus steil, 1000 HM); *Kreuzplan* (direkt vom Gipfel, schmaler als Fürstenplan, 1000 HM); *Juckfidelplan* (Steilrinne zwischen Kreuzplan und Taubensteinnase, schwieriger als Kreuzplan, 850 HM), *Himmelsleiter* (Steilrinne neben der Ötscher-Nordwand, 1000 HM). – Südkar und Wurzleiten sind ebenfalls lohnende Steilabfahrten, erfordern aber einen umständlichen Rückweg zum Ausgangspunkt.

Ötschergräben   ○

Die 7 km lange Flußlandschaft des Ötscherbaches vom Stierwaschboden bis zu den Bachquellen bildet mit ihren bizarren Dolomitwänden

eine zauberhaft harmonische Einheit von Fels und Wasser, eine der reizvollsten Landschaften Niederösterreichs (Kernstück eines – echten – Naturparks). Der Steig führt entlang der felsigen Grabenflanken, mehrmals den Bach überquerend, in abwechslungsreicher Weise dahin.

Zugang: von Wienerbruck neben dem Lassingfall absteigend zum Stierwaschboden, durch die Ötschergräben und über den Riffelsattel (steil) zum Ötscherhaus 5 St., rot bez.

Aufstieg zum Rauhen Kamm oder zur Gemeindealpe (über Gh. Illek) möglich.

Ötscherhöhlen   ●

Seit dem Mittelalter bekannt und mit Vorstellungen von sagenhaften Schätzen umwoben ist das *Geldloch* an der Südflanke des Ötscher (1470 m). Das riesige Höhlensystem umfaßt eine Ganglänge von 1800 m. Die Gesamtlänge beträgt 524 m, davon 90 m Aufstieg im waagrechten Teil und 430 m Abstiege in Schächten (nur für gut ausgerüstete Expeditionen). Bis zum »Eisdom« ist eine Begehung mit geeigneten Lichtquellen (plus Ersatzlampen!) für trittsichere Bergsteiger möglich. Am schönsten im Frühjahr, wenn sich in der Höhle phantastische Eisformationen bilden.

Das *Taubenloch* (1485 m) zieht als 80 m lange Halle absinkend in den Berg. Es galt als erforscht und nicht weiter lohnend – dann wurde im September 1980, durch einen engen Schlot verbunden, der größte Höhlenraum Niederösterreichs entdeckt: der »Melker Dom« mit 40 m Höhe, 100 m Länge und 75 m Breite. – Mittlerweile ist man zu einer Tiefe von mehr als 400 m vorgedrungen!

Zugang: durch die Ötschergräben bis zum »Jägerherz« (3 St.), dann durch Wald, zuletzt auf einem Steig zum Geldloch (4 St. von Wienerbruck). Einige hundert Meter weiter rechts das Taubenloch. – Vom Ötscher-Schutzhaus (mit Zwischenabstieg) 2½ St.

Eine weitere Neuentdeckung (1976), jedoch nur für Expeditionen zugänglich, ist die *Südkar-Eishöhle,* in der ebenfalls bereits 500 m Ganglänge erforscht sind. Die *Ötscher-Tropfsteinhöhle* schließlich (710 m) ist eine ausgebaute Schauhöhle, 370 m lang, mit 51 m unter der Schachtöffnung gelegenem Untersee. Sie wird von der Schindlhütte in den Vorderen Tormäuern auf steilem Steig in 1 St. erreicht. Führungen an Sonn- und Feiertagen von Mai bis Oktober, Auskunft: Gemeindeamt Gaming, Telefon (0 74 85) 308.

Ötscher-Schutzhaus, 1418 m

Schon 1886 wurde vom Österreichischen Touristenklub eine Hütte an der Nordwestseite des Ötscher erbaut und mit zunehmendem Andrang mehrmals erweitert. Ganzjährig bewirtschaftet, 150 Schlafplätze.

Telefon (0 74 80) 249. Sessellift von Lackenhof zum Schutzhaus (zu Fuß 2 St.).
Gipfel: Ötscher, 1893 m, 1¼–1½ St., rot bez.; Kleiner Ötscher, 1552 m, 1 St.
Übergang: zum Terzerhaus auf der Gemeindealpe über Feldwiesalm 4½ St.; durch die Ötschergräben nach Erlaufklause 4 St. – Nur für sehr Geübte: über Ötschergipfel und Rauhen Kamm a) durch die Ötschergräben nach Erlaufklause 5 St.; b) nach Trübenbach und Bhf. Gösing 4½ St.; c) nach Nestelbergsäge und durch die Tormäuer zum Bhf. Kienberg-Gaming 7 St.

Otto-Kandler-Haus, 1195 m

Auf dem Gipfel des → *Hohenstein.* 1905 wurde die kleine Hütte des Österreichischen Alpenvereins (Sektion St. Pölten) erbaut. Bewirtschaftet vom 1. Mai bis Ende Oktober an Wochenenden (Samstag mittags bis Sonntag 15 Uhr). 35 Schlafplätze; Unterstandsraum.
Aufstieg: von Dickenau durch den Hauserbauerngraben 2½ St., rot bez.; von Schrambach durch den Engleitengraben 3 St., rot bez., großteils Forststraße; von Schrambach oder Lehenrotte über den »Himmel« 3½ St., grün bzw. rot markiert; von Türnitz durch die Raxenbachrotte 3½ St., rot bez.; von Tradigist über die Ebenwiesen 3 St., rot bez.
Übergang: über den »Jubiläumsweg« zur Julius-Seitner-Hütte auf dem Eisenstein 3 St.
Klettergarten 3 Min. von der Hütte.

Palfau, 574 m

Reizvolle Sommerfrische im Salzatal. Erst im 14. Jh. durch das Stift Admont besiedelt. Mehrere Gasthöfe, beliebter Stützpunkt für Wildwasserfahrer.
Sehenswert: Pfarrkirche aus dem 18. Jh. in schöner Lage; »Palfauer Schlucht« der Salza, die hier tief in die Konglomeratschichten eingeschnitten ist.
Ausgangspunkt für → *Gamsstein* über Hühnerriegel oder Moaralm, 3–3½ St., Scheibenberg durch den Raffelgraben (eine unangenehme Stelle) und *Übergang* nach Hollenstein, Gamssteinhals (Übergang nach Altenmarkt).

Paulmauer, 1247 m ○ ☀

Steiler Waldkegel mit kanzelartigem Felsgipfel (Kreuz) im Gebiet der → *Traisenberg*-Hochfläche, die mit dem → *Türnitzer Höger* verbunden ist. Schöner Ausblick, vor allem gegen Westen: Tirolerkogel, Ötscher und Hochschwab sind die markantesten Punkte. – Die Paulmauer wird häufig in Verbindung mit Türnitzer Höger »mitgenommen«, ist aber auch ein durchaus lohnendes Einzelziel, ein unschwieriger Familienbummel.

Eissäule im Geldloch

Aufstieg: von der Zdarskyhütte 1 St.; von der Gschwendthütte 1 St.

Plambacheck, 623 m ○ ☀

Hügelkuppe im Zug der Wasserscheide zwischen Traisen und Pielach, eine wienerwaldähnliche Kulturlandschaft mit netten Ausblicken auf das Alpenvorland bis zum Ötscher. Diese Erhebung sei hier stellvertretend für die Hügellandschaft des Alpenrandes angeführt, als kleines Wanderziel »zwischen den Jahreszeiten«.

Aufstieg: von Wilhelmsburg (Bösendörfl) über den Kreisberg (1½ St.), rot-weiß-rot bez.

Übergang über die Meiselhöhe zum Kaiserkogel ½–¾ St.

Bei hochwinterlichen Verhältnissen schöne, flache Skiwanderungen (Langlaufskier vorteilhaft). In Kombination mit Gaisbühel und Kaiserkogel ergibt sich eine beachtliche Voralpenwanderung.

Prochenberg, 1123 m ○ ☀

Bewaldeter, kuppenförmiger Berg mit teilweise felsigen Abbrüchen (Klettermöglichkeit) südöstlich von Ybbsitz. Auf dem Gipfel die *Prochenberghütte* des Österreichischen Alpenvereins (Sektion Waidhofen). An Sonn- und Feiertagen vom 1. Mai bis Ende Oktober beaufsichtigt, keine Nächtigung. 5 Minuten westlich der Hütte ein Aussichtspunkt (die vom Blitz zerstörte Warte auf diesem Platz wurde abgetragen).

Aufstieg: von Ybbsitz über Haselstein 2¼ St., rot bez. (vom Haselsteinhof 1½ St.); von Maria Seesal (Zufahrt bis Modellbauer) 2¼ St.; von Ybbsitz durch die »Noth« über Mitterlehnen (Zufahrt möglich) 2¼ St.

Der »Prochen« ist auch ein *Skiberg* mit einer einst berühmten Rennstrecke, die aber zusehends in Vergessenheit gerät (700 HM von der Hütte, unten auf Pisten). 2 Schlepplifte am Nordabhang (ca. 240 HM), ziemlich schneesicher. Zufahrt 2 km bis Haselsteinhof.

Puchenstuben, 869 m

Höhenluftkurort und Wintersportort an der Mariazeller Bahn, in waldreicher Umgebung auf einem Sattel zwischen Trefflingtal und Nattersbach. – Noch vor 200 Jahren bestand der Ort nur aus wenigen Holzarbeiter- und Köhlerhäusern, Kirche, Spital und Jägerhaus. Nach dem Bau der Mariazeller Bahn erfolgte ein Aufschwung durch den Fremdenverkehr (typisch die großen Hotels der Jahrhundertwende).

Ausgangspunkt für → *Tormäuer* und → *Ötschergräben,* → *Hochberneck,* → *Geisenberg.*

Übergang: auf die Brandmauer, 1276 m (herrlicher Aussichtspunkt), 1½ St., unmarkiert; über den Schweinbergsattel nach Schwarzenbach, 3½ St., grün bez.; über das Wegscheidhäusel nach Gösing oder Wastl am Wald, jeweils 1¾ St.

Rabenstein an der Pielach, 344 m

Marktgemeinde im voralpinen Pielachtal, Sommerfrische mit schönem Ortsbild.

Sehenswert: spätgotische Pfarrkirche, Burgruine Rabenstein aus dem 12. Jh. (½ St. vom Ort).

Wanderungen auf den *Gaisbühel, 849 m,* mit der → *Josef-Franz-Hütte,* weiter zum → *Kaiserkogel,* eventuell über den Hirschkogel, 733 m.

Rauher Kamm ●

Der treppenartig aufsteigende, felsige Ostkamm des *Ötscher* mit seinen »Häusern«, wie die Grataufbauten im Volksmund heißen, ist ein richtiger »alpiner« Aufstieg, der geübten Bergsteigern sehr empfohlen werden kann. Trockenes Wetter ist Voraussetzung: durch die zahllosen Begehungen ist der Fels stark geglättet, und auch die rasigen Passagen sind bei Nässe recht unangenehm. Im Winter ist der Rauhe Kamm ein erstklassiges, ernstes Unternehmen, einem hochalpinen Wächtengrat gleichwertig (Steigeisen!), dankbar auch im Frühjahr mit anschließender Firngleiterabfahrt.

Zustieg: von der Nestelbergsäge (PKW-Zufahrt von Lackenhof oder vom Parkplatz Eibenboden in den Tormäuern) 1½ St. (erst blau, dann rot bez.), steil); von Trübenbach (Forststraße oder – steiler – Steig bis Bärenlacken) 2 St.; vom Ötscherhaus über das Jägerherz 2½–3 St. (steiler, südseitiger Anstieg, der an den Eingängen von Geldloch und Taubenloch vorbeiführt). Vom Beginn der Felsen zum Gipfel 1½–2 St., rot bez., stellenweise I (Kletterfertigkeit und Trittsicherheit nötig).

Rothwald

Als Rothwald wird einerseits eine Häusergruppe (720 m) im Talboden des Lassingbaches zwischen Kräuterin und Dürrenstein bezeichnet, andererseits das gesamte Waldgebiet an dessen Südabhang. Hier befindet sich auch der einzige *Urwald* Mitteleuropas, der sich völlig frei von menschlichen Eingriffen entwickeln konnte und ein einzigartiges Gebiet für forstwissenschaftliche Studien darstellt. Der Urwald befindet sich im Privatbesitz der Familie Rothschild, sein Besuch wird nur in Ausnahmefällen gestattet.

Das Gebiet des Rothwaldes ist zwar von einem Straßennetz durchzogen, die Durchfahrt nach Neuhaus über den Bärenrißsattel jedoch gesperrt, so daß selbst Wanderungen auf den – wenig befahrenen – Straßen nicht ganz reizlos sind. Nächtigung nur in »Drei Keuschen« (privat) möglich.

Übergang: von Fachwerk nach Neuhaus 5–6 St., unbez.; nach Dürradmer über Zeller Sattel 3 St. (nicht sehr lohnend); über Lochbach und Eislacke zum Gh. Greifensteiner im Salzatal 4–5 St., unbez. über Forststraße.

Rotmoos, 690 m

Kleine Holzarbeitersiedlung 2 km nördlich von Weichselboden, in einem dreieckigen, vom Radmerbach durchflossenen Talkessel. Einen halben Kilometer südwestlich liegt das etwa 8 ha große Hochmoor mit seltenen Pflanzen, das der Ansiedlung den Namen gab.

Ausgangspunkt für Hochstadel, → *Kräuterin,* → *Hochtürnach.*

Übergang: nach Dürradmer 1¼ St., unbez.; über den Bärenbachsattel zum Bärenbachsteg im Salzatal, 3½ St., unbez.

Sabel, ca. 1030 m ○ ☀

Weite Sattelmulde (auf den Wiesen die »Moserhäuser«) zwischen Annaberg und Josefsberg am Schnittpunkt mehrerer Wege.

Der Rauhe Kamm im Winter

Zugang: von Annaberg 1¼ St. (rot bez.); von Fadental ¾ St.; von Joachimsberg über die Rotalm 1¼ St. (Forststraße, unbez.); von Josefsberg 1¼ St.

Übergang über Fadental in die Walster 2½ St.; über Fadental und den Markstein (1040 m) nach Friedenstein 1½–3 St. (auch lohnende Skiwanderung).

Gipfel: → *Büchleralpe*, 1378 m, 1 St.; Großer → *Sulzberg*, 1400 m, über den Schwaighüttenboden 2 St. (unbez., teilweise Forststraßen).

Scheibbs, 330 m

Stadt an der Großen Erlauf, zwischen den sanften Hügeln der Flyschzone und den steileren, stark bewaldeten Kalkvoralpen gelegen. Im Mittelalter war Scheibbs befestigter Burgmarkt mit Kaufmannssiedlung; das Ortsbild mit Resten der Stadtmauer und stattlichen Bürgerhäusern ist davon geprägt. Im 15. und 16. Jh. gehörte Scheibbs mit Gresten und Purgstall zu den drei »privilegierten Märkten«, d. h. die Innerherren (= Eisenerzer) Hammerherren *mußten* ihr Roheisen hier zum Verkauf bringen.

Sehenswert: Spätgotische Pfarrkirche, prächtige Bürgerhäuser aus dem 15.–17. Jh., Heimatmuseum, Amtshaus (gotisch, urspr. Schloß).

Wanderungen: auf den *Blassenstein* (auch Straße bis Hochwies); über Neustift (Straße), Schlag und Hochkienberg nach Kienberg 2½–3 St.

Schnabelberg, 958 m ○ ✳

Der Hausberg von Waidhofen an der Ybbs, als »Autoberg« (steile Bergstraße, 18%) und Skigebiet leicht erreichbar. Der alte Weg vermeidet die Straße, überquert sie einmal, erreicht sie erst wieder droben am Parkplatz Hahnlreitwiese (Kreuz; zu Fuß 1¾ St.). Der höchste Punkt, wenige Minuten nordostwärts, trägt ein Vermessungszeichen. Schöner Fernblick ins Gesäuse.

Übergang zur Spindeleben, 1066 m, 1¼ St.

Als *Skigebiet* ist der Schnabelberg mit vier Liftanlagen bestückt, die Abfahrt in den Redtenbachgraben weist stattliche 550 HM auf.

Schwarzenberg ○

Bis zum Gipfel dunkelbewaldete Berge mit dieser schlichten Bezeichnung gibt es in diesem waldreichen Gebiet eine ganze Reihe:

– 958 m, südlich von Gresten, Zufahrt bis zum gleichnamigen Bauernhof, dann ¼ St. zum Gipfel (Klettergarten). Nette Skiabfahrt nach Norden, Schlepplifte an der Ostseite.

– 1049 m, bei Gaming in Verlängerung der Gföhleralm, unbezeichnet.

– 1096 m, bei Türnitz, siehe → *Türnitzer Schwarzenberg.*

Schwarzkogel ○

Noch häufiger als die Schwarzenberge trifft man auf Schwarzkogel:

– 1452 m, die höchste Erhebung des → *Königsbergs*

– 1116 m, über der Schwarzois im weitläufigen Waldgebiet südöstlich von Ybbsitz

– 1426 m, in Verlängerung des Kammes westlich der Zellerhüte

– 1445 m, südlich der Feldwiesalm im Gebiet der Gemeindealpe

– 1365 m, zwischen Halltal und Walster, ein weitverzweigter, gräbendurchzogener Bergstock ohne markierten Weg

– 1032 m, nördlich des Eisensteins zwischen Loichbach und Soisgrabenbach.

Sonntagberg, 712 m

Gemeinde am Beginn des Ybbstales, auf der Kuppe des gleichnamigen Berges die berühmte *Wallfahrtskirche* (Bergstraße, Aufstieg von Haltestelle Böhlerwerk bzw. Sonntagberg jeweils 1¼ St., blau bzw. rot bez.). Ausgezeichneter Fernblick!

Auf dem weithin sichtbaren Berg bestand zweifellos schon eine vorchristliche Kultstätte. Die prachtvolle barocke Basilika wurde ab 1706 von Jakob Prandtauer erbaut und bis 1732 von Josef Munggenast fertiggestellt. Altarbilder von Kremser Schmidt, Deckenfresken von Daniel Gran. – Die Hochblüte der Wallfahrten erlebte das Bauwerk in der zweiten Hälfte des 18. Jh.

Übergang: nach St. Leonhard am Wald 2–2½ St. (wenig befahrene Güterwege, fast durchwegs auf dem aussichtsreichen Kamm, Anschluß an die

Höhenwanderung zum Grestener Hochkogel insgesamt 4 St.; auch als *Langlauftour* lohnend).

Stieglmauer, 1224 m ●

Felsiges Teilstück des → *Traisenbergs,* selten besuchte Erhebung (von Süden bis zum Kammscheitel bewaldet, jedoch prächtige Schau auf Tirolerkogel und Ötscher).

Aufstieg: aus dem Unrechttraisental (Zufahrt von St. Ägyd bis zum – geschlossenen – »Gasthäusl«) durch die Klamm, über Forststraßen und zuletzt weglos von den Trawiesen rechts aufwärts zum felsigen Kamm 1½–2 St. – Abstieg entweder auf gleichem Weg oder dem Kamm folgend zum Jodelboden (steiles, bei Nässe sehr unangenehmes Abstiegsstück) und über Forststraße zum Ausgangspunkt zurück.

Stumpfmauer, 1770 m

Der nördliche (felsige) Gipfel der → *Voralpe.*

Sulzberg, Großer, 1400 m ○ ✳

Höchster Gipfel der gleichnamigen Berggruppe zwischen Annaberg, Josefsberg, Ulreichsberg und Walster, gleichzeitig der höchste Berg des eigentlichen Voralpengebietes – und dennoch selten besucht; nur auf unbezeichneten Wegen und Jagdsteigen zugänglich.

Aufstieg: vom → *Sabel* über den Schwaighüttenboden 2 St.; von Ulreichsberg über den Sulzbergsattel, 1220 m (1¼ St.); von der Schmelz durch den Erzgraben (altes Bergbaugebiet – Blei, Kupfer, Silber und Zink) 3 St.

Als *Skitour* ist der Sulzberg trotz etwas umständlicher Anfahrt durchaus lohnend. Der Aufstieg vom Sabel her ist eher landschaftlich interessant, die schönste Abfahrtsmöglichkeit bildet der »Lärchentrog« von Fadental (Südhang und -rinne, frühzeitig auffirnend, 500 HM. Aufstieg ca. 2 St.).

Tanzboden, 1727 m

Der südliche Gipfel der → *Voralpe.*

Taubenloch

siehe → *Ötscherhöhlen*

Türnitzer Hütte

Terzerhaus, 1626 m

Auf dem Gipfel der → *Gemeindealpe*. Der ungeschlachte Klotz der Richtfunkstation vor der 1913 erbauten Hütte mindert leider das Erlebnis der unbeschränkten, an sich sehr schönen Gipfelschau.

Österreichischer Alpenverein, Sektion Gebirgsverein. Ganzjährig bewirtschaftet (Urlaubssperre im November), 36 Schlafplätze.

Zugang: Sessellift von Mitterbach bis in Hausnähe, zu Fuß 2½ St.; vom Erlaufsee 2¼ St.

Übergang: zum Ötscher-Schutzhaus über Feldwiesalm 4½ St., rot bez. – Skigebiet.

Tirolerkogel, 1377 m ○ ☀

Prächtiger Aussichtsgipfel über Annaberg mit sanften, kuppenförmigen Formen in der Kammregion und steilen, vielfach dichtbewaldeten Flanken.

Gipfelblick sehr umfassend – vom Schneeberg bis zum Gesäuse, dominierend die wuchtige Gestalt des Ötscher. Das 1976 abgebrannte → *Annaberger Haus* ist bereits wieder provisorisch funktionsfähig (Aufstiegszeiten s. d.).

Der – schneesichere – Tirolerkogel hat einen guten Namen als *Skiberg*. Hübsch und wenig schwierig ist die Abfahrt über das Annaberger Gscheid (400 HM, rund 4 km). Eine nette Variante führt nach Südosten über die Ebenbaueralm und mit kleiner Gegensteigung über das Gscheid.

Die großzügigste Skitour ist der Übergang über »Sterngassel« und Karnerhofspitz (1124 m) zum Eibl mit Abfahrt nach Türnitz. (2–3 St., nur bei guten Sichtverhältnissen – auf der Hochfläche bei Nebel sehr problematisch!)

Tormäuer ○

Die rund 17 km lange Tal- und Schluchtenlandschaft der Erlauf von der Einmündung des Ötscherbaches (→ *Ötschergräben*) bis Urmannsau nahe Kienberg zählt zu den herausragenden Naturschönheiten Niederösterreichs. Die Tormäuer lassen sich durchwegs auf Sandstraßen und bequemen Steiganlagen durchwandern, für die interessanteste Strecke, das Kernstück des »Naturparks Ötscher-Tormäuer«, wird eine kleine Wegmaut eingehoben.

Günstig wird man bis zum Parkplatz Eibenboden am Naturpark-Eingang zufahren (11 km von Gaming).

Gehzeiten: Eibenboden – Vordere Tormäuer – Gh. Sommerer 1¾ St. (landschaftliche Glanzpunkte dieses Abschnittes sind der → *Trefflingfall*, die mit Seilgeländer gesicherte Engstelle der Klamm beim Toreck und der 20 m hohe Felsturm der Teufelskirche). – Gh. Sommerer (Zufahrt von Annaberg-Reith über Erlaufboden 8 km, ganzjährig bewirtschaftet, am gegenüberliegenden Ufer Osteingang des Naturparks) – Erlaufboden ¾ St., Straße. – Erlaufboden – Hintere Tormäuer – Stierwaschboden (Kraftwerk Wienerbruck) 1½ St. Dieser Abschnitt übertrifft mit seinen 300 m hohen Dolomitwänden die Vorderen Tormäuer an Wildheit (das letzte Stück, die Schlucht zum Stausee Erlaufboden, wäre noch eindrucksvoller, ist jedoch nicht begehbar). Eibenboden – Stierwaschboden insgesamt 4 St.

Weiterweg: Aufstieg entlang des Lassingfalles nach Wienerbruck 1½ St.; durch die Ötschergräben zum Ötscher-Schutzhaus 3½–4 St.

Traisenberg ○ ● ✳

Rund 10 km langer Bergkamm zwischen dem Tal der Unrechttraisen und dem Waldkessel nördlich von Türnitz. Der – größere – Westteil, ohne markierte Wege, wird nur selten besucht. Er beginnt mit der *Karnermauer, 1176 m,* oberhalb Ulreichsberg, setzt sich über *Burgmauer, 1215 m,* → *Stieglmauer, 1224 m, Enzian, 1230 m* (höchste Erhebung), und *Sonnkogel, 1190 m,* bis zum *Traisenbergsattel, 910 m,* fort. Der Ostteil ist der »Traisenberg« als Hausberg von St. Ägyd im engeren Sinn; in einem Waldwinkel der weiten Bürgeralpe steht die → *Zdarskyhütte,* die Hochfläche setzt sich über die Starkhöhe zur → *Paulmauer* fort.

Trefflingfall

Der Trefflingbach stürzt auf seinen letzten 500 m mehrfach gestuft zur Erlauf nieder. Die eindrucksvollste Stufe ist der 15 m hohe Kesselfall, im unteren Teil schäumt das Wasser über mächtige Felsblöcke zu Tal. Bereits 1886 wurde dieses Naturschauspiel durch eine Steiganlage allgemein zugänglich gemacht und läßt sich gut mit einer Wanderung durch die → *Tormäuer* verbinden (Rückfahrt mit Mariazeller Bahn).

Zugang: von Puchenstuben 1¼ St. zum Gh. Steiner (*Trefflingtalhaus,* 615 m, ganzjährig bewirtschaftet, Nächtigungsmöglichkeit, PKW-Zufahrt), weitere ½ St. über den Steig hinunter in die Tormäuer.

Tremml, 1201 m ○ ●

Diesen Sattel an der niederösterreichisch-steirischen Grenze berührt der (unmarkierte und sehr lange) Kammübergang vom Hochkar zum Dürrenstein. Weniger anstrengend

und landschaftlich gleichfalls sehr schön ist der bezeichnete Übergang von Göstling durchs Steinbachtal nach Klaus und weiter nach Wildalpen.

Zugang: von Göstling 4 St.; von Wildalpen 4–4½ St. (bis Klaus Fahrstraße, von dort – zuletzt sehr steil – 2¼ St.); vom Schutzhüttenboden (Hochkar) 4 St. (unbezeichnet, teilweise weglos); vom Dürrensteingipfel auf schmalem Kamm 4 St. (teilweise weglos).

Trübenbach, 521 m

Kleine Häusergruppe in einem Talkessel der → *Tormäuer,* Zufahrt von Annaberg-Reith oder von Puchenstuben. Eingang in den Naturpark. Gh. Sommer (ganzjährig bewirtschaftet). Hinter der – aufgelassenen – Schule befindet sich in einem Nebengebäude ein Holzknechtmuseum, das mit Fotografien und zahlreichen Exponaten einen Überblick über die Geschichte des Forstwesens bietet (während der Sommermonate ganztägig geöffnet).

Übergang: über die »Bärenlacke« (1 St.) zum Beginn des Rauhen Kammes 2 St., oder über den »Reitsteig« nach Lackenhof 3 St.

Türnitz, 466 m

Beliebte Sommerfrische und Wintersportort an einem wohl schon in römischer Zeit bestehenden Verkehrsweg zwischen der Mariazeller Gegend und dem Donauraum. Der Name läßt auf ursprünglich slawische Besiedelung während der Völkerwanderung schließen (Trn = Gestrüpp). Markt seit 1400, später bedeutende Eisenindustrie.

Sehenswert: gotische Pfarrkirche mit barocken Elementen.

Ausgangspunkt für → *Eibl,* → *Eisenstein,* → *Falkenschlucht,* → *Türnitzer Höger,* → *Türnitzer Schwarzenberg.*

Übergang: nach Ulreichsberg 5 St. (überwiegend Straßen, ab »Eisernes Tor« Fahrverbot); nach Kirchberg an der Pielach 4½ St.; nach St. Ägyd am Neuwalde 2½–3 St. (großteils Straßen).

Türnitzer Höger, 1372 m ○ ✳

Als langgestreckte, bewaldete Schneide ist der Höger einer der markante-

sten Voralpengipfel, der besonders gegen Türnitz mit einer geschlossenen Waldflanke abfällt. Ein nach Süden abzweigender Kamm verbindet ihn über das Hohenberger Gschwendt mit dem Zug des Traisenberges.

Auf dem Gipfel steht die → *Türnitzer Hütte.* Eine Nächtigung lohnt sich schon wegen des prachtvollen Fernblickes: von Schneeberg und Rax über Göller, Hochschwab, Gesäuse und Ötscher ist alles zu bewundern, was in den Wiener Hausbergen Rang und Namen hat.

Aufstieg: von Furthof durch den Dachsgraben und über das Riegler-Jagdhaus 2½–3 St., rot bez.; von Türnitz durch den Högergraben 4–4½ St. (langer Straßenmarsch, bei Zufahrt bis zum »Högerhof« 2¼–2¾ St.), rot bez.; von Türnitz über den Geyerstein, 885 m, auf dem Kammweg 3–3½ St., rot bez. (langer, aber landschaftlich sehr lohnender Aufstieg).

Als *Skiziel* ist der Höger schon wegen seiner Rundsicht lohnend. Die Abfahrten sind recht verschiedenartig: der steile Gipfelhang (300 HM) ist auf jeden Fall prächtig, auch die anschließende Abfahrt in den Högergraben ist ansprechend, jedoch bald ausgeapert. Eine sehr steile Abfahrtsmöglichkeit ist durch eine radikale Schlägerung am Nordhang entstanden (35–40°), sie ist jedoch nur bei besten Schneeverhältnissen – reichlicher Untergrund und stabile Auflage – und für steilhangsichere Tourenfahrer zu empfehlen. Aufstieg durch den Högergraben, Abfahrt bis zu einer Forststraße, die nach Westen bis in die Kienau, nahe dem Ausgangspunkt, zurückführt (800 HM). Am »billigsten« ist der Höger vom Hohenberger Gschwendt zu haben (Aufstieg 2–2½ St.); skifahrerisch nicht so interessant, Gegensteigung am Stadelberg bei der Abfahrt.

Türnitzer Hütte

Das altehrwürdige Haus des Österreichischen Alpenvereins (Sektion Gebirgsverein) auf dem Högergipfel wurde schon 1895 erbaut. Von Anfang Mai bis Ende Oktober an Wochenenden von Sa. 15.00 bis So. 15.00 beaufsichtigt, 24 Schlafplätze.

Zugang: siehe → *Türnitzer Höger.*
Übergang: zur Gschwendthütte
1¼ St.; nach St. Ägyd über Zdarsky-
Hütte 3–3½ St.

Türnitzer Schwarzenberg, 1096 m ○ ❄

Eines der schönsten Bergziele über
Türnitz, im Sommer wie im Winter,
dazu wenig besucht, da er nur auf
unmarkierten Forststraßen und Alm-
wegen erreichbar ist. Hervorragend
schöner Rundblick (der Höger erscheint in bester Ansicht) sowie schöne Talblicke. Wanderer mit Freude
am Entdecken und Wegsuchen können den Kamm im Westen bis zum
Hennesteck verfolgen!
Aufstieg: vom Presthof an der Straße
nach Annaberg durchs Hafertal oder
von der Straße nach Schwarzenbach
(nach dem Knedlhof) zum Holzer
Gsohl, über die Thorstallwiese und
den Türnitzer Boden zum Gipfel
1½–2 St.
Dies ist auch die *Skiroute,* die eine
sehr lohnende Abfahrt (Hochwinter)
vermittelt. 600 HM.

Ulreichsberg, ca. 880 m

Kleine Ansiedlung am Zusammenfluß von Karnerbach und Walster
(hier Rottenbach bezeichnet), im
späten 18. Jh. als protestantische
Holzfällerkolonie gegründet (zuvor
nur einige Almhütten von St. Ägyder
Bauern).
Ausgangspunkt für Großen → *Sulzberg,* → *Tirolerkogel.*
Übergang: in die Walster, 1½ St.;
nach St. Ägyd durchs Unrechttraisental 3–3½ St.; nach Türnitz durch die
Falkenschlucht 3½–4 St.

Voralpe (Dreiländereck) ○ ● ❄

Die doppelgipfelige Voralpe liegt am
Schnittpunkt dreier Bundesländer:
der (südliche) *Tanzboden, 1727 m,*
an der niederösterreichisch-steirischen Grenze und die (nördliche)
Stumpfmauer, 1770 m, an der Grenze
von Ober- und Niederösterreich (das
richtige »Dreiländereck« befindet
sich am Sattel zwischen beiden Gipfeln).

Der *Tanzboden* wird von Altenmarkt
aus bestiegen (Zufahrt bis zum »Hin-
terhalser«, von dort 3–3½ St., rot
bez.). Dies ist auch eine – besonders
im oberen Teil – sehr lohnende *Skitour* (1000 HM).
Die *Stumpfmauer* wird von Hollenstein aus angegangen (Zufahrt in die
»Wenten«, von dort 3–3½ St., rot
bez.). Auch dieser felsige Gipfel kann
mit Skiern bestiegen werden, allerdings steil und mühsam und nur bei
guten Verhältnissen. – Die Abfahrt
erfolgt entweder auf dem Anstiegsweg (dem NO-Rücken, über den
auch der Sommerweg führt) oder –
sehr steil – durch das südseitig gelegene »Stumpfkar« und weiter bis zu
einer Forststraße, die in die Seeau
leitet (1000 HM, kurzer Felsabstieg
zur Einfahrt, oben sehr steil).
Die Gipfelschau ist von beiden Bergen hervorragend, sie reicht vom
Schneeberg bis zum Dachstein und
Toten Gebirge, beeindruckend ist
die gegenüberliegende schroffe
Schneide des Gamssteins.
Die Überschreitung beider Gipfel ist

eine großartige, aber lange Tour (gut
8 St.). Der teilweise versicherte *Kopetzkysteig* vermittelt den Übergang
zwischen Stumpfmauer und Tanzboden (¾ St., rot bez.); die tiefste Einsattelung des Verbindungskammes
liegt auf ca. 1600 m (Schwoaleiten).
Eine winterliche Voralpen-Über-
schreitung ist ein hochalpines, anspruchsvolles Unternehmen, wobei
ein Aufstieg über die Stumpfmauer
und die unproblematische Abfahrt
vom Tanzboden die günstigere Richtung darstellen dürften.

Waidhofen an der Ybbs, 362 m

Die bedeutendste Stadt der Eisenwurzen (Stadtrecht schon seit 1288).
Im 14. und 15. Jh. bedeutender wirtschaftlicher Aufschwung durch Eisenverarbeitung, Ausbau der Stadtbefe-
stigung, großzügige Bürgerhäuser.
Sehenswert: der historisch wertvolle,
großteils gut erhaltene und geschlossene Bestand der Altstadt, die spätgotische Pfarrkirche, das Schloß aus
dem 14. Jh. (heute Forstschule), Heimatmuseum.

Ausgangspunkt für Wanderungen über Windhag nach St. Leonhard am Wald 3 St., rot bez. (aussichtsreicher Höhenweg, Verlängerung bis Grestner Hochkogel möglich); über Zell und Arzberg nach Ybbsitz (großteils Güterwege in Kammlage, aussichtsreich) 3 St., rot bez.; von Kreilhof über Atschreith zum Hochseeberg, 3 St.
Skigebiet am → *Schnabelberg*.

Walster, 825–850 m

Kaum besiedeltes Hochtal, »Walstern« genannt, das zwischen dicht-bewaldeten Berghängen nordöstlich der Mariazeller Bürgeralpe bis Ulreichsberg zieht. Im 18. Jh. wurde der Walsterbach zur Zeit der Schnee-schmelze in einer Klause gestaut und das Holz in die Salza getriftet. 1894 erwarb der Großindustriclle Arthur Krupp das Gebiet und ließ es als Jagdrevier mit 70 km Wildzäunen absperren. 1906 wurde der *Hubertus-see* aufgestaut. Die winterlichen Wildfütterungen in der Walster sind eine Fremdenverkehrsattraktion.
Übergang: nach Ulreichsberg ¾ St.; durch den Rechengraben nach Maria-zell 2–2½ St. (rot bez., jedoch Fahr-straße. – Schöner – und gleich lang – über den Habertheurer Sattel).

Wastl am Wald, 1076 m ❄

Gasthaus und Hochlandschaft (»Nie-derösterreichisches Sibirien«) nord-westlich von Annaberg.
Ausgangspunkt für → *Hennesteck* (2 St.) mit Übergang nach Annaberg. Die überaus schneesichere Gegend wurde neuerdings für den Langlauf entdeckt. Die »Wastl-am-Wald-Loipe« ist mit ihren Höhenunterschieden eher schwierig (jedoch landschaftlich schön, fesselnde Ötscherblicke), läßt sich aber gut mit den Loipen von Puchenstuben kombinieren. Als Langlauftour in das Hennesteck ein hervorragendes Ziel (7 km, 300 HM).

Weyer, 399 m

Marktgemeinde und Sommerfrische nahe der Enns am Rande eines wei-ten Talkessels, der Sage nach einst ein Weiher (Name!). Im 14. Jh. be-deutende Eisenindustrie, heute do-miniert die Holzwirtschaft.
Sehenswert: spätgotische Pfarrkirche, Marktplatz mit schönen Ensembles

gotischer und barocker Bürgerhäu-ser, ehemaliges Schloß (16. Jh.).
Ausgangspunkt für Wanderungen auf den → *Heiligenstein* (1¾ St.), auf das Rappoldeck und weiter zum Schra-bachauer Kogel, 1321 m, 2½–3 St., rot bez.

Wienerbruck, 795 m

Kleine Ortschaft in einer Talmulde der Kleinen Lassing in der Nähe des Stausees, Station der Mariazeller Bahn. Der Name rührt von einem Steg über den sumpfigen Talboden her, den die Wallfahrer schon in alter Zeit benützten (bereits 1360 ein Hof »An der Wienerbruck«).
Ausgangspunkt für Großen → *Sulz-berg* und → *Büchleralpe*.
Wanderungen: über den Lassingfall zum Stierwaschboden, 1 St., rot bez. (besonders eindrucksvoll zur Schneeschmelze), Anschluß zu den Tormäuern oder Ötschergräben und Ötscher; auf den Kaiserthron, 840 m, ½ St. (herrlicher Anblick des Ötscher und der Schluchtlandschaft der Tor-mäuer und Ötschergräben), mit Wei-terweg über Reith und Joachimsberg (schönes Barockkirchlein) lohnen-der Rundweg, 2–2½ St.

Ybbs (Fluß)
siehe → *Ois*

Ybbsitz, 414 m

Markt und Sommerfrische an der Schwarzen Ois, ehemals bedeuten-des Zentrum der Eisenverarbeitung. Auch heute noch Schmieden und Hammerwerke entlang des Prolling-baches (»In der Noth«).
Sehenswert: spätgotische Hallenkir-che, prächtige Bürgerhäuser mit Ba-rock- und Renaissancefassaden (herr-liche Schmiedeeisengitter und -fen-sterkörbe).
Ausgangspunkt für → *Prochenberg*.
Wanderungen und Übergänge größ-tenteils auf Güterwegen durch Berg-bauernflur: über Knieberg und Schwarzbach nach St. Leonhard am Wald 2½–3 St., rot bez.; über Zogels-graben – Kreuzkogel – Pfaffenschlag nach Lunz 5 St.; über Maria Seesal und Schwarze Lucken nach Kogels-bach 5 St.
Schlepplifte am Prochenberg, Lang-lauftouren (ungespurt) im Verlauf der genannten Übergänge möglich.

Ybbstaler Hütte, 1344 m

Am westlichen Rand des → *Dürren-stein*-Plateaus steht diese 1926 erbau-te Hütte des Österreichischen Alpen-vereins (Sektion Austria). An Wo-chenenden und Feiertagen bewirt-schaftet, 50 Schlafplätze.
Zugang: von Göstling durch die Noth 4 St., Zufahrt bis Jagdhaus Steinbach-graben, von dort 2½ St., rot bez., vielfach Forststraße (bester Winter-zugang!); durch den Stiegengraben 2½–3 St., rot bez.; durch den Lech-nergraben (Hst. Kasten) über Gstet-ner Alm 2½–3 St.
Gipfel: Dürrenstein, 1878 m, 2 St., rot bez.; Hirzeck, 1445 m, 20 Min.; Hüh-nerkogel, 1651 m, 1 St.; Notten, 1640 m, 1 St.; Roßeck, 1661 m, 1¼ St. Die letztgenannten Gipfel sind auch hübsche *Skiziele:* unten lockerer Na-delwald, oben baumfreie Hänge, bis 300 HM.
Übergang: über den Dürrensteingip-fel und das Seetal zum Lunzer See 6 St.

Zdarsky-Hütte, 1082 m

Auf dem *Traisenberg* oberhalb von St. Ägyd, benannt nach dem Skipio-nier Matthias Zdarsky (siehe Ab-schnitt Gutensteiner Alpen). Eigentü-mer ist der Touristenverein »Natur-freunde« (Ortsgruppe St. Ägyd). An Wochenenden und Feiertagen ganz-jährig bewirtschaftet, 35 Schlafplätze.
Zugang: von St. Ägyd 1½ St.
Gipfel: Paulmauer, 1247 m, 1 St.
Übergang: zur Gschwendthütte 1½ St.; zur Türnitzer Hütte auf dem Högergipfel 2½–3 St.
Das Plateaugelände rings um die Hüt-te bietet herrliche (ungespurte) Langlaufmöglichkeiten, Zugang aller-dings teilweise zu Fuß (steil).

Zellerhüte ○ ● ❄

Vorderer, 1629 m, Mittlerer, 1586 m, Großer, 1639 m. Drei kegelförmige, knapp die Waldgrenze überragende Gipfel westlich von Mariazell. Die steilflankigen Berge bieten jeder eine prächtige Aussicht, am lohnendsten ist die Überschreitung aller drei Zel-lerhüte vom Köckensattel aus.
Aufstieg: von Mariazell über Köcken-sattel (1¼ St., Zufahrt), Feldhüttlsattel und fast ständig direkt am Kamm 4–4½ St., rot bez.; durch den Seewirt-graben zum Zellersattel (1449 m)

zwischen Vorderem und Mittlerem Zellerhut, 2¼ St., weitere 1¼ St. auf den Großen Zellerhut; von Neuhaus auf den Großen Zellerhut über Höllertal, Kalmergatterl und Melkstadt, 3 St., unmarkiert und teilweise weglos, oben steil und mühsam; von Neuhaus über die Falthöhe (Valtlhöhe laut ÖK) und den Rainriedel (1242 m), zuletzt entlang des Kammes zum Großen Zellerhut, 3 St., unmarkiert, steil und mühsam.

Die Zellerhüte sind ein schneesicheres *Skitourengebiet* mit meist anspruchsvollen Abfahrten. Die Überschreitung ist wegen der Überwächtungen am Kamm und der steilen Gegensteigungen nicht besonders lohnend – am besten Abfahrt vom Feldhüttl oder Vorderen Zellerhut.

Hutgraben (750 HM) und Eisgraben (550 HM) sind überaus steil und teilweise lawinengefährdet, die Einfahrt in den Hutgraben wegen Wächten oft problematisch. Recht abgelegen ist die Abfahrt über die Falthöhe nach Neuhaus (600 HM).

Zellerrain, 1121 m ○ ❄

Paßhöhe der 14 km langen Straßenverbindung Mariazell – Neuhaus (auf Mariazeller Seite 22%, im Winter häufig gesperrt), Gasthaus. 1 km westlich die verstreut liegende Häusergruppe Taschelbach. Der »Höchbauer« (Hechtbauer) auf 1260 m war einst der höchstgelegene Bauernhof Niederösterreichs (Blick bis zum Gesäuse!).

Ausgangspunkt für → *Gemeindealpe* über Brunnsteinsattel, 1350 m (1 St.), und Eisernen Herrgott, insgesamt 2½ St.

Sehr schöne (ungespurte) Langlaufmöglichkeiten zur Feldwiesalm: Aufstieg über Brunnsteinsattel, Rückweg nach Taschelbach.

Türnitzer Alpen
Umgrenzung: Alpenvorland von Wieselburg bis St. Pölten – Traisen bis Freiland – Unrecht-Traisen – St. Ägyd am Neuwalde – Keertal – Knollenhals – Halltal – Mariazell – Erlauf bis Wieselburg
Wegmarkierung: 600

Ybbstaler Alpen
Umgrenzung: Alpenvorland von Amstetten bis Wieselburg – Erlauf bis Mariazell – Gußwerk – Salza bis Einmündung Enns – Enns bis Kastenreith – Gaflenzbach – Waidhofenbach – Waidhofen an der Ybbs – Ybbs bis Amstetten
Wegmarkierung: 200

Touren konkret

1. Vom Hohenstein zum Eisenstein

Großzügige Voralpenwanderung, meist über bewaldete Kämme, die zwischendurch immer wieder schöne Ausblicke bieten, optischer Höhepunkt ist die Aussicht vom Eisenstein. – Auch für PKW-Fahrer recht gut geeignet (kurze Rückfahrt mit Bus zum Ausgangspunkt).

Wegverlauf: Lehenrotte, 415 m – Am Himmel – Engleitensattel – *Hohenstein, 1195 m* – »Jubiläumsweg« übers Gscheid zum *Eisenstein, 1185 m* – zurück zum P. 1157 – Hochgraser – Sulzbachgraben (Mühlen!) – Türnitz, 466 m.

8–9 St., eventuell Nächtigung in einer der beiden Gipfelhütten. – Ganzjährig, außer bei Schneelage.

2. Auf den Türnitzer Höger

Anspruchsvolle Rundwanderung, die den Höger über den reizvollen »Kammweg«, einen teilweise schmalen, doch stets bewaldeten Rücken, erreicht. Beim Rückweg 5½ km Straße (wenig befahren).

Wegverlauf: Türnitz, 466 m – Geyerstein (Weg Nr. 35) – *Türnitzer Höger, 1372 m* – Högergraben – Traisenbachrotte – Türnitz.

5½–6 St. – Frühjahr bis Spätherbst.

3. Falkenschlucht und Tirolerkogel

Ein Wandertip im Baukastensystem: a) Der Besuch der Falkenschlucht allein ist ein netter Familienbummel (2½–3 St. vom und zum Parkplatz Eisernes Tor); b) eine anschließende Besteigung des Tirolerkogels stellt bereits höhere Anforderungen (6–6½ St.); c) nur für sehr ausdau-

ernde Geher zu empfehlen ist die große Rundtour über Karnreiteralm (Molterboden) – Walsterursprung – Ebenbaueralm – Tirolerkogel – Österleinbrunn – Weidenau (8–9 St., eventuell Nächtigung im Annaberger Haus).

Wegverlauf b): (Türnitz) Eisernes Tor, 533 m – Falkenschlucht im Auf- und Abstieg – Dachsental (Taxental) – *Tirolerkogel, 1377 m* – Österleinbrunn (Bergrettungshütte) – Abstieg in die Weidenau (erst ein Stück weglos entlang der Skimarkierung zurück, ins Fadental und auf Güterweg in die Weidenau, 1 km vom Parkplatz Eisernes Tor).

6–6½ St. – Ganzjährig, außer bei Schneelage.

4. Gaisbühel und Kaiserkogel

Entzückende Rundwanderung in einer Art Vor-Voralpenlandschaft mit Wald, Wiesen und malerischen Bauerngehöften. Schöne Schau auf die Türnitzer Alpen, vom Gaisbühel faszinierender Ötscherblick.

Wegverlauf: Rabenstein an der Pielach, 339 m – Ruine Rabenstein – *Gaisbühelhöhe, 849 m* (Josef-Franz-Hütte) – Gaiseben – *Kaiserkogel, 716 m* – Kaisergrub – Rabenstein.

5–6 St. – Ganzjährig, außer bei Schneelage (eventuell als Skitour).

5. Große Ötscherwanderung

Anspruchsvolle Zweitagestour; Ausgangs- und Endpunkt liegen an der Mariazeller Bahn, daher ist diese weitläufige Überschreitung auch für PKW-Fahrer geeignet. Die großartige Bach- und Schluchtlandschaft ist auf unschwierigen Steiganlagen zu erwandern, der Rauhe Kamm sollte nur von Geübten begangen werden.

Wegverlauf: 1. Tag: Puchenstuben, 869 m – Trefflingfall – Tormäuer – Trübenbach – Bärenlacken – Rauher Kamm – *Ötscher, 1893 m* – Ötscherhaus, 1418 m. 5½–6½ St.

2. Tag: Ötscherhaus – Riffelsattel – Ötschergräben – Lassingfall – Wienerbruck, 795 m. 3½ St. – Rund 1½ St. länger, aber noch eindrucksvoller ist der Weg durch die Hinteren Tormäuer bis Erlaufboden, Aufstieg zum Bhf. Gösing. – Verbindung zur Tour 6: Übergang Ötscherhaus–Gemeindealpe 4½ St.

Frühsommer bis Spätherbst.

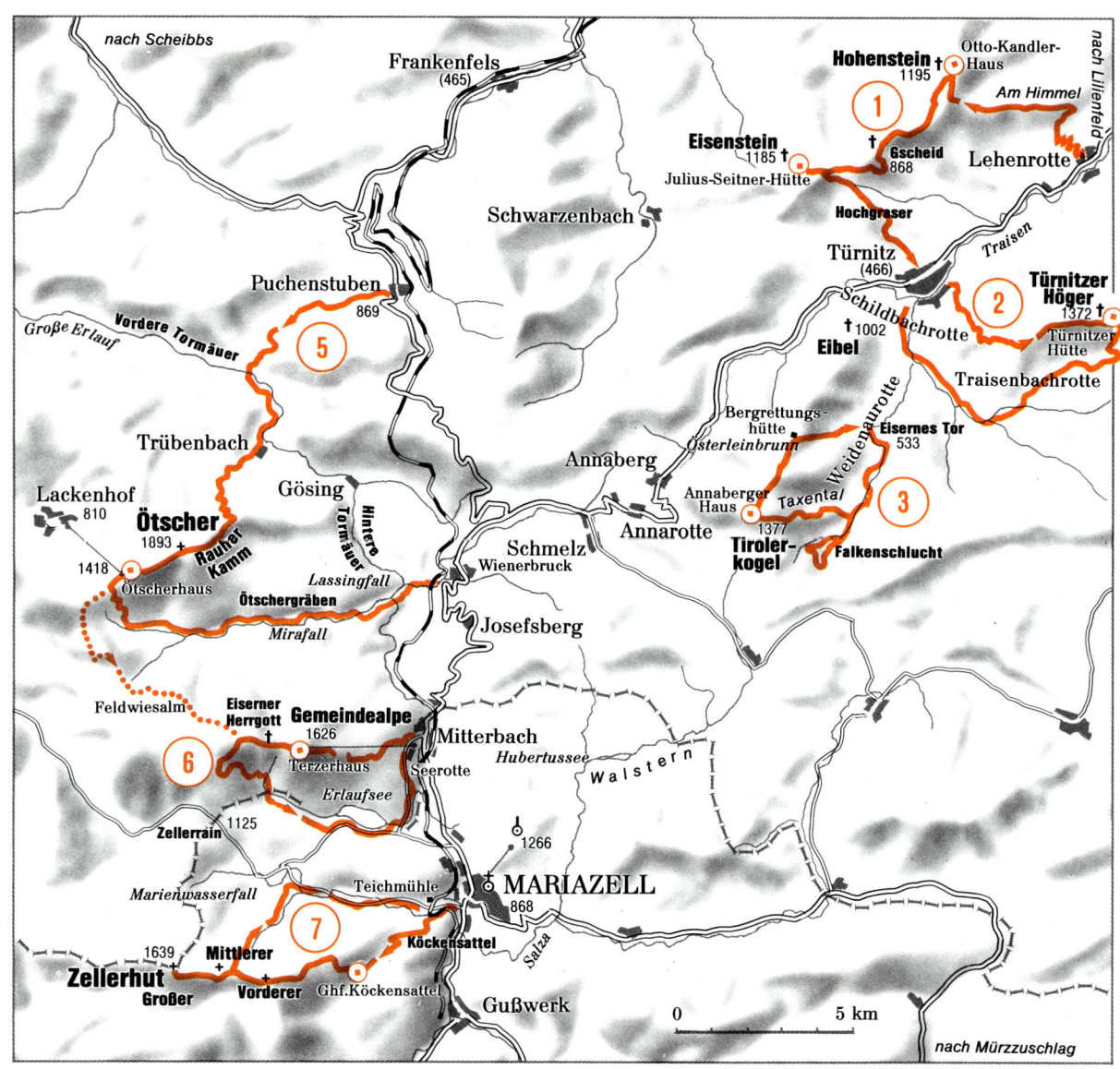

6. Über die Gemeindealpe

Ein hervorragender Aussichtsberg im Zentrum des Ötscherlandes, einfach zu erwandern, wobei sich für eine Rundtour 2 Möglichkeiten anbieten: Sessellift von Mitterbach und Bergabwanderung (3½–4 St.) oder Aufstieg vom Erlaufsee (2¼ St.).

Wegverlauf: Gemeindealpe, 1626 m – Kammabstieg bis Eiserner Herrgott, 1468 m – Almwanderung bis Eiserner Herrgott (Holzkreuz), 1409 m – Engleitenalm – Erlaufursprung – Erlaufsee, 828 m.

5 St. – Spätfrühjahr bis Spätherbst.

7. Überschreitung der Zellerhüte

Die markanten, kegelförmigen, knapp die Waldgrenze übersteigenden Gipfel bilden den südwestlichen Abschluß des Mariazeller Beckens. Infolge der Zwischenabstiege ausgefüllte Tagestour; weitreichende Fernsicht, vom Großen Zellerhut bis zum Dachstein!

Wegverlauf: (Mariazell) Teichmühle, 787 m – Köckensattel – Farnboden – Feldhüttlsattel – Vorderer Zellerhut – Mittlerer Zellerhut – *Großer Zellerhut, 1639 m* – Sattel zwischen Mittlerem und Vorderem Zellerhut – See-wirtgraben – Marienwasserfall (Grünau) – Straße zur Teichmühle (4 km).

7–8 St., kürzer aus der Grünau mit Aufstieg Rehgraben. – Frühsommer bis Spätherbst.

8. Kräuterin

Großzügige Rundtour in einem weitläufigen Bergmassiv nahe der Zweitausendermarke. Vielfach auf Forststraßen.

Wegverlauf: Dürradmer, 808 m – Forststraße über Gh. Sulzboden (unmarkiert, zwischen Sulzkogel und

Tannberg wird der rot bez. Weg von Rotmoos erreicht) – Plotschboden – Hochgruben – *Hochstadel, 1919 m* – Kräuterin Halterhütte Nappenbachklause – Dürradmer. Oder Ausgangspunkt Rotmoos, Verbindung nach Dürradmer über Güterweg.

7 St. (Spezialkarte 1:50.000 vorteilhaft!). – Frühsommer bis Herbst.

9. Dürrenstein

Einer der mächtigsten Voralpenberge. Überschreitung als Tagestour sehr anstrengend, günstiger mit Nächtigung auf der Ybbstaler Hütte. *Wegverlauf:* Lunz, 600 m – Maierhof-Lehen – Lechnergraben – Ybbstaler Hütte – *Dürrenstein, 1878 m* – Herrenalm – Obersee – Seetal – Lunzer See – Lunz.

9–10 St. – Frühsommer bis Spätherbst.

10. Stumpfmauer und Tanzboden

Große Überschreitung der Voralpe. Anstrengende Tagestour. PKW-Fahrer können sie als Zweitagesunternehmen durchführen: Am zweiten Tag wandert man von Altenmarkt über den Frenzsattel zum Fahrzeug zurück (5–5½ St.).

Wegverlauf: Hollenstein, 450 m (Zufahrt bis Wenten erspart 40 Min.) – *Stumpfmauer, 1770 m* – Kopetzkysteig – *Tanzboden, 1727 m* – Hinteralmen – Altenmarkt, 467 m.

8–9 St. – Frühsommer bis Spätherbst.

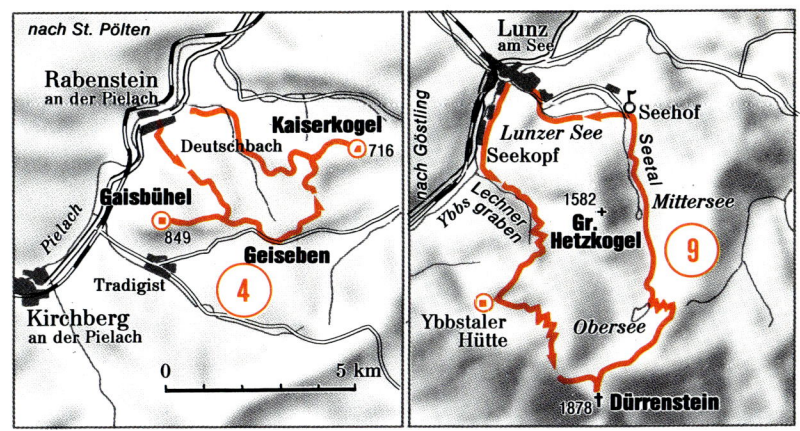

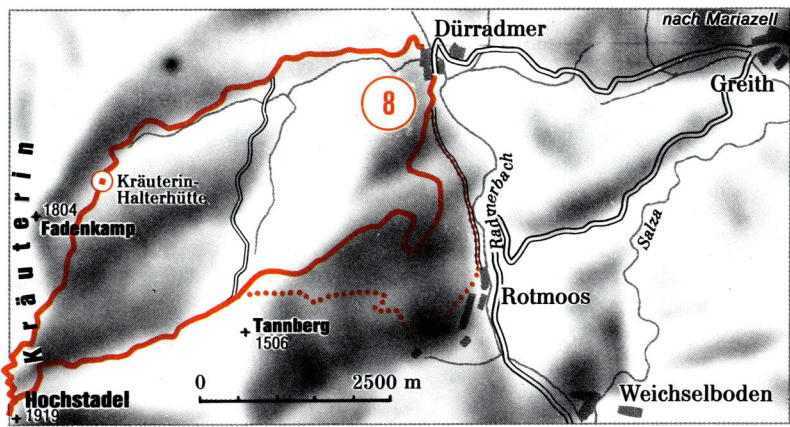

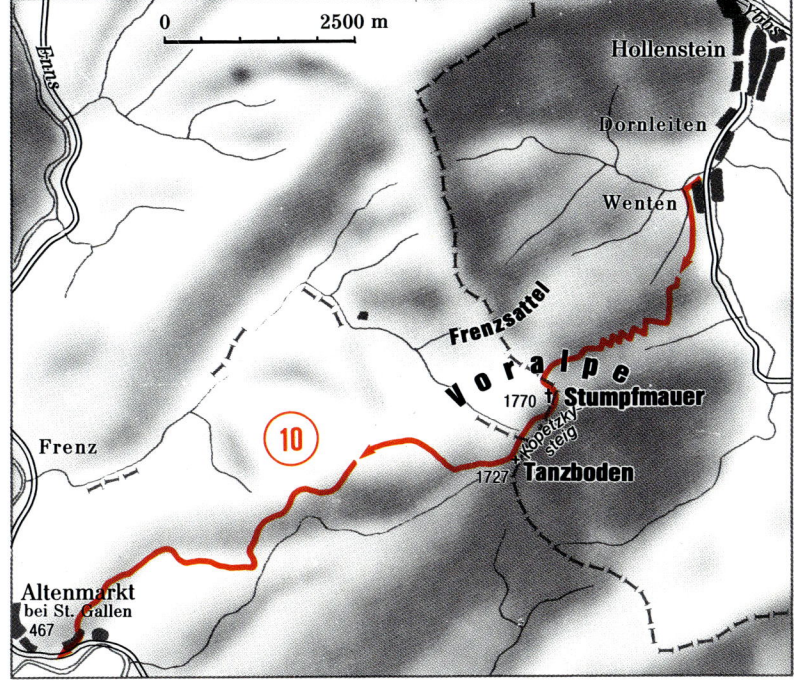

Ennstaler Alpen

Das große Gebiet der Ennstaler Alpen umfaßt die Gesäuseberge und die Eisenerzer Alpen.

Gesäuse – das ist, strenggenommen, eigentlich nur die sechzehn Kilometer lange Flußlandschaft der Enns von der Enge zwischen Himbeerstein und Haindlmauer (Gesäuse-Eingang) bis Hieflau. Der weißgischtend den Gebirgswall durchbrechende, zwischen haushohen Steinblöcken tosende Fluß läßt noch etwas von seiner ehemaligen Wildheit ahnen, von der die lautmalerische Bezeichnung abgeleitet ist, ehe er von Gstatterboden an zur Stauseenkette domestiziert wird.

Gesäuse – das ist Landschaft pur, und vor allem Bergsteigerdomäne, »Hochschule der Wiener Bergsteiger«, »geballte Felswucht«, und was der Prädikate noch mehr sind. Das ist der Tiefblick aus den Nordwänden auf die spielzeugkleine Bahnlinie zwischen dem hellen Uferstreifen und den schwarzgrünen Wäldern, das sind die langen Zustiege, das Bangen vor dem Nachmittagsgewitter, aber auch der erinnerungssatte Blick von der Terrasse des Hotels »Gesäuse« über einen kühlbeschlagenen Krug hinauf zur Kilometermauer des Hochtorzuges, die von der Abendsonne modellierten Pfeiler und Grate mit den Augen emporkletternd, mit etwas zerschundenen Fingern nachzeichnend: dort – die Kante, das Band – und dort . . .

Gesäuse – das sind aber auch die zahlreichen Winkel abseits der großen, dramatischen Szenerien, weniger beachtet, aber deswegen nicht weniger beachtenswert.

Den *Gesäusebergen* werden vier Untergruppen zugeordnet: Der rund elf Kilometer lange, bogenförmige Zug der *Haller Mauern* begrenzt das Admonter Becken im Norden. Ein ganzes Gebirge, das touristisch im Schatten seiner berühmteren Nachbarn steht, nur die Eckpunkte Großer Pyhrgas (2244 m) und Natterriegel (2065 m) werden häufiger besucht. – Die *Buchstein-Gruppe* bildet die nördliche Talwand des eigentlichen Gesäuses. Vom kastellartigen Klotz des Großen Buchstein (2224 m) zieht ein abenteuerlich zerhackter Grat über Kleinen Buchstein und Tieflimauer zum Tamischbachturm (2035 m), mit seiner sanften Südabdachung der leichteste der Gesäuseberge. Auf der anderen Seite der Enns erhebt sich südöstlich von Admont der formschöne *Reichensteinstock,* durch das enge Johnsbachtal von der Hochtorgruppe getrennt. Kalbling, Sparafeld und der dreigipfelige Admonter Reichenstein (2251 m) sind beliebte Kletterberge. Die in drei hintereinandergestaffelten Zügen verlaufende *Hochtorgruppe* bildet mit ihrer mächtigen Nordwandfront vom Großen Ödstein (2355 m) über das Hochtor (mit 2369 m die höchste Erhebung der Ennstaler Alpen) zur Planspitze (2117 m) eines der großartigsten Schaustücke der nördlichen Kalkalpen. Auch die großen Kletterziele Dachl, Roßkuppe und Festkogel ragen aus diesem Gratverlauf. Der parallel dazu verlaufende Kamm der Jahrlingsmauern erreicht mit dem Zinödl (2191 m) noch einmal den Lauf der Enns, während der letzte dieser drei Züge praktisch nur noch aus einem einzigen Gipfel, dem über dem Radmertal aufragenden mächtigen Lugauer (2217 m) besteht.

Die *Eisenerzer Alpen* werden in erster Linie von drei mächtigen Kalkstöcken gebildet: der *Kaiserschildgruppe* (Hochkogel, 2105 m), dem gewaltigen *Reiting* (Gößeck, 2214 m) und dem *Eisenerzer Reichenstein* (2165 m). Von ihm zieht ein langer, teilweise bis in die Gipfelregion begrünter Bergwall bis zu seinem Admonter Namensvetter – ein prachtvolles Wander- und Skitourengebiet.

Im Sommer wie im Winter sind die Ennstaler Alpen ein ernstzunehmendes Hochgebirge, deren Gipfel die Täler um durchschnittlich 1500 bis 1800 Meter überragen und die zumeist ein großes Maß an Erfahrung und auch ein wenig Kletterfertigkeit erfordern.

Die am unschwierigsten zu erreichenden Gipfel sind der Tamischbachturm von der Ennstaler Hütte, der Kalbling von der Klinke-Hütte (Abstecher zum Sparafeld nicht versäumen!), der Zinödl von der Heßhütte und die Berge des Urgesteinkammes zwischen den beiden Reichensteinen (Wildfeld, Leobner, Blasseneck).

Nicht mehr mit den Händen im Sack zu ersteigen sind Planspitze (günstig in Verbindung mit dem Wasserfallweg), Natterriegel und Hexenturm, der Große Buchstein über den neuen Wengerweg (dem alten Normalweg durch die Schlucht vorzuziehen!) sowie das Hochtor über den Gugelgrat (Josefinensteig). – Eine Kategorie für sich bilden wegen der Länge der Aufstiege, ohne Hütte als Stützpunkt, Lugauer, Kaiserschild und Gößeck.

Der Kletterer kann unter rund 900 Routen und Varianten wählen. Der Fels ist im allgemeinen fester, kompakter Dachsteinkalk, der besonders in der Hochtorgruppe zu großen Plattenschüssen ausgebildet ist.

In eine Landschaft sollte man hinabsteigen, hinabsteigen in ihre Geschichte, um dann mehr in ihr zu sehen als Gehstunden, Höhenmeter und Kletterzeiten, die im Grunde nur eine kleine Kommastelle ausmachen in der Gesamtsumme des Gewachsenen. Die faszinierende Vorstellung beispielsweise, daß vor siebenhundert Jahren die Tallandschaft des inneren Gesäuses eine vollkommene Wildnis war. Eine versteckte Pfadspur gerade, ein Jagdsteig durch die dichten Wälder . . . In einem Quertal, wenige Kilometer östlich und doch weltweit entfernt, bereits seit Jahrhunderten ein wirtschaftlicher Angelpunkt ersten Ranges: Eisenerz mit dem Erzberg. Vermutlich schon in vorrömischer Zeit, urkundlich belegt seit 712, wurde hier im Tagbau Erz gewonnen und verhüttet. Auf der entgegengesetzten Seite der Gesäuseberge, wo die

Enns an die sperrende Hochtormauer zu stoßen scheint, in einem freundlichen, weiten Talbecken das Stift Admont, ebenfalls wirtschaftliches, aber auch politisches und kulturelles Zentrum. An diesen beiden Punkten wurde Geschichte schriftlich festgehalten, »hinter den Bergen« tropfte die Zeit viel langsamer, im unbeirrbaren Rhythmus der Jahreszeiten. Große Gebiete, wie Sulzkar und Hartelsgraben, waren streng verschlossenes Jagdrevier. Auf die Berge – vielleicht mit Ausnahme der ganz unschwierigen – stieg niemand. Wozu auch?

Jäger und Wilderer werden wohl schon den einen oder anderen Gipfel erreicht haben. Aber »nur so« hinaufzusteigen? Auf diese Idee konnten bloß Städter kommen. Nicht umsonst beginnt das Bergsteigen im Gesäuse fast gleichzeitig mit der Eröffnung der Bahnlinie im Jahr 1872. Einzig das Hochtor wurde ein Jahr zuvor von den Grazern Frischauf und von Juraschek erstmals »touristisch« bestiegen. Dann kamen vor allem die Wiener, und mit ihnen begann ein über die Gesäuseberge hinaus bedeutsames Kapitel alpiner Geschichte: der Aufschwung des »führerlosen Bergsteigens«. Das war in einer Zeit, in der man sich üblicherweise einem ortskundigen Bergführer anvertraute, nahezu revolutionär (die Engländer, damals tonangebend in Sachen Alpinismus, nannten es »Arme-leute-Bergsteigen«). Das Gesäuse, für reisende Lords und andere zahlungskräftige Gäste zu niedrig (damals galt die Höhe eines Berges als vornehmstes Qualitätsmerkmal), das Gesäuse also hatte nie eine richtige Führertradition. Dafür vollbrachten die in den Wienerwaldkletterschulen, in den Wänden von Schneeberg und Rax stufenweise an Können gewachsenen »führerlosen Hochtouristen« bewundernswerte Leistungen. Der Pfannlweg in der Hochtor-Nordwand, 1896 erstmals begangen – ohne Hakensicherung selbstverständlich –, gilt auch heute noch als große, ernste Kletterei, ein saftiger »Vierer«. Für Generationen war er Meßlatte des Könnens, Meisterprüfung und Ritterschlag. Wer einmal einen Wettersturz in einer großen Gesäusewand erlebt hat, den die Plattenfluchten in schäumende Kaskaden verwandelt, der wird vor den Männern mit Nagelschuhen, Hanfstrick und Birnenrucksack voll Hochachtung den Hut respektive den Helm ziehen. – Die Wiener Alpinisten waren recht konservativ. Haken waren verpönt und galten als »Entweihung des Berges«, während im Wilden Kaiser schon die kniffligste Haken- und Seiltechnik praktiziert wurde. Und so war es auch etwas absolut Unerhörtes, als 1925 die Roßkuppenkante durch den Wiener Fritz Hinterberger und den Münchener Karl Sixt mit Hilfe von acht Haken erklettert wurde! Sogar einen Seilquergang – damals das Höchste an Raffinesse – haben die beiden ausgeführt.

Es waren nicht die allerfeinsten Sprüche und Späße, die in der winzigen alten Haindlkarhütte zirkulierten, aber feine Burschen waren es allesamt, die dort oft wochen- und monatelang hausten, von selbstverleugnender Hilfsbereitschaft, wenn es eine Rettungsaktion gab, von einmütiger Kameradschaft, wenn nur noch blieb, einem die letzte Ehre zu erweisen; gleich, ob einer nun ein »Schwarzer« oder »Nazi«, ein »Sozi« oder ein »Kummerl« war – und das war sehr viel in jener Epoche

unversöhnlicher politischer Konfrontationen. Eines einte sie freilich: Arbeit hatten sie – inmitten der großen Depression der dreißiger Jahre – allesamt kaum, und hier konnten sie die Ausweglosigkeit der Zeit vergessen … Und klettern konnten sie, der Poppinger, Pfiel, Schwanda, Brunhuber, Kasparek, Hein, Feiertag, Moldan und wie sie alle hießen …

Die Dachl-Roßkuppen-Verschneidung, von Schinko und Sikorovsky 1936 in viertägiger Kletterei durchstiegen, blieb gute zwei Jahrzehnte das »Alleräußerste«, bis eine unterdessen herangewachsene (von der »klassischen« freilich stark verschiedene) steirische Bergführertradition noch abenteuerlichere Felswege erschloß – Männer wie Almberger, Scheiblehner, Hoi und Stelzig, denen es vor allem die herausfordernde Glätte der Dachl-Nordwand angetan hatte. An dieser hat sich mittlerweile auch die Abkehr von den rein hakentechnischen Routen vollzogen – in Hois »Dachl-Komplizierter« dienen die Hakenpassagen bloß dazu, alle nur irgendwie frei kletterbaren Stellen miteinander zu verbinden, und die Dachl-Verschneidung wurde schon in völlig freier Kletterei bewältigt …

Bücher könnte man füllen mit Geschichten und Schicksalen … Von Sepp Eitzenberger aus Steyr, der 92mal den Pfannlweg beging, davon 46mal allein. Barfuß. Noch als Sechzigjähriger – ehe er im Klettergarten aus einer lächerlichen Höhe tödlich abstürzte. Von den unbändigen steirischen Kraftlackeln wie Leo Forstenlechner und Hans Willenpart, die zum Einstieg der Planspitze-Nordwand regelrechte Wettrennen veranstalteten (das sind 1000 Höhenmeter durch steilen Wald). Von Hubert Peterka, der hier einst nahezu alle Felswege begangen, mehr als fünfzig neue gefunden und sie fast sämtlich bis zur zehnten Begehung liebevoll chronistisch erfaßt hatte, und – selbst ein lebendes Lexikon – für sein Riesenwerk zeitlebens keinen Verleger fand. Von den Unzähligen aber auch, deren Bergtaten keine Chronik verzeichnet, deren Namen, in einem abgegriffenen Gipfelbuch vom Regen verwaschen, an keinem Hüttentisch wie eine ferne Sage weitergegeben werden – und deren Herzen genauso vom Bergglück erfüllt waren. Und von jenen, denen diese Berge zum Schicksal wurden, die auf dem kleinen Friedhof von Johnsbach ruhen – »abgestürzt Hochtor-Nordwand«, »erfroren am Ödstein«, »durch Steinschlag in der Scheiblingstein-Westwand« und immer wieder: »abgestürzt Hochtor-Nordwand«. Der Autobustourist betrachtet diese Stätte als eine Art schauriges Panoptikum und stärkt sich nach einem Rundgang bei einem Bier. Der Bergsteiger wird einen Moment nachdenklich. Dann vertraut er weiterhin auf seinen Glücksstern.

Der Ödstein steht über dem Friedhof in dem engen Tal – eine gewaltige graue, den Himmel verdeckende Pyramide aus winzigen Muscheltierchen, vom Meeresgrund emporgepreßt und aufgetürmt, hundertfünfzig Millionen Jahre alt.

Hundertzehn Jahre Bergsteigen im Gesäuse …
Ein Steinchen fällt vom Gipfel auf einen tieferen Absatz.

Ennstaler Alpen von A–Z

Admont, 640 m
Der durch sein 1074 gegründetes Benediktinerstift seit jeher berühmte und bedeutende Markt war durch Jahrhunderte religiöser und kultureller Mittelpunkt in diesem Raum. Darüber hinaus ist er einer der schönsten steirischen Orte inmitten einer reizvollen Umgebung. Dem hier weiten Ennstal bilden der Bergkranz der Haller Mauern und die scheinbar den Fluß und die übrige Welt abschließende Bastion des Hochtorzuges einen landschaftlichen Gegenpol.

Sehenswert: das Benediktinerstift, eine typische mittelalterliche Anlage, im 17. Jh. umgebaut, 1865 fast zur Gänze abgebrannt. Weltberühmt die Bibliothek mit prächtigem Barocksaal mit wertvoller Handschriften- und Inkunabelnsammlung (125.000 Bände).

Ausgangspunkt für → *Haller Mauern,* → *Kreuzkogel,* → *Riffel,* → *Kalbling,* → *Sparafeld,* → *Dürrnschöberl* und → *Hahnstein.*

Admonter Frauenmauer, 2172 m ● ▲
Der selten bestiegene nordwestliche Randgipfel des *Buchsteinstockes* birgt eine Anzahl schöner Klettereien im unteren Schwierigkeitsbereich, die außer meist gutem Fels allerdings auch recht mühsame und umständliche Zustiege aufweisen (NW-Pfeiler, NW-Wand, W-Wand, SW-Wand, alle durchschnittlich II und III). Auf jeden Fall einmal eine Abwechslung, wenn der beliebte Buchstein-Westgrat von Kletterkolonnen besetzt ist; die Zugänge vom Buchsteinhaus sind weniger schweißtreibend als vom Eisenzieher.

Admonter Haus, 1723 m
Am Grabnertörl im Ostteil der → *Haller Mauern.* Österreichischer Alpenverein; 36 Schlafplätze, kein Winterraum. Bewirtschaftet von Juni bis September. Auskunft: Telefon (0 36 13) 20 2 24 oder 20 4 63.

Zugang: vom Buchauer Sattel über die Grabneralm 2½ St.; von Hall, Weng oder Schröckendorf je 3 St.

Übergang: in die Laussa (Vorderzwiesel) 2½–3 St.

Gipfel: Admonter Warte, 1804 m, ¼ St.; Natterriegel, 2065 m, 1 St.; Bärenkarmauer (Hexenturm), 2172 m, 2–2¼ St.

Admonter Höhe, Warte
Die *Admonter Höhe, 1280 m,* ist eine Alm zwischen Maiereck und den Ostausläufern der Haller Mauern. Von St. Gallen durch den Schleierbachgraben ein netter Ausflug auf Forstwegen (1½–2 St.), Übergang in die Laussa.

Die *Admonter Warte, 1804 m,* ist ein Felsbau über dem Grabnertörl, vom Admonter Haus in ¼ St. unschwierig zu ersteigen und wegen seiner wunderschönen Aussicht von keinem Hüttenbesucher zu versäumen!

Admonter Reichenstein, 2251 m ▲
Einer der formschönsten Gesäuseberge, ein Dreizack, gebildet aus Totenköpfl, Hauptgipfel und Admonter Spitze – von allen Seiten ein Kletterberg. Er wurde 1873 von den beiden Grazern J. Frischauf und F. v. Juraschek mit dem Führer Krachler über die Südseite erstmals bestiegen, ungefähr in der Linie des heutigen Normalweges. Dieser ist *kein Wanderweg,* sondern bereits leichte Kletterei; bei Nässe mit seinen Grasbändern und schrägen Platten recht unangenehm!

Aufstieg: von der Mödlinger Hütte 3–4 St., I+, ab Beginn der Felsen am Sockel des Totenköpfl rot bez. Nur für sehr Geübte!

Vom Gipfel grandioser Anblick der kronenartig aufgebauten Hochtorgruppe, weitreichende Rundsicht, die nur im Westen durch das Sparafeld verstellt ist.

Die abweisende Nordseite wurde schon 11 Jahre nach der ersten Gipfelersteigung durchklettert (Zsigmondy/Friedmann), ein für diese Zeit sehr kühnes Unternehmen. Nach und nach durchstieg man alle Wände und Flanken, allein der »Gesäusepapst« Hubert Peterka fand acht neue Routen an seinem Lieblingsberg, darunter den 800 m hohen Nordpfeiler (–VI), der nach mehr als 50 Jahren noch immer zu den größten und ernstesten Gesäuseklettereien ge-

zählt wird. Das Gestein ist freilich nicht überall eisenfest, so schön der Berg aus der Entfernung auch aussieht. An der Nordseite ist auch die Orientierung nicht einfach, das Obere Nordwestwandband, welches sich einigen Zuspruchs erfreut, ist ebenfalls eine nicht zu unterschätzende großzügige Tour (III+, 600 m Wandhöhe, schwierige Orientierung). Die beliebteste Kletterei ist der Totenköpfl-Ostgrat (–III) in Verbindung mit der Reichenstein-Ostwand (II+) – eine empfehlenswerte, landschaftlich außerordentlich eindrucksvolle Kletterei.

Alpenvereinsheim Trofaiach, 680 m
Talherberge des Österreichischen Alpenvereins, von Mitte Mai bis Mitte September geöffnet und betreut. 17 Lager, ein separater Bungalow mit 5 Betten. Adresse: Gimplach Nr. 4 C. – Auskunft und Anmeldung: Ing. Konrad Scholz, 8793 Trofaiach, Lutherstraße 4.

Ausgangspunkt für Wanderungen und Bergfahrten in den *Eisenerzer Alpen,* vor allem Gößeck, Vordernberger Mauern und Eisenerzer Reichenstein.

Bärenkarmauer (Hexenturm), 2172 m ●
Massiger Gipfel (der dritthöchste) der *Haller Mauern.* Der Name Hexenturm galt vermutlich früher für den wilden → *Hochturm,* wurde dann auf den gesamten Gebirgszug übertragen und durch die ersten Touristen (Martinez, Rumpel) für die Bärenkarmauer ins alpine Schrifttum eingebracht.

Aufstieg: Der schroffe Doppelgipfel mit umfassender Aussicht (vor allem auf den Nahbereich der Haller Mauern) läßt sich am einfachsten vom Natterriegel über den Verbindungskamm besteigen. Rot bez., teilweise Drahtseile. Nur für Geübte! 1–1¼ St. vom Natterriegel, 2–2¼ St. vom Admonter Haus.

Die übrigen Aufstiege und Klettertouren werden praktisch nie began-

Gipfelblock des Kleinen Buchstein

gen, mit Ausnahme des Abstiegs nach Westen im Zug der langen Haller-Mauern-Überschreitung. – Skiabfahrt durch das steile → *Roßkar.*

Bergführersteig △ ▲
Der horizontale Verbindungsweg zwischen Haindlkar und den Einstiegen von Peternschartenkopf- und Planspitze-Nordwand wurde 1975 von steirischen Bergführern durch Drahtseile, Leitern und Stifte gangbar gemacht (der legendäre »Sandhakenweg« der dreißiger Jahre).
Der exponierte Steig ist vor allem für Kletterer gedacht und erweitert das Tourenrepertoire der Haindlkarhütte. Geübte, trittsichere Bergsteiger werden dieser 1½ km langen Querung in einer wilden Felsenlandschaft ihren Reiz abgewinnen und vielleicht sogar eine ausgefallene »Bergabtour« daraus machen: Abstieg über den Planspitze-Nordwandzustieg (als Zugang vom Tal aus genauso lang wie der Bergführersteig: 2 St.). Steinschlaghelm empfehlenswert, Wetterschutz etc.!

Blasseneck, 1969 m ○ ✳
Im Sommer ein unschwieriger, begrünter Wanderweg über dem *Johnsbachtal,* der vor allem im Zug einer Kammwanderung überschritten wird, im Winter ein vielfältiges Skiziel mit mehreren nordseitigen Abfahrtsmöglichkeiten.
Aufstieg: durch den Sebringgraben (Gh. Ödsteinblick) oder Plonaugraben (Gscheidegger), jeweils rund 3 St. Abfahrt auf den Anstiegswegen, sowie (bei sicheren Schneeverhältnissen) über den Rotkogel, durch Bärenkar und Bärengraben (steil) oder durch das steile Nordostkar. Jeweils 1000 bis 1100 HM, mittelschwierig, Hochwinter bis Frühjahr.

Böse Mauer, 1615 m ● ▲
Ein Nebengipfel der *Kaiserschildgruppe,* der mit wilden Felsfluchten zum Weißenbach abstürzt. Er ist von Radmer auf markiertem Weg (Abzweigung Finstergraben) unschwierig zu ersteigen und als Aussichtsberg sehr lohnend (rot bez., 2½ St., 900 HM).
Der Vollständigkeit halber seien die *Grattürme* erwähnt, die eine land-

schaftlich interessante Kletterei bieten (III, 3 St., für die Überschreitung ab Einstieg).

Bosruck, 1992 m ●
Der südwestliche Eckgipfel der → *Haller Mauern,* durch das Pyhrgasgatterl vom Hauptzug und durch den Pyhrnpaß vom Warscheneck getrennt, wird von Eisenbahn- und Autobahntunnel durchquert.
Aufstieg: Der schroffe Felsberg läßt sich nur auf einem einzigen markierten Weg erreichen: vom Gh. Pyhrnpaß auf den → *Kitzstein, 1925 m* (3 St.), weiter in leichter Kletterei (–I) in einer Stunde auf den Hauptgipfel.
Andere Klettertouren haben nur lokale Bedeutung und werden sehr selten begangen.

Bosruckhütte, 1043 m
Auf der Körneralm zwischen Bosruck und Großem Pyhrgas gelegen. – Österreichischer Alpenverein, 72 Schlafplätze, ganzjährig bewirtschaftet. Telefon (0 75 63) 666.
Zugang: von Spital am Pyhrn 1½ St. (Straßenzufahrt), oder durch die Vogelgesangklamm 2¾ St.
Gipfel: Großer Pyhrgas, 2244 m, über Rohrauerhaus 3–4 St.; Scheiblingstein, 2200 m, 4–4½ St.

Buchstein, Großer, 2224 m ● ▲
Der massige Bergklotz mit seinem kastellartigen Gipfelaufbau ist einer der beliebtesten Gesäusegipfel. Das kantige, in der Mitte eingesunkene Gipfelplateau mit beachtlichen Ausmaßen wird von mehreren Randerhebungen überragt: östlich des Hauptgipfels die *Drei Schneiden,* nördlich des markanten, in den Hinterwinkel ziehenden »Rohr« der *Plattenkogel, 1983 m,* als nördlichster Punkt die *Buchsteinmauer, 2123 m,* die *St. Gallener Spitze, 2144 m,* und als nordwestlicher Eckpfeiler die *Admonter Frauenmauer, 2172 m.*
Der Höhenunterschied ist von Norden wie von Süden beträchtlich: jeweils rund 1640 HM vom Eisenzieher bzw. Gstatterboden – als Tagestour eine satte Leistung!
Aufstieg: Am häufigsten wird der Berg über das → *Buchsteinhaus*

durch die Westschlucht bestiegen. Die Querung unter den Westwänden kann bei hartem Schnee sehr gefährlich sein! (–I, rot bez., Trittsicherheit erforderlich). Vom Buchsteinhaus 2½–3 St. – Kürzer, jedoch schwieriger (I+, blau bez.) ist der teilweise versicherte Wenger Weg: 2–2½ St. (steinschlaggefährdet!).
Unter den zahlreichen Kletterrouten nimmt der prächtige Westgrat unangefochten die Spitzenposition als Genußkletterei ein (–III, 260 HM in festem Fels, 2 St. vom Einstieg). Die anderen klassischen Routen, etwa direkte Südwand (–IV), Südgrat (III+) liegen punkto Beliebtheit dagegen schon weit zurück. Interessanterweise wurde während der letzten Jahre eine Anzahl neuer Routen im Schwierigkeitsbereich IV und V gefunden, die auch schon vor fünfzig, sechzig Jahren möglich gewesen wären (Ferdinandweg, Zickzackweg, Südpfeiler).

Buchsteinhaus, 1546 m
Am »Krautgartl« an der Buchstein-Südseite. Erbaut 1885 von der Alpinen Gesellschaft »Ennstaler«, jetzt im Besitz der »Naturfreunde«. 90 Schlafplätze; bewirtschaftet von 1. Mai bis Oktober. Funkverbindung Johnsbach – Buchsteinhaus über Telefon (0 36 11) 217.
Zugang: von Gstatterboden 3 St.
Übergang: zum Eisenzieher 5½–6 St.
Gipfel: Großer Buchstein, 2224 m, je nach Aufstieg zwischen 2 und 3 St.
Der Aufstieg zum Buchsteinhaus »nur zum Schauen« zählt zu den lohnendsten Ausflügen im Gesäuse. Besonders im Licht der Nachmittagssonne ist der Anblick von Hochtor und Reichenstein eine der großartigsten Szenerien im östlichen Alpenraum.

Buchstein, Kleiner, 1990 m ▲
Klein muß nicht immer gleichbedeutend mit »minder« sein: der Kleine Buchstein ist eine der kühnsten Berggestalten im Gesäuse, galt lange Zeit als unersteigbar und erfordert auch auf dem leichtesten Anstieg Klettern-können: der Normalweg von Norden ist mit –II bewertet und muß natürlich auch im Abstieg bewältigt werden.

Dieses auffallende Felshorn wurde 1877 von Heß, Gerstenberg und dem Holzmeister Rodlauer zum ersten Mal bestiegen, und zwar von Süden, aus dem Hinterwinkel. Damals wurde der nordöstliche Gipfelzacken erreicht, auf dem heute ein kleines Eisenkreuz steht. Den höchsten Gipfelzacken erkletterte erst 1884 der Kletterstar dieser Ära, der junge Emil Zsigmondy, mit Louis Friedmann.

Von den rund dreißig im Gesäuseführer beschriebenen Routen und Varianten wird außer dem Normalweg eigentlich nur der steile, feste Westgrat (II+, eine Stelle –III) öfter begangen.

Aufstieg: Das Kriterium ist in jedem Fall der Zustieg: ob vom Eisenzieher durch den Griesbachgraben oder von Großreifling durch den Mühlgraben – es bleiben 3–3½ St. im steilen Gelände bis zum Beginn der Felsen! Normalanstieg (einzelne Farbpunkte und Eisenstifte) ½–¾ St., Westgrat 2–2½ St. ab Einstieg, jeweils 180 HM. Der von fern verlockende Gratübergang zum Großen Buchstein über die Buchsteinmauer ist stellenweise eine wahre Orgie an Brüchigkeit!

Dachl, 2204 m ▲ ❊

Das Dachl ist eine schräge, sanft geneigte Karrenplatte im Gratverlauf zwischen Roßkuppe und Hochtor, die nach Norden mit einer enormen, von Überhängen überwölbten Wand abbricht. Diese Wand ist seit Jahrzehnten der Spiegel der alpinistischen Entwicklung im Gesäuse. Nach dramatisch verlaufenen Versuchen wurde sie 1931 in viertägiger Kletterarbeit von Rößner, Moldan und Schintlmeister erstmals durchstiegen. Die Roßkuppen-Dachl-Verschneidung (13.–16. 6. 1936) war nahezu vier Jahrzehnte das Nonplusultra schwieriger Haken- und Freikletterei – mittlerweile wurde sie schon in völlig freier Kletterei (VII+) bewältigt. – Nach den technischen Routen höchster Finesse (Dachl-Diagonale, Buhl-Gedächtnisweg, Berglandriß) feierte die Freikletterei neue Triumphe mit der »Dachl-Komplizierten« (–VII).

Das Dachl ist sogar ein *Skiberg,* jedoch nur für ausgekochte Steilhangexperten: Aus dem Roßkar (rechts des Roßschweif-Grates) zieht an der linken Karseite eine sehr steile (bis 45°) Rinne hinauf zum First des Dachl mit seinem unglaublichen Tiefblick. 500 HM von der Heßhütte, nur im Frühjahr bei besten Verhältnissen.

Dürrnschöberl, 1737 m ○ ❊

Weitläufiges, bewaldetes Bergmassiv zwischen Rottenmann – Selzthal – Admont und Kaiserau, auf dessen Gipfel aus vier Richtungen markierte Wege führen. Auf früheren Karten auch als Girnschöberl bezeichnet (wahrscheinlich treffender, Ableitung vom Althochdeutschen ger = schlank, einzeln, alleinstehend).

Ein richtiger Wanderberg mit prachtvoller Rundsicht und seltener Flora, als *Skiberg* früher hoch gelobt, für heutige Ansprüche aber etwas zu flach – eventuell Ausweichziel bei schlechten Schneeverhältnissen.

Aufstieg: von Admont über Schloß Röthelstein und weiter 7 km zu Schranken 3½ St. (600 HM); von Selzthal 3 St. (1100 HM); von Aigen bei Admont 2½–3 St. (steil, gelb bez.); von Rottenmann 2½ St. Skiaufstiege von Admont bzw. Selzthal.

Eisenerz, 736 m

Bergwerksstadt inmitten eines weiten Talkessels, der von Erzberg, Reichenstein, Kaiserschild, Pfaffenstein und Polster umgeben wird.

Das Ortsbild wird durch die Lage der ehemaligen Bläh-Häuser entlang des Erzbaches bestimmt. Zentraler Blickfang aber sind die rostfarbenen Tagbauterrassen des → *Erzbergs,* an dem seit spätrömischer Zeit Eisen gewonnen wird.

Sehenswert: die spätgotische Pfarrkirche St. Oswald, die größte Kirchenburg der Steiermark (1523 gegen die Türkenstürme befestigt), Getreidespeicher, Rathaus und der Schichtturm, dessen mächtige Glokke zum Schichtwechsel läutete. – Besuch des Leopoldsteiner Sees.

Ausgangspunkt für → *Reichenstein,* → *Hohe Lins* und → *Wildfeld* über Tullingeralm (je 3–4 St., auch Skitour), → *Kaiserschild* und *Hochkogel,* → *Seemauer* (Hochblaser), → *Pfaffenstein* (siehe Abschnitt Hochschwab).

Lohnender kleiner Ausflug auf das *Tulleck, 1405 m,* 1 St. (führt an alten Bergbau- und Bahnanlagen vorbei).

Eisenerzer Alpen/Kurzporträt

Langgestrecktes Grauwackenmassiv (rund 30 km Luftlinie) im Süden der Gesäuseberge, welches im Osten mit den Stöcken des *Kaiserschild,* der *Vordernberger Mauern* und des *Reiting* in die Kalkzone hineinreicht. Süd- und Südostgrenze sind zugleich Grenze der Ennstaler Alpen, die Nordgrenze wird nicht übereinstimmend angenommen, im wesentlichen aber bestimmen Johnsbach- und Radmertal ihren Verlauf.

Die Eisenerzer Alpen sind ein relativ wenig besuchtes Berggebiet, sieht man vom Hausberg der Eisenerzer, dem *Reichenstein,* ab. – Die meisten Gipfel sind unschwierig zu besteigen und bilden auch vielseitige Skiziele. Eine großartige, anspruchsvolle Wanderung ist die Überschreitung des gesamten Höhenkammes vom Eisenerzer Reichenstein bis zur Mödlinger Hütte unter dem Admonter Reichenstein (16 Gehstunden, entweder mit Biwak oder Abstieg zu einer Almhütte). Höchste Erhebung ist das → *Gößeck, 2215 m.*

Eisenerzer Ramsau

Eine der zahlreichen Ramsauen der Ostalpen (rams = Geröll), eine wunderschöne Hochebene zwischen Eisenerz mit dem *Erzberg, Wildfeld, Hoher Lins* und *Kaiserschild.* – Ausgangspunkt für die genannten Gipfel sowie für den *Übergang* über den Radmerhals nach Radmer. – Im Winter vorzügliches *Langlaufgebiet.* Alpengasthof Gemeindealm, 1050 m (8 Betten, ganzjährig bewirtschaftet), Gh. Pichlerhof, 1019 m (12 Betten, Ferienheim, ganzjährig bewirtschaftet).

Eisenerzer Reichenstein, 2165 m ○ ● ❋

Der massige Gebirgsstock ist einer der bedeutendsten Gipfel der Gruppe. Mit seinem Steilrasen und seinen schmalen Pfaden durch steile Schrofenflanken, die bei Nässe oder Schneelage unangenehm bis gefährlich sein können, ist er auf allen Wegen zu respektieren.

Der meistbegangene *Aufstieg* führt vom Präbichl über → *Reichensteinhütte* und von ihr in ¼ St. zum Gipfel (2½–3 St.); vom Bahnhof Erzberg 3–3½ St. Ein landschaftlich hervorragender Weg, der sich besonders zum Abstieg eignet, führt erst entlang des Westkammes zum *Reichhals, 2047 m,* und durch das → *Krumpen* nach Trofaiach (4 St.)

Der Reichenstein ist auch ein *Skiberg* – allerdings nicht für jedermann und nur im Frühjahr, bei sicheren Verhältnissen. Die Südroute vom Reichhals über die Linsalm, 1059 m, ist eine rassige Steilabfahrt (Aufstieg von der Klausenhube im Gößgraben 4 St., 1300 HM). Die Umfahrung des Reichenstein ist ein anspruchsvolles alpines Unternehmen mit zwei Gegenanstiegen: Aufstieg vom Präbichl über das Grübl – Abfahrt vom Reichhals ins Südkar – Aufstieg zum Krumpenhals – Abfahrt zum Krumpensee – Aufstieg zum Rottörl und Abfahrt zur Grübl-Piste (6 St., 1200 HM Aufstieg, 1400 HM Abfahrt).

Eine extreme Abfahrtsmöglichkeit bei optimalen Verhältnissen bildet die östlich der Hütte hinabschießende »Rote Rinne« (teilweise 48°) – etwas für Steilhangartisten.

Enns

Der Verlauf des Flusses vom Admonter Becken über das große Knie bei Großreifling bis Altenmarkt prägt Landschaftsbild und Geschichte der Ennstaler Alpen. – Im 16. Jh. entstanden bei Hieflau und Großreifling mächtige, den ganzen Fluß übergreifende Holzrechen, wo das aus den einzelnen Klausen geschwemmte Holz zu Flößen zusammengefügt wurde. – 1860 wurde die Enns im oberen Verlauf des Talbeckens reguliert, um die Überschwemmungen in Grenzen zu halten (ein Baukilometer kostete 44.000 Kronen).

1841/47 wurde der Pfad durchs Gesäuse auf Straßenbreite (2½ m) ausgebaut, 1872 wurde die Bahnstrecke Weyer – Rottenmann eröffnet. 1953 wurde der Fluß durch den Kraftwerksbau der Staustufe Kummerbrücke entscheidend verändert.

Als *Wildwasserstrecke* weist die Enns uneinheitliche Schwierigkeiten auf: ab Schladming bis Gesäuseeingang ein Wanderfluß, Gesäuseeingang bei optimalen Verhältnissen für Spitzenkönner möglich, dann von III+ abnehmend zum Stau der Kummerbrücke. Unterhalb die schwierige Kummerbrückenstrecke, V und IV, die schließlich in die Staustufenkette ab Lainbach übergeht.

Ennstaler Hütte, 1544 m

Benannt nach der alpinen Gesellschaft »Ennstaler«, deren 30 Mitglieder Wegbau und -markierung im Gesäuse sowie den Bau dieser Hütte aus eigenen (auch finanziellen) Kräften bewerkstelligt haben. Heute im Besitz der Sektion Steyr des Österreichischen Alpenvereins. 60 Schlafplätze, bewirtschaftet von Anfang Mai bis Mitte September.

Zugang: von Gstatterboden 3 St.; von Großreifling (Hackenschmiede) über Bärensattel 3½ St.; von Kirchenlandl 4 St.

Gipfel: Tamischbachturm, 2035 m, 1½ St.; Tieflimauer, 1820 m (I+, nur für Klettergeübte) 2 St. Der immer wieder auf den Karten als »Wander-

Die Hochtorgruppe von der Johnsbacher Brücke. Von links: Planspitze, Peternschartenkopf, Roßkuppe und Hochtor.

weg« eingezeichnete Übergang zum Kleinen Buchstein ist zwar landschaftlich schön, aber mühsam, erfordert einen Zwischenabstieg und ist für eine Gipfelbesteigung kein Zeitgewinn.

Erzberg, 1465 m

Dieses größte Spateisenvorkommen Mitteleuropas wurde bereits im 3. Jh. n. Chr. von den Römern, möglicherweise aber schon zuvor von den Tauriskern abgebaut. Der Sage nach hat ein Wassermann, der im Leopoldsteiner See gefangen wurde, für seine Freilassung entweder kleine Mengen Gold, Silber – oder aber »Eisen auf immerdar« geboten. Die realistischen Steirer haben mit dem Eisen keine schlechte Wahl getroffen. Die Lagerstätte reicht stellenweise 300 m unter die Talsohle. Die Erzausbringung beträgt rund 25%, der Rest ist taubes Gestein; das Roherz enthält durchschnittlich 32% Eisen und bis zu 3% Mangan.

Das Auffällige am Erzberg sind die rund 24 m hohen Abbauterrassen: Die Erzgewinnung geht hauptsächlich im Tagbau vor sich, nur im Winter gewinnt auch der Grubenbetrieb Bedeutung.

Früher wurde das Erz in unmittelbarer Nähe verhüttet, nach Kriegsende wurden jedoch die letzten Hochöfen stillgelegt, das Roherz wird jetzt nach Donawitz und Linz transportiert.

Führungen zu den Anlagen des Erzberges täglich von Mai bis 31. Oktober, 10 und 14.30 Uhr (Dauer ca. 90 Min.).

Festkogel, 2269 m ● ▲ ❄

Mächtiger Gipfel im Gratverlauf zwischen Hochtor und Ödstein, von Süden über Schrofen und Schutthänge sowie vom Hochtor her ohne wesentliche Schwierigkeiten erreichbar. – Mehrere einst vielbeachtete Nordwandanstiege verlieren in gleichem Maße an Beliebtheit, in dem der Besuch der früher einsamen Südwände zunimmt. Für deren herrlichen festen Fels und die mit Ausnahme des Hochsommers bis zum spätesten Herbst idealen Verhältnisse nehmen immer mehr Kletterer den fast dreistündigen Einstiegsweg in Kauf. Im mittleren Schwierigkeitsbereich sind empfehlenswert: Südpfeiler III, Südwestkamine III+ und unmittelbare Südwestwand (Peterka/Schwanda) IV+, für den Extremkletterer sind Wienerweg –VI, Superlux VI, Eitzenbergerpfeiler V, Mordillo VI+ und Simoneverschneidung –VI begehrte Ziele. – Der Abstieg über die Südostplatten (I) nach Johnsbach ist von erfreulicher Leichtigkeit; er stellt die unschwierigste Abstiegsmöglichkeit im gesamten Gratverlauf zwischen Hochtor und Ödstein dar.

Darüber hinaus ist der Festkogel ein rassiger *Skiberg*: vom Schneelochweg zum Hochtor wird nach links abgezweigt und durch eine immer steiler werdende Rinne zwischen Festkogel und Schneekarturm der Gipfelgrat erreicht. Eine reine Frühjahrstour, die außer sicherem Firn infolge ihrer Ostrichtung sehr frühen Aufbruch erfordert. Aufstieg (1400 HM) 4–5 St., Abfahrtshöhe, je nach Schneelage, meist weniger. – Nur bei besten Verhältnissen!

Festkogelturm, 2173 m ● ▲

Von Süden gesehen ein unscheinbarer Gratzacken, kann er von Norden mit zwei Routen aufwarten, die zu den klassischen Gesäusetouren zählen: die unmittelbare Nordwand (das »Z«, IV+, 350 m), die nur den Nachteil eines recht langen Zustiegs hat, sowie die gewaltige Nordverschneidung (–V) mit einer berühmten, genußvollen Platte und einem kräfteraubenden Überhang.

Fölz

Die Kaiserschildgruppe wurde auch Fölzgruppe genannt, die an sich sinnvolle Namensgebung hat sich jedoch nicht durchgesetzt. Vier dieser »Fölz« genannten Gräben durchschneiden diesen Gebirgsstock:
– die *Große Fölz* zieht als breiter Graben von Münichtal zur Donnersalpe, 1539 m (ein reizender Ausflug, allerdings besser von der Ramsau her),
– die *Kleine Fölz* wird auf dem Anstieg durch die Sandgrube passiert,
– durch die *Dürre Fölz* führt von der Häusergruppe Jassingau aus dem Erzbachtal erst ein Forstweg, dann ein Jagdsteig zum Hochhorn, 1874 m, und weiter zum Kaiserschildgipfel (unmarkiert, landschaftlich großartig, 4–5 St.),
– die *Kalte Fölz* schließlich vermittelt den Skiaufstieg auf Kaiserschild und Hochkogel (5 St., 1400 bzw. 1500 HM).

Frauenberg, 766 m

Die ursprünglich 1404 gegründete Kirche auf einem isolierten Hügel zwischen Admont und Ardning wurde 1683 neu erbaut. Sie verdankt ihre Gründung einer Marienstatue, die angeblich an diesem Uferstück der Enns angeschwemmt wurde. Die früher von rund 14.000 Menschen jährlich besuchte Wallfahrtskirche besitzt neben der Gnadenstatue, einer gotischen Madonna mit Kind, Plastiken von J. Th. Stammel, eine schöne Orgel und eine Glocke aus dem Jahr 1447. An die Wallfahrtskirche anschließend schöner Pfarrhof (17. und 18. Jh.). Barocker Kalvarienberg. Schöner Blick über Admonter Bekken und Gesäuseberge, im Westen bis zum Dachstein.

Gaishorn, 722 m

Markt im Paltental am Ausgang des Flitzengrabens. Beliebte Sommerfrische mit einem See, der trockengelegt wurde, nun aber wieder »in Betrieb gehen« soll. Mautstraße zur Mödlinger Hütte.

Ausgangspunkt für große Kammüberschreitung der *Eisenerzer Alpen* sowie Touren im Gebiet → *Mödlinger Hütte* (landschaftlich interessanter Zugang durch die Steiganlage im Flitzengraben 3 St.)

Gesäuse/Kurzporträt

Kernstück der Ennstaler Alpen sind die beiderseits der Enns das Tal bis fast 1800 m überhöhenden Gebirgsstöcke der Buchsteingruppe und des Hochtorzuges. Höchste Erhebung: Hochtor, 2369 m. Der vor dem Gesäuseeingang liegende Reichensteinstock wird häufig als »Kleines Gesäuse« bezeichnet.

Lohnende und beliebte Anstiege bis III: Hochtor-Ödstein-Grat II, Planspitze-Nordwand (Pichl) II+, Kleiner Buchstein-Westgrat II+, Großer Buchstein-Westgrat III–, Hochtor-Nordwand (Jahn) III, Totenköpfl-Ostgrat/Reichenstein-Ostwand III–.

Am Hochtor-Ödstein-Grat. Blick auf Planspitze und Roßkuppe (links im Hintergrund das Gelände des Peternpfades)

Im Bereich IV und V: Kalbling: Südgrat und Westwand IV–, Sparafeld: Südpfeiler V–, Diagonale V+, Ödstein NW-Kante IV, Festkogel: SW-Wand (Peterka) IV+, Steyrerweg IV+, Eitzenbergerpfeiler V+: Roßkuppen NW-Kante V– A0, Peternschartenkopf: N-Wand, NO-Wand IV+; Hochtor N-Wand (Pfannl), IV+; Planspitze NW-Wand IV–.

Goferhütte, 978 m

Unbewirtschaftete Hütte des Österreichischen Alpenvereins, Sektion Gebirgsverein, im *Goferkar* unter den Nordabstürzen des Admonter Reichensteins. 20 Schlafplätze, an Wochenenden fallweise beaufsichtigt.
Auskunft: Österreichischer Gebirgsverein, 1080 Wien, Lerchenfelder Straße 8, Telefon (0222) 42 26 57.
Zugang: vom Parkplatz Gofergraben (Bushaltestelle) an der Gesäusestraße 1 St. *Übergänge:* Nur unbezeichnete Wege über Vordergoferalm zum Gesäuseeingang; Aufstieg auf das *Sparafeld, 2247 m,* über den *Speikbodenweg* (I, unbezeichnet, eine unangenehme, brüchige Plattenquerung. Nur für Geübte! 4 St. ab Hütte).

Gößeck, 2214 m ● ✳

Höchste Erhebung des gewaltigen → *Reiting* und darüber hinaus der gesamten Eisenerzer Alpen, der nach Norden mit steilen, jedoch stark gegliederten und brüchigen Felsflanken in den Gößgraben abstürzt. Prachtvolle Rundsicht, vor allem auf den Ostteil der Eisenerzer Alpen und die Seckauer Tauern.
Die *Aufstiege* von Mautern bzw. Kammern über »Die Klauen« sind lohnend, doch etwas langwierig (jeweils 5 St.). Der meistbegangene Weg führt von Schardorf bei Trofaiach durch den *Bechelgraben.* Zufahrt bis zum »Zeller« oder weiter bis P. 941 (Schranken), 4–5 St., rot bezeichnet. Der Bechelgraben ist auch eine rasante *Skiabfahrt* (unten teilweise steiler Wald, im freien Grabenteil zeitweise Lawinengefahr. 1300 HM). Bei guten Verhältnissen wird auch der benachbarte *Fallgraben* befahrbar: Vom Grieskogel, 2148 m, erst nach Osten, dann in das steile Kar nach Süden zur Mitteralm und durch den Fallgraben hinunter, zuletzt über Wiesen nach links zum Ausgangspunkt.

Gowilalm, 1375 m

Nordwestlich des Kleinen Pyhrgas; Österreichischer Alpenverein, Sektion Bad Hall, 43 Schlafplätze.
Zugang: von Spital am Pyhrn 2 St.; von Windischgarsten 3 St.
Übergang: zur Hofalmhütte (mit Zwischenabstieg) 2 St.
Gipfel: Kleiner Pyhrgas, 2023 m, 2–2½ St.; Großer Pyhrgas, 2244 m, über den versicherten Bad Haller Steig (nur für Geübte), 3½ St., rot bez. – Der Gratübergang vom Kleinen Pyhrgas zum Scheiblingstein bzw. zum Großen Pyhrgas weist Kletterstellen im II. Grad auf.

Grabneralmhaus, 1391 m

Auf der *Grabneralm* im Ostteil der Haller Mauern. Österreichischer Alpenverein, 60 Schlafplätze, bewirtschaftet von Pfingsten bis Anfang November.
Zugang: vom Buchauer Sattel 1½ St. – Übergang zum Admonter Haus 1 St., weiter über Seeboden in die Laussa 3½ St.
Gipfel: Grabnerstein, 1847 m, 1½ St.; Admonter Warte, 1804 m, 1 St.; Natterriegel und Bärenkarmauer über Admonter Haus 2½ bzw. 3½ St.

Grabnerstein, 1847 m ○ ✳

In den östlichen Haller Mauern im Angesicht des Natterriegel über dem Grabnertörl. Häufig besucht wird die südwestlich vorgelagerte *Admonter Warte, 1804 m,* ¼ St. vom Admonter Haus. – Auf den unschwierig erreichbaren Gipfel gelangt man am besten von der *Grabneralm.* Ein Steig führt in einer großen Schleife nach Osten über den Sattel zwischen *Zilmkogel, 1598 m,* und Hauptgipfel und dann in mäßiger Steigung auf diesen (1½ St.).
Das ist auch der übliche *Skiaufstieg.* Abfahrt auf gleicher Strecke oder am

Zilmkogel nördlich vorbei in teilweise sehr steilen Laubwald und querend nach rechts zur Forststraße. Vom Buchauer Sattel 2½–3 St., 1000 HM, ab Hochwinter.

Grete-Klinger-Steig ● △

Einer der wenigen versicherten Steige der *Eisenerzer Alpen* führt über den Grat der → *Vordernberger Mauern*. Er leitet – teilweise sehr luftig – vom *Barbarakreuz* über *Fahnenköpfl, 1648 m, Vordernberger Zinken, 2010 m,* und *Grüblmauer, 1178 m,* in das → *Rottörl*. Von diesem kann man durch das *Krumpental* zum Ausgangspunkt zurückkehren oder den Weg zum *Reichenstein* fortsetzen (1–1½ St., Abstieg vom Reichenstein zum Präbichl 1½–2 St.). Anspruchsvoller, ausgesetzter Steig, nur für Geübte; rot bez. – Vordernberg – Grete-Klinger-Steig – Zinken – Rottörl 4–4½ St. – Für Autofahrer ist die → *Hirnalm* im Krumpental der beste Ausgangspunkt.

Großreifling, 428 m

Ortschaft an der Enns nahe der Salzamündung. Während der Hochblüte der Holzwirtschaft vergangener Jahrhunderte war Großreifling ein Zentrum der Flößerei: An dem 1574 von Hans Geiger errichteten Holzrechen, der die Enns überspannte, wurden die Stämme zu Flößen zusammengebunden.

Sehenswert: Kleine Pfarrkirche aus dem Jahr 1507, von dem Gewerken Christian Schmid erbaut, sowie der im Kern spätgotische Alte Kasten, der ursprünglich als Getreidespeicher diente, und der barocke Neue Kasten, der ehemalige Getreidespeicher der Innerberger Hauptgewerkschaft, heute Forstmuseum.

Ausgangspunkt für → *Tamischbachturm* (Hackenschmiede) 4½ St., eine der lohnendsten leichten Bergfahrten im Gesäuse (Übergang nach Gstatterboden oder Hieflau, Rückkehr per Bahn).

Gscheidegger, Gscheideggkogel ○ ❋

Das letzte Bauerngehöft (1016 m) im Johnsbachtal (3 km vom Kölblwirt) ist in den vergangenen Jahrzehnten zu einem geographischen Fixpunkt

für den Tourenskiläufer geworden. Hier beginnen die Aufstiege zum Leobner, Blasseneck, Neuburgsattel und zum *Gscheideggkogel, 1788 m* (in manchen Karten auch als *Pleschberg* eingetragen).

Aufstieg zum Gscheideggkogel: vom Gscheidegger (Tafel »Seekaralm«) auf Forststraße, im oberen Teil auf der Kammhöhe, oder über die Grössinger Alm. 2–2½ St., 770 HM, auch vorzügliches Schlechtwetterziel.

Von Radmer ist eine Skibesteigung des Gscheideggkogels (Abzweigung von der Forststraße zum Neuburgsattel) ebenfalls lohnend.

Gstatterboden, 569 m

Die »Hauptstadt« des Gesäuses umfaßt nur wenige Häuser, das Hotel Gesäuse und die Bahnstation. 1383 wurde es als Holzfällersiedlung »Staderpach« gegründet und umfaßte 1880 fünf Häuser, darunter das Wirtshaus Knaus.

Ausgangspunkt für → *Buchsteinhaus* und → *Großen Buchstein,* → *Ennstalerhütte* und → *Tamischbachturm* sowie für die Kletterrouten in den Nordwänden von → *Planspitze* und → *Peternschartenkopf.*

Gsuchmauer, 2116 m ○ ❋

Die höchste Erhebung der → *Jahrlingmauern,* ein Gipfel für Freunde einsamer Wege mit großartigem Anblick des Hochtorzugs und des Zinödl von Süden. Im Sommer eher selten besucht, ist er im Frühjahr ein erstklassiger *Skiberg: Aufstieg* aus dem Johnsbachtal (»Ebner«) durch die Klamm, über die Pfarralm und die Schröcklucken wie zur Stadelfeldschneide. 3½–4 St., 1100 HM, Südlage. Oder durch Hartelsgraben und Sulzkar (letztes Stück zum Gipfel problematisch) 5–6 St., 1600 HM. Eine herrliche Abfahrt bietet auch das Riesenkar des *Gsuch,* zwischen Gsuchmauer und Hochhäusel, in dessen Nordschatten sich lange der Pulverschnee hält.

Gugelgrat ● △

Der meistbegangene *Hochtor*-Aufstieg, auf dem sich auch 1871 die erste touristische Ersteigung vollzog, führt über den von der Heßhütte

direkt zum Gipfel ziehenden OSO-Grat. Die Steiganlage (Josefinensteig) wurde 1897 nach eineinhalbjähriger Bauzeit (500 m Drahtseil) durch die Alpine Gesellschaft »Ennstaler« eröffnet.

Aufstieg: –I, grün bez., 2–2½ St. ab Hütte. Trittsicherheit erforderlich, Vorsicht im Frühsommer bei hartem Altschnee. 670 HM, Felshöhe rund 500 m.

Hahnstein, 1697 m ▲

Stünde der schöne Felsbau nicht so hoch droben abseits der vielbegangenen Wege – er wäre ein begehrtes Kletterobjekt. In der Nachbarschaft des → *Kalbling* verliert er verständlicherweise an Anziehungskraft, obgleich er einige schöne Anstiege aufweist.

Zugang: von Kematen bei Admont (ca. 800 m) durch den Kematengraben; oder – kürzer – von der letzten Kehre der Straße zur Klinke-Hütte (ca. 1400 m) über die Scheiblegger Hochalm. Normalanstieg II, ½ St., Nordkante IV, 2 St. 150 m Wandhöhe, Südostwand –VI, 2–3 St.

Haindlkarhütte, 1121 m

Im Herzen der Gesäuseberge, im wilden Haindlkar am Nordfuß des Hochtorzuges gelegen, ist sie ein ausgesprochener Kletterstützpunkt. Die »alte«, unter einen Riesenblock geduckte Haindlkarhütte (heute nur bei Überbelegung des neuen Hauses geöffnet) wurde 1923 erbaut und war die Kraftzelle für die Eroberung der Nordwände.

Die neue Haindlkarhütte wurde 1960 eröffnet (Österreichischer Alpenverein); 63 Schlafplätze, bewirtschaftet von Mitte Mai bis Mitte Oktober. Telefon (0 36 11) 22 1 15.

Zugang: vom Parkplatz an der Gesäusestraße (ÖBB-Haltestelle) 1¼ St.

Übergänge und Gipfelbesteigungen nur für geübte Bergsteiger! Auch der Peternpfad (I+, bezeichnet, fixe Haken) ist bereits Kletterei (Hütte – Peternscharte 3½–4 St., weiter zur Heßhütte +1½–2 St.). Über die Gsengscharte ins Johnsbachtal (zwischen Bachwirt und Ort) 1½–2 St. Alle anderen Aufstiege sind schwierige Klettertouren.

Haindlkarturm, 2257 m ▲

Ragt westlich des Hochtorgipfels aus dem Gratverlauf zum Ödstein. Von seinen Kletterwegen wird der Nordwestpfeiler (IV+, 400 m, 3 St.) gerne begangen.

Bedeutungsvoll ist der Gipfel vor allem als Orientierungspunkt für den → *Lindenbach-Abseilweges,* der in der Scharte zwischen ihm und Festkogelturm beginnt (schnellster Abstieg ins Haindlkar).

Hall bei Admont, 682 m

Weitgestreute Ortschaft im Admonter Becken am Fuß der Haller Mauern. Der Ort mit seinen Salzlagerstätten (der Name wird schon 931 genannt) war Kernzelle der Besiedelung dieses Gebietes. Die Salzgewinnung wurde später vom Stift Admont übernommen und ging 1543 zu Ende.

Im Winter gespurte Loipen in die Mühlau und zum Gesäuseeingang sowie am Buchauer Sattel. *Ausgangspunkt* für den → *Pleschberg* (Skiziel), 3 St., 1000 HM.; → *Admonter Haus* über die Pitzalm 3 St.

Hübscher kleiner Ausflug auf den *Dörfelstein, 1063 m,* mit herrlicher Aussicht auf Haller Mauern, Gesäuseberge, Grimming und Dachstein; Auf- und Abstieg auf verschiedenen Wegen, insgesamt 3 St.

Haller Mauern/Kurzporträt

Mächtige Bergkette im Norden des Admonter Beckens. Höchste Erhebung: *Großer Pyhrgas, 2244 m.* Westlich des Pyhrgasgatterls ist die schroffe Schneide des *Bosruck, 1992 m,* angeschlossen.

Im Pyhrgasgebiet mehrere Hütten, im Ostteil nur Grabneralm und Admonter Haus. Die Gipfel dazwischen müssen vom Tal aus angegangen werden und sind mit Ausnahme des Scheiblingsteins – ebenso wie die gesamte Nordseite der Haller Mauern – ziemlich einsam.

Ein großer Teil dieser schroffen Berggestalten kann mit Skiern bestiegen werden: Großer und Kleiner Pyhrgas, Scheiblingstein, Kreuzmau-er, Natterriegel und Grabnerstein, außerdem großartige Nordkare (Schafplan, Roßkar).

Den extremen Kletterer lockt vor allem die blanke Scheiblingstein-Westwand (–VI A 2), im übrigen ist das Gestein nicht immer zuverlässig. Der konditionsstarke und im mittelschwierigen Gelände sichere Alpinist zielt auf die große Gratüberschreitung: Vom Admonter Haus über den gesamten Gipfelreigen bis zur Bosruckhütte sind das 18 km, mit Kletterstellen bis III und einigen Abseilstellen. Gesamtzeit 10–15 St.

Hartelsgraben ○ ✳

Der im unteren Teil tief eingeschnittene Graben östlich des Zinödl vermittelt den einzigen unschwierigen Zugang aus dem Ennstal in die Hochtorgruppe. Der 1195 als Hartwigespach erstmals urkundlich erwähnte Graben war jahrhundertelang strenggehütetes Jagdrevier. – Ein steiler, 1880 angelegter Forstweg zieht durch den Graben zu einem Jagdhaus, 1100 m (2 St.). Durch das Sulz-kar und über den Sulzkarhund erreicht man die Heßhütte. – Der Graben vermittelt auch den Skizugang zum *Lugauer* und zum *Zinödl* (Ostrinne). Der untere Teil ist durch Grundlawinen gefährdet und bei schlechten Schneeverhältnissen als Abfahrt eine Qual, bietet aber im Frühjahr mit seinen Wasserfällen ein herrliches Naturschauspiel.

Haselkogel, 1870 m ○ ✳

Er bricht ins Haselkar – gegenüber dem Lugauer – mit beachtlichen, felsdurchsetzten Flanken ab, ist jedoch von Südwesten leicht zu ersteigen. Im Sommer wenig aufregend, stellt er dagegen ein nettes *Skiziel* dar, auch für schlechte Verhältnisse geeignet. Landschaftlich große Klasse, vor allem der Anblick der Lugauerplan ist hinreißend.

Aufstieg: über den Neuburgsattel von Radmer an der Hasel 3½ St., 900 HM; vom Johnsbachtal (Gscheidegger) 3 St., 850 HM. Mäßig geneigte, teilweise bewaldete Hänge, freier Gipfelkamm.

Hengstpaß, 985 m
Paßhöhe der Straßenverbindung vom Ennstal (Altenmarkt) durch die Laussa ins Becken von Windischgarsten. Die einst berüchtigte, abenteuerliche Straße ist jetzt zwar gut ausgebaut, im Winter aber häufig wegen Lawinengefahr gesperrt. Prachtvolle Sicht auf die Nordseite der Haller Mauern und die Buchsteingruppe.

Heß, Heinrich
* 29. 12. 1857, † 12. 8. 1946
Der Wiener Metallwarenfabrikant kann als *der* touristische Entdecker und Erschließer der Gesäuseberge gelten. In den siebziger Jahren des vorigen Jahrhunderts hat er viele Gesäusegipfel als erster Tourist erstiegen. Mit dem Holzmeister Andreas Rodlauer hat er den Peternpfad wiederentdeckt und den Wasserfallweg im Urzustand begangen, damals ein handfester Dreier mit unangenehmen bewachsenen Passagen. Den Hallermauerngrat überschritt er allein, den »unersteigbaren« Kleinen Buchstein erkletterte er wiederum mit Rodlauer und mit E. Gerstenberg. All dies waren Eintagestouren, ermöglicht durch zwei nächtliche Bahnfahrten – denn damals war Samstagnachmittag Dienstschluß. Seine ausgedehnteste Sonntagstour von Wien aus war die Ersteigung des Hochtenn von Zell am See (!). Heß war auch der Verfasser des ersten Gesäuseführers (1884, der erste Gebietsführer im deutschen Sprachraum), Mitherausgeber des »Hochtourist« – bis zum Zweiten Weltkrieg in modifizierter Form *das* ostalpine Standardwerk –, er redigierte 25 Jahre lang die Jahrbücher des Alpenvereins – alles in uneitler und uneigennütziger Weise. Da ist es nur billig, daß eine Hütte im Gesäuse seinen Namen trägt.

Heßhütte, 1699 m
Auf dem Ennseck zwischen Hochtor und Zinödl. – Österreichischer Alpenverein, Sektion Austria. Erbaut 1893, erweitert zuletzt 1981 auf derzeit 130 Schlafplätze; bewirtschaftet von Pfingsten bis 10. Oktober. Winterraum mit 10 Lagern. – Funkverbindung Johnsbach (Gemeindeamt) – Heßhütte über Telefon (0 36 11) 217.

Zugang: vom Kölblwirt 3 St.; von Kummerbrücke über Wasserfallweg 3½ St.; von Hieflau durch den Hartelsgraben über Sulzkarhund 5–6 St.; von der Haindlkarhütte über den Peternpfad 4–5 St. (I+, nur für klettergewandte Bergsteiger).
Gipfel: Zinödl, 2191 m, 1½ St.; Planspitze 2117 m, 2½ St.; Hochtor, 2369 m, 2½ St. (Trittsicherheit erforderlich).

Hexenturm
siehe → *Bärenkarmauer*

Hieflau, 503 m
Alter Industrieort am Ausgang des Gesäuses, an der Mündung des Erzbachs in die Enns. Im 16. Jh. bedeutende Eisenindustrie. Hier erbaute Hans Gasteiger 1572 einen Holzrechen über die Enns und eine Hochofenwehr.
Ausgangspunkt für → *Tamischbachturm* über Scheibenalm und Südkamm (4½ St., steil und mühsam, besser im Abstieg).
Übergang: Durch den Waggraben oder Hartelsgraben über den Sulzkarhund zur Heßhütte (5–6 St.). – Unschwierige Wanderung durch den Waggraben bis zum Jagdhaus im Hartelsgraben (2½ St.) und durch diesen absteigend zur Gesäusestraße (im Frühjahr wegen der Schmelzwasserfälle sehr lohnend) 1 St., zurück nach Hieflau ¾ St.

Hinkareck, 1932 m ○ ✳
Rasengipfel der Eisenerzer Alpen im Kammverlauf Zeiritzkampel – Leobner über dem Radmerkar. Wird als selbständiges Ziel kaum aufgesucht, meist im Zug der Kammwanderung überschritten.
Von Radmer aus schöne *Skitour* (allerdings lange Forststraßenpassagen) über die Seekaralm. 3–4 St., rund 1000 HM, Hochwinter bis Frühjahr.

Hirnalm, 934 m
Almwirtschaft im Krumpental im Süden des → *Eisenerzer Reichensteins*. Privat, 15 Schlafplätze, bewirtschaftet von Mitte April bis Anfang November. Auskunft: Telefon (0 38 47) 22 34.
Zufahrt: von Hafning bei Trofaiach bis zur Hütte.
Übergang: zur Krumpenalm 1¼ St.;

zur Reichensteinhütte 3½ St.; über Rottörl – Grübl zum Präbichl 3½ St.
Gipfel: über Barbarakreuz (40 Min.) zum Fahnenköpfl, 1648 m, 2 St.; weiter über Grete-Klinger-Steig oder Normalweg auf den Vordernberger Zinken, 2010 m, und zum Rottörl.

Hochhäusl, 2026 m ○ ✳
Pultartig abgedachter, recht einsamer Gipfel in der Gruppe der → *Jahrlingmauern*. Er wird vor allem als *Skiberg* von der Johnsbacher Seite her über die Neuburgalm bestiegen. Von der Alm durch Wald zum steilen Gipfelhang, oder – schwieriger – aus dem Sattel zwischen Hochhäusl und Gsuchmauer (bei Aufstieg durch das Gsuch).
Aufstieg: von Johnsbach 3–3½ St., unbezeichnet, 1000 HM.

Hochkogel, 2105 m ● ✳
Der höchste Gipfel der → *Kaiserschildgruppe* liegt ein wenig im Abseits. Wer zum Kaiserschild aufsteigt – ob im Sommer oder Winter – vermeidet gern den Zwischenabstieg. Von der Kaiserkuchelscharte zwischen den beiden Gipfeln ¾ St.
Aufstieg: vom Radmerhals, 1310 m (von Radmer an der Stube 2½ St., von der Eisenerzer Ramsau, Gh. Gemeindealm ¾ St.), über einen wohl markierten, aber Kletterfertigkeit erfordernden Steig (I, nicht bei Schneelage!) 2½ St. 1100 HM ab Ramsau; aus der Ramsau über den Bärensteig (Seilsicherungen) etwas leichter (–I, Übung erforderlich), rot bez., 3½ St.

Hochtor, 2369 m ● ▲
Der höchste Gipfel der Ennstaler Alpen, von allen Seiten eine schroffe, mächtige Felsgestalt und auf keinem Weg leicht zu nehmen. Nach Norden bricht eine 800 m hohe Wand ins Haindlkar ab (Gesamthöhe über dem Ennstal 1800 m!), gegen Süden ist der Felsbau durch Kare und Grate gegliedert, nicht so hoch und so steil, doch immer noch mit einer relativen Höhe von 600–700 m aufstrebend. Von dieser Seite ergeben sich auch die einfachsten *Aufstiege:* der Josefinensteig über den → *Gugelgrat* (–I, grün bez., 2–2½ St. ab Heßhütte) und der Weg durch das → *Schneeloch* (I, rot bez.,

Trittsicherheit erforderlich, 4½–5 St. von Johnsbach).

Die Aussicht vom Hochtor ist sehr umfassend: sie reicht vom Schneeberg im Osten bis zu den Karawanken und Julischen Alpen im Süden, im Westen über Dachstein und Totes Gebirge bis zu den Hohen Tauern.

Von den mehr als 50 Kletterrouten und Varianten seien nur die beliebtesten erwähnt: der luftige Roßkuppengrat von der Peternscharte her (–II, 2–2½ St.), der → *Roßschweif,* eine der schönsten Kletterreien dieser Schwierigkeit (II+, eine Stelle –III, 2–3 St.), und dann natürlich die begehrte Nordwand, auch im Magnesia-

Zeitalter eine ernste Bergfahrt. Der Pfannlweg (IV, 800 m, 5–7 St.) ist im unteren Teil steinschlaggefährdet und im Gesamtcharakter irgendwie düster; der Jahn-Zimmer-Weg (III, 700 m, wesentlich längere Kletterstrecke) ist freundlicher, weniger gefährdet, aber nicht ganz leicht zu finden.

Hochturm, 1956 m ▲

Wilder Felsturm, der den Gratzug der Haller Mauern zwischen Kesselkargrat und Kreuzmauer steil überragt (auch in den östlichen Ausläufern der Haller Mauern gibt es einen – touristisch allerdings bedeutungs-

losen – Hochturm). Seine auffällige Form hat ihm vermutlich ursprünglich jene Bezeichnung »Hexenturm« eingetragen, die später fälschlich auf die Bärenkarmauer übergegangen ist.

Er wird praktisch nur im Zug der großen Gratüberschreitung bestiegen: Von Osten her relativ einfach (I+), aber steil und brüchig. Der Westgrat von der Lieblscharte (–III) wird dabei abseilend überwunden (im Aufstieg ausgesetzte, steile Kletterei in unvermutet festem Fels).

Hofalmhütte, 1305 m

Auf der Hofalm am Westfuß des Großen Pyhrgas. Österreichischer Alpenverein. 42 Schlafplätze. Bewirtschaftet von Ende Mai bis Mitte September.
Zugang: von Spital am Pyhrn 1¾ St.
Übergang: zum Rohrauerhaus ¾ St.; zur Gowilalm 2 St.
Gipfel: Großer Pyhrgas, 2244 m, 2¾ St., rot bez.

Holzerkar ☀

Zwischen Großem und Kleinem Pyhrgas. Ein von Felswänden flankiertes, einsames Kar, das nach Nordwesten ausgerichtet ist. Eine rasante Frühjahrsabfahrt für Könner, im oberen Teil sehr steil (45°) und eng. Das Kar mündet oben auf den Verbindungsgrat zwischen den beiden Pyhrgasgipfeln. Auf den Kleinen Pyhrgas, 2023 m, weiter in mäßig schwieriger Kletterei (bis II).
Zufahrt: von Spital am Pyhrn bis zum Gh. Pyhrgasblick, bei schneefreier Straße bis zum Sonnleitner Reut (rund 1100 m). Aufstieg wie Abfahrt, 1000 HM.

Hotel Gesäuse, 570 m

Der zentrale Talstützpunkt des Gesäuses in *Gstatterboden.* Ganzjährig geöffnet, Telefon (0 36 11) 22 1 19. 80 Betten, davon 20 in Touristenzimmern.
Ausgangspunkt für: Buchsteinhaus und Großen → *Buchstein, 2224 m* (5–5½ St.), → *Ennstaler Hütte* und

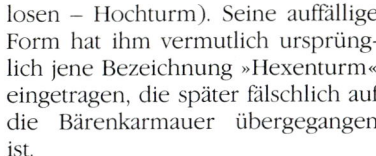

Auf dem Johnsbacher Bergsteigerfriedhof

→ *Tamischbachturm, 2035 m* (4½–5 St.). → *Wasserfallweg* und → *Heßhütte* bzw. → *Planspitze, 2117 m* (4–5 St.), *Hochzinödl, 2191 m* (4½ St.), sowie Klettertouren in der *Planspitze-* und → *Peternschartenkopf*-Nordwand und in den Südabstürzen der Buchsteingruppe.

Jahrlingmauern ○ ❄

Die südlich parallel zum Hochtorzug verlaufende Bergkette, deren Gipfel im Sommer nur selten besucht werden, deren Namen jedoch für den Tourenskifahrer Begriffe sind: *Stadelfeldschneid, Gsuchmauer, Hochhäusl* und *Haselkogel* stehen auf dem Wunschzettel jedes Gesäusefans.
Zugang: am günstigsten aus dem Johnsbachtal, aus dem Hartelsgraben etwas umständlicher. Die Touren sind von Süden her nicht sehr lang (jeweils 3–3½ St., 1000–1100 HM), aber bei heiklen Schneeverhältnissen absolut nicht zu unterschätzen. Als Schlechtwetterziel eignet sich nur der Haselkogel.

Johnsbach, 753 m

Eine im mittleren Johnsbachtal auf eine Länge von 4 km verstreute Gemeinde. Am unteren Ende die kleine, barock umgestaltete Kirche, auf deren Friedhof zahlreiche der mehr als 400 bisher im Gesäuse verunglückten Bergsteiger ihre letzte Ruhestätte gefunden haben. Das Johnsbachtal wurde ursprünglich von Radmer her besiedelt. Seit 1200 wurde auch hier Eisenerz abgebaut, der Bergbau wurde erst 1871 eingestellt.
Sehenswert: der Wolfbauerwasserfall (¼ St. vom Gh. Kölbl). – Die hochinteressante *Odelsteinhöhle*, die immer wieder von »Sammlern« geplündert wurde, ist nun verschlossen und nur mit Führung zugänglich. Johnsbach besitzt auch einen kleinen Schlepplift, ist aber vor allem ein Zentrum des Tourenskilaufes. Ein sanfter Tourismus hat also doch Chancen!
Ausgangspunkt für: → *Mödlinger Hütte* und *Admonter Reichenstein,* → *Heßhütte* und → *Hochtor* oder → *Zinödl,* → *Blasseneck,* → *Leobner* und → *Jahrlingmauern,* sowie für die Kletterrouten in den Südwänden des Ödstein-Hochtor-Zuges.

Kaiserschild, 2084 m ● ▲ ❄

Der mächtige Felswall über dem Talkessel von Eisenerz ist trotz dieser Nachbarschaft ein relativ einsamer Gipfel. Eigentlich ist der etwas versteckte *Hochkogel (2105 m)* die höchste Erhebung dieses rauhen Kalkstockes, dessen Benennung auf Kaiser Maximilian I., den »letzten Ritter«, zurückgeht. Dieser hatte sich die Jagdrechte in diesem Gebiet vorbehalten und erklärte es zu einer Art Wildschutzgebiet, das nicht betreten oder gar bejagt werden durfte. Als äußeres Zeichen wurde ein Schild mit kaiserlichem Wappen auf dem Gipfel aufgestellt. Ein Vorgipfel, 2036 m, trägt den Namen *Kaiserwart.* Heute ist der Besuch zwar nicht untersagt, aber das Fehlen von Hütten und die Länge der Aufstiege, die 3½–5 St. in Anspruch nehmen, sind ein wirksamer Filter, der die Allzubequemen abhält.
Aufstieg: Der kürzeste Weg führt von der Ramsau (Gh. Gemeindealm) über den teilweise versicherten Bärensteig von Süden zum Gipfel (Trittsicherheit erforderlich, nicht zu früh im Jahr wegen harter Schneefelder!) 3–3½ St., rot bez. Von Münichtal über die Sandgrube – steil, aber landschaftlich hervorragend (I, rot bez., 5 St.). Durch die *Kalte Fölz (Skiaufstieg)* von Eisenerz-Hieflau (ca. 5 km vor Eisenerz) in den Graben, durch den ein unbezeichneter Jagdsteig teilweise sehr steil hinaufzieht. Über den abschließenden Gipfelgrat zu Fuß (4–5 St.), 1400 HM, Abfahrt wie Aufstieg.
Eine extreme Steilabfahrt ist die Rote Rinne, die von der Scharte südöstlich des Kaiserwartes in den Urwirtsgraben und die Große Fölz hinunterzieht (stellenweise 45° und teilweise eng, nur bei besten Verhältnissen, vorheriger Aufstieg ratsam).

Kalbling, 2196 m ○ ▲

Der von der Kaiserau – oder auch aus dem Paltental – wie ein spitzes Horn aussehende Kalbling bildet den südwestlichsten Eckpfeiler der *Reichensteingruppe.* Mit dem Nachbarn → *Sparafeld* ist er durch eine breite Wiesenmulde verbunden, über die sich die kanzelartig vorgeschobene

Gipfel von der Rückseite her ganz einfach ersteigen läßt. Dies und der Umstand, daß man den Ausgangspunkt Klinke-Hütte auf einer Mautstraße erreichen kann, haben ihn heute zum Halbtagesausflug, zum beliebtesten und meistbesuchten Gesäusegipfel gemacht.
Aufstieg: von der Hütte über das Kalblinggatterl, später über Latschenhänge bis an den Fuß der Südwand, auf teilweise schmalem Steig unter der Westwand vorbei und von Norden her über Wiesenmatten zum Gipfel (2 St., unschwierig).
Infolge der relativ geringen Gipfelhöhe, der sonnseitigen Lage und der leichten Erreichbarkeit ist der Kalbling ein idealer Kletterberg mit rund 2 Dutzend Anstiegen in meist ausgezeichnetem Fels. Am häufigsten begangen wird der Südgrat (–IV, 2–3 St., 250 m), gefolgt von der steilen Westwand (Baumgärtnerweg, –IV, 2–3 St., 300 m, oder Pelikan-Riebe-Weg, III und –IV). Eine ernste, stellenweise ein wenig brüchige Kletterei ist der Waidhofenerweg in der Südwand (IV+), von den extremen Routen sind hervorzuheben der Scheiblehnerriß (V+ A1), der Denggweg (V+ A0) und »Simsalabim« (VI).

Kalwang, 753 m

Markt an der Schoberpaßstraße, schon 1174 als »Cheichelwang« urkundlich erwähnt. Einst bedeutender Kupferbergbau in der Teichen sowie große Hammerwerke.
Sehenswert: die im Kern gotische Pfarrkirche (Krippe von J. Th. Stammel), das Liechtenstein-Jagdschloß und die spätgotische Bergkirche auf dem Sonnberg.
Ausgangspunkt für Langen und Kurzen → *Teichengraben, Übergänge* in die Ramsau und nach Radmer, → *Wildfeld* und → *Zeiritzkampel* sowie für Bergtouren in den Niederen Tauern (Hochreichart etc.).

Kirchengrat ▲

»Du gehst als junger Mensch von Johnsbach weg und kommst als Greis am Ödsteingipfel an« ... Der Südwestgrat des *Ödstein,* mit etwas Phantasie gesehen in unmittelbarer Flucht von der Johnsbacher Kirche gipfelwärts strebend, ist eine nur mäßig

schwierige, aber lange Kletterei. Der
Johnsbacher Jäger Fehringer hat ihn
um 1875 erstmals erklettert. Zwanzig
Jahre später wurde er ab Felsbeginn
markiert und ist der leichteste Weg
auf diesen großen Gipfel.
Zugang: von Johnsbach zum »Ober-
kainz« und im Kainzengraben zum
Beginn der Felsen. Die schwierigste
Stelle ist die Erkletterung des Teu-
felszahns im oberen Gratteil. –II, rot
bez., 4–6 St., Felshöhe 1300 m. – Abstieg auf dem Aufstiegsweg, über den
Gamssteinsattel oder über den Festkogel.

Kitzstein, 1925 m ○ ❋

Dieser Vorgipfel des → *Bosruck* ist
auf markiertem Weg leicht zu ersteigen.
Aufstieg: vom Pyhrnpaß 3 St., knapp
1000 HM. Weiterweg zum Bosruck
1 St., leichte Kletterei. Der *Lahnerko-
gel, 1834 m,* seinerseits ein Vorgipfel
des Kitzsteins, wird als *Skiziel* gern
besucht. Der Kitzstein selbst wird
wegen der Wächten im Winter eher
selten bestiegen. – Abfahrt über den
steilen Westhang. Hochwinter bis
Frühjahr, aber sichere Verhältnisse
nötig! Aufstieg 2–3 St., 900 HM.

Klinke-Hütte, 1486 m

An der Südseite des → *Kalbling* unterhalb des Kalblingsattels. 1941 erbaut, heute im Besitz des Österreichischen Alpenvereins, 200 Schlafplätze;
ganzjährig (mit Ausnahme November) bewirtschaftet. Telefon (0 36 13)
26 01.
Zufahrt: von Admont oder aus dem
Paltental (Bärndorf bzw. Dietmannsdorf) jeweils über die Kaiserau bis
zur Hütte; auch ÖBB-Buslinie.
Zugang: von der Bushaltestelle Nagel-
schmiede der Linie Admont – Kaiserau – Trieben 1½ St.
Übergang: zur Mödlinger Hütte über
die Flitzenalm (2 St.) und weiter nach
Johnsbach 3½ St. Weiter zur Heßhütte. Insgesamt 6½–7 St.
Gipfel: Kalbling, 2196 m, 2 St.; Sparafeld, 2247 m, 2¼ St.; Riffel, 2106 m,
1½ St.; Kreuzkogel, 2011 m, über den
Riffelgrat 2½ St. (nur für Geübte, bei

Schneelage oder Nässe gefährlich!);
Lahngangkogel, 1778 m (beliebter,
leichter Skiberg), 1 St.
Liftbetrieb bei der Hütte.

Kreuzkogel, 2011 m ● ❋

Der Kreuzkogel liegt am Ende eines
bogenförmigen Grates, der vom *Spa-
rafeld/Kalbling* nach Westen streicht.
Durch die weite Wiesenmulde der
Scheiblegger Hochalm ist er mit dem
Hahnstein verbunden. Im Sommer
erfolgt seine Besteigung meist über
den Verbindungsgrat von der Riffel
her; mittlerweile hat er sich aber
auch schon als Skiberg für Spezialisten etabliert.
Aufstieg: von Admont bzw. Kematen
(Zufahrt bis auf ca. 800 m) durch den
Kematengraben über die Scheiblegger Hochalm 3½–4 St., rot bez., unschwierig. Gratübergang zur → *Riffel*
1 St.
Als *Skiziel* bietet der Kreuzkogel
mehrere Möglichkeiten: Bei
reichlicher Schneelage ist auch der
Kematengraben einigermaßen zu befahren (1200 HM), die bessere Nord-

abfahrt zieht vom Gipfel erst über
den Nordkamm, dann zum Westkamm, bis man in die markante, nach
Norden ziehende Rinne einfahren
kann. Über Schläge und Lichtungen
(bei wenig Schnee über Forststraßen) nach Krumau (steil, 1400 HM,
auch im Hochwinter).
Eine herrliche Südabfahrt ergibt sich,
wenn man von der Kaiserau einen
steilen, von Steilrinnen begrenzten
und anfangs bewaldeten Rücken zur
Scheiblegger Hochalm und weiter
über den prachtvollen Gipfelhang
aufsteigt (nur eine Passage sehr steil,
Aufstieg 3 St., 900 HM, nur bei sicherem Firn).

Kreuzmauer, 2091 m ● ❋

Dieser Gipfel in der Mitte des *Haller
Mauern*-Hauptzuges ist von keiner
Seite her ganz unschwierig zu ersteigen, im Vergleich zu seinen Nachbarn jedoch auch weniger lohnend.
Am ehesten kommt noch der Aufstieg
vom Mühlauer Sattel (3½ St. von
Mühlau) über den schrofigen Westkamm in Frage (I+, 1½ St.).

Der Kreuzkogel durch das Südkar ist eine rassige, steile *Frühjahrsskitour:* Von der Mühlau in den Volkernotgraben bis ans Ende der Forststraße (nach zwei kleinen Tunnels), durch einen Graben nordwestlich Richtung Mühlauer Stadl und dann in das Südkar; an dessen rechtem Begrenzungsrücken bis zu den Felsen hinauf und über steiles, felsiges Gelände zum Gipfel. 4 St., nicht leicht, 1300 HM. Nur bei sicherem Firn. Früher Aufbruch wegen Südlage!

Krumpen ○

Die Krumpen ist ein von Trofaiach zwischen Vordernberger Mauern und Mitterberg nordwärts ziehendes Tal, welches einen Zugang zum Eisenerzer Reichenstein vermittelt. Durch einen Kessel, der nochmals Krumpen heißt (hier liegt der idyllische kleine *Krumpensee, 1416 m*), führt über den Übergang über das Rottörl in nördlicher, über den *Krumpenhals, 1700 m,* in westlicher Richtung auf die Ausläuferkämme des Reichensteins.

Lahnerkogel
siehe → *Kitzstein*

Lahnerleitenspitze, 2027 m (Rotwand) ○ ☀

Die Lahnerleiten ist eine steile, teilweise schütter bewaldete Abdachung des gleichnamigen Berges (auch Rotwand genannt) nach Norden, zum *Radmertal.* Als selbständiges Gipfelziel im Sommer zweitrangig und meist im Zug einer Kammwanderung erstiegen, ist sie jedoch ein ansprechendes *Skiziel.* Die Lahnerleiten selbst kann wohl befahren werden, bildet aber keine logische Linie (nur Querfahrt vom Gipfel). Die südöstlichen Hänge zur Seekaralm und der anschließende Graben bis zur Forststraße sind eine auch für den Hochwinter geeignete Abfahrt. Ein Nachteil ist nur die lange Forststraße (Gegensteigung) nach Radmer. Aufstieg von Hinterradmer 3–3½ St., 1000 HM.

Lahngangkogel, 1778 m ○ ☀

Der sanftgeformte Wiesen- und Waldberg nahe der → *Klinke-Hütte* war in den Anfangszeiten des alpinen Ski-

laufes *das* Skiziel in den Gesäusebergen, heute ist er diesbezüglich ziemlich abgewertet, jedoch eine gute Ausweichmöglichkeit bei Schlechtwetter. Er kann aber – wie der Name sagt – bei Lawinenwetter durchaus nicht rundum sorglos befahren werden. Wegen der überaus schönen Aussicht lohnt er bei guten Verhältnissen einen Abstecher.

Aufstieg: von der Klinke-Hütte über das Kalblinggatterl und erst durch Wald, dann auf dem freien Kamm zum Gipfel (1 St., 300 HM, unschwierig). Abfahrt über den meist abgewehten Kamm oder besser etwas westlich davon.

Leobner, 2036 m ○ ☀

Im Volksmund auch Loibner genannt, ist dieser leicht ersteigbare Berg ein Ziel für jede Jahreszeit und sowohl aus dem Johnsbachtal wie auch vom Schoberpaß (Vorwald) gut zu erreichen. Der eher sanft geneigte Hauptgipfel ist durch eine Karwanne von der schroffen, brüchigen Leobnermauer, ca. 2000 m, getrennt, deren markante Nordabdachung bis lange ins Frühjahr hinein über dem Hintergrund des Johnsbachtales leuchtet.

Aufstieg: von Johnsbach (Gscheidegger) über die Grössingeralm, den Sautrog und das Leobnertörl, 1739 m, 3 St., unschwierig, 1000 HM; von Vorwald an der Schoberpaßstraße über Puchgraben und Aigelsbrunner Alm, 1526 m, zum Leobnertörl und über den Gipfelrücken zum höchsten Punkt, 4 St., 1200 HM; von der Mödlinger Hütte auf dem Kamm über das Blasseneck, 1969 m, ca. 4 St.

Der Leobner ist den ganzen Winter über der beliebteste *Skiberg* des Johnsbachtales; die gebräuchlichste Route für Aufstieg wie Abfahrt führt über die Grössingerhütte, den Sautrog und das Leobnertörl. Weitere Nordabfahrten: Vom Ebner oder von der Grössingeralm über die Brunnfurteralm und den Nordhang der Leobnermauer sowie vom Gscheidegger gleich nach links durch den Plonaugraben und die Breitenbergeralm.

Auch von Süden läßt sich der Leobner mit Skiern erreichen. Ausgangspunkt ist das Gehöft Boimuth, 4 km

westlich von Wald am Schoberpaß. Aufstieg nicht auf dem markierten Sommerweg, sondern über das Gehöft Haberl, an der linken Seite des Haberlgrabens durch das Kar zum Haberltörl, oder am linken Begrenzungsrücken der SW-Rinne zum Gipfel. Auch im Hochwinter, jedoch nicht nach starkem Neuschneefall! Im Frühjahr sind im oberen Teil oft nur die Rinnen fahrbar.

Lindenbach-Abseilweg ▲

Diese Abstiegsmöglichkeit vom Hochtor-Ödstein-Grat wurde 1938 von Walter Lindenbach gefunden und markiert. In den siebziger Jahren wurden von der Alpenvereinssektion Steyr die verblaßten Farbzeichen erneuert und fixe Abseilhaken gesetzt. Der Abseilweg stellt für Kletterer die günstigste Möglichkeit dar, von Hochtor, Festkogel, Ödstein usw. wieder ins Haindlkar zu gelangen. Er beginnt in der Scharte zwischen Haindlkarturm und Festkogelturm, nach etwa einer Seillänge in einer Rinne der erste fixe Abseilhaken. Tiefer unten finden sich drei weitere, jeweils in 20-m-Abständen gesetzt, so daß ein 40-m-Seil ausreicht. Dieser Abstieg überschreitet nie den II. Grad und ist markiert. Im unteren Teil führt er zur Latschenschulter des Jahn-Zimmer-Wegs der Hochtor-Nordwand und über deren Zustieg ins Haindlkar.

Lins (Hohe Lins), 2028 m, Linseck, 1983 m ○ ☀

Zwei Gipfel im Kammverlauf Eisenerzer Reichenstein – Wildfeld, die bei einer Begehung des *Thekla-Steigs* betreten werden (das Linseck, etwas abseits liegend, ist eine Fleißaufgabe für Gipfelsammler). Die Lins ist auch ein rassiger Skiberg: reine Nordabfahrt, daher lange Pulverschnee!

Aufstieg: von Eisenerz Richtung Ramsau (Gh. Gölz), auf Forststraße zur Tullingeralm (1200 m), weiter in südlicher Richtung entlang der auffallenden Rinne zur Höhe des Kammes und über diesen zum Gipfel. 3–4 St., 1100 HM, teilweise ziemlich steil.

Preuß-Quergang an der Ödsteinkante. Im Hintergrund die Admonter Reichenstein

Lugauer, 2217 m ● ▲ ☀

Das »steirische Matterhorn« trägt sein Prädikat nicht zu Unrecht. Von Nordosten – Landl, Hieflau – posiert er als abweisend schroffer Dreikant markig für ein Werbeplakat, und wer ihn, winterlich verschneit, von Südwesten wie eine Eiswand aufstreben sieht, kann sich wohl kaum vorstellen, daß dies eine Skiabfahrt sein soll. Von Südosten zeigt er sich trotz 1000 m hoher Felswände etwas behäbiger, man erkennt schön die beiden Gipfel: *NO-Gipfel,* 2206 m, *SW-Gipfel,* 2217 m.
Der Übergang über die Scharte zwischen beiden Gipfeln erfordert Kletterfertigkeit (20–30 Min.).
Der Lugauer ist ein Berg für jede Jahreszeit, allerdings verlangt er auf allen Wegen kräftige Waden – unter 4–5 Stunden Aufstieg tut er's nicht!
Aufstieg: von Hieflau über die *Scheuceckalm, 1495 m* (2½–3 St.), weiter über den »Polster« und eine geröllerfüllte Rinne zum NO-Gipfel, insgesamt 4½–5 St., I, rot bez., 1650 HM. Durch den Hartelsgraben länger, oberhalb der Scheuceckalm Vereinigung mit dem Hieflauer Weg, besser und kurzweiliger im Abstieg. Von Radmer an der Stube durch das Kar »Im Kammerl« und über den Polster; 4 St., rot bez., –I, 1470 HM. Von Radmer an der Hasel (Hinterradmer) über den »Gspitzten Stein«, Haselkar und Lugauerplan auf den SW-Gipfel, 4–5 St., blau bez., –I, 1300 HM. Dies ist im Spätfrühjahr, wenn der Hartelsgraben schneefrei sein sollte, ein günstiger Aufstieg (bei Schneelage jedoch oben sehr unangenehm), vor allem ist er kürzer.
Die klassische *Skiroute* führt durch den Hartelsgraben und das Haselkar zur berühmten steilen *Lugauerplan*: 5–6 St., 1700 HM. Etwas kürzer ist der Aufstieg von Johnsbach über den Hüpflinger Hals.
Als Kletterberg ist der Lugauer nicht gerade überlaufen. Eine lange, eindrucksvolle Tour ist die Durchsteigung des »Rauchfangs«, der mächtigen, zwischen den beiden Gipfeln nach Süden ziehenden Schlucht (III, 4 St. vom Einstieg, 1000 m Felshöhe). Öfter begangen werden auch Nordkante (IV) und Nordwestgrat (II+).

Maiereck, 1764 m ○ ☀

Auch Moareck (= Marcheck, march = Grenze) genannt. Eine schöner Rasengipfel mit guter Aussicht zwischen Laussa, Haller-Mauern-Hauptkamm und Buchsteingruppe.
Aufstieg: von St. Gallen durch den sehenswerten Spitzenbachgraben (Klammen und Wasserfälle) über den Sauboden (2 St.) und von Norden her auf den Gipfelkamm, 3–3½ St., rot bez.; von St. Gallen 5 km Richtung Buchauer Sattel (Pölzau) durch den Schleierbachgraben über die Seisenalm und den Südkamm, 3–3½ St., rot bez., 1200 HM. – Dies ist auch der *Skiaufstieg.* Bei guten Verhältnissen fährt man den schönen Hang der Kälberleiten ab, bei zweifelhaften über den Südkamm.

Mautern, 665 m

Der Hauptort des Liesingtals war schon im Mittelalter als Grenzmaut des Bezirkes Leoben von wesentlicher Bedeutung, seit 1633 Markt.
Sehenswert: die spätgotische, barockisierte Pfarrkirche St. Nikolaus, die frühbarocke Klosterkirche und die straßenbewachenden Burgen Ehrenfels, Ernau und Kammerstein (bei Kammern). Alpenwildpark (Sessellift). Ausgangspunkt für → *Reiting* und → *Wildfeld.*

Mödlinger Hütte, 1523 m

Auf der *Treffneralm* südlich des Admonter Reichensteins, erbaut 1914, Österreichischer Alpenverein. 80 Schlafplätze, offener Winterraum mit 6 Plätzen; bewirtschaftet vom 1. Mai bis Ende Oktober, zu Ostern und zu Weihnachten. – Funkverbindung Johnsbach – Mödlinger Hütte über Telefon (0 36 11) 217.
Zugang: von Gaishorn Mautstraße bis nahe der Hütte. Zugang vom Parkplatz ½ St. oder – schöner – durch den Flitzengraben 2½–3 St.; von Johnsbach 2 St.; von der Klinke-Hütte über die Flitzenalm 2 St.
Gipfel: Admonter Reichenstein, 2251 m, nur für klettergewandte und trittsichere Bergsteiger, I+, 3–4 St.; Pfarrmauer, 1962 m (kein eigentlicher Gipfel, jedoch Aussichtspunkt mit großartigem Tiefblick, auch Ski-

ziel bei sicheren Verhältnissen), 1½ St.; Spielkogel, 1731 m, 1 St. (Skiziel), sowie weitere Gipfel im Kammverlauf der Eisenerzer Alpen (Blasseneck, 1969 m, Leobner, 2036 m).

Natterriegel, 2065 m ○ ☀

Einer der leicht ersteigbaren Berge der *Haller Mauern.* Seine Aussicht reicht kaum weniger weit als die der höheren Gipfel – im Westen bis zum Großglockner – besonders schön zeigen sich Buchsteingruppe und Reichensteinstock; die Haller Mauern erscheinen in zusammengeschobener Perspektive.
Aufstieg: vom → *Admonter Haus* am Grabnertörl über den Südrücken (eine Stelle mit Drahtseil) unschwierig auf den Vorgipfel, über einen Sattel und längs des Gipfelkammes zum höchsten Punkt. 1 St., rot bez., ab Hütte 330 HM. – Auch Skiaufstieg, jedoch Achtung auf Wächten, eher in der Westflanke bleiben!
Übergang: zur Bärenkarmauer, etwas schwieriger. I, rot bez., 1–1¼ St., Trittsicherheit erforderlich. Steile *Skiabfahrt* aus dem Sattel zwischen beiden Gipfeln nach Norden durch das → *Roßkar.*

Neuburgsattel, 1439 m ○

Die weite Sattelhöhe vermittelt den Übergang vom Johnsbach- ins Radmertal (auf Forststraßen aus beiden Richtungen je 1½–2 St., von Radmer auch kürzerer, steiler Steig). Er stellt im Winter bei weniger guten Wetter- und Schneeverhältnissen eine gute Basis für Ausweichtouren dar: nördlich der Haselkogel, 1870 m, südlich der Gscheideggkogel, 1788 m (jeweils rund 1½ St.).

Ödstein, Großer, 2355 m ▲

Einer der mächtigsten, formschönsten und unnahbarsten Gesäusegipfel, die zweithöchste Erhebung der Ennstaler Alpen. Seine Besteigung ist auf keinem Weg leicht und in jedem Fall lang, da vom Talboden ausgegangen werden muß. Er überragt die ihn umgebenden Täler um 1500 bis 1800 Meter und bietet von allen Seiten einen imposanten Anblick, besonders schön von der Treffneralm.
Der einfachste *Aufstieg,* den auch der Erstbesteiger, der Jäger Fehringer,

um 1875 verfolgt hat, ist der → *Kirchengrat* (–II, 4–6 St.). Ein etwas schwierigerer Aufstieg leitet vom *Gamssteinsattel* über die Südwestseite und den Kleinen Ödstein (–II, 5 St., blau bez., als Abstieg besser geeignet als der Kirchengrat). Außerdem läßt sich der Gipfel über den Hochtor-Ödstein-Grat erreichen (II, 3–5 St. vom Hochtorgipfel).

Die berühmteste Kletterroute ist wohl die »Ödsteinkante«, die 800 m hohe Nordwestkante: eine der großen klassischen Gesäuseklettereien, wobei sich die Schwierigkeiten auf zwei Seillängen konzentrieren (IV und IV+), jedoch Gesamtlänge, nicht ganz leichte Orientierung und langer Abstieg der Tour noch immer einen ernsthaften Charakter verleihen. Weniger begehrt ist die gewaltige, düstere Nordwand (Peterkaweg, IV+, 650 m). – Als eine der schönsten Routen mittlerer Schwierigkeit gilt die Südwestkante (III+ und IV) mit einer verblüffenden Schlüsselstelle (650 m Wandhöhe, davon die unteren 130 m leichte Platten und Schrofen).

Als Abstieg kommen Kirchengrat oder Gamssteinweg in Frage. Falls kein Schlechtwetter ein rasches Tiefergelangen verlangt, kann man auch zum Festkogel hinübergehen (1 St.) und über dessen unschwierige Südosthänge nach Johnsbach absteigen. Bester Abstieg nach Norden ist der → *Lindenbach-Abseilweg.*

Ödstein, Kleiner, 2081 m ▲

Er stand bislang im Schatten seines großen Bruders, die älteren Durchstiege wurden nur von Spezialisten begangen. Seit wenigen Jahren wurde er neu »entdeckt«: in den Plattenfluchten der Südwand wurden einige prächtige Routen eröffnet, die als extreme Genußklettereien mehr und mehr Zuspruch finden – trotz des etwas langwierigen Zustiegs (Waidhofener Weg, III bis IV+, »Flora«, –VI, Südwandplatten, III bis V+, sowie einige Varianten).

Ödsteinkarturm, 2265 m ▲

Ein mächtiger Gratturm, der das Haindlkar vom Ödsteinkar trennt. Seine von Bändern durchzogene Nordostwand ist jene Flanke des Haindlkars, in der sich im Frühjahr am längsten Schnee und Eis halten. Die steile Nordkante (IV) bietet einen imponierenden Anblick, wird jedoch – wie die überaus schwierigen Nord- und Nordwestanstiege – nicht oft erklettert.

Ödsteinkarwand, 2137 m ▲

Das Gratmassiv zwischen Ödsteinkarturm und Großem Ödstein, welches mit mächtigen Wänden ins Ödsteinkar abbricht. Durch diese führen mehrere anspruchsvolle Routen, die wegen ihrer Abgeschiedenheit aber nie richtig populär wurden.

Peterka, Hubert
* 19. 9. 1908, † 12. 11. 1976

Er verdiente den Beinamen »Gesäusepapst«: Wie kaum ein zweiter kannte der große Wiener Alpinist, Führer-Autor und Alpinhistoriker nahezu je-

den Meter Fels in den Gesäusebergen. Unter seinen mehr als 520 Erstbegehungen in den verschiedensten Teilen der Alpen finden sich gute 50 in diesem Bergrevier: Auf fast jeden Gesäusegipfel führt ein Peterka-Weg, auf den Admonter Reichenstein und den Großen Ödstein gleich jeweils 8! – Sein Reichenstein-Nordostpfeiler, erstmals begangen 1929 mit Fritz Proksch, hat alle Modeströmungen und Bewertungsinflationen überstanden und gilt nach wie vor als eine der größten und ernstesten Gesäusetouren.

Ein bescheidener Gedenkstein nahe der Goferhütte, im Angesicht seines Lieblingsbergs, erinnert an diesen außergewöhnlichen Bergsteiger.

Peternpfad ▲

Der »Schwarze Peter« hat vor 150 Jahren als erster diesen einzigen leichten Durchschlupf im Felswall des Haindlkares gefunden – wahrscheinlich nicht einmal freiwillig: er war ein berüchtigter Wilderer. 1877 hat Heinrich Heß mit dem Forstmeister Rodlauer als erster Tourist den damals schon legendären Aufstieg begangen, der über ein pfeilerartiges Felsmassiv gut gestuft, aber steil die Höhe der Peternscharte erreicht. Trotz des Umstandes, daß er mit roten Farbzeichen versehen und als »Pfad« apostrophiert ist, darf er *nicht* als Wanderweg angesehen werden, er bleibt eine – wenn auch nur mäßig schwierige – Kletterei (I+), ist stellenweise steinschlaggefährdet und wurde sicher nicht grundlos vor wenigen Jahren mit fixen Sicherungshaken ausgerüstet.

Aufstieg: von der Haindlkarhütte bis zur Peternscharte, ca. 2040 m, 3½–4 St., 1000 HM; von der Peternscharte auf die Planspitze, 2120 m, ¾ St. (–I, rot bez.); über den Roßkuppengrat auf das Hochtor (–II, 2–2½ St., großartige Grattour); zur Heßhütte 1–1½ St.

Peternschartenkopf, 2057 m ▲

So ändern sich Zeiten, Ziele und Vorlieben: in der Frühzeit des Alpinismus als bedeutungsloser Höcker über der Peternscharte ignoriert, ist er seit der Durchsteigung seiner 450 m hohen Nordwände in den dreißiger Jahren zu einem förmlichen Pflichtziel jedes Gesäusekletterers aufgerückt. Allerdings sind die Routen durchwegs anspruchsvoll, die »leichteste« ist noch die Nordostverschneidung (–IV), die über den unteren Teil der Planspitze-Nordwestwand erreicht wird. Anhaltend schwierig (IV und IV+) sind die Nord- und die Nordostwand; ein abenteuerlicher Durchstieg ist die »Unterirdische«, die Nordverschneidung (V), die über 3 Seillängen durch eine riesige Höhle aufwärtsführt. Als »Genuß-Sechser« gilt die Nordwestwand (–VI A0).

Pfannl, Heinrich
* 10. 6. 1870, † 1. 5. 1929
Der Wiener Jurist war einer der Erschließer der Gesäusewände. Durch die Nordwände von Tamischbachturm, Reichenstein, Ödstein und vor allem Hochtor hat er – meist mit seinem älteren Gefährten *Thomas Maischberger* – Durchstiege in großzügiger, ungekünstelter Linienführung, alle etwa im IV. Grad, gefunden

(selbstverständlich ohne Hakenbenützung – dies hätte man damals als geradezu obszön empfunden). Auch die herrlichen Westgrate von Großem und Kleinem Buchstein, die Westwand der Tieflimauer und noch zahlreiche andere Gesäuseklassiker tragen die Handschrift dieses Mannes, der zu den kultiviertesten und vornehmsten Vertretern der damaligen »Wiener Schule« zählte.

Planspitze, 2117 m ● ▲
Dieses Schaustück des Gesäuses mit seiner nahezu 3 Kilometer breiten Nordwand ist trotz dieses abschreckenden Markenzeichens ein Ziel für jeden halbwegs tüchtigen Berggeher: Die Besteigung über den breiten Rücken der Kölblplan im Anschluß an den Wasserfallweg erfordert vor allem Kondition und Trittsicherheit (I, gelb bez., insgesamt 4½–5 St.); auch der von der Peternscharte hornartig aussehende Aufbau des Gipfels löst sich beim Näherkommen in relativ gutartige Stufen auf (–I, rot bez., von der Peternscharte ¾ St., von der Heßhütte 2½ St.).

Die enorme Nordwand mit Felshöhen von fast 800 m im östlichen und noch immer gut 400 m im westlichen Teil, mit ihren rund 50 Anstiegen und Varianten ist ein Gebirge für sich. Der beliebteste Durchstieg ist nach wie vor der Pichlweg, der die Wand verblüffend einfach von Ost nach West im zentralen Teil auf einem Band durchquert und von Westen her direkt den Gipfel erreicht (II+, 600 m Wandhöhe, Kletterstrecke erheblich länger; 3–5 St. vom Einstieg). Als interessante klassische Kletterei mit etwas brüchigem Ausstieg sind die Keidel-Wessely-Kamine zu nennen (III), eine herrliche Genußkletterei ist die steile, plattige Nordwestwand (Jilek-Menzinger, –IV, 400 m, 3–4 St.), die durch einige neue, unwahrscheinlich steile und glatte Plattenwege in unmittelbarer Nachbarschaft Konkurrenz erhalten hat (Weg der Freude, Rawazzerweg, Konkurs, Direkte Nordwest, alle V+ bis VI). Die Anstiege im östlichen Wandteil sind fast durchwegs großzügige, ernste Touren im Schwierigkeitsbereich IV bis V: Kloseweg, Gaisbauerweg, Lugauerweg, Akademikerweg, Alpen-

klubweg. Die Einstiege für den zentralen und westlichen Wandteil werden von Gstatterboden über den sehr steilen »Höllersteig« erreicht (nach der Ennsbrücke *nicht* auf dem Forstweg nach links, sondern durch den Wald gerade in Richtung Wände), 2–2½ St., unmarkiert, 1000 HM. Von der Haindlkarhütte über den → *Bergführersteig.*

Die Einstiege im östlichen Wandteil erreicht man über die an der Ennsbrücke nach links führende Forststraße, von ihrem Ende durch ein Bachbett aufsteigend, beziehungsweise von der Krummholzstufe des Pichlwegs querend – auf jeden Fall langwierig und umständlich.

Pleschberg, 1720 m ○ ✳
Ein massiger bewaldeter Stock, von einem Forststraßensystem durchzogen, so hockt er zwischen Ennstal und Mühlau. Seine freie Gipfel»glatze« (slaw. plesa = kahl) und die mittlere Gipfelhöhe machen ihn zu einem hervorragenden Aussichtspunkt inmitten eines prachtvollen Panoramas: Gesäuseberge, Haller Mauern, Warscheneck sowie Niedere und in der Ferne Hohe Tauern.

Aufstieg: Die Ersteigung ist im Sommer infolge des dichten Forststraßennetzes relativ einförmig (von Oberhall 3 St., gelb bez.). Im Winter ist der Pleschberg ein ideales Ausweichziel, das auch – natürlich mit Einschränkung – bei zweifelhaften Schneeverhältnissen gewagt werden kann. Aufstieg aus der Mühlau über die Gstattmaier-Niederalm, 968 m, eine Forststraße und den Nordostkamm, 2½–3 St., teilweise unmarkiert, fast 1000 HM. Abfahrt (am schönsten bei reichlichem Pulverschnee) durch die Nordostflanke über Schläge und durch lockeren Wald.

Präbichl, 1232 m
Schon in alter Zeit war der Präbichl der Übergang von Vordernberg nach Innerberg, wie nach damaligem geographischen Verständnis das Talbecken von Eisenerz genannt wurde. Die über den Präbichl führende Erzbergbahn wurde vor allem zur Verfrachtung des am Erzberg abgebauten Erzes errichtet.

Die im erweiterten Sinn als Präbichl

Hochtorgruppe vom Buchsteinhaus. Links hinten Zinödl, dann Planspitze, Peternschartenkopf, Roßkuppe, Dachlwand, Hochtor und Haindlkarturm

bezeichnete Paßlandschaft ist seit langem als schneesicheres Wintersportgebiet bekannt und günstiger Ausgangspunkt für Eisenerzer Alpen und westliches Hochschwabgebiet, deren Grenze er bildet.

Skibetrieb am *Polster* und im *Grübl.* Ausgangspunkt für → *Rottörl,* → *Eisenerzer Reichenstein.*

Pyhrgas, Großer, 2244 m ● ☀

Der höchste Gipfel und westliche Eckpunkt (slaw. piridno = am Eck) der → *Haller Mauern* ist mit seiner Lage zwischen Ennstaler Alpen, Totem Gebirge und Sengsengebirge ein lohnender und instruktiver Aussichtsberg, der noch dazu relativ leicht zu ersteigen ist.

Aufstieg: von der Hofalm über den Westkamm; 2½–3 St., rot bez., unschwierig; von der Gowilalm über den Bad-Haller-Steig 3½ St., rot bez., versicherter Steig, nur für Geübte; vom Rohrauerhaus am Pyhrgasgatterl (Hofersteig) 2½–3 St., rot bez., –I, leichte Kletterstellen.

Der Große Pyhrgas ist auch ein anspruchsvoller *Skigipfel.* Bester Aufstieg von Hasenberg (Zufahrt von Spital am Pyhrn) über Hofalmhütte und Westkamm, 4–5 St., 1400 HM, oder von der Bosruckhütte (im Winter geräumte Straße) vom Weg zum Rohrauerhaus links abzweigend über Almboden zur Hiaslalm und in den Lugkogelsattel. Weiter über den Westkamm. 3–4 St., 1200 HM.

Die Abfahrten sind alle sehr steil (Südwestflanke bis 40°, nur bei sicherem Firn). Vom Vorgipfel in die Westflanke einfahrend gelangt man in die Hasenberger- bzw. in die Kornerrinne, die nach Hasenberg ziehen.

Pyhrgas, Kleiner, 2023 m ●

Touristisch wie die meisten »Kleinen« ein wenig im Hintertreffen, stellt er ein durchaus lohnendes und nicht überlaufenes Einzelziel dar.

Aufstieg: von der Gowilalm ohne Schwierigkeiten auf den Vorgipfel, 1974 m, und über den teilweise schmalen Grat zur höchsten Spitze. 2–2½ St., rot bez.

Der *Übergang* in die Einsattelung zwischen Kleinem und Großem Pyhrgas weist auf dem felsigen, luftigen Grat Kletterstellen des II. Grades auf. Vom Gipfel bis zum Hauptgrat der Haller Mauern rund 1 St. Eine interessante, schwierige Frühjahrsskitour ist das zwischen beiden Gipfeln nach Nordwesten ziehende steile → *Holzerkar.*

Radmer

Bergbauort am Fuß des Lugauer, ehemaliges kaiserliches Hofjagdgebiet. Die Benennung geht auf den slawischen Namen Radimor zurück, darüber hinaus aber ist die Nomenklatur ein wenig verwirrend: *Vorderradmer, 702 m,* heißt auch Radmer an der Stube, das im Talschluß liegende *Hinterradmer, 920 m,* auch Radmer an der Hasel. Dieser Ort entstand der Sage nach, als ein an eine Haselstaude gebundenes Pferd so heftig mit dem Huf scharrte, daß Kupfererz ans Licht kam – wie auch immer, der Kupferbergbau bestand bis 1829. Die Erzlagerstätte in Vorderradmer, die geologisch mit dem Erzberg zusammenhängt, wurde bis 1979 abgebaut. *Sehenswert:* in Vorderradmer die Wallfahrtskirche auf dem Felsberg über dem Dorf, einer der schönsten steirischen Sakralbauten, und in Hinterradmer das um 1600 erbaute Schloß Greifenberg, ein altes kaiserliches Jagdschloß. Das erfreulich ruhig gebliebene Tal ist Ausgangspunkt für: → *Lugauer,* → *Böse Mauer, Radmerhals,* → *Hochkogel,* → *Neuburgsattel,* → *Hinkareck,* → *Lahnerleitenspitze* und → *Zeiritzkampel.*

Rauchkoppe, 1836 m ▲

Eigentlich *der* Rauch-(= rauhe)Koppen, ein beim Linseck vom Eisenerzer Hauptkamm abzweigender Seitenast. Mit seinen steilen Türmen in sonniger Lage ist der Hausberg der Leobener Kletterer seit jeher ein reizvolles Kletterziel für Saisonbeginn und -ende.

Zugang: aus dem Gößgraben (Autozufahrt bis zum Jagdhaus Gragl, 900 m, 10 km von Trofaiach) über die Moosalm zum Mooshals, ca. 1700 m, etwa 2 St.

Der *Normalanstieg,* der Südgrat, ist mit einem Drahtseil versichert (I–II, 1 St.), die beliebteste Kletterei ist der ziemlich luftige Nordgrat (III, 1 St.), zahlreiche weitere Anstiege (Ostwand, Ostriß, Nordturm etc.)

Rauchmauer, 1853 m ▲

Ein dem Natterriegel in den *Haller Mauern* nordöstlich vorgelagerter, nach allen Seiten schroff abfallender Felsberg. Etwas abgelegen und auch auf dem leichtesten Weg – dem Verbindungsgrat vom Natterriegel her – Kletterei erfordernd, ist er ein Ziel für Spezialisten, die auch hier noch neue Wege zu entdecken wissen. Klassische Anstiege sind Ostgrat (III) und Südwand (–IV).

Reichensteinhütte, 2128 m

Das erste Hüttlein unter dem Gipfel des → *Eisenerzer Reichensteins* wurde 1898 von der Alpenvereinssektion Leoben erbaut und schon 1905 das

erste Mal erweitert. Zubau um Zubau konnte die wachsende Anzahl von Bergbegeisterten (vor allem seit Eröffnung des Nord-Süd-Weitwanderweges) nicht mehr aufnehmen, so daß ein genereller Umbau nötig wurde, der 1980 abgeschlossen war. 48 Schlafplätze, bewirtschaftet von 1. Juni bis Mitte Oktober; frei zugänglicher Winterraum.

Zugang: vom Präbichl (Gh. Lanner) 2 St.; vom Bahnhof Erzberg über Gaißalm und Reichhals 3½ St.; von Vordernberg über den Grete-Klinger-Steig (nur für Geübte!) und das Rottörl 4½–5½ St.; von der Hirnalm durch das Krumpental 3½ St.

Gipfel: Eisenerzer Reichenstein, 2165 m, ¼ St.; Wildfeld über Theklasteig 3½–4 St.; Eisenerzer Alpen – Kammweg über Zeiritzkampel und Leobner zur Mödlinger Hütte etwa 13–16 St.

Reiting ● ❄

Bildet mit dem → *Gößeck, 2214 m,* die höchste Erhebung der Eisenerzer Alpen. Der Name dürfte vom Althochdeutschen reydan (etwa: der Gedrehte) für den östlich vorgeschobenen *Grieskogel, 2148 m,* herrühren und wurde 1320 erstmals urkundlich erwähnt. Mit steilem Aufbau ragt er aus dem Gößgraben und über dem Liesingtal auf, oben zeigt er eine von mehreren Gipfeln getragene Hochfläche, das »Wildfeld«. Eine seltene und reiche Flora sowie Karsterscheinungen und ausgedehnte Höhlensysteme machen ihn über das rein Bergsteigerische hinaus zu einem interessanten Ziel. – Die Kletterrouten durch die von fern zwar imposant aussehenden, beim Näherkommen und Berühren sich jedoch optisch (und real) auflösenden Felsflanken werden praktisch nie begangen.

Aufstieg: von Schardorf durch den Bechelgraben 4½ St.; von Seiz durch das Kaisertal 5 St.; von Mautern bzw. Kammern über »Die Klauen«, 1849 m, jeweils 5 St.

Riffel, 2106 m ○ ● ❄

Die Riffel bildet den Beginn des vom Sparafeld/Kalblingmassiv nach Westen streichenden Gratzuges. Der Gipfel ist von der Klinke-Hütte aus unschwierig zu ersteigen (1½ St., rot

bez.) und gewährt einen schönen Blick über die Nordabstürze des Sparafeld zur Hochtorgruppe. Der Übergang zum → *Kreuzkogel,* erst durch seltsam geschrobenen Kamin absteigend, dann steile Rasenhänge querend und schließlich über den firstartigen Kamm zum Kreuzkogel erfordert Trittsicherheit und kann bei Nässe oder Schneelage gefährlich sein. 1 St. von Gipfel zu Gipfel, stellenweise Drahtseil, nur für Geübte. Eine sehr steile Frühjahrsabfahrt nach Süden bietet das → *Roßkar.*

Rohrauerhaus, 1308 m

Am Pyhrgasgatterl unter dem Großen Pyhrgas an der steirisch-oberösterreichischen Landesgrenze. Das ursprüngliche, 1924 errichtete und nach dem langjährigen Obmann der »Naturfreunde«, Alois Rohrauer, benannte Haus brannte 1933 vollständig nieder. Der heutige Bau wurde nach dem Krieg errichtet. 100 Schlafplätze, Winterraum (Schlüssel bei der Ortsgruppe Linz erhältlich). Bewirtschaftet von Ostern bis 1. November. Telefon (0 75 63) 660.

Zugang: von der Mühlau 2 St.; von der Bosruckhütte 1 St.; von Spital am Pyhrn über die Hofalmhütte oder durch die Vogelgesang-Klamm 2½ St.

Gipfel: Großer Pyhrgas, 2244 m, über den »Hofersteig« 2½–3 St.; Scheiblingstein, 2200 m, 3–3½ St. erst rot, dann blau bez.

Roßkar

Drei Roßkare gibt es in den Ennstaler Alpen, und alle drei haben es zu Ski-Ehren gebracht:

– In den *Haller Mauern* zwischen Natterriegel und Bärenkarmauer, ein nordseitiges Steilkar. Zugang von der Hengstpaßstraße durch das Pölztal, nach der Mengalm über die Forststraße zur Müllneralm und weiter ins Kar. Mit Besteigung der Bärenkarmauer, 2172 m, großartige Skibergfahrt. 1400 HM, steil, nur Frühjahr!

– Im Südabfall der *Riffel,* sehr steile Südabfahrt (bis 40°). Von der letzten Kehre der Straße zur Klinke-Hütte 700 HM.

– An der Ostseite des Hochtors zwischen Roßschweif und dem Ostgrat der Roßkuppe leitet das Roßkar mit

einer steilen Rinne bis auf den First des *Dachl, 2204 m*. Teilweise überaus steil (45°) und eng, nur bei besten Verhältnissen und sicherem Können! 450 HM ab Heßhütte.

Roßkuppe, 2152 m ▲

Der Gipfel im Gratverlauf Peternscharte – Hochtor ist von der Scharte in relativ einfacher Kletterei zu erreichen. Die meisten Gipfelbesteiger klettern dann – bei atemberaubendem Tiefblick – auf die Riesenplatte des Dachl hinunter, um über gebänderten Fels den Hochtorgipfel zu erreichen. Der *Roßkuppengrat* (–II, 2–2½ St. ab Peternscharte) ist eine der großartigsten Grattouren der nördlichen Kalkalpen.

Die senkrechte, 500 m hohe Nordseite gehört den Extremkletterern: Die Roßkuppen-(Nordwest-)Kante (–V A0), 1925 erstmals erklettert, war die erste Hakentour im Gesäuse, als rassige Freiklettereien für hohe Ansprüche sind die Nordwand (–V, mit einigen schwierigen Varianten) und die Nordverschneidung bekannt.

Und die Roßkuppen-Dachl-Verschneidung schließlich galt drei Jahrzehnte als schwierigste Gesäusekletterei. Als weitgehend hakentechnischer Anstieg unterliegt sie schwankenden Bewertungen, in reiner Freikletterei gilt sie als VII+. Trotz ihres makabren Beinamens »Todesverschneidung« ist seit der bewegten Geschichte der Erstbegehung 1936 bis heute kein Todesfall auf diesem luftigen »Weg« zu verzeichnen.

Roßschweif ▲

Er ist, exakt bezeichnet, der Ostgrat des → *Hochtors;* von der Heßhütte gesehen die rechte Begrenzung des Tellersacks, eine der prächtigsten Genußklettereien im unteren Schwierigkeitsbereich. Fast durchwegs fester Fels, originelle und teilweise luftige Kletterstellen zeichnen ihn aus, und natürlich auch der Umstand, daß er auf den höchsten Gesäusegipfel mündet. Schwierigste Stelle ist eine Steilstufe aus einem Schartl (–III, Haken) im mittleren

Gratteil, im oberen Teil ergeben sich mehrere Möglichkeiten. Alles in allem: Prädikat »empfehlenswert«. II+, eine Stelle –III, 600 m Felshöhe, die unteren 200 m Schrofenkletterei; 2–3 St. vom Einstieg. – Abstieg meist über den → *Gugelgrat*.

Rote Rinne

– Am *Eisenerzer Reichenstein* beginnt 100 m hinter der Reichensteinhütte eine Rote Rinne und zieht vorerst als 48° steile Flanke, die später zur Rinne wird, ostseitig in die Krumpen. Eine extreme Steilabfahrt für Spitzenkönner bei Idealfirn! 500 HM.

– Am *Kaiserschild* zieht die Rote Rinne von der Scharte südöstlich der Kaiserwart (2033 m) scheinbar direkt nach Eisenerz hinunter. Extreme Steilabfahrt (bis 45°, teilweise eng), die am besten zuvor im Aufstieg begangen wird (Steigeisen und Eisbeil), Abfahrt nach der Rinne in den Urwirtsgraben und in die Große Fölz. 1400 HM, nur bei besten Verhältnissen.

– Die Rote Rinne an der *Planspitze* wird sicher nie mit Skiern befahren; es handelt sich um den markanten roten, verschneidungsartigen Ausbruch im östlichen Wandteil, durch den der Prusikweg (III) nach links führt; direkt über die Überhänge führt der gewaltige Gaisbauerweg (–V).

Röthelstein, Schloß, 832 m

Das malerische Schloß aus dem 17. Jh. liegt in beherrschender Lage oberhalb von Admont am Hang des Klosterkogels. Die ehemalige Sommerresidenz der Admonter Äbte ist mit ihrer prächtigen Innenausstattung ein lebendiges Zeugnis frühbarocker Wohnkultur.

In den Räumen ist seit 1974 eine *Jugendherberge* untergebracht, die als die schönste Österreichs gilt. Ganzjährig bewirtschaftet, 150 Betten.

Zugang: Straße (4 km) von Admont, Fußweg ¾ St.

Ausgangspunkt für Touren im Gesäuse und in den Haller Mauern.

Rottenmann, 674 m

Die kleine Stadt im Paltental an der Schoberpaßstraße mit ihrem vielfach noch historischen Gepräge war – an einer Römerstraße gelegen – schon seit dem Mittelalter ein Markt mit weitgehenden Privilegien wie Salz- und Eisenniederlage sowie Silberbergbau in Dietmannsdorf und Oppenberg, was sich schon rein äußerlich im Wohlstand niederschlug.

Sehenswert: die St.-Georgs-Kirche von »Alt-Rottenmann«, ein romanisch-gotischer Bau mit fein gearbeitetem Flügelaltar; die spätgotische Stadtpfarrkirche; das ehemalige Augustiner-Chorherrenstift; die gotische Spitalskirche; Schloß Grünpichl und Schloß Thalhof sowie *Burg Strechau, 800 m,* eine der größten steirischen Burganlagen, die schon im 11. Jh. erwähnt wurde (Fahrwege von der Oppenberger und der Lassinger Straße zum Burgberg).

Ausgangspunkt für → *Dürrnschöberl* sowie für Bergtouren in den Niederen Tauern (Hochhaide etc.).

Rottörl, 1980 m ○ ❄

Bildet einen der wichtigsten touristischen Übergänge ins Gebiet des Eisenerzer Reichensteins.

Aufstieg: vom Präbichl über das Grübl in die Krumpen und weiter nach Hafning bei Trofaiach (5 St., auch als wenig schwierige Skitour empfehlenswert) sowie im Zug der Gratwanderung von Vordernberg über die Vordernberger Mauern mit Abstieg zum Präbichl (6–7 St.). Vom Rottörl auf den Reichenstein 1–1½ St.

Rotwand

siehe → *Lahnerleitenspitze*

St. Gallen, 513 m

Markt am Verbindungsweg zwischen der alten Eisenstraße bei Altenmarkt und dem Kloster Admont, im Mittelalter zahlreiche Hammerwerke. Schöne alte Gewerkenhäuser.

Sehenswert: die spätgotische Pfarrkirche sowie die Ruine Gallenstein (½ St. vom Ort).

Ausgangspunkt für → *Maiereck,* durch den Spitzenbach (Übergang in die Laussa möglich), vom Eisenzieher auf den Kleinen oder den Großen → *Buchstein.*

Scheiblingstein, 2200 m ● ▲ ❄

Der zweithöchste Berg der → *Haller Mauern* umfaßt das gesamte Spektrum alpinistischer Betätigung von der unschwierigen Bergwanderung über den Tourenskilauf bis zur Extremkletterei. Der Gipfel wird von den allermeisten Besuchern über die von Süden heraufziehende »Lange Gasse« erreicht, die Nordseite gibt sich bereits wesentlich schroffer. Die großartige Rundsicht wird zwar im Westen durch den Großen Pyhrgas beeinträchtigt, umfaßt aber den packenden Nahblick auf den Haller-Mauern-Grat, die Gesäuseberge, Niedere Tauern, Grimming, Dachstein und weit im Westen die Hohen Tauern. Als Kletterziel ist vor allem die steile Westwand (–VI A0) berühmt – eine neue Route von Klaus Hoi aus dem Jahr 1984 ist noch schwieriger, die anderen Routen, so auch der klassische Südkamin (Pfannlweg, III), werden eher vernachlässigt.

Aufstieg: aus der Mühlau durch die »Lange Gasse« 5 St. (dies ist auch die Skiabfahrt); vom Rohrauerhaus 3–3½ St.; von Norden aus dem Lagelkar über den → *Sepp-Wallner-Steig* 5 St. (I, nur für Geübte).

Schneeloch

Das Schneeloch ist ein schluchtähnlicher, tief eingeschnittener Felskessel, der vom Gipfel des → *Hochtors* nach Süden in das Felstal des Rinnersteins hinunterzieht. Dies war der gebräuchlichste Hochtor-Aufstieg vor der Erbauung der Heßhütte, heute wird er weniger häufig begangen. Das Schneeloch selbst wird von dem (schon 1880 als einem der ersten Gesäuseanstiege) rot markierten Aufstieg nicht berührt, dieser leitet über den links des Schneelochs begrenzenden Pfeiler (I, rot bez., nur für Geübte); von Johnsbach 5 St.

Schoberpaß, 849 m

Die Wasserscheide zwischen Palten- und Liesingtal ist als Paß wenig ausgeprägt. Nahe der Paßhöhe das Dorf Wald; Urlaubsort mit drei Skiliften.

Ausgangspunkt für Leobenertörl und → *Leobner,* → *Zeiritzkampel* sowie Bergtouren in den Seckauer Tauern (Geierhaupt, Bärensuhlsattel, Himmeleck etc.).

Schwarzenstein, 1953 m ●

Aussichtsgipfel nördlich des Stadelsteins bei Eisenerz, ein felsiges Horn, das über teilweise sehr steile Hänge erstiegen wird.

Aufstieg: von Eisenerz zum Forsthaus Galleiten. Weiter nach Süden zur Hackalm, über den freien Kamm bis zur Gipfelzone und über Schrofen (Seilsicherungen) zum höchsten Punkt. 3½ St., unmarkiert, nur für Geübte!

Sepp-Wallner-Steig ●

Markierter, jedoch unversicherter Steig von Norden auf den → *Scheiblingstein.*

Aufstieg: Der Steig führt aus der Leopolden (Zufahrt von der Hengstpaß-Straße) über die Lagelalm ins einsame Lagelkar und dann rechts steil auf den Verbindungskamm von der Lagelmauer zum Scheiblingstein (Trennrücken zwischen Eiskar und Lagelkar). Schrofenkletterei leitet auf den Hauptkamm der Haller Mauern bei der Ausmündung der Langen Gasse. I, rot bez., 4–4½ St., landschaftlich großartig, nur für Geübte. Bei Nässe und Schneelage gefährlich!

Sparafeld, 2247 m ○ ▲ ❄

Dieser zweithöchste Gipfel des *Reichensteinstocks* ist einer der am leichtesten zu ersteigenden Gesäuseberge. Aus einer weiten, begrünten Mulde mit den weiteren Eckpfeilern Riffel und Kalbling schwingt sich der höchste Punkt auf, von dem man sich urplötzlich dem Reichensteingipfel auf Atemnähe gegenüberfindet (vom Kalbling kaum 30 Min.).

Ein urtümlicher Aufstieg führt von Norden aus dem Gofergraben durch den steilen Rasen- und Schrofentrichter zwischen Sparafeld-Nordgrat und Riffel zum Gipfel: der *Speikbodenweg.* Er ist unmarkiert, erfordert Bergerfahrung und etwas Spürsinn. Schrofenkletterei (I) mit einer unangenehmen, bröseligen Querung über den Abstürzen des Schafalmgrabens erheischt Vorsicht und Trittsicherheit. – Dieser Anstieg stellt im Frühjahr eine eindrucksvolle *Skibergfahrt* dar. 4 St. ab Goferhütte, 1260 HM.

Nach Norden und Süden bricht das Sparafeld mit steilen Wänden ab. Es ist ein Kletterberg für höhere Ansprüche. Der aus der Wildscharte aufstrebende Ostgrat (IV und III) ist mit seinem vielfach brüchigen Fels kein Ziel für den Genußkletterer, ebenso werden die Nordanstiege wegen sagenhafter Brüchigkeit und Gefährlichkeit gemieden. Die Südseite dagegen weist meist vorzüglichen Fels auf: Südpfeiler (–V), Südwand-Diagonale (V) und Fingerpfeiler (–VI A2) stehen auf der Wunschliste jedes hochkarätigen Gesäusekletterers.

Spielkogel, 1731 m ○ ☀
Waldiger Berg mit freier Kuppe im *Eisenerzer Hauptkamm,* Hausberg der Mödlinger Hütte. – Der leicht zu ersteigende Spielkogel war in der Frühzeit des alpinen Skilaufs – ähnlich dem Lahngangkogel – eines der beliebtesten Gesäuse-Skiziele. Diese Popularität ist zwar geschwunden, wegen seiner schönen Sicht auf Reichenstein- und Hochtorgruppe ist sein Besuch aber zu jeder Jahreszeit lohnend.
Aufstieg: von der Mödlinger Hütte 1 St.; Skiabfahrt meist durch Wald und über Lichtungen, 200 HM.
Zwei weitere *Spielkogel, 1840 m* und *1803 m,* erheben sich weit oben in der Kalten Fölz (Kaiserschild) als wilde, dolomitische Felstürme, werden aber trotz ihrer ansprechenden Gestalt nur höchst selten erstiegen.

Spital am Pyhrn, 647 m
Die Bezeichnung geht auf ein im Jahr 1190 entstandenes Hospiz zurück. Zuvor hatte die Ansiedlung schon in der Römerzeit Bedeutung als Stützpunkt für die Überschreitung des Passes – in damaligen Zeiten ein Unternehmen, das mehr erforderte als das heutige Abwägen: Tunnelmaut oder Paßstraße?
Sehenswert: die spätbarocke Stiftskirche mit Deckenfresken von Altomonte und Gemälden von Martin Johann Schmidt, das barocke Stiftsgebäude sowie eine der wenigen spätgotischen Doppelkirchen (hl. Leonhard).

Ausgangspunkt für Gr. und Kl. → *Pyhrgas,* Arlingsattel, → *Bosruck* sowie *Warscheneck.* Schon für sich lohnend ist der Besuch der Vogelgesang-Klamm.

Stadelstein, 2070 m ● ▲ ☀
Der nördliche, steilere Nachbar des → *Wildfeld* wird meist in Verbindung mit diesem besucht. Auf dem Normalweg bietet er keine Schwierigkeiten (vom Wildfeld 20 Min.); Nordgrat (II+), Nordwand (IV+) und Nordwandplatten (VI A2) sind kurze Klettertouren lokaler Bedeutung. Selbstverständlich ist er auch ein *Skiziel.* Sehr schön und auch bei

weniger sicherem Schnee zu empfehlen ist die Nordabfahrt über die Hackalm in die Ramsau, ebenso die Abfahrt über die Tullingeralm. Die anderen Abfahrten sind identisch mit denen vom Wildfeld. Aufstiege jeweils rund 4 St., 1100 HM.

Sulzkar ○ ☀
Das *Sulzkar* ist eingebettet zwischen dem Nordabfall der Gsuchmauer und den Südabstürzen des Zinödl. Auf dem das Kar abschließenden Verbindungskamm hockt ein einzelner, mächtiger Felsblock, einem sitzenden Hund gleich: der *Sulzkarhund, 1821 m.* Die *Sulzkaralm, 1453 m,* in

deren Nähe sich der Kleine Sulzkarsee befindet, ist von Juni bis September einfach bewirtschaftet.

Übergang: von Hieflau durch Hartelsoder Waggraben über den Sulzkarhund zur Heßhütte 5 St. (auch lohnende Skitour, das letzte Steilstück zum »Hund« jedoch unter Umständen lawinengefährdet).

Gipfel: Zinödl, 2191 m, über die Schafplan, 3 St., vom Beginn der blauen Markierung im Kar. Unschwierig, aber steil; bei Nässe oder Schneelage wegen der abschüssigen Grashänge meiden!

Tamischbachturm, 2035 m ○ ▲ ✳
Der »Tamische« (= närrische) Bach, der mit seinen Wasser- und Geröllmassen nach Unwettern den Talgrund verheert, ist der Namensgeber für den Eckpfeiler der *Buchsteingruppe,* einem Berg mit zwei gegensätzlichen Gesichtern: der abweisenden, gut 900 m hohen Nordwand und der fast bis zum Gipfel begrünten, sanfter abgedachten Südseite über Wald- und Almgelände. Dies macht ihn zu einem der leicht ersteigbaren Gesäuseberge, der auch eine ganz ausgezeichnete Rundsicht bietet. 1½ St. unterhalb des Gipfels die → *Ennstaler Hütte.*

Aufstieg: von Großreifling (Hackenschmiede) 3½–4 St.; von Gstatterboden über die Ennstaler Hütte 4–4½ St.; von Hieflau 4–4½ St. (steil, besser im Abstieg).

Besuch von Kletterern erhält der Berg trotz seiner mächtigen, 900 m hohen Nordwand (Pfannlweg, IV) nur selten. Dagegen ist er ein vielseitiges *Skiziel:* Selbst der Sommerweg von Gstatterboden ermöglicht eine passable Abfahrt, im oberen Teil sehr schön ist das Kühtal (erste markante Rinne ab Gipfel), die allerdings in Gebüsch und Wald mündet, sowie der Hieflauer Weg von der Hochscheibenalm (je 1450 HM). Einsam und nicht unproblematisch die Nordabfahrt, die sich (im Aufstiegssinn) links des Sommerwegs über dem Tamischbach hält und mit einer sehr steilen Stufe (heikel!) oberhalb der Hütte den Gipfelkamm erreicht. Das auffallende Scheibenbauerkar ist eine schon etwas exotische Steilabfahrt, deren Einfahrt zuweilen nur durch Abseilen erreicht wird.

Teichengraben ○
Der *Lange Teichengraben* zieht von → *Kalwang* lang, lang (fast 11 km) hinauf zum *Teicheneggsattel, 1652 m,* der nahe der gleichnamigen Alm einen Übergang nach Eisenerz vermittelt.

Aufstieg: von Kalwang 3½ St., Abstieg nach Eisenerz 2½ St., rot bez. Ein weiterer *Übergang* vom Teicheneggsattel führt über den »Blauen Herrgott« nach Radmer an der Stube, 3 St. Nach 2,5 km im Langen Teichengraben zweigt nach links der *Kurze Teichengraben* ab und zieht zum *Zeiritztörl, 1854 m.* Dies ist ein unmarkierter, kaum benützter Übergang. Ein markierter Weg führt vom Jagdhaus Don (Thon) über die Achneralm, im letzten Teil sehr steil auf den *Brunnecksattel, 1619 m,* der einen Übergang nach Hinterradmer vermittelt (5–6 St.). Von diesem Sattel auch steil und ausgesetzt aufs *Zeiritzkampel,* 1½ St.

Tellersack ▲
Der amphitheaterähnliche, von mächtigen Schichtbändern gebildete Felskessel an der Südseite des Hochtors trägt einen plastischen Namen. In diesem Felszirkus findet man eine Reihe interessanter Anstiege in den Schwierigkeitsgraden II und III (Lechner-, Peterka-, Prusikband, Ostschlucht und Grazerweg). Wenn noch Schnee auf den Bändern lagert, ist jedoch von einer Begehung abzuraten: ganze Waggonladungen können sich da unvermittelt in Bewegung setzen!

Theklasteig ● △
Das Teilstück des Eisenerzer-Alpen-Kammweges vom Reichenstein zum Wildfeld. Er zieht von der → *Reichensteinhütte* zum Reichhals (Abzweigung des Weges in die Krumpen) und zum Hieflerkogel. Von diesem geht es steil in die *Große Scharte, 1861 m,* hinab (Drahtseile, bei Schneelage sehr unangenehm) und wieder hinauf, über den Gipfel der *Hohen Lins, 2028 m,* und danach abwärts zum *Niedertörl, 1652 m.* Nach dem Hochtörl vollzieht der Steig einen scharfen Knick zum Sattel zwischen Schwarzenstein und Stadelstein und zieht schließlich hinauf zum *Wildfeld, 2043 m.* 3½–4 St., von der Reichensteinhütte, rot bez., Trittsicherheit erforderlich.

Tieflimauer, 1820 m ▲
Die »Tuifelmauer«, wie sie ursprünglich bezeichnet wurde, steht als schmales Riff aufgesetzt auf dem Kamm zwischen Tamischbachturm und Kleinem Buchstein. Nach Norden und Süden stürzt sie mit teilweise beachtlichen Wandbildungen, gegen Westen mit einem markanten Felsbug ab.

Aufstieg: Nur von der Ostseite ist sie relativ leicht zu ersteigen, doch schon der markierte Normalweg verlangt Kletterfertigkeit (I+, 2 St. ab Ennstaler Hütte). Der Blickfang des Gipfelpanoramas ist das kühne Horn des Kleinen Buchsteins, instruktiv auch die Schau auf die Hochtorgruppe. Von den zahlreichen Kletterrouten bestechen vor allem die Klassiker Westwand (–IV) und Westkante (IV+) sowie einige Südwandanstiege (alle jeweils 200–250 m Wandhöhe), vor allem wegen der guten Erreichbarkeit von der Ennstaler Hütte.

Totenköpfl, 2184 m ▲
Ein reiner Kletterberg ist dieser Nebengipfel des → *Admonter Reichensteins,* von dem er durch die Reichensteinscharte getrennt ist. Von hier aus zieht der leichteste Anstieg (–II) zum Gipfel, der aber meist nur im Abstieg begangen wird. Unter den Aufstiegen steht an erster Stelle der luftige Ostgrat (–III). Diese Totenköpfl-Überschreitung mit der Reichenstein-Ostwand (II+) im Anschluß ist eine der bekanntesten und lohnendsten Gesäuseklettereien im unteren Schwierigkeitsbereich (vom Einstieg an der Pfarrmauer bis Reichensteingipfel 3–3½ St.). – Schöne, kurze Trainingstouren im festen Fels bietet die Südwand: Staska-Seibl, IV, Südwandriß, V+ A1, und direkte Südwand, V+; jeweils 50–80 m. Die unheimlich steile Nordwand dagegen ist nur sehr umständlich zu erreichen und wird als Rarität gehandelt.

Abend auf dem Wildfeld. – Blick zur Reichenstein- (links) und Hochtorgruppe

Trofaiach, 659 m

Der Hauptort des Vordernberger Tales, schon 1300 zum Markt erhoben. Der Wohlstand der durch Eisentransport und -verarbeitung reich gewordenen Bürger und Gewerken zeigt sich im schönen Ortsbild.

Sehenswert: der »Eisenhof« mit Laubengängen, die gotische Pfarrkirche, die spätgotische Dreifaltigkeitskirche, das Renaissanceschloß Oberdorf, Schloß Mell und schöne Bürgerhäuser. → *Alpenvereinsheim Trofaiach.*

Ausgangspunkt für → *Vordernberger Mauern,* → *Krumpental,* → *Reiting* (Gößeck) sowie Touren im *Hochschwabgebiet.*

Vordernberg, 820 m

»Vor dem Berg« – dem Erzberg nämlich – siedelte man schon in frühgeschichtlicher Zeit, spielte sich auch Eisenverarbeitung und -handel in diesem gut zugänglichen Tal ab, lange ehe Innerberg (= Eisenerz) einen ähnlichen Aufschwung nahm. Im 15. und 16. Jh. war Vordernberg der Sitz der »Schwarzen Grafen«, des steirischen Eisenadels. In der Blütezeit (17.–19. Jh.) 14 Radwerke in Betrieb. 1882 erwarb Erzherzog Johann einen der Hochöfen und trat auch der Radmeister-Communität bei. – Heute sind die Hochöfen längst stillgelegt, hier waren die Wurzeln einer Stahlkrise schon viel früher sichtbar.

Sehenswert: die gotische Laurentiuskirche (Wehrkirche), der schmiedeeiserne Marktbrunnen von 1668, das Rathaus aus dem 16. Jh., schöne Gewerkenhäuser. Im Radwerk 4 ist ein Museum alter Hütten- und Hochofentechnik eingerichtet.

Ausgangspunkt für → *Vordernberger Mauern,* → *Eisenerzer Reichenstein* sowie Touren im *Hochschwabgebiet.*

Vordernberger Mauern ● △

Der lange Gratzug zwischen Vordernberger- und Krumpental nimmt in Hafning bei Trofaiach seinen Aus-

gang, steigt vom *Barbarakreuz, 1058 m,* zum *Fahnenköpfl, 1648 m,* auf (→ *Grete-Klinger-Steig*), zieht weiter zum Punkt 1971 (Vordernberger Mauer benannt), kulminiert im *Vordernberger Zinken, 2010 m,* und fällt nach dem *Grüblzinken, 1990 m,* zum Rottörl ab. Der Grat ist durchlaufend markiert, die normale Route weicht den Steilaufschwüngen ab dem Fahnenköpfl südlich aus, der Grete-Klinger-Steig (steil, ausgesetzter Klettersteig, nur für Geübte, im Abstieg etwas unangenehm) überwindet sie direkt. Kurz vor dem Gipfel des Vordernberger Zinkens vereinigen sich beide Markierungen.

Die gesamte Gratwanderung von Vordernberg über Fahnenköpfl – Zinken – Rottörl mit Abstieg zum Präbichl nimmt 6–7 St. in Anspruch, der Aufstieg vom → *Rottörl* zum Vordernberger Zinken 1 St.

Wasserfallweg △

Die tiefe Einsenkung zwischen Zinödl und Planspitze, über deren Sockelmauer ein jahreszeitlich unterschiedlich starker Wasserfall in Schleiern herabstürzt, vermittelt den kürzesten Zugang vom Ennstal in die Hochtorgruppe. 1877 wurde die Wand – ein Gras-Dreier mit abenteuerlichen Reitstellen an weghängenden Felsschuppen – erstmals bewältigt, worauf die Bergsteiger (Rodlauer, Heß und Gefährten) den urwaldartigen Boden des oberen Wasserfallkessels erreichten. – 1891/92 wurde der Steig durch Sprengungen sowie mit Leitern und Drahtseilen allgemein gangbar gemacht und hat seither Tausenden Bergfreunden ein großartiges Erlebnis vermittelt.

Ausgangspunkt ist die ÖBB-Haltestelle Kummerbrücke. Der Wasserfallweg ist ein solid angelegter, reichlich versicherter Steig ohne unangenehme Passagen, wegen der Luftigkeit ist aber Schwindelfreiheit nötig.

Aufstieg bis zur Heßhütte 3½–4 St., Abstieg 2½ St.

Wenger Weg ▲

Teilweise versicherte Steiganlage in der Westwand des Großen Buchsteins, die gegenüber dem Normalweg eine Abkürzung darstellt. Sie führt durch Schluchten und kaminartige Verengungen, ist nur mit einigen Trittstiften und Eisenklammern versichert und bei starkem Andrang ziemlich steinschlaggefährdet (Helm ratsam!). I+, blau bez., 250 m Felshöhe, 2–2½ St. vom Buchsteinhaus. Nur für Geübte, Fels teilweise stark abgeschmiert.

Wildfeld, 2043 m ○ ✳

Der im Ostteil der *Eisenerzer Alpen* aufragende Berg trägt eine weite, grüne Gipfelfläche, die nur gegen Nordwest und Süd mit einer pultartigen Andeutung von Felsgebilde schroffer wirkt. Er ist von allen Seiten her unschwierig zu ersteigen und ein feines Skiziel.

Aufstieg: von der Eisenerzer Ramsau (Gh. Pichler) über den Teicheneck-sattel 3 St.; von Kalwang durch den Langen Teichengraben zum Teichenecksattel 3½ St. plus 1 St. vom Sattel zum Gipfel; von Süden aus dem Gößgraben 2½–3 St.; von Mautern über Abtreibsattel und Großkogel, 1798 m, 5–6 St.; von der Reichensteinhütte auf dem Theklasteig 3½–4 St.

Für den *Skibergsteiger* kommen die Nordanstiege sowie jener aus dem Gößgraben in Frage (dieser ist ohne Zweifel die beliebteste Skitour der Eisenerzer Alpen). – Die Nordabfahrten gestatten mehrere Varianten vom Gipfelkreuz nach Norden, dann westlich zum Nebelkreuz und in den Lasitzengraben. Oder Verbindung mit dem Kragelschinken und Abfahrt über »Blauen Herrgott« und Plöschkogel (Schlechtwettertour); oder vom Gipfel nordöstlich zum Sattel zwischen Stadelstein und Schwarzenstein in den Schwarzenbach (lange guter Pulverschnee) bzw. hinüber zum Tullingergraben. Die Abfahrten sind mäßig steil und ab Hochwinter geeignet. Aufstieg durchschnittlich 3 St., 1050 HM.

Zeiritzkampel, 2125 m ● ✳

Ein mächtiger Gipfel der Eisenerzer Alpen, der als scharfer Kamm (= Kampel) mit steilen, meist grasigen, teilweise felsdurchsetzten Flanken nach Norden und Süden absinkt. Ein Wander- und Skiberg, der im Spätfrühling für seinen botanischen Reichtum berühmt ist.

Aufstieg: von Wald am Schoberpaß über das Hinkareck (3–3½ St.) und östlich zum Gipfel 4–4½ St.; von Kalwang durch den Kurzen Teichengraben und über den Brunnecksattel (3 St.), zuletzt über den steilen, teilweise gesicherten Ostkamm (»Schafzähne«) 4½ St.; von Radmer an der Hasel über die Kammerlalm 4 St.

Als *Skiziel* ist vor allem die Nordseite mit der Kammerl-Abfahrt empfehlenswert (steil, 1200 HM, nur bei Firn ratsam). Sehr steil (40°) ist anfangs die Nordflanke knapp westlich des Gipfels, die zur Kühbachalm zieht (kurzer Gegenanstieg zum Gröggersattel und hinunter zur Kammerl-alm). Das Ostkar (von Süden her) ist sehr steil und erfordert zeitigen Aufbruch, ebenso die Abfahrt von Süden über Zeiritztörl und Zeiritzalm (aus der Kurzen Teichen vom »Don«, 1100 HM, 3½ St.).

Zinödl, 2191 m ○ ▲ ✳

Der merkwürdige Name dieses Gipfels südlich der Hochtorgruppe stammt vermutlich aus dem Slawischen: senodul = Heugrund.

Ein Allroundberg: Auf dem Normalweg von der Heßhütte einer der leichtest ersteigbaren Gesäusegipfel, nach Norden und Süden beachtliche Wände, und das Ostkar eine schöne, etwas verwickelte Skiabfahrt.

Aufstieg: von der Heßhütte über den steilen Hang der Böcklwand 1–1½ St., blau bez., oder – besser für den Abstieg – in mäßig steigender Querung nach Norden zur Gass und in großer Schleife über den Kamm zum Gipfel, 1½–2 St.; aus dem Sulzkar über die steile, grasige Schafplan (nicht bei Nässe oder Schnee!), blau bez., vom Sulzkar 3 St., vom Eingang des Hartelsgrabens 5–5½ St.

Als *Skiberg* wird er ebenfalls von der Heßhütte über den Westkamm bestiegen (meist abgeblasen, unschöne Abfahrt); prachtvolle Abfahrt durch die Ostrinne (Speikboden und Steinkar). Dazu steigt man vom Sulzkar bei einem markanten Bildbaum schräg rechts durch Hochwald auf, bis man den von links herabkommenden Graben erblickt, der in Verlängerung ins Steinkar leitet. Aus dem Hartelsgraben 5–6 St., 1670 HM.

Die *Kletterrouten* von Norden – eine grandiose Felslandschaft zwar – werden wegen des schlechten Gesteins und des mühseligen Ausstiegs gemieden, lediglich eine neue Route (»Hinkfuß«, –VI) soll durch guten Fels führen. Ebenfalls guten Fels bieten Reifweg und Südostwand (jeweils III) sowie die Ostwand des Vorgipfels (zwei Durchstiege, –IV und IV+, 350 m Wandhöhe).

Ennstaler Alpen

Umgrenzung: Windischgarsten – Dambach – Hengstpaß – Laussa – Enns bis Hieflau – Erzbach – Präbichl – Vordernbergerbach – Mur von Leoben bis St. Michael – Liesing/Paltental bis Einmündung Enns – Liezen – Pyhrnpaß – Windischgarsten

Wegmarkierung: 600

Touren konkret

1. Kalbling und Sparafeld

Die beliebteste Gipfeltour im Gesäuse, durch die Straße zur Klinke-Hütte enorm erleichtert. An sich unschwierig, allerdings kann der schmale Steig unter der Kalbling-Westwand bei Schneelage unangenehm sein.

Wegverlauf: Klinke-Hütte, 1486 m, (PKW-Zufahrt) – Kalblinggatterl, 1542 m, auf Weg Nr. 655 aufwärts unter die Südabstürze des Kalbling. Unter der Westwand vorbei leitet der Steig in die große Rasenmulde an der Nordseite und zum Gipfel (2 St.). – Durch eine Senke auf das Sparafeld ½ St. – prächtiger Anblick der Hochtorgruppe hinter dem Reichenstein. Frühsommer bis Spätherbst.

2. Wasserfallweg und Hochtor

Für diese klassische Gipfeltour auf den höchsten Berg der Ennstaler Al-pen benötigt man zwei Tage Zeit, Trittsicherheit und Schwindelfreiheit. – Der Wasserfallweg (Nr. 660) ist eine der ältesten versicherten Steiganlagen der Ostalpen, der Josefinensteig (Gugelgrat) auf das Hochtor ist ebenfalls versichert und verlangt etwas Kletterfertigkeit.

Wegverlauf: Von der Hst. Kummerbrücke, 572 m, über den Wasserfallweg zur Heßhütte, 1699 m, 3½–4 St.; Geübte können – von der Ebnesangeralm rechts abzweigend – zusätzlich die Planspitze, 2117 m, ersteigen (1½–2 St. länger). – Die Besteigung des Hochtors über den Josefinensteig (Nr. 664, grün bez., I) nimmt 3 St. in Anspruch – vom Gipfel hervorragende Fernsicht bis zu den Hohen Tauern.

Sommer/Herbst; Hochtorbesteigung nicht zu früh im Jahr, meist erst ab Juni.

3. Großer Buchstein

Eine interessante Gipfelbesteigung für Geübte; als Tagestour recht streng, bequemer als Zweitagestour. Lohnend ist allein schon der Aufstieg zum Buchsteinhaus mit seinem Blick zu den Wänden der Hochtorgruppe.

Wegverlauf: Von Gstatterboden, 569 m, zum Buchsteinhaus, 1546 m, 3 St. (Nr. 641, rot bez.). – Zum Gipfel über das »Krautgartl« und entlang der Westabstürze in langer Querung (nicht bei Schneelage!) zum Weg durch die Schlucht (rot bez., 2½–3 St.) oder schon vorher über den »Wengerweg« zum Gipfel (blau bez., etwas kürzer, aber schwieriger: I+, spärlich versichert, teilweise Steinschlaggefahr!).

Sommer/Frühherbst.

4. Überschreitung des Tamischbachturmes

Unschwierige, als Tagestour anstrengende Bergwanderung (Nächtigung auf der Ennstaler Hütte möglich), Autofahrer können mit der Bahn leicht zum Ausgangspunkt zurückkehren.

Wegverlauf: Am bequemsten von

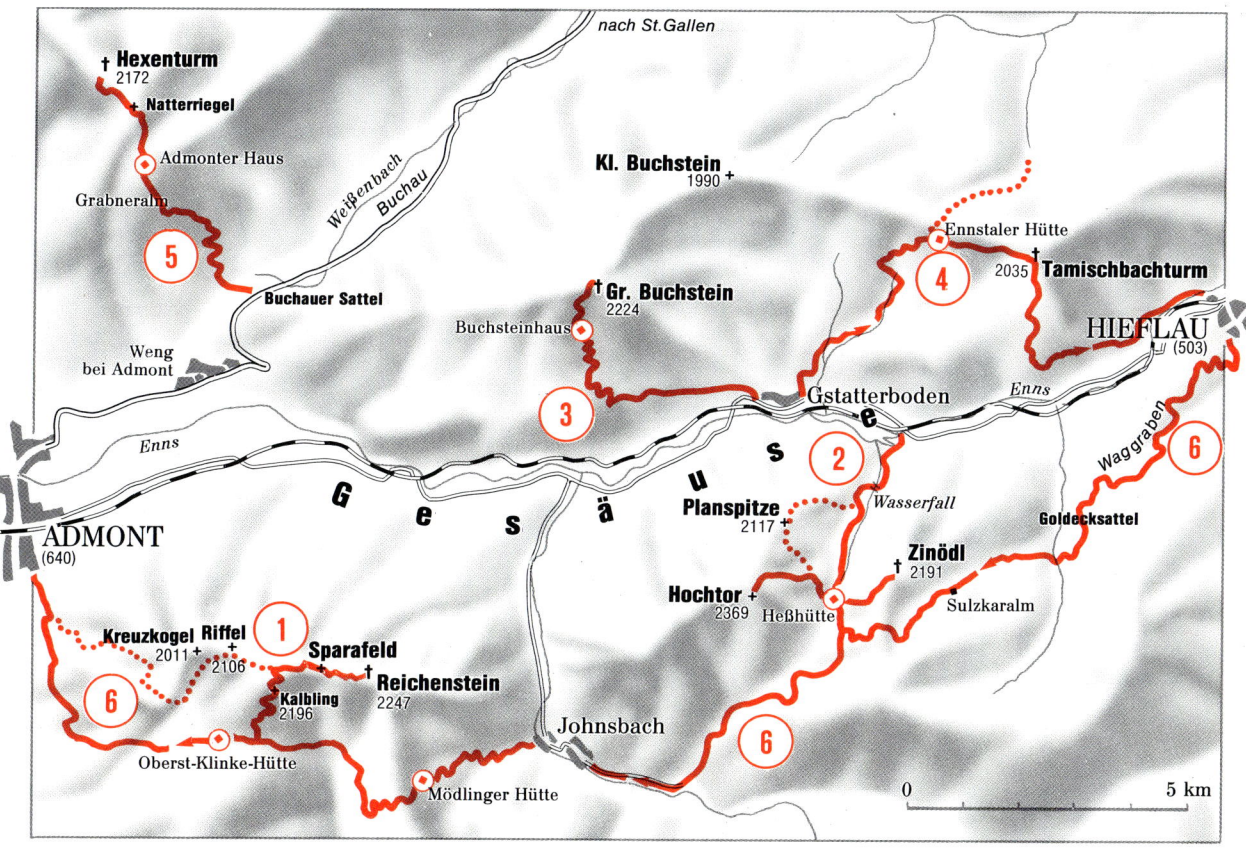

Gstatterboden, 569 m, auf Weg 646 zur Ennstaler Hütte, 1544 m. Weiter zum Gipfel 1½ St. Nun entweder auf Weg 648 hinunter nach Hieflau (steil, im Aufstieg mühsam), vom Gipfel 3 St. – Oder zurück zur Ennstaler Hütte und nach Norden über den Bärensattel nach Großreifling (Weg 646, vom Gipfel 4–4½ St.).

Frühsommer bis Spätherbst. – Auch als sehr anspruchsvolle Skitour.

5. Natterriegel und Hexenturm

Zwei schöne Aussichtsgipfel in den Haller Mauern, der Natterriegel ist ein unschwieriger Bummel, der Hexenturm (Bärenkarmauer) bildet eine anspruchsvolle Verlängerung (nur für Geübte mit etwas Kletterfertigkeit – Schwierigkeit I). Aussicht vor allem vom Hexenturm großartig, besonders eindrucksvoll die Gesäuseberge.

Wegverlauf: Vom Buchauer Sattel, 861 m, zum Admonter Haus, 1723 m, 2½ St. Auf den Natterriegel, 2065 m, 1 St. (im oberen Teil Drahtseil), auf den Hexenturm, 2172 m, vom Natter-

riegel 1–1½ St. (Vorsicht bei Hartschnee!).

Frühsommer bis Spätherbst.

6. Große Gesäusewanderung

Dreitägige Durchquerung von Hieflau bis Admont auf unschwierigen Wegen mit vielfältigen landschaftlichen Eindrücken.

Wegverlauf: 1. Tag: Von Hieflau, 503 m, durch den Waggraben über Goldecksattel, Sulzkar und Sulzkarhund, 1821 m, zur Heßhütte, 1699 m. 5–6 St., rot bez., Nr. 666, ab Goldecksattel 601.

2. Tag: Abstieg nach Johnsbach, 753 m (2½ St.) und Aufstieg zur Mödlinger Hütte, 1523 m (2 St.). Von der Heßhütte ist eine Besteigung des unschwierigen Zinödl, 2191 m, in 1½ St. möglich.

3. Tag: Mödlinger Hütte – Flitzenalm-Klinke-Hütte, 1486 m (2 St.), Abstieg nach Admont auf Weg Nr. 601 (teilweise mit der Mautstraße identisch) 2 St. – Bergtüchtigen Wanderern sei der Übergang über Riffel, 2106 m, und Kreuzkogel, 2011 m (bis hierher

von der Klinke-Hütte 3 St.), mit anschließendem Abstieg über die Scheiblecker Hochalm, 1660 m, nach Admont, 640 m, empfohlen.

Zusammen 5½–6 St. – Sommer/Herbst, Heßhütte bis 10. Oktober bewirtschaftet.

7. Eisenerzer Reichenstein

Der Hausberg der Eisenerzer ist ein mächtiges, steilflankiges Bergmassiv. Die Besteigung dieses an sich unschwierigen Gipfels kann wegen der steilen Rasen- und Schrofenhänge bei Nässe oder Schneelage unangenehm bis gefährlich werden. – Vom Gipfel instruktiver Blick über das Hochschwabgebiet.

Wegverlauf: Vom Präbichl, 1232 m, auf Weg Nr. 605 in 2½–3 St. zur Reichensteinhütte, 2128 m, und in weiteren 10 Min. zum Gipfel. Interessanter als der Abstieg auf gleichem Weg ist der Übergang über den Reichhals, 2047 m, steil hinunter ins Krumpental und über das Barbarakreuz (bis hierher identisch mit dem Nord-Süd-Weitwanderweg) hinunter nach Vordernberg (4 St. vom Gipfel).

Sommer/Herbst, nicht zu früh im Jahr.

8. Kaiserschild

Ein großer, anspruchsvoller Gipfel. Keine Hütte als Stützpunkt, anstrengende, Trittsicherheit erfordernde Tagestour.

Der kürzeste Aufstieg führt aus der Eisenerzer Ramsau (Zufahrt bis etwa 1000 m, bei Überschreitung jedoch Ausgangspunkt Eisenerz anzuraten) über den Bärensteig (versichert, I) zum Gipfel. Von der Ramsau 3 St., von Eisenerz 5 St. (Weg 601 und 683). –

Abstieg für Geübte über die »Sandgrube« nach Münichthal (Weg 683), 2 km vor Eisenerz.

Sommer/Herbst.

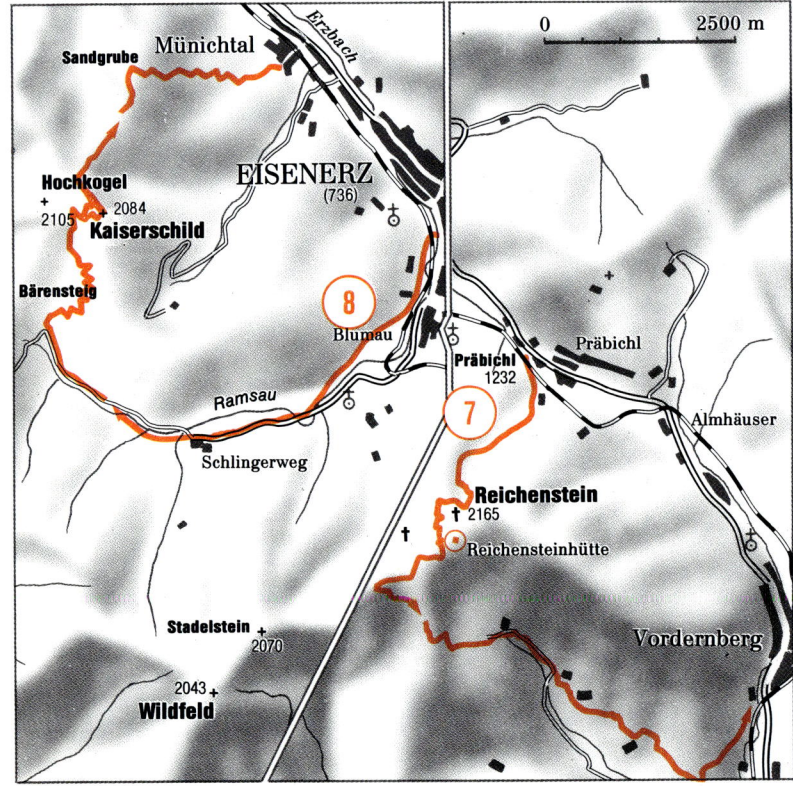

Nachwort

»Indem die zivilisierte Menschheit die lebende Natur, die sie umgibt und erhält, in blinder und vandalischer Weise verwüstet, bedroht sie sich mit dem ökologischen Ruin. Am wenigsten aber merkt sie, wie sehr sie im Verlaufe dieses barbarischen Prozesses an ihrer Seele Schaden nimmt. Woher soll dem heranwachsenden Menschen Ehrfurcht vor irgend etwas kommen, wenn alles, was er um sich sieht, Menschenwerk, und zwar sehr billiges und häßliches Menschenwerk, ist?«
Konrad Lorenz, »Die acht Todsünden der zivilisierten Menschheit«

Wer seit zweieinhalb Jahrzehnten mit offenen Augen und offenem Herzen in den Bergen unterwegs ist und die fast durchwegs negativen Veränderungen ursprünglicher und gewachsener Strukturen mit Wehmut und Zorn verfolgt, kann kein Liebe & Waschtrog-Schlußwort verfassen! Der scheinbar unstillbare Landschaftsverbrauch immer hungrigerer Wirtschaftszweige fordert zum Aufschrei. Verhüttelung und exzessiver Forststraßenbau seien als besonders ins Auge springende Beispiele genannt, nicht zu reden von der apokalyptischen Vision toter Wälder. Breite Kreise sind diesbezüglich bereits sensibler geworden, werden jedoch immer häufiger vor vollendete Tatsachen gestellt. Denn allen schönen politischen Sonntagsreden werden montags die Totschlagargumente von den »Sachzwängen« nachgeschoben.

Vielleicht haben wir von einem verbitterten Erzengel bereits einen Tritt erhalten und segeln durch das Tor mit der Aufschrift »Paradies« – die der Mensch offenbar immer erst zu lesen vermag, wenn er sich mit belämmertem Gesicht vor dessen verschlossener Tür findet. Vielleicht aber gelingt es uns hier, uns noch eine Zeitlang festzuhalten!

Register

194

Bibliographie

Wienerwald

Ellmerich, Ilse (Hrsg.): Das Buch vom Wienerwald/ Forum, 1967

Glaser, Heribert: Wandern im Wienerwald/N.Ö. Presse-haus, 1984

Holl, Peter: Wander- und Kletterführer Südlicher Wiener-wald (inklusive Peilstein)/Naturfreunde, 1978

Lukan, Karl: Das Wienerwaldbuch/Jugend & Volk, 1980

Peterka, Fritz: Wanderregion Wien/Kompaß, 1979

Schall, Kurt: Peilsteinführer/Eigenverlag, 1985

Trumler, Gerhard: Das Buch vom Wienerwald/Brandstät-ter, 1985

Valencak: Wanderwege rund um Wien/Ueberreuter, 1982

Wienerwaldatlas (Freytag & Berndt, Karten 1:50.000)

Gutensteiner Alpen

Baumgartner, Bernhard: Gutensteiner Alpen und Hohe Wand/N.Ö. Pressehaus, 1980

Gsenger, Günther: Flatzer Wand/Naturfreunde Neunkir-chen, o. J.

Schirmer, Gerhard: Führer auf die Hohe Wand/Touristen-klub,1982

Schneeberg/Rax

Hauleitner, Franz: Der Schneeberg (Wanderführer)/N.Ö. Pressehaus, 1984

Holl, Peter: Raxführer/Naturfreunde, 1982

Lukan, Karl: Schneeberg und Rax/Schroll, 1978

Reidinger, Rudolf: Schneebergführer (Kletter- und Schi-führer), 1975

Randgebirge östlich der Mur
(Semmering, Bucklige Welt, Fischbacher Alpen)

Anderle/van der Kallen: Roseggers Waldheimat/ Styria, 1979

Auerbauer, Günter: Wandern um Graz/Styria, 1981

Baumgartner, Peter: Kleine Bucklige Welt/ Science Press, 1984

Horich, Franz: Kletterführer Grazer Bergland/ ÖAV Graz, 1979

Wallner, Josef: Wanderführer Hartberg und Wechselge-biet/Styria, 1976

Mürzsteger Alpen

Kolar, Karl: Die Schneealpe/Alpenvereinsjahrbuch 1970

Tippelt/Baumgartner: Mariazeller Bergland/N.Ö. Presse-haus, 1977

Fremdenverkehrsverband Mürzzuschlag: Wanderbares Mürztal

Hochschwabgruppe

Auerbauer, Günter: Hochschwab-Wanderführer/ Styria, 1975

Buchenauer, Liselotte: Hochschwab/Leykam, 1974

Horn, Peter: Skitouren im Hochschwab/O.Ö. Landesver-lag, 1984

Rieder, Peter u. Steffi: AV-Führer Hochschwab/ Rother, 1976

Türnitzer und Ybbstaler Alpen

Baumgartner, Bernhard: Die Voralpen an Traisen und Gölsen/N.Ö. Pressehaus, 1978

Baumgartner, Bernhard u. Tippelt, Werner: Ötscherland und Pielachtal/N.Ö. Pressehaus, 1984

Baumgartner/Tippelt: Mariazeller Bergland/N.Ö. Presse-haus, 1977

Pöll: Zwischen Sonntagberg und Ötscher/N.Ö. Presse-haus, 1979

Steffan/Tippelt: AV-Führer Ybbstaler Alpen/Rother, 1977

Ennstaler Alpen

Buchenauer, Liselotte, Scharfetter, Hermann: Eisenerzer Alpen/Styria, 1978

End, Willi: AV-Führer Gesäuse/Rother, 1986

Heß/Pichl: Gesäuseführer/Holzhausen, 1971

Heitzmann, Wolfgang: Ennstaler Alpen/O.Ö. Landes-verlag, 1983

Peterka, Fritz: AV-Führer Eisenerzer Alpen/Rother, 1982

Schall, Kurt: Skitouren in den Ennstaler und Eisenerzer Alpen/Eigenverlag, 1984

Schall, Kurt: Kletterführer Gesäuse (Auswahlführer)/ Eigenverlag, 1984

Schwanda, Hans: Das Gesäuse/Rother, 1986

Übergreifende Führer oder Landschaftsbücher

Auerbauer, Günter: AV-Skiführer Ostalpen, Band 5/ Rother (in Vorb.)

– Erlebnis Steiermark/Stocker, 1985

– Hüttenführer Steiermark/Stocker, 1983

– Wintersportführer Steiermark/Tyrolia, 1982

Buchenauer, Liselotte: Bergwandern in der Steiermark/ Tyrolia, 1976
– Wandern in der Steiermark/Tyrolia, 1974
Freytag/Berndt: Wanderatlas Wiener Hausberge (Karten 1:50.000)
Hauleitner, Franz: Klettersteige nördliche Kalkalpen/Ost/ Rother, 1982
Knoll, Helmfried: Kultur & Freizeit rund um Wien/ Kremayr & Scheriau, 1985
– Erlebte Geschichte im Land unter der Enns/Tyrolia, 1975
– Familienwandern in Österreich/Kremayr & Scheriau, 1981
– Vom Nordwald bis zur Pußta/Tyrolia, 1971
– Wanderungen rings um Wien/Tyrolia, 1972
Ladenbauer, Schall, Skarek: Schitouren Wiener Hausberge/Schall, 1985
Lukan, Karl: Das Voralpenbuch/Jugend & Volk, 1986
Peterka/End: Wiener Hausberge/Schroll
Prevedel, Helmut: 100 einsame Skitouren in der Steiermark/Styria, 1985
Schirmer, Gerhard: Wandern extrem (Klettersteigführer)/ N.Ö. Pressehaus, 1984

Schwanda, Hans: Schiglück vom Wienerwald bis zum Dachstein/Schroll, 1964
Senft/Frischenschlager: Wanderbare Steiermark/Schroll, 1984
Tippelt/Baumgartner: Niederösterreich-nordisch/N.Ö. Pressehaus, 1984
– Schifahren in Niederösterreich/N.Ö. Pressehaus, 1979
Tuschar, Hans: Bergglück vor der Haustür/N.Ö. Pressehaus, 1983

Alpine Lehrbücher (Auswahl)

Alpin-Lehrplan (Herausgegeben vom Deutschen und Österreichischen Alpenverein): Sturm/Zintl: Bergwandern; Sturm/Zintl: Felsklettern; Siegert: Skibergsteigen – alle BLV
Baumgartner/Pils: Wandern/TR Verlagsunion, 1985
Höfler, Horst: Bergwandern heute/Bruckmann, 1978
Huber, Hermann: Bergsteigen heute/Bruckmann, 1978
Kellermann, Walter: Skibergsteigen heute/Bruckmann
Paulcke/Dumler: Gefahren der Alpen/Rother, 1982
Seibert, Dieter: Bergsteiger-ABC/Rother
– Felsklettern und Eisgehen/Rother
– Grundschule zum Bergwandern/Rother, 1982

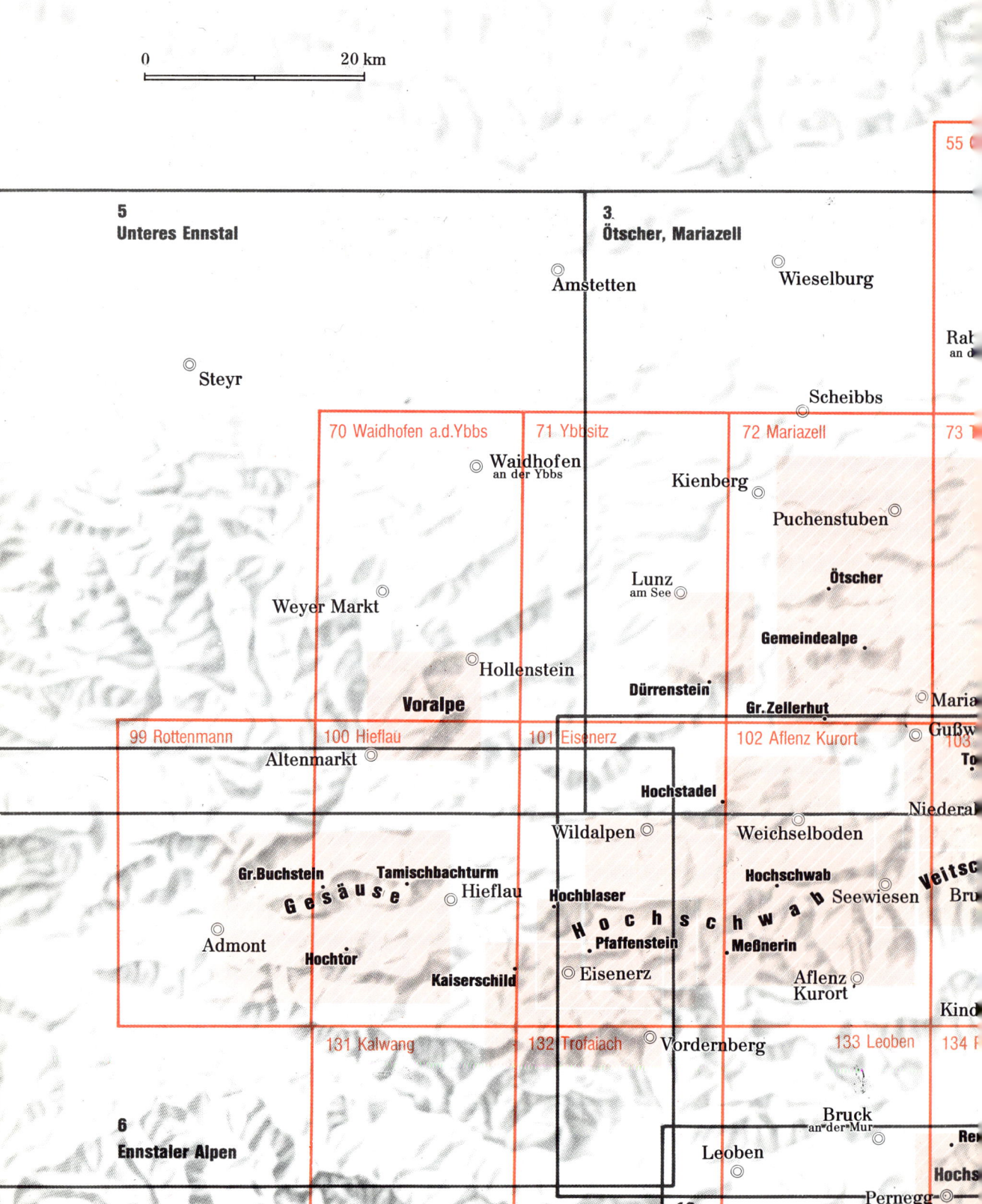

5
Unteres Ennstal

3.
Ötscher, Mariazell

Amstetten

Wieselburg

55

Rab
an d

Steyr

Scheibbs

70 Waidhofen a.d.Ybbs 71 Ybbsitz 72 Mariazell 73

Waidhofen
an der Ybbs

Kienberg

Puchenstuben

Weyer Markt

Lunz
am See

Ötscher

Gemeindealpe

Hollenstein

Voralpe

Dürrenstein

Gr. Zellerhut

Maria

Guß

99 Rottenmann 100 Hieflau 101 Eisenerz 102 Aflenz Kurort 103
To

Altenmarkt

Hochstadel

Niedera

Wildalpen

Weichselboden

Gr.Buchstein Tamischbachturm

Ge s ä u s e

Hieflau

Hochschwab

Veitsc

Seewiesen

Bru

Hochblaser

H o c h s c h w a b

Admont

Hochtor

Pfaffenstein

Meßnerin

Kaiserschild

Eisenerz

Aflenz
Kurort

Kind

131 Kalwang 132 Trofaiach Vordernberg 133 Leoben 134

Bruck
an der Mur

6

Leoben

Ennstaler Alpen

Re

Hochs

Pernegg

13
Grazer Bergland, Hochlantsch

Mixnitz